逐条解説

割賦販売法

《第Ⅰ巻》

阿部高明［著］

青林書院

はしがき

　本書は，実務的な視点から割賦販売法を解説することを目的とし，割賦取引の実務において役立てて頂くことを企図して執筆したものである。一見すれば，「実務」と「逐条解説」とは相反するように見えるかもしれないが，割賦取引業者の実務において割賦販売法を活かすためには，割賦販売法を正確に理解する必要がある。そして，「法律を理解する」ためには，法文を表層的に理解するのではなく，法文の文言を具に検討し，「その言葉が，どのような意味なのか？　具体的には何を指した言葉なのか？　そもそも，どのような趣旨による規制なのか？」といった点を理解することが必要となる。

　割賦販売法に限らず，事業法の解説書としては，逐条解説方式，体系書方式，QA 方式などがあり得るが，本書を執筆するに当たり，実務においてもっとも役立つ割賦販売法の解説とは何かを考えた結果，やはり逐条解説として割賦販売法の法文を詳細かつ丁寧に説明することこそが王道であり，割賦取引の実務においても普遍的に役立つものと考えるに至った。本書が，実務家向けでありながら逐条解説の方式を採用したのは，このような次第である。

　もっとも，純粋な逐条解説方式は，初学者向けではなく，また，「何となく当たりを付けたい」というようなときに使いにくいなどの欠点もある。割賦取引の実務家には，勤続数十年のベテランから新入社員までいるのが当たり前であり，そのような現場で万遍なく利用して頂けるよう，本書は，純粋な逐条解説方式とするのではなく，取引類型ごとに分けて，条文解説の前に概説を加えることとした。

　また，割賦取引の実務においては，経済産業省によるガイドラインや日本クレジット協会の自主規則等が行動指針として機能しているほか，クレジットカード取引に係るセキュリティの具体的な中身・水準については，クレジット取引セキュリティ対策協議会が毎年制定する「クレジットカード取引におけるセキュリティ対策の強化に向けた実行計画」に委ねられる形となっており，割賦販売法の解説だけでは，実務的な解説書としては不足することとなる。そのため，本書においては，できる限り，割賦販売法の法文と上記のガイドライン等

はしがき

とを紐付けることとした。

　拙いながらも，筆者なりに工夫したつもりであるので，割賦取引実務において，本書を少しでも役立てて頂ければ幸いである。

　ところで，割賦販売法は，昭和36年の制定から約60年の間に合計で8回の改正を重ねてきた。割賦販売法の改正は，その時代の社会問題を反映してなされたものであるが，平成28年改正は，平成20年の改正以来8年ぶりの改正というだけでなく，主にクレジットカード情報の流出・漏えいや不正利用，さらには悪質加盟店の跋扈といった問題に対処することを目的としたもので，大改正といってよい内容となっている。特に，これまで，クレジットカード取引におけるカード発行事業者のみにスポットをあてて規制を加えていたのに対し，平成28年改正は，加盟店管理会社にも目を向けることとしたもので，これにより，割賦販売法は現実のクレジットカード取引に即した法律へと「進化」したと評することができ，まさに画期的な改正であったといえる。

　加えて，近年，わが国はキャッシュレス取引，キャッシュレス決済を推進することとしていたが，平成30年4月には経済産業省が「キャッシュレス・ビジョン」を作成・公表し，同年7月には「キャッシュレス評議会」が設立されるに至っており，国家としてキャッシュレス決済を推進していくこととされている。このような姿勢は，インバウンド需要を取り込み，訪日観光客の満足度を向上させることを一つの目的としたものではあるが，それにとどまらず，わが国の国民の間においてもキャッシュレス決済を普及させ，現金の取扱いコストの削減などを通じて，わが国のさらなる経済発展を促すことをも目的としたものである。

　現在，キャッシュレス決済の手法としては，クレジットカードのほかに，デビットカードやプリペイドカード（電子マネー）などが普及しているほか，スマートフォンの普及に伴い，QRコードを利用したQRコード決済なども登場している。今後も，技術の発展に伴い新たな決済手段が開発され，普及していくことが予想されるが，現在のシェアに鑑みれば，少なくとも当面はクレジットカードがキャッシュレス決済の中心として推移していくことは間違いないものと思われる。そうであれば，クレジットカードの準拠法・根拠法である割賦販

はしがき

売法は，割賦取引業者に規制を加え，消費者との利害調整を図るという本来の役割にとどまらず，他のキャッシュレス決済に関する規制の「お手本」としても位置付けられることとなり，わが国の経済政策上も極めて重要なポジションを占めることとなる。

そのような意味で，割賦販売法は一事業法としての枠を超えた重要性，重大性を有するに至っており，その解説という形で割賦販売法に関与することができたのは，一法曹として光栄の極みというほかなく，そのような機会を与えて頂いた青林書院には感謝の念に堪えない。

また，本書の執筆においては多くの方に支えて頂いた。特に，割賦取引業者，業界団体の方々からは，多大な示唆を頂戴するとともに，業界内の動向や各種ガイドライン・指針等の詳細等について教示して頂いた。個別の氏名の記載は差し控えるが，本書執筆を支えて頂いたすべての方に対し，この場を借りて御礼申し上げる。

最後に，青林書院の宮根茂樹氏に，筆者の遅筆により多大なるご迷惑をおかけしたことをお詫びするとともに，本書の刊行に御尽力を頂いたことに心よりの御礼を申し上げ，はしがきの締めとする。

平成30年8月

阿 部 高 明

凡　例

I　叙述方法
(1)　叙述にあたっては，常用漢字，現代仮名遣いによることを原則としたが，引用文などは原文どおりとした。
(2)　見出し記号は，原文引用の場合を除き，原則として，〔1〕〔2〕〔3〕…，(1)(2)(3)…，(a)(b)(c)…，(イ)(ロ)(ハ)…，(ⅰ)(ⅱ)(ⅲ)…の順とした。なお，本文中の列記事項については，①②③…などを用いた。

II　法令その他の引用表記
(1)　本文（【条文解説】を含む）における引用
　(a)　カッコ内を除く本文中に引用する法令は，原則として，正式名称（フルネーム）を用いて表した。ただし，一部の法令，例えば「特定商取引に関する法律」については「特定商取引法」などの略称を用いた（同法施行令・施行規則も同じ）。
　(b)　【条文解説】に引用する「割賦販売法」のうち，当該解説の対象となっている条項については「割賦販売法」の記載は省略し，条文番号のみで表した。ただし，他の法令と紛らわしい場合や，解説の対象となっていない条項については「割賦販売法」を記載した。
(2)　カッコ内における引用
　(a)　「割賦販売法」は，原則として，条文番号のみで表した。ただし，他の法令と紛らわしい場合には「割賦」の略語を用いて記載した。
　(b)　その他の主要な法令名については，原則として，後掲の「法令名略語例」により，それ以外のものは正式名称で表した。
　(c)　カッコ内において複数の法令条項を引用する際，同一法令の条文番号は「・」で，異なる法令の条文番号は「，」で併記した。それぞれ条・項・号を付し，原則として「第」の文字は省いた。
(3)　その他
　(a)　各法令の条文番号は，横組みとしたため，原則として算用数字を用いた。
　(b)　本文・カッコ内ともに，原則として，同一段落内で，同一法令，同一条項を記載する場合には，同法・同条・同項・同号等と記載した。
　　　ただし，元の法令名・条項と離れてわかりづらい場合や，他の法令・条項の記載と紛らわしい場合には，上記(1)，(2)に従って法令名・条項を記載

凡　例

　　した。
　(c)　経済産業省ガイドライン，パブリックコメント，日本クレジット協会（JCA）自主ルールなどについては，後掲の「ガイドライン等略語例」により表した。

Ⅲ　判例・裁判例の引用表記

　判例・裁判例は，原則として，次の〔例〕のように記載して引用した。なお，その際後掲の「判例集・雑誌等略語例」による略語を用いた。
　〔例〕　昭和63年8月29日，東京地方裁判所判決，判例タイムズ691号191頁
　　→　東京地判昭63・8・29判タ691号191頁

Ⅳ　各種略語例・参考文献

　上記の各種略語例は，以下のとおりである。その他，主要な文献とその一部の略語をまとめた「参考文献」も併せて掲載する。

【法令名略語例】

一般法人	一般社団法人及び一般財団法人に関する法律	消費契約	消費者契約法
		特商	特定商取引に関する法律
恩赦	恩赦法	特商令	特定商取引に関する法律施行令
会	会社法		
貸金業	貸金業の規制等に関する法律	特商則	特定商取引に関する法律施行規則
割賦	割賦販売法	犯罪収益移転	犯罪による収益の移転防止に関する法律
割賦令	割賦販売法施行令		
割賦則	割賦販売法施行規則	犯罪収益移転則	犯罪による収益の移転防止に関する法律施行規則
供	供託法		
行手	行政手続法		
行審	行政不服審査法	保証金規則	許可割賦販売業者等の営業保証金等に関する規則
行訴	行政事件訴訟法		
刑	刑法		
個人情報	個人情報の保護に関する法律	暴力団	暴力団員による不当な行為の防止等に関する法律
個人情報令	個人情報の保護に関する法律施行令	民	民法
出資	出資の受入れ，預り金及び金利等の取締りに関する法律	改正民	平成30年改正後の民法
		無尽	無尽業法
商	商法		

凡　例

【判例集・雑誌等略語例】

大	大審院	民集	最高裁判所（または大審院）民事判例集
最	最高裁判所		
〔1小〕	第1小法廷	刑集	最高裁判所（または大審院）刑事判例集
高	高等裁判所		
地	地方裁判所	東高民時報	東京高等裁判所民事判決時報
支	支部		
判	判決	判時	判例時報
民録	大審院民事判決録	判タ	判例タイムズ

【ガイドライン等略語例】

■割賦販売法ガイドライン
・割賦販売法（後払分野）に基づく監督の基本方針 ………………………後払基本方針
・割賦販売法に基づく経済産業大臣の処分に係る審査基準等について
　……………………………………………………………………………割賦審査基準
・割賦販売法第33条の2第1項第10号及び第35条の3の26第1項第9号に定める体制整備に係る社内規則等の審査基準 ………………………………社内規則審査基準
・割賦販売法第30条の2の2本文及び第35条の3の4本文に定める支払可能見込額の算定方法に関する審査基準 ………………………………………見込額審査基準
・クレジットカード加盟店契約に係るガイドライン ……………加盟店ガイドライン

■個人情報保護法ガイドライン
・個人情報の保護に関する法律についてのガイドライン（通則編）
　…………………………………………………………………………通則ガイドライン
・信用分野における個人情報保護に関するガイドライン ………信用分野ガイドライン

■パブリックコメント
・平成29年11月22日付割賦販売法施行規則の一部を改正する命令案に対する意見公募の結果について・別紙（同日公表のパブリックコメントの結果）
　……………………………………………………………………………施行規則パブコメ
・平成21年6月26日付割賦販売法施行規則の一部を改正する省令案に対する意見募集の結果について・別紙（同日公表のパブリックコメントの結果）
　…………………………………………………………………………旧施行規則パブコメ

■日本クレジット協会（JCA）自主ルール等
・割賦販売に係る自主規制規則 …………………………………………割賦販売自主規則
・割賦販売に係る自主規制細則 …………………………………………割賦販売自主細則
・包括信用購入あっせんに係る自主規制規則 …………………………………包括自主規則
・包括信用購入あっせんに係る自主規制細則 …………………………………包括自主細則
・個別信用購入あっせんに係る自主規制規則 …………………………………個別自主規則

凡　例

- 個別信用購入あっせんに係る自主規制細則 ……………………………個別自主細則
- クレジットカード番号等の適切な管理及びクレジットカード番号等取扱契約締結事業者による加盟店調査等に係る自主規制規則 ………………カード番号等自主規則
- クレジットカード番号等の適切な管理及びクレジットカード番号等取扱契約締結事業者による加盟店調査等に係る自主規制細則 ………………カード番号等自主細則
- クレジットカード取引におけるセキュリティ対策強化に向けた実行計画（公表版） ……………………………………………………………………実行計画

【参考文献】
- 打田畯一＝稲村良平『〈特別法コンメンタール〉割賦販売法』（第一法規，昭和49年）
  →打田＝稲村・割賦販売法
- 竹内昭夫編『改正割賦販売法』（商事法務，昭和60年）
- 山口康夫『クレジット関係販売法の解説〔四訂版〕』（一橋出版，平成17年）
- 経済産業省商務情報政策局取引信用課編『平成20年版　割賦販売法の解説』（クレジット協会，平成21年）
  →経産省・解説
- 小山綾子『図解でわかる改正割賦販売法の実務』（経済法令研究会，平成21年）
- 右崎大輔『改正割賦販売法の要点開設Ｑ＆Ａ』（中央経済社，平成22年）
- 山岸憲司＝片岡義広＝内山義隆編『リース・クレジットの法律相談〔第３版〕』（青林書院，平成22年）
- 中崎隆『詳説改正割賦販売法』（金融財政事情研究会，平成22年）
- 片岡義広＝吉元利行『クレジット取引　改正割賦販売法の概要と実務対応』（青林書院，平成22年）
- 後藤巻則＝池本誠司『クレサラ叢書解説編　割賦販売法』（勁草書房，平成23年）
- 梶村太市＝石田賢一＝西村博一編『新・割賦販売法』（青林書院，平成24年）
- 後藤巻則＝齋藤雅弘＝池本誠司『条解消費者三法』（弘文堂，平成27年）

目　　次（第Ⅰ巻）

はしがき
凡　例

第1編　序　　説——割賦販売法の概説

第1章　割賦販売法と「割賦販売」 … 3
〔1〕割賦販売法の規制対象——割賦販売とは … 3
〔2〕割賦販売法の規制対象となる取引類型 … 4
　(1)　割賦販売（2条1項） … 4
　(2)　ローン提携販売（2条2項） … 6
　(3)　包括信用購入あっせん（2条3項） … 7
　　(a)　概　要（7）　(b)　イシュイングとアクワイアリング（9）
　(4)　個別信用購入あっせん（2条4項） … 10
　(5)　前払式特定取引（2条6項） … 11
〔3〕割賦販売法の規制対象外となる割賦取引 … 12
　(1)　商品等の指定性 … 12
　　(a)　各取引類型と商品等の指定制度（12）　(b)　指定商品，指定権利，指定役務（13）
　(2)　事業者間取引の除外 … 14

第2章　割賦販売法の特徴等 … 15
〔1〕所管官庁 … 15
〔2〕割賦販売法の構造 … 15
〔3〕割賦販売法の特徴 … 16
〔4〕割賦販売法の規制内容 … 16
　(1)　行政規制法的側面 … 16
　(2)　実体法的側面 … 17
　(3)　経済刑法的側面 … 17

第3章　割賦取引に係る規制法・法源 … 18

目　次（第Ⅰ巻）

　　〔1〕割賦販売法施行令・施行規則 …………………………………… *18*
　　〔2〕経済産業省によるガイドライン ……………………………… *19*
　　〔3〕業界団体による自主ルール ……………………………………… *19*
　　〔4〕その他の法律 ……………………………………………………… *20*

第4章　割賦取引の歴史とその規制の必要性 …………………… *21*

　〔1〕わが国における割賦取引 …………………………………………… *21*
　　(1)　割賦取引の隆盛 ………………………………………………… *21*
　　(2)　月賦からクレジットへ ………………………………………… *22*
　〔2〕割賦取引の効用 ……………………………………………………… *22*
　〔3〕割賦取引の弊害 ……………………………………………………… *23*
　　(1)　割賦取引の特徴──信用の供与 ……………………………… *23*
　　(2)　過剰与信 ………………………………………………………… *24*
　　(3)　割賦取引と消費者保護 ………………………………………… *24*
　　(4)　前払式取引の問題 ……………………………………………… *25*
　〔4〕割賦取引と消費者金融 …………………………………………… *26*

第5章　割賦販売法の来歴 ……………………………………………… *27*

　〔1〕割賦販売法の制定 ………………………………………………… *27*
　　(1)　経緯・背景 ……………………………………………………… *27*
　　(2)　主な内容 ………………………………………………………… *27*
　　　(a)　概　要（*27*）　(b)　割賦販売に対する規制（*28*）　(c)　割賦購入あっせんに対する規制（*28*）
　〔2〕昭和43年改正 ……………………………………………………… *28*
　　(1)　経緯・背景 ……………………………………………………… *28*
　　(2)　主な改正点 ……………………………………………………… *29*
　〔3〕昭和47年改正 ……………………………………………………… *29*
　　(1)　経緯・背景 ……………………………………………………… *29*
　　(2)　主な改正点 ……………………………………………………… *31*
　　　(a)　目的の修正（*31*）　(b)　規制対象の拡大（*31*）　(c)　割賦販売に係る規制の厳格化（*31*）
　〔4〕昭和59年改正 ……………………………………………………… *31*
　　(1)　経緯・背景 ……………………………………………………… *31*

目　　次（第Ⅰ巻）

　　　(2)　主な改正点 ………………………………………………………… *32*
　　　　　(a)　適用範囲の拡大（*32*）　(b)　割賦購入あっせんへの消費者保
　　　　護規定の適用（*33*）　(c)　抗弁権の接続規定の創設（*33*）　(d)
　　　　過剰与信の防止に関する規定の新設（*33*）
　〔5〕平成11年改正 …………………………………………………………… *34*
　　　(1)　経緯・背景 …………………………………………………………… *34*
　　　(2)　主な改正点 ………………………………………………………… *34*
　　　　　(a)　商品販売以外の取引への拡張（*34*）　(b)　割賦購入あっせん
　　　　の範囲の拡大（*35*）　(c)　ローン提携販売への抗弁権の接続の適
　　　　用（*35*）
　〔6〕平成12年改正 …………………………………………………………… *35*
　　　(1)　経緯・背景 …………………………………………………………… *35*
　　　(2)　主な改正点 ………………………………………………………… *36*
　〔7〕平成16年改正 …………………………………………………………… *36*
　　　(1)　経緯・背景 …………………………………………………………… *36*
　　　(2)　主な改正点 ………………………………………………………… *36*
　〔8〕平成20年改正 …………………………………………………………… *37*
　　　(1)　経緯・背景 …………………………………………………………… *37*
　　　(2)　主な改正点 ………………………………………………………… *38*
　　　　　(a)　割賦購入あっせんに係る定義の変更（*38*）　(b)　個別クレジ
　　　　ットに係る規制の強化（*38*）　(c)　規制対象の拡大（*38*）　(d)
　　　　過剰与信防止（*38*）　(e)　カード情報の管理（*38*）
　〔9〕平成28年改正 …………………………………………………………… *38*
　　　(1)　経緯・背景 …………………………………………………………… *38*
　　　　　(a)　クレジットカードに関する苦情の増加（*38*）　(b)　キャッシ
　　　　ュレス取引の推進とセキュリティ対策の必要性（*39*）　(c)　割賦
　　　　販売委員会による報告書（*39*）　(d)　改正法案の成立（*40*）
　　　(2)　主な改正点 ………………………………………………………… *40*
　　　　　(a)　アクワイアリングに係る登録制度の導入（*40*）　(b)　加盟店
　　　　調査義務の明記（*41*）　(c)　セキュリティ対策の厳格化（*42*）

第6章　今後の展望と課題 …… 44
　(1)　マンスリークリア方式の取扱い …… 44
　(2)　他の決済手法との平仄 …… 45
　(3)　手段と目的の均衡 …… 45

第2編　割賦販売法の解説

第1章　割賦販売法の目的 …… 49
〔1〕概　説 …… 49
　(1)　割賦販売法1条1項 …… 49
　　(a)　趣　旨（49）　(b)　目的の順位（49）
　(2)　割賦販売法1条2項 …… 50
〔2〕条文解説 …… 50
　　第1条（目的及び運用上の配慮） …… 50

第2章　割賦販売 …… 52
第1節　割賦販売の意義（2条1項） …… 52
〔1〕概　説 …… 52
　(1)　割賦販売の概要 …… 52
　(2)　分割払方式とリボルビング方式 …… 53
　　(a)　分割払方式（53）　(b)　リボルビング方式（53）
　(3)　個別方式と包括方式 …… 56
　　(a)　カード等の要否（56）　(b)　割賦販売と包括信用購入あっせん（57）
　(4)　割賦販売からの除外 …… 58
　　(a)　支払期間及び回数による制限（58）　(b)　指定商品等制度（59）
　(5)　割賦販売と事業性の要否 …… 59
　(6)　文化預金方式の割賦販売 …… 59
〔2〕条文解説 …… 60
　　第2条（定義）第1項 …… 60
第2節　指定商品，指定権利及び指定役務制度（2条5項） …… 64

〔1〕概　説 …………………………………………………………… 64
  (1) 趣旨・目的 ………………………………………………………… 64
  (2) 適用対象となる取引 ……………………………………………… 64
  (3) 内　容 ……………………………………………………………… 65
  (4) 権利と役務の区別 ………………………………………………… 65
〔2〕条文解説 ………………………………………………………… 66
    第2条（定義）第5項 …………………………………………… 66
第3節　割賦販売に対する参入規制——自由参入制 …………………… 72
第4節　割賦販売に対する行為規制（3条〜4条の2・9条・10条）
　　　　　　　　　　　　　　　　　　　　　　　　　　…………… 73
  第1款　取引条件の表示（3条1項〜3項）………………………… 73
  〔1〕概　説 …………………………………………………………… 73
    (1) 趣旨・目的 ……………………………………………………… 73
    (2) 規定方法 ………………………………………………………… 74
    (3) 事業性 …………………………………………………………… 74
    (4) カード等を交付等する場合の事前表示 ……………………… 75
    (5) 表示事項 ………………………………………………………… 75
    (6) カード等の更新時の書面交付 ………………………………… 76
    (7) 各項違反に対する処分 ………………………………………… 76
  〔2〕条文解説 ………………………………………………………… 77
      第3条（割賦販売条件の表示）第1項〜第3項 ……………… 77
  第2款　取引条件に係る広告（3条4項）…………………………… 86
  〔1〕概　説 …………………………………………………………… 86
    (1) 趣旨・目的 ……………………………………………………… 86
    (2) 表示事項および表示方法 ……………………………………… 87
    (3) 割賦販売法3条4項違反に対する処分 ……………………… 87
  〔2〕条文解説 ………………………………………………………… 87
      第3条（割賦販売条件の表示）第4項 ………………………… 87
  第3款　書面交付（4条）……………………………………………… 89
  〔1〕概　説 …………………………………………………………… 89
    (1) 趣旨・目的 ……………………………………………………… 89

目　　次（第Ⅰ巻）

　　　　　(2)　契約締結時書面 ………………………………………… 89
　　　　　(3)　リボルビング方式割賦販売に係る請求時書面 ……… 90
　　　　　(4)　締結時書面及び請求時書面の記載事項 ……………… 90
　　　　　(5)　割賦販売法4条に基づく書面の記載方法 …………… 92
　　　　　(6)　割賦販売法4条違反に対する処分 …………………… 92
　　　〔2〕条文解説 ………………………………………………………… 92
　　　　　第4条（書面の交付） ……………………………………… 92
　　第4款　電磁的方法による提供（4条の2） ………………………… 103
　　　〔1〕概　　説 ……………………………………………………… 103
　　　　　(1)　趣旨・目的 ……………………………………………… 103
　　　　　(2)　割賦販売法4条の2の対象 …………………………… 103
　　　　　(3)　電磁的方法による提供の要件 ………………………… 103
　　　　　(4)　オプトイン規制 ………………………………………… 104
　　　　　(5)　割賦販売法4条の2違反の効果 ……………………… 104
　　　〔2〕条文解説 ……………………………………………………… 105
　　　　　第4条の2（情報通信の技術を利用する方法） ………… 105
　　第5款　割賦販売の標準条件（9条・10条） ……………………… 109
　　　〔1〕概　　説 ……………………………………………………… 109
　　　　　(1)　趣旨・目的 ……………………………………………… 109
　　　　　(2)　適用対象 ………………………………………………… 109
　　　　　　　(a)　リボルビング方式割賦販売への不適用（109）　(b)　前払式割賦販売への不適用（110）　(c)　指定権利及び指定役務への不適用（110）
　　　　　(3)　標準条件の告示要件 …………………………………… 110
　　　　　(4)　勧告への違反に対する処分 …………………………… 111
　　　〔2〕条文解説 ……………………………………………………… 111
　　　　　第9条（標準条件の公示） ………………………………… 111
　　　　　第10条（勧告） …………………………………………… 112
　第5節　割賦販売に係る民事ルール（5条〜7条） ………………… 113
　　第1款　解除及び期限の利益喪失の制限（5条） ………………… 113
　　　〔1〕概　　説 ……………………………………………………… 113

(1)　趣旨・目的 ·· *113*
　　　(2)　制限の対象事項 ··· *113*
　　　(3)　制限の内容 ··· *114*
　　　(4)　強行規定 ·· *114*
　　　(5)　各書面の記載要領との関係 ································· *114*
　　　(6)　割賦販売法5条違反の効果 ······························· *115*
　　〔2〕条文解説 ··· *115*
　　　　　第5条（契約の解除等の制限） ······························· *115*
　第2款　損害賠償額の制限（6条） ··· *117*
　　〔1〕概　　説 ··· *117*
　　　(1)　趣旨・目的 ·· *117*
　　　(2)　割賦販売法6条の構造 ··· *118*
　　　(3)　リボルビング方式割賦販売の遅延損害金率 ······· *118*
　　　(4)　既払金の取扱い ··· *119*
　　　(5)　割賦販売法6条違反の効果 ······························· *119*
　　〔2〕条文解説 ··· *119*
　　　　　第6条（契約の解除等に伴う損害賠償等の額の制限） ··········· *119*
　第3款　所有権の推定（7条） ··· *132*
　　〔1〕概　　説 ··· *132*
　　　(1)　趣旨・目的 ·· *132*
　　　(2)　リボルビング方式への不適用 ································ *132*
　　　(3)　所有権留保の法的性質 ·· *132*
　　〔2〕条文解説 ··· *133*
　　　　　第7条（所有権に関する推定） ································ *133*
第6節　適用除外（8条） ··· *134*
　　〔1〕概　　説 ··· *134*
　　　(1)　趣旨・目的 ·· *134*
　　　(2)　適用除外となる取引 ··· *135*
　　　　　(a)　当事者の一方又は双方の属性・性質に着目して適用除外とされる取引（*135*）　(b)　団体内部の私的自治の範囲内であることから適用除外とされる取引（*135*）　(c)　他の法律による規制を受

目　次（第Ⅰ巻）

　　　　　けていることから適用除外とされる取引（135）
　　　　(3)　適用除外となる規定 …………………………………………… 135
　　〔2〕条文解説 …………………………………………………………… 136
　　　　第8条（適用除外）…………………………………………………… 136

第3章　前払式割賦販売 …………………………………………………… 141
第1節　参入規制——許可制（11条～15条・18条の6・19条）………… 141
　　〔1〕概　説 ……………………………………………………………… 141
　　　　(1)　前払式割賦販売の意義 …………………………………………… 141
　　　　　(a)　意味内容と割賦販売との相違（141）　(b)　前払式割賦販売の対象（142）　(c)　前払式割賦販売の支払方式（142）　(d)　前払式割賦販売の要件（142）
　　　　(2)　許可制の採用（11条）…………………………………………… 143
　　　　　(a)　趣旨・目的（143）　(b)　許可制の例外（143）
　　　　(3)　許可申請手続 ……………………………………………………… 143
　　　　　(a)　手　続（12条）（143）　(b)　不許可事由（15条）（144）
　　　　(4)　無許可営業に関する処分・罰則 ………………………………… 144
　　　　　(a)　無許可営業に対する罰則（144）　(b)　不正な手段による許可の取得に対する処分（144）
　　　　(5)　許可の承継（18条の6）………………………………………… 144
　　　　(6)　申請事項の変更に係る届出義務（19条）……………………… 145
　　〔2〕条文解説 …………………………………………………………… 145
　　　　第11条（前払式割賦販売業の許可）………………………………… 145
　　　　第12条（許可の申請）………………………………………………… 148
　　　　第13条及び第14条 …………………………………………………… 151
　　　　第15条（許可の基準）………………………………………………… 151
　　　　第18条の6（承継）…………………………………………………… 156
　　　　第19条（変更の届出等）……………………………………………… 159
第2節　参入規制——保証金の供託（16条～18条の5・20条の3・20条の4・21条～22条の2・29条）………………………………………… 162
　　第1款　営業保証金の供託（16条～18条の2）………………………… 162
　　〔1〕概　説 ……………………………………………………………… 162

　　　　(1)　趣旨・目的 …………………………………………………………… *162*
　　　　(2)　営業保証金の供託 …………………………………………………… *163*
　　　　　　(a)　供託義務（*163*）　(b)　供託金額（*163*）　(c)　届出義務違
　　　　　　反に対する処分（*163*）
　　〔2〕条文解説 ………………………………………………………………… *164*
　　　　第16条（営業保証金の供託等） …………………………………………… *164*
　　　　第17条 ……………………………………………………………………… *165*
　　　　第18条 ……………………………………………………………………… *166*
　　　　第18条の2 ………………………………………………………………… *167*
　第2款　前受金保全措置（18条の3〜18条の5・20条の3・20条の4）… *171*
　　〔1〕概　　説 ………………………………………………………………… *171*
　　　　(1)　前受金保全措置の実施（18条の3） ………………………………… *171*
　　　　　　(a)　趣旨・目的（*171*）　(b)　基準額（*171*）　(c)　前受金保全
　　　　　　措置の内容（*171*）　(d)　前払式割賦販売契約締結の禁止（*172*）
　　　　　　(e)　違反に対する処分等（*173*）
　　　　(2)　前受金保全措置の届出（18条の4） ………………………………… *173*
　　　　(3)　供託金の取戻し及び供託委託契約の解除（18条の5） …………… *173*
　　　　　　(a)　概　要（*173*）　(b)　前受業務保証金供託委託契約の解除
　　　　　　（*174*）
　　　　(4)　供託委託契約の受託者による供託（20条の3・20条の4） ……… *175*
　　　　　　(a)　供託受託者による供託義務（*175*）　(b)　供託受託者による
　　　　　　取戻し（*175*）
　　〔2〕条文解説 ………………………………………………………………… *176*
　　　　第18条の3（前受金保全措置） …………………………………………… *176*
　　　　第18条の4 ………………………………………………………………… *180*
　　　　第18条の5 ………………………………………………………………… *181*
　　　　第20条の3（供託委託契約の受託者の供託等） ………………………… *185*
　　　　第20条の4 ………………………………………………………………… *188*
　第3款　営業保証金等の保管替え（22条の2） …………………………… *190*
　　〔1〕概　　説 ………………………………………………………………… *190*
　　〔2〕条文解説 ………………………………………………………………… *191*

目　　次（第Ⅰ巻）

　　　　　　第22条の2（営業保証金及び前受業務保証金の保管替え等）……… *191*
　　第4款　保証金の還付（21条・22条） …………………………………… *192*
　　　〔1〕概　　説 ……………………………………………………………… *192*
　　　　(1) 営業保証金等の還付手続 ……………………………………………… *193*
　　　　(2) 営業保証金等の配当手続 ……………………………………………… *193*
　　　　　(a) 経済産業局長による公示（*194*）　(b) 購入者による債権申
　　　　　出（*194*）　(c) 権利の調査（*194*）　(d) 配当表の作成及び配
　　　　　当（*195*）
　　　　(3) 不足額の追加 …………………………………………………………… *196*
　　　〔2〕条文解説 ……………………………………………………………… *196*
　　　　　第21条（営業保証金及び前受業務保証金の還付） …………………… *196*
　　　　　第22条（権利の実行があつた場合の措置） …………………………… *197*
　　第5款　保証金の取戻し（29条） ………………………………………… *199*
　　　〔1〕概　　説 ……………………………………………………………… *199*
　　　〔2〕条文解説 ……………………………………………………………… *199*
　　　　　第29条 ……………………………………………………………………… *199*
　第3節　行為規制——帳簿の備付け（19条の2） ……………………… *201*
　　　〔1〕概　　説 ……………………………………………………………… *201*
　　　　(1) 趣旨・目的 ……………………………………………………………… *201*
　　　　(2) 義務の内容 ……………………………………………………………… *202*
　　　　(3) 帳簿を備え付ける営業所 ……………………………………………… *202*
　　　　(4) 保存期間 ………………………………………………………………… *202*
　　　　(5) 帳簿の記載事項 ………………………………………………………… *202*
　　　　(6) 割賦販売法19条の2違反に対する罰則 ……………………………… *203*
　　　〔2〕条文解説 ……………………………………………………………… *203*
　　　　　第19条の2（帳簿の備付け） …………………………………………… *203*
　第4節　民事ルール——法定解除権（27条） …………………………… *203*
　　　〔1〕概　　説 ……………………………………………………………… *203*
　　　　(1) 趣旨・目的 ……………………………………………………………… *203*
　　　　(2) 解除要件 ………………………………………………………………… *204*
　　　　(3) 解除の効果 ……………………………………………………………… *204*

xviii

(4) 強行規定 ………………………………………………………………… *205*
　〔2〕条文解説 …………………………………………………………………… *205*
　　　第27条（契約の解除） ………………………………………………… *205*
第5節　行政による監督（20条・20条の2・23条～26条・28条）……… *208*
　〔1〕概　説 ………………………………………………………………………… *208*
　　　(1) 新規契約の締結禁止（20条） ……………………………………… *208*
　　　(2) 改善命令（20条の2） ……………………………………………… *209*
　　　(3) 許可の取消し（23条） ……………………………………………… *210*
　　　　(a) 必要的取消事由（23条1項）（*210*）　(b) 任意的処分事由
　　　（23条2項）（*210*）
　　　(4) 営業の廃止及び許可の失効（25条・26条）……………………… *211*
　　　(5) 処分の公示（24条・26条2項） …………………………………… *211*
　　　(6) 許可の取消し等に係る取引の結了（28条）……………………… *211*
　〔2〕条文解説 …………………………………………………………………… *212*
　　　第20条（契約の締結の禁止） ………………………………………… *212*
　　　第20条の2（改善命令） ……………………………………………… *214*
　　　第23条（許可の取消し等） …………………………………………… *219*
　　　第24条（処分の公示） ………………………………………………… *222*
　　　第25条（許可の失効） ………………………………………………… *222*
　　　第26条（廃止の届出） ………………………………………………… *223*
　　　第28条（許可の取消し等に伴う取引の結了等） ………………… *223*
第6節　適用除外（8条） ……………………………………………………… *224*
第4章　ローン提携販売 ………………………………………………………… *225*
第1節　ローン提携販売の意義（2条2項） ……………………………… *225*
　〔1〕概　説 ………………………………………………………………………… *225*
　　　(1) ローン提携販売の概要 ……………………………………………… *225*
　　　(2) ローン提携販売に対する規制の趣旨 …………………………… *227*
　　　(3) カード等の交付等 …………………………………………………… *227*
　　　　(a) 個別方式の除外（*228*）　(b) カード等の発行主体（*228*）
　　　(4) 支払方式の限定 ……………………………………………………… *229*
　　　(5) 提携金融機関からの借入れ ………………………………………… *229*

目　　次（第Ⅰ巻）

　　　　（6）　ローン提携販売業者による保証 ……………………………… *229*
　　　　（7）　指定商品等制度の採用 …………………………………………… *230*
　　〔2〕条文解説 ………………………………………………………………… *230*
　　　　第2条（定義）第2項 ……………………………………………… *230*
第2節　参入規制──自由参入制 ……………………………………………… *233*
第3節　行為規制（**29条の2〜29条の4**） ………………………………… *234*
　第1款　取引条件の表示（29条の2第1項・2項） ……………………… *234*
　　〔1〕概　説 …………………………………………………………………… *234*
　　　　(1)　趣旨・目的 …………………………………………………………… *234*
　　　　(2)　罰　　則 ……………………………………………………………… *235*
　　〔2〕条文解説 ………………………………………………………………… *235*
　　　　第29条の2（ローン提携販売条件の表示）第1項〜第2項 …… *235*
　第2款　取引条件の広告（29条の2第3項） ……………………………… *240*
　　〔1〕概　説 …………………………………………………………………… *240*
　　〔2〕条文解説 ………………………………………………………………… *240*
　　　　第29条の2（ローン提携販売条件の表示）第3項 ………………… *240*
　第3款　書面交付（29条の3） ……………………………………………… *241*
　　〔1〕概　説 …………………………………………………………………… *241*
　　　　(1)　趣旨・目的 …………………………………………………………… *241*
　　　　(2)　書面の記載事項 ……………………………………………………… *242*
　　　　(3)　請求時書面の位置付け ……………………………………………… *242*
　　　　(4)　書面交付に代わる電磁的方法による提供 ……………………… *243*
　　　　(5)　罰　　則 ……………………………………………………………… *243*
　　〔2〕条文解説 ………………………………………………………………… *243*
　　　　第29条の3（書面の交付） ……………………………………………… *243*
第4節　各規定の準用（**29条の4**） ………………………………………… *250*
　　〔1〕概　説 …………………………………………………………………… *250*
　　〔2〕条文解説 ………………………………………………………………… *250*
　　　　第29条の4（準用規定） ………………………………………………… *250*
第5章　包括信用購入あっせん ……………………………………………… *257*
第1節　包括信用購入あっせんの意義（**2条3項**） ……………………… *258*

目　次（第Ⅰ巻）

〔1〕概　　説 …………………………………………………………258
　(1)　包括信用購入あっせんの概要…………………………………258
　(2)　包括信用購入あっせんの要件…………………………………259
　　(a)　カード等の交付等（259）　(b)　牽連関係（259）　(c)　加
　　盟店への支払（259）　(d)　支払方式（260）　(e)　指定商品等
　　制度の不採用（260）
　(3)　マンスリークリア方式の取扱い ………………………………261
　　(a)　マンスリークリア方式の除外（261）　(b)　支払方式を選択
　　できるカード等の取扱い（261）　(c)　2月払購入あっせんとマ
　　ンスリークリア方式（262）
　(4)　包括信用購入あっせんにおける法律関係 ……………………263
　　(a)　立替払方式（263）　(b)　債権譲渡方式（265）　(c)　その
　　他の方式（265）　(d)　無名契約説（266）　(e)　加盟店・利用
　　者間の法律関係（267）
　(5)　包括信用購入あっせんの取引類型 ……………………………268
　　(a)　オンアス取引（268）　(b)　オフアス取引（直接提携）（268）
　　(c)　PSPの介在（269）
〔2〕条文解説 …………………………………………………………272
　　第2条（定義）第3項 ……………………………………………272
第2節　参入規制──登録制（31条〜33条の4）………………………276
〔1〕概　　説 …………………………………………………………276
　(1)　登録義務………………………………………………………276
　　(a)　趣旨・目的（276）　(b)　「業として営む」の意味（277）
　　(c)　「法人」であること（278）　(d)　登録義務の適用除外（278）
　　(e)　罰　則（279）
　(2)　登録申請手続…………………………………………………279
　　(a)　申請書及び添付書類の提出（279）　(b)　申請書の提出先
　　（279）
　(3)　登録及び登録拒否………………………………………………280
　　(a)　概　要（280）　(b)　登録の拒否（280）　(c)　その他の手
　　続（281）

xxi

目　次（第Ⅰ巻）

　　　(4)　変更登録（33条の3） ……………………………………………… *281*
　　　　　(a)　申請義務（*281*）　(b)　罰　則（*282*）
　　　(5)　登録簿閲覧供用義務 ……………………………………………… *282*
　　〔2〕条文解説 ……………………………………………………………… *282*
　　　第31条（包括信用購入あつせん業者の登録） ……………………… *282*
　　　第32条（登録の申請） ………………………………………………… *283*
　　　第33条（登録及びその通知） ………………………………………… *286*
　　　第33条の2（登録の拒否） …………………………………………… *287*
　　　第33条の3（変更の届出） …………………………………………… *293*
　　　第33条の4（登録簿の閲覧） ………………………………………… *294*
第3節　参入規制──指定信用情報機関への加入義務 ……………………… *294*
第4節　過剰与信の防止（30条の2・30条の2の2） …………………… *295*
　第1款　包括支払可能見込額の調査（30条の2第1項・3項・4項） …… *295*
　　〔1〕概　　説 ……………………………………………………………… *295*
　　　(1)　趣旨・目的 ………………………………………………………… *295*
　　　(2)　調査の概要 ………………………………………………………… *296*
　　　(3)　調査項目 …………………………………………………………… *296*
　　　(4)　包括支払可能見込額の調査が必要となる場合 ………………… *297*
　　　　　(a)　カード等を交付等する場合（*297*）　(b)　極度額を増額する場合（*297*）
　　　(5)　新規にカード等を交付等する場合の調査 ……………………… *297*
　　　　　(a)　年　収（*298*）　(b)　預貯金（*299*）　(c)　信用購入あつせんに係る債務の支払の状況（*300*）　(d)　借入れの状況（*301*）
　　　　　(e)　その他の事項（*301*）
　　　(6)　更新カード等を交付等する場合の調査 ………………………… *302*
　　　　　(a)　申告事項の確認（*302*）　(b)　借入れの状況の勘案（*302*）
　　　　　(c)　調査の時期（*303*）
　　　(7)　極度額を増額する場合の調査 …………………………………… *303*
　　　(8)　調査義務の適用除外 ……………………………………………… *303*
　　　　　(a)　30万円以下のカード等の交付等又は増額（*303*）　(b)　極度額の一時的な増額（*305*）　(c)　少額利用カード等の更新（*306*）

目　次（第Ⅰ巻）

　　　　(d)　付随カード等の交付等（307）　(e)　カード等の再発行（308）
　　(9)　調査に係る記録の保存 ……………………………………………308
　　　　(a)　概　要（308）　(b)　調査に関する記録の作成・保存（309）
　　　　(c)　調査義務を免除された場合の記録の作成・保存（309）
　　(10)　包括支払可能見込額 …………………………………………309
　　(11)　違反に対する処分 ……………………………………………310
　〔2〕条文解説 …………………………………………………………310
　　　　　第30条の2（包括支払可能見込額の調査）第1項・第3項・第4項
　　　　　………………………………………………………………310
第2款　過剰与信の禁止（30条の2第2項・30条の2の2） ………………317
　〔1〕概　説 ……………………………………………………………317
　　(1)　趣旨・目的 ………………………………………………………317
　　(2)　包括支払可能見込額の定義 ……………………………………318
　　(3)　包括支払可能見込額の算定方法 ………………………………318
　　　　(a)　算定方法（318）　(b)　算定時期（319）
　　(4)　包括支払可能見込額を超えるカード等の発行の禁止 ………319
　　　　(a)　原　則（319）　(b)　例　外（319）
　　(5)　罰　則　等 ………………………………………………………319
　〔2〕条文解説 …………………………………………………………320
　　　　　第30条の2（包括支払可能見込額の調査）第2項 ……………320
　　　　　第30条の2の2（包括支払可能見込額を超える場合のカード等の交付
　　　　　等の禁止）………………………………………………………325

第5節　行為規制（30条・30条の2の3） ……………………………326

　第1款　取引条件の表示（30条） ……………………………………326
　〔1〕概　説 ……………………………………………………………326
　　(1)　取引条件を記載した書面の交付（30条1項・2項） ……………326
　　　　(a)　趣旨・目的（326）　(b)　包括方式とリボルビング方式
　　　　（327）　(c)　事業性の必要性（327）　(d)　表示事項（327）
　　　　(e)　違反に対する処分（328）
　　(2)　取引条件に係る広告の規制（30条3項）………………………328

xxiii

目　次（第Ⅰ巻）

　　　　　　(a)　趣旨・目的（*328*)　　(b)　取引条件についての広告（*328*)

　　　　　　(c)　表示事項（*328*)　　(d)　罰　則（*329*)

　　　　(3)　取引条件の事前開示 ··· *329*

　　　〔2〕条文解説 ··· *329*

　　　　　　第30条（包括信用購入あつせんの取引条件の表示） ················ *329*

　　第2款　カード等利用時の書面交付（30条の2の3）················ *336*

　　　〔1〕概　　説 ··· *336*

　　　　(1)　趣旨・目的 ··· *336*

　　　　(2)　交付主体 ·· *337*

　　　　　　(a)　利用時書面・請求時書面（*337*)　　(b)　加盟店利用時書面
　　　　　　（*337*)

　　　　(3)　書面交付の対象となる取引 ··· *337*

　　　　(4)　記載事項 ·· *338*

　　　　(5)　交付時期 ·· *340*

　　　　(6)　電磁的方法による提供 ··· *340*

　　　　(7)　罰　　則 ·· *341*

　　　〔2〕条文解説 ··· *341*

　　　　　　第30条の2の3（書面の交付等）·· *341*

　　第3款　電磁的方法による提供（30条の6）······························ *361*

　　　〔1〕概　　説 ··· *361*

　　　　(1)　趣旨・目的 ··· *361*

　　　　(2)　適用対象の変更――加盟店の除外 ·· *362*

　　　　(3)　電磁的方法による提供の要件 ·· *362*

　　　　(4)　割賦販売法30条の6違反に対する処分 ································· *362*

　　　〔2〕条文解説 ··· *363*

　　　　　　第30条の6（準用規定）·· *363*

　第6節　業務運営に関する措置（30条の5の2）·························· *366*

　　　〔1〕概　　説 ··· *366*

　　　　(1)　趣旨・目的 ··· *366*

　　　　(2)　利用者等の情報の取扱い ·· *366*

　　　　　　(a)　個人情報保護法との関係（*366*)　　(b)　利用者等の情報の安

　　　　全管理等に関する措置（367）　(c)　特定信用情報の目的外使用
　　　　の禁止のための措置（368）
　　(3)　利用者等の機微情報の目的外使用の禁止のための措置……………369
　　(4)　業務委託先に対する監督等………………………………………………370
　　　　(a)　概　要（370）　(b)　割賦販売法施行規則59条の対象となる
　　　　業務（371）　(c)　割賦販売法施行規則56条との関係（371）
　　　　(d)　委託先の選定（371）　(e)　受託者に対する監督等（372）
　　　　(f)　受託者に関するカード会員からの苦情の適切・迅速な処
　　　　理（372）　(g)　受託者が受託業務を行えない場合の代替措置
　　　　（372）　(h)　業務委託契約の解除等（373）
　　(5)　苦情の適切かつ迅速な処理………………………………………………373
　　　　(a)　概　要（373）　(b)　原因の究明（373）　(c)　オンアス加
　　　　盟店が苦情の原因である場合（374）　(d)　オフアス加盟店が苦
　　　　情の原因である場合（374）　(e)　包括信用購入あっせん業者が
　　　　苦情の原因である場合（375）
　〔2〕条文解説 …………………………………………………………………………376
　　　第30条の5の2（業務の運営に関する措置）……………………………376
第7節　民事ルール（30条の2の4～30条の5）……………………………377
　第1款　契約解除及び期限の利益喪失の制限（30条の2の4）…………377
　〔1〕概　説 ……………………………………………………………………………377
　　(1)　趣旨・目的 ……………………………………………………………………377
　　(2)　必要な催告 ……………………………………………………………………377
　　(3)　解除の意思表示 ………………………………………………………………378
　　(4)　強行規定性 ……………………………………………………………………378
　　(5)　その他の事由による解除・期限の利益喪失 ……………………………378
　　　　(a)　期限の利益喪失事由の制限（378）　(b)　解除事由の制限
　　　　（379）
　〔2〕条文解説 …………………………………………………………………………380
　　　第30条の2の4（契約の解除等の制限）…………………………………380
　第2款　損害賠償額の制限（30条の3）………………………………………382
　〔1〕概　説 ……………………………………………………………………………382

目　　次（第Ⅰ巻）

　　　(1)　趣旨・目的 ……………………………………………………………… *382*
　　　(2)　法定利率 ………………………………………………………………… *382*
　　　(3)　割賦販売法30条の3とリボルビング方式 ………………………… *383*
　　　(4)　規制の具体的内容 …………………………………………………… *383*
　　　　　(a)　包括信用購入あっせん関係契約が解除された場合（*383*)　　(b)
　　　　支払遅滞の場合（*384*)
　　〔2〕条文解説 …………………………………………………………………… *385*
　　　　第30条の3（契約の解除等に伴う損害賠償等の額の制限）………… *385*
　第3款　抗弁権の接続（30条の4・30条の5）………………………………… *386*
　　〔1〕概　　説 …………………………………………………………………… *386*
　　　(1)　趣旨・目的 ……………………………………………………………… *386*
　　　(2)　割賦販売法30条の4施行以前の状況 …………………………… *387*
　　　(3)　オフアス取引と抗弁権の接続 ………………………………………… *389*
　　　(4)　抗弁権の接続の対象取引 ……………………………………………… *390*
　　　(5)　抗弁事由 ………………………………………………………………… *391*
　　　　　(a)　契約関係の解消（*392*)　　(b)　契約関係が存続する場合の抗
　　　　弁事由（*393*)　　(c)　カード等の不正利用（*393*)
　　　(6)　抗弁権の接続と信義則 ………………………………………………… *394*
　　　(7)　抗弁権の接続の効果 …………………………………………………… *394*
　　　(8)　強行法規性 ……………………………………………………………… *395*
　　　(9)　一定額以下のカード等利用の除外 ………………………………… *395*
　　　(10)　リボルビング方式における弁済金の充当順位 …………………… *396*
　　　(11)　抗弁権の接続の手続 ………………………………………………… *397*
　　　　　(a)　抗弁権の接続の主張（*397*)　　(b)　包括信用購入あっせん業
　　　　者の手続（*398*)
　　〔2〕条文解説 …………………………………………………………………… *399*
　　　　第30条の4（包括信用購入あつせん業者に対する抗弁）…………… *399*
　　　　第30条の5 ………………………………………………………………… *405*
第8節　**行政による監督（30条の5の3・33条の5〜35条の3）**……… *407*
　　〔1〕概　　説 …………………………………………………………………… *407*
　　　(1)　改善命令 ………………………………………………………………… *407*

(a)　趣旨・目的（*407*）　　(b)　任意的処分（*408*）　　(c)　処分基準（*408*）　　(d)　改善命令事由（*409*）　　(e)　改善命令の内容（*410*）　　(f)　内閣総理大臣との協議（*410*）　　(g)　罰　則（*411*）

　(2)　カード等の交付等禁止命令 ································· *411*
　　　(a)　趣旨・目的（*411*）　　(b)　任意的処分（*411*）　　(c)　命令の取消し（*412*）　　(d)　命令違反に対する行政処分及び罰則（*412*）

　(3)　登録の取消し（34条の2） ································· *412*
　　　(a)　趣旨・目的（*412*）　　(b)　取消事由（*413*）　　(c)　内閣総理大臣との協議（*414*）　　(d)　取消理由の通知（*414*）

　(4)　営業廃止の届出 ·· *414*
　(5)　登録の消除 ··· *415*
　(6)　処分の公示 ··· *415*
　(7)　登録の取消し等に伴う取引の結了等 ······················· *415*
　(8)　加盟店の加盟店契約解除権 ································· *416*
　(9)　報告徴収命令・立入検査 ···································· *416*
　(10)　その他各処分の共通事項 ··································· *416*
　　　(a)　聴聞手続（行手13条1項1号，割賦43条）（*417*）　　(b)　弁明の機会の付与（行手13条1項2号）（*417*）　　(c)　行政処分通知書の交付（行手14条，割賦34条の2第5項）（*417*）　　(d)　行政処分の公表（*417*）　　(e)　処分の公示（34条の4）（*417*）　　(f)　処分の発効（*417*）　　(g)　改善命令の履行状況に係る報告徴収命令（*417*）　　(h)　標準処理期間の策定（*417*）

〔2〕条文解説 ·· *418*
　第30条の5の3（改善命令）······································ *418*
　第33条の5（改善命令）·· *419*
　第34条（カード等の交付等の禁止）······························ *420*
　第34条の2（登録の取消し）····································· *422*
　第34条の3（登録の消除）······································· *424*
　第34条の4（処分の公示）······································· *424*
　第35条（廃止の届出）·· *425*
　第35条の2（販売業者等の契約の解除）························· *426*

xxvii

目　　次（第Ⅰ巻）

　　　　第35条の３（登録の取消しに伴う取引の結了等）………………427
　第９節　不服申立て………………………………………………………428
　　　(1)　総　　論…………………………………………………………428
　　　(2)　行政不服審査法に基づく不服申立て…………………………428
　　　　(a)　不服申立ての種類（428）　(b)　割賦販売法上の処分に対する不服申立て（429）　(c)　割賦販売法上の特則（430）
　　　(3)　行政事件訴訟法に基づく抗告訴訟……………………………430
　　　　(a)　概　要（430）　(b)　取消訴訟の要件（430）　(c)　取消訴訟の相手方（430）
　第10節　適用除外（35条の３の60第１項）……………………………431
　　〔１〕概　説………………………………………………………………431
　　　(1)　趣旨・目的………………………………………………………431
　　　(2)　適用が除外される規定…………………………………………431
　　　(3)　適用除外の対象取引……………………………………………432
　　〔２〕条文解説……………………………………………………………432
　　　　第35条の３の60第１項……………………………………………432
第６章　クレジットカード番号等の適切な管理等…………………………437
　第１節　クレジットカード番号等の適切な管理（35条の16・35条の17）
　　　　…………………………………………………………………………438
　　〔１〕概　説………………………………………………………………438
　　　(1)　クレジットカード番号等の管理………………………………438
　　　　(a)　趣旨・目的（438）　(b)　クレジットカード番号等購入あっせん業者（439）　(c)　クレジットカード番号等（439）　(d)　クレジットカード番号等取扱受託業者（439）　(e)　講じるべき措置の内容（439）　(f)　罰　則（440）
　　　(2)　改善命令…………………………………………………………440
　　〔２〕条文解説……………………………………………………………440
　　　　第35条の16（クレジットカード番号等の適切な管理）…………440
　　　　第35条の17（改善命令）……………………………………………450
　第２節　クレジットカード番号等取扱契約の締結に係る規制（35条の17の２～35条の17の15）……………………………………………………451

目　　次（第Ⅰ巻）

第 1 款　参入規制──登録制（35条の17の 2 〜35条の17の 7 ）…………*451*
　〔 1 〕概　　説 ……………………………………………………………………*451*
　　　⑴　趣旨・目的 ………………………………………………………………*451*
　　　⑵　登録義務者 ………………………………………………………………*452*
　　　⑶　登録手続 …………………………………………………………………*453*
　　　⑷　登録拒否事由 ……………………………………………………………*453*
　　　⑸　変更の届出 ………………………………………………………………*453*
　　　⑹　登録簿の閲覧 ……………………………………………………………*454*
　　　⑺　罰　則　等 ………………………………………………………………*455*
　〔 2 〕条文解説 ……………………………………………………………………*455*
　　　　第35条の17の 2 （クレジットカード番号等取扱契約締結事業者の登録）
　　　　 ………………………………………………………………………………*455*
　　　　第35条の17の 3 （登録の申請）………………………………………………*460*
　　　　第35条の17の 4 （登録及びその通知）………………………………………*462*
　　　　第35条の17の 5 （登録の拒否）………………………………………………*462*
　　　　第35条の17の 6 （変更の届出）………………………………………………*466*
　　　　第35条の17の 7 （登録簿の閲覧）……………………………………………*467*
第 2 款　行為規制──加盟店調査（第35条の17の 8 ）…………………………*467*
　〔 1 〕概　　説 ……………………………………………………………………*467*
　　　⑴　趣旨・目的 ………………………………………………………………*467*
　　　⑵　初期調査 …………………………………………………………………*468*
　　　⑶　定期調査及び随時調査 …………………………………………………*468*
　　　⑷　各調査の比較 ……………………………………………………………*469*
　　　⑸　記録の保存 ………………………………………………………………*470*
　　　⑹　既存加盟店に係る調査等 ………………………………………………*471*
　　　　　(a)　既存アクワイアラーの調査義務の発生時期（*471*）　(b)　既存加盟店に対する初期調査の要否（*471*）　(c)　既存加盟店に対する定期調査の基準時（*472*）
　　　⑺　加盟店調査義務に係る課題 ……………………………………………*472*
　　　　　(a)　調査のボリュームとアクワイアラーのコスト（*472*）　(b)　加盟店調査とマルチアクワイアリング（*473*）

xxix

目　次（第Ⅰ巻）

　　　　(8)　罰　則　等 ……………………………………………………… *475*
　　〔2〕条文解説 …………………………………………………………… *475*
　　　　第35条の17の8（クレジットカード番号等取扱契約締結事業者の調査
　　　　等）……………………………………………………………………… *475*
　第3款　行為規制——体制整備（35条の17の9）………………………… *489*
　　〔1〕概　　説 …………………………………………………………… *489*
　　〔2〕条文解説 …………………………………………………………… *490*
　　　　第35条の17の9（業務の運営に関する措置）……………………… *490*
　第4款　行政による監督（35条の17の10～35条の17の14）…………… *494*
　　〔1〕概　　説 …………………………………………………………… *494*
　　　　(1)　改善命令 ……………………………………………………… *494*
　　　　(2)　登録取消し …………………………………………………… *495*
　　　　　　(a)　必要的取消しと任意的取消し（*495*）　(b)　必要的取消事由
　　　　　　（*495*）　(c)　任意的取消事由（*495*）
　　　　(3)　業務の廃止 …………………………………………………… *496*
　　　　(4)　登録の消除 …………………………………………………… *496*
　　　　(5)　処分の公示 …………………………………………………… *496*
　　〔2〕条文解説 …………………………………………………………… *497*
　　　　第35条の17の10（改善命令）……………………………………… *497*
　　　　第35条の17の11（登録の取消し）………………………………… *498*
　　　　第35条の17の12（登録の消除）…………………………………… *499*
　　　　第35条の17の13（処分の公示）…………………………………… *500*
　　　　第35条の17の14（廃止の届出）…………………………………… *501*
　第5款　加盟店に対する行為規制——不正利用の防止（35条の17の15）… *501*
　　〔1〕概　　説 …………………………………………………………… *501*
　　〔2〕条文解説 …………………………………………………………… *502*
　　　　第35条の17の15（クレジットカード番号等の不正な利用の防止）… *502*

条文解説索引（第Ⅰ巻）………………………………………………………… *505*

第1編

序　説——割賦販売法の概説

第1章　割賦販売法と「割賦販売」

〔1〕　割賦販売法の規制対象——割賦販売とは

　割賦販売法とは，その名が示すとおり，割賦販売につき規制を加える法律であるが，厳密な意味での割賦販売，すなわち，割賦販売法自身が個別の取引類型として定義する「割賦販売」（2条1項）や「売買代金の全部または一部を一定周期ごとに分割して継続的に支払う特約が付せられた売買」（打田＝稲村・割賦販売法1頁）といった狭義の割賦販売のみではなく，もっと広い意味での「割賦形式での取引全般」（以下「割賦取引」）をその規制対象とするものである。

　したがって，割賦「販売」法の規制対象となる取引は，必ずしも商品又は権利（第1編において，併せて「商品等」）の「売買」に限られるわけではなく，役務（サービス）の提供が目的とされており，これに対して代金を分割で支払うような取引も含まれる。例えば，分割払いでエステの施術を受けるような場合である。

　また，割賦というと後払いがイメージされることも多いが，割賦とは「代金を何回かに分けて支払うこと。また，そういう支払方法。」を意味する言葉であるから（『大辞泉〔第2版〕』），必ずしも後払いであることがその要件・要素となっているわけではない。そのため，商品の引渡しに先立って又はこれと同時に代金を完済するような「前払式」の取引であっても，代金を分割して支払うこととされている限りは「割賦」取引に当たる。現に，「前払式割賦販売」（11条柱書）及び「前払式特定取引」（2条6項）といった前払式の取引類型も割賦販売法の規制対象となっている。

　さらに，包括信用購入あっせん（2条3項）及び個別信用購入あっせん（2条4項）については，平成20年の割賦販売法の改正により，取引から2ヵ月以上経過した後に代金が弁済されるのであれば，その支払が分割でなくても規制対

象とされることとなった。例えば，クレジットカードのボーナス一括払いなどである。言葉の意味合いとしては，このような取引は「割賦」には当たらないが，代金の支払義務者に対する与信が伴うという点においては割賦取引と同様であり，これに準じる取引形態であるといえる。

いずれにせよ，以上のような後払い又は前払いによる割賦形式での取引（又はこれに準じる信用供与を伴う取引）について規制を加えているのが，割賦販売法である。

〔2〕 割賦販売法の規制対象となる取引類型

ひと口に割賦取引といっても，その形式・形態は様々である。例えば，商品の買主が売主に対して直接代金を支払う形式の二者間取引もあれば，クレジットカードのように，第三者（＝カード会社又は信販会社）が商品の売主に対して立替払いをし，買主は当該第三者に対して代金を分割して支払うような三者間取引の形態をとるものもあり，様々な形の割賦取引が存在している。さらに，代金の支払のタイミングとしても後払いのものと前払いのものとに分けることができる。

このように，取引の形式・形態が異なれば，誰に対して，どのような規制を加える必要があるのかという点も変わり得るのであって，割賦取引として一括りにして均一な規制を加えることは現実的ではない。

そこで，割賦販売法は，①割賦販売（2条1項）（及び前払式割賦販売，11条柱書），②ローン提携販売（2条2項），③包括信用購入あっせん（2条3項）（及び2月払購入あっせん，35条の16第2項），④個別信用購入あっせん（2条4項），並びに⑤前払式特定取引（2条6項）という取引類型を定義した上で，それぞれの取引類型ごとに異なる規制を加えている。以下では，各取引類型について簡単な解説を加えることとする。

(1) 割賦販売（2条1項）

割賦販売とは，商品等の売主又は有償の役務（サービス）の提供者（以下，併せて「売主等」）と，商品等の買主又は有償で役務提供を受ける者（以下，併せて「買主等」）との間の二者間で行われる割賦取引であり【図表1】参照)，買主等は，直接売主等に対して代金を分割して支払うこととなる。売主等から見た場

〔２〕 割賦販売法の規制対象となる取引類型

【図表１】 割賦販売の流れ

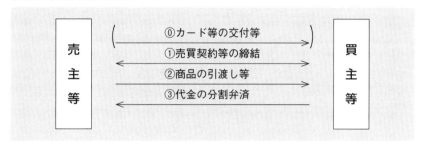

合，自社が直接商品等や役務（サービス）を提供し，かつ，直接割賦代金の支払を受けることから，「自社割賦」などと呼ばれる取引形態である。

このような割賦販売（自社割賦）には，取引の都度審査が行われる個別方式と，包括契約を締結してカードその他の証票を利用する包括方式とがあり，また，割賦代金の支払方式としても，いわゆる「分割払い」や「インストールメント方式」などと呼ばれる通常の分割払いによる支払方式（以下「分割払方式」）と「リボルビング方式」とがあるが，根本的には，売主等と買主等との間の直接の取引に「代金を割賦とする旨の特約」が付されたものにすぎず，その法的構成は極めてシンプルであり，広く行われている形態の割賦取引である。そのため，取引条件の表示（３条）や書面の交付（４条）等の一定の行為規制は加えられているものの，登録制等の参入規制は加えられていない。

なお，割賦販売のうち，割賦代金を前払いで支払う形態の割賦販売（次頁の【図表２】参照）は，前払式割賦販売（11条柱書）として割賦販売とは区別して規定されている。前払式割賦販売は，商品の引渡し等に先立って代金を支払うことになるなど買主等にとってのリスクが大きいことから，通常の割賦販売とは異なり，許可制が採用されている（11条）。また，割賦販売と異なり，前払式割賦販売に当たり得るのは，「商品の販売」のみである（11条参照）。したがって，権利の販売及び役務提供を目的とした割賦取引は，代金を前払いする方式であっても前払式割賦販売には当たらず，単なる割賦販売（他の取引類型に当たる場合には当該取引類型）として割賦販売法による規制を受けることになる。

なお，割賦販売も前払式割賦販売も，売主等と買主等の二者間取引であるた

【図表2】 前払式割賦販売の流れ

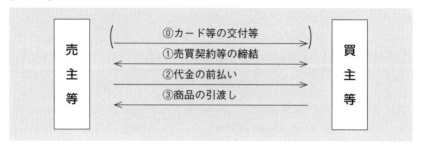

め，売主等が直接，割賦販売法による規制を受けることとなる。

(2) ローン提携販売（2条2項）

「ローン提携販売」とは，買主等が売主等以外の金融機関（銀行等）から販売代金相当額を借り入れて売主等に対する代金を支払い，当該借入れについて売主等が保証する方式の三者間取引である（【図表3】参照）。買主等が割賦金を支払う相手は売主等ではなく融資を行った金融機関であり，また，その支払の法的性質も売買や役務（サービス）の代金ではなく融資金の返済であるなど，法的に見れば割賦販売とは異なる点も多い。しかし，金融機関に対してなされる買主等からの返済は実質的には商品等の代金を割賦で弁済するのと変わらず，また，買主等が返済を怠った場合には，売主等が保証履行することとなるため，買主等による未払いリスクは実質的には売主等が引き受けているといえる。このように，ローン提携販売は，法的性質としては金銭消費貸借及びその保証ではあるものの，実質的には割賦販売と類似する特徴を有していることから割賦販売法による規制の対象とされたものである。また，割賦販売と同様に，売主等が「ローン提携販売業者」（29条の2第1項柱書）として割賦販売法による規制を課され，買主等に融資した金融機関は，基本的には，割賦販売法による規制を受けない。

支払方式としては分割払方式とリボルビング方式のいずれも認められるが，定義上，カード等の交付が要件となっているため，割賦販売とは異なり，個別方式のケースはローン提携販売に当たらないことになる。このような「個別方式のローン提携販売」は，平成20年の改正によりローン提携販売から除外さ

【図表 3】 ローン提携販売の流れ

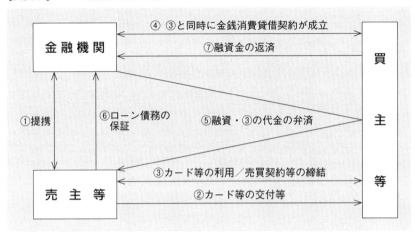

［注］⑤の融資及び代金の弁済は，金融機関から売主等に直接支払われるのが通常である。

れたものであるが，これは，個別信用購入あっせん（2条4項）に当たる場合が多いと考えられたためである。なお，現在では，ローン提携販売はほとんど行われていないといわれている。

(3) **包括信用購入あっせん**（2条3項）

(a) **概　要**

「包括信用購入あっせん」は，包括クレジットとも呼ばれ，典型的にはクレジットカードを利用した取引のことであり，包括信用購入あっせんとクレジットカード取引とはイコールと考えてよい。

包括信用購入あっせん（＝クレジットカード）とは，①カード会社が，カード会員に対して包括的な与信をしてクレジットカードを発行し，②カード会員がクレジットカードを利用して商品の購入等をすることにより，③カード会社が売主等に代金相当額を支払い，④カード会員がカード会社に対してカードの利用代金を支払うという形式の割賦取引である（次頁の**【図表 4】**参照）。

買主等が売主等に対して直接代金を弁済しない点ではローン提携販売と同様であるが，カード会社から「融資」を受けるわけではない点及び売主等の保証が要件となっていない点で異なる。

【図表4】包括信用購入あっせんの流れ（オンアス取引）

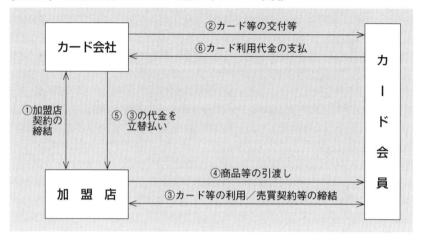

　クレジットカードの利用代金の支払方式としては，大きく分けると分割払方式，リボルビング方式及びマンスリークリア方式（いわゆる「翌月1回払い」）とがあるが，これらのうち，包括信用購入あっせんに含まれるのは分割払方式及びリボルビング方式の場合のみである。マンスリークリア方式でのカード利用については，「2月払購入あっせん」（35条の16第2項）として，包括信用購入あっせんとは異なる取引類型として規定されており，両取引類型の間では，規制内容が異なっている。例えば，各種の書面交付義務（30条の2の3）や支払停止の抗弁（30条の4）等の規定，さらには登録制（31条）などの各種規制が課されるのは包括信用購入あっせんのみであり，2月払購入あっせんにはこれらの規制は課されない。このような差異が設けられたのは，マンスリークリア方式は，取引（カードの利用）からカード利用代金の支払までの期間が短く，現金決済と同様に捉えることができることから，包括信用購入あっせんのような弊害が生じにくいと考えられたためである。

　包括信用購入あっせん（又は2月払購入あっせん）に関する規制を受けるのは，基本的にはカード会社であるが，書面の交付（情報の提供）やカード番号の管理体制等，一部の規制は売主等（以下，信用購入あっせんにおける売主等を「加盟店」）にも適用される。

【図表 5】 オフアス取引の流れ

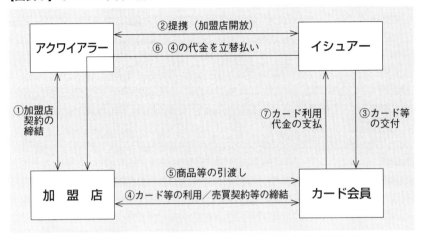

[注] ②の提携(加盟店開放)は VISA 等の国際ブランドを通じて行われるのが通常である。

(b) イシュイングとアクワイアリング

　カード会社の業務は、クレジットカードの発行、カード会員の（与信）管理等の会員管理業務（イシュイング）と、加盟店との加盟店契約の締結及び管理、加盟店への立替払い等の加盟店管理業務（アクワイアリング）に分けることができる。そして、あるクレジットカード取引において利用されたクレジットカードを発行したカード会社を「イシュアー」、クレジットカードが利用された加盟店と加盟店契約を締結した加盟店管理会社を「アクワイアラー」と呼ぶ。

　また、前掲【図表 4】のように、イシュアーとアクワイアラーが同一のカード会社である場合を「オンアス取引」、イシュアーとアクワイアラーが別個に存在する取引（つまり、イシュアーの直接の加盟店以外の加盟店でクレジットカードが利用された取引）を「オフアス取引」という（【図表 5】参照）。以下、本書では、オンアス取引における加盟店を「オンアス加盟店」、オフアス取引における加盟店を「オフアス加盟店」と呼ぶ。

　従来、割賦販売法は、オンアス取引を前提に、イシュイング業務（＝包括信用購入あっせん）に対してのみ規制を加えていたが、オフアス取引が普及し、イシュアーによるオフアス加盟店の管理が困難（不可能）であり、イシュアーに科する規制のみでは悪質加盟店の排除や加盟店におけるセキュリティ水準の維

【図表６】個別信用購入あっせんの流れ

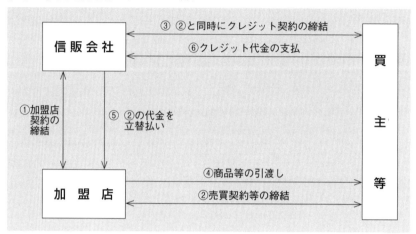

持等が難しいという状況を受け，平成28年改正により，オフアス取引を前提に，アクワイアラーに対して登録義務や加盟店調査義務などを課すに至った（割賦販売法第３章の４第２節）。

そのため，平成28年改正による割賦販売法においては，カード会社は，イシュイングについては包括信用購入あっせん業者（30条１項柱書）として，アクワイアリングについてはクレジットカード番号等取扱契約締結事業者（35条の17の２柱書参照）として，その業務全般について規制を受けることとなった。

（４）　個別信用購入あっせん（２条４項）

個別信用購入あっせんとは，個別クレジットとも呼ばれる割賦取引であり，信販会社と買主等との間で包括的な与信契約が存在せず（つまり，カード等が交付されない），取引の都度審査が行われる点で包括信用購入あっせんと異なるが，この点を除けばほとんど包括信用購入あっせん（オンアス取引）と同様の取引形態である（【図表６】参照）。個別信用購入あっせんとしては，例えば，信販会社が実施する自動車ローンや学資ローンなどがある。

ただし，個別信用購入あっせんにおいては，個別方式しか選択し得ないため，その支払方式としてリボルビング方式は考えられず，また，マンスリークリア方式も定義上，個別信用購入あっせんから除外されているため（２条４項

【図表7】 前払式特定取引の流れ

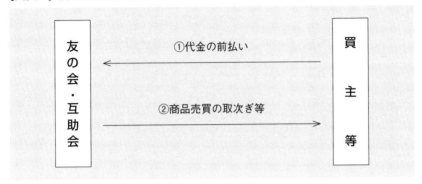

[注] ②の取引の内容が取次ぎである場合には，②と同時又はその後に，別の事業者から商品の引渡し又は役務の提供がなされる。

第2カッコ書），個別信用購入あっせんにおける信販会社に対する個別クレジット代金の支払方式は，分割払方式に限られている。

信販会社から売主等に対しては，代金を「立替払い」するのがスタンダードな形式ではあるが，信販会社と売主等との関係如何によっては，信販会社（あるいは銀行等の金融機関）から買主等に対する融資（金銭消費貸借契約）がなされる場合であっても個別信用購入あっせんに該当する場合がある。前記(2)で触れた「個別方式のローン提携販売」の場合などである。

個別信用購入あっせんについては登録制が採用されているほか，書面交付義務等の行為規制も包括信用購入あっせんとほとんど同様である。ただし，個別信用購入あっせんは，悪質な販売業者による悪質商法（押し売りやデート商法等）に際して利用されることが多いこともあり，包括信用購入あっせんと比べて，クーリングオフや個別クレジット契約の解除等の民事実体法的な規制も多く定められている。

(5) 前払式特定取引（2条6項）

前払式特定取引とは，商品の売買の取次ぎ又は役務提供若しくはその取次ぎで，商品の引渡し又は役務提供に先立ってそれらの代金を受領する形の割賦取引のことである（【図表7】参照）。定義上，権利の売買に関する取引は，前払式特定取引には当たらない。

前払式特定取引としては，百貨店の友の会や冠婚葬祭の互助会がその例として挙げられることが多いが，むしろ，これらのほかには前払式特定取引に当たる割賦取引はほとんど存しないように思われる。

前払式特定取引は，役務提供がその対象となっている上，商品についても，商品の売買それ自体ではなくその取次ぎに対して代金を支払う点で前払式割賦販売と異なるが，代金の前払いという根本的な特徴は共通しているため，前払式割賦販売に係る規制の大部分が，前払式特定取引についても準用されている（35条の3の62）。

〔3〕 割賦販売法の規制対象外となる割賦取引

前述のとおり，割賦取引とは，売買等の取引を基本とし，これに代金を分割払いとする旨の特約を付したものにすぎないから，1本の鉛筆であろうが貴金属等の高額商品であろうが，極端な話，不動産の売買であろうが，代金を分割とする限り割賦取引であることになる。

また，同様に，割賦取引それ自体として，当事者の属性・性質に着目するものではないから，事業者間取引であろうと，事業者・消費者間取引であろうと，さらには，消費者間の取引であろうと，代金を割賦とする旨の合意がある限りは，割賦取引の範疇に含まれることになる。

しかし，およそいかなる商品等・役務であっても，あるいは，どのような当事者間での取引であっても，割賦払いである限りは割賦販売法の規制対象になるとしたのでは，規制範囲が広範にすぎ，本来規制対象とする必要のない割賦取引についてまで規制が課されることとなり，妥当ではない。

そこで，割賦販売法は，①商品等及び役務の指定性を採用し，②事業者間取引を適用除外とするなどして，その規制対象となる取引に絞りをかけている。

(1) **商品等の指定性**

(a) **各取引類型と商品等の指定制度**

割賦販売法は，何らかのトラブル・被害が発生することが多く又はその可能性が高いと考えられる商品，権利及び役務を政令により指定しており（2条5項），一部の取引類型については，指定商品，指定権利又は指定役務を目的と

〔3〕 割賦販売法の規制対象外となる割賦取引

【図表8】 各取引類型と指定商品等制度の適用の有無

	指定商品制	指定権利制	指定役務制
割賦販売	○	○	○
前払式割賦販売	○		
ローン提携販売	○	○	○
包括信用購入あっせん	×	△	×
個別信用購入あっせん	×	○	×
前払式特定取引	×		○

＊前払式割賦販売は，そもそも権利販売及び役務提供を目的とした取引を対象としていない。
＊包括信用購入あっせんに指定権利制は採用されていないが，一部の規定は指定権利を目的とした取引にのみ適用される。
＊前払式特定取引は，そもそも権利の販売（及びその取次ぎ）を対象としていない。

する取引のみが規制対象になるという指定商品制，指定権利制，指定役務制（以下，併せて「指定商品等制度」）を採用している。したがって，割賦販売等の指定商品等制度の対象となっている取引において，指定商品，指定権利及び指定役務以外の商品等・役務が目的となっている場合には，そもそも割賦販売法の規制対象となる取引には当たらず，割賦販売法の適用を受けないことになる。

各取引類型と指定商品等制度の適用の有無は，**【図表8】**のとおりである。

(b) **指定商品，指定権利，指定役務**

指定商品は「定型的な条件で販売するのに適する商品」，指定権利は「施設を利用し又は役務の提供を受ける権利のうち国民の日常生活に係る取引において販売されるもの」，指定役務は「国民の日常生活に係る取引において有償で提供される役務」であって，政令（割賦令1条）で定めるものとされている（2条5項）。

指定商品については，上記の要件に加え「耐久性」も要件とされていたが，耐久財以外の消耗品についてもトラブル・被害が増加し，これを指定する必要性が生じたため，昭和59年改正において「耐久性」の要件は削除された。

なお，権利の販売及び役務提供を目的とした取引は，元々は割賦販売法の規制対象となる取引に含まれておらず，平成11年改正において規制対象に加え

られた。当然，指定権利制及び指定役務制もこのタイミングで採用されたものである。

(2) 事業者間取引の除外

商品等又は役務（サービス）の代金を分割払いとすること自体は多く行われており，特に，当事者の双方が事業者である「BtoB取引」においては日常茶飯事であるといってよい。月賦方式での分割払いも行われているが，例えば，契約締結時の頭金（着手金）と中間報酬，債務履行後の残代金の支払といった形で代金が清算されることも多い。

このような事業者間での割賦取引も，法的性質としては事業者対消費者の「BtoC取引」の場合と変わるところはないが，その弊害（の生じやすさ）はまったく異なる。事業者間では，本来的にはその立場は対等であって，事業者に対する消費者のように情報格差が生じることもなく，むしろ，買主等（発注者）の方が売主等（受注者）よりも優位に立つことすらまま見られるところである（例えば，下請代金支払遅延等防止法などはその証左であろう）。また，後述するように，割賦販売法は，消費者保護をその目的の一つとしているところ（1条1項），事業者間取引は消費者保護と無関係であって，結局，事業者間取引に対してまで割賦販売法の諸規制を加えるべき必要性は高くないといえる。

そこで，割賦販売法は，事業者間での割賦取引については，一応，定義上は各取引類型に含めた上で，具体的な諸規制について適用除外としている（8条1号・35条の3の60第1項1号・2項1号等）。

事業者間取引も定義上除外されているわけではないため，一応，要件を充足する限りは各取引類型に該当することになるが，上記の適用除外規定により，原則，事業者間取引に対しては割賦販売法の適用はないと考えてよい。

また，定義から除外されたり，明文で適用除外とされているわけではないが，割賦販売法の規制を受けるのが「割賦販売を業とする者」（3条1項柱書），「ローン提携販売を業とする者」（29条の2第1項柱書），「包括信用購入あっせんを業とする者」（30条1項柱書），「個別信用購入あっせんを業とする者」（35条の3の2第1項柱書）であることからもわかるように，割賦販売法が「事業者」による取引を想定していることは明らかである。このため，消費者対消費者の取引は，その規制対象にはならないと考えてよい。■

第2章　割賦販売法の特徴等

〔1〕 所管官庁

　割賦販売法を所管しているのは経済産業省（旧通商産業省）である。ただし，登録手続や立入検査等の割賦販売法上の実務を担っているのは，経済産業省の出先機関である各地方の経済産業局である（48条1項参照）。

〔2〕 割賦販売法の構造

　割賦販売法は，枝番を含め，第1章から第5章までの合計10章からなっている。
　その構造としては，総則として第1章を置き，その中に定義規定を設けて個別の取引類型を定義した上で（2条各項），第2章から第3章の4までにおいて，取引類型ごとに規制を加える形になっている。ただし，前払式割賦販売及び2月払購入あっせんは，定義規定（2条）ではなく個別の条項の中で定義されており，すべての取引類型が割賦販売法2条により定義されているわけではない。
　また，包括信用購入あっせんと個別信用購入あっせんとは，包括方式と個別方式という違いはあるものの，基本的な取引構造は共通であり，また，平成20年改正までは「割賦購入あっせん」として1つの取引類型として規定されていたこともあり，第3章に「信用購入あっせん」としてまとめて規定されている。同章の第1節が包括信用購入あっせんに関する規定，第2節が個別信用購入あっせんに関する規定となっており，第3節及び第4節には，指定信用情報機関制度及び適用除外という包括信用購入あっせん及び個別信用購入あっせ

んの双方に共通する項目について定められている。

　また，第3章の4は，「クレジットカード番号等の適切な管理等」について定めており，具体的には，「クレジットカード番号等の適切な管理」（第1節）及び「クレジットカード番号等取扱契約」（第2節）について規定している。これらの規定は，包括信用購入あっせんにのみ関係するものであるが，前者は平成20年改正の，後者は平成28年改正の目玉ともいうべき重要な項目であることもあり，独立して章建てされたものである。

　この後は，認定割賦販売協会（第3章の5），雑則（第4章），罰則（第5章）となっており，各取引類型の共通事項について規定されている。

　なお，各取引類型に対する規制は，行為規制→参入規制の順で規定されている。

〔3〕　割賦販売法の特徴

　割賦販売法の特徴としては，第1に，条文の枝番が非常に多いことが挙げられる。例えば，前払式特定取引に関する規定などは，「第35条の3の61」及び「第35条の3の62」などとなっており，条文操作が困難であることの一因となっている。これは，昭和36年の制定から既に半世紀以上が経過しており，平成28年改正も含めて合計8回もの改正を重ねていることに由来する。

　また，文言自体も難解な文言が多く用いられている上，条文中での定義も多いため条文操作も複雑であり，結果として，かなり読みにくい法律となってしまっている。

　これらの点を除けば，いわゆる「事業法」としてはごく標準的なものであるといって差し支えない。

〔4〕　割賦販売法の規制内容

　割賦販売法は，割賦取引について規制を加えるものであるが，ひと口に「規制」といってもいくつかの側面がある。

(1)　行政規制法的側面

いわゆる「業法」的な側面であるが，行政規制法的側面は，さらに，取引条件の開示義務や書面交付義務，カード番号の管理等の各種の行為規制と，登録制・許可制などの参入規制に分けることができる。

この行政規制法的側面は，割賦販売法が定める「割賦取引に対する規制」の根幹をなすものである。

(2) **実体法的側面**

割賦販売法は，上記(1)に加え，例えば，契約の解除・期限の利益喪失の制限や，遅延損害金率の制限，さらには抗弁権の接続やクレジット契約のクーリングオフ等の実体法的な規定（いわゆる「民事ルール」）も規定している。

これは，消費者保護という目的を達成すべく取引当事者間の法律関係に変動を及ぼすことを目的としたものであり，割賦販売法は単なる「業法」を超えた実体法的な側面も有しているということができる。

(3) **経済刑法的側面**

割賦販売法は，上記の各規制の実効性を確保すべく，その違反に対しては行政処分を課すだけでなく，罰則も科しているが，これに加え，不正な方法によりクレジットカード番号等を取得した者や，正当な理由なくクレジットカード番号等を有償で提供し又は提供を受けた者等に対しても罰則を科しているほか（49条の2第2項・3項），「何人も，業として，カード等……を譲り受け……てはならない」（37条）とした上で，その違反に対しても罰則を科している（51条の3）。

このように，割賦販売法は，単に規制の実効性を確保するためだけでなく，割賦取引（特にクレジットカード取引）の安全性を損なうような行為に対して直接的に罰則を設けており，いわば経済刑法的な側面も有しているといえる。

第3章 割賦取引に係る規制法・法源

〔1〕 割賦販売法施行令・施行規則

　他の事業法も同様であるが，割賦販売法は同法のみでは完結せず，各規制の詳細は政令又は内閣府令・経済産業省令において定めるとされている箇所も多い。例えば，指定商品については「定型的な条件で販売するのに適する商品であって政令で定めるもの」（2条5項）とされており，これを受けて，割賦販売法施行令1条1項は「指定商品は，別表第一に掲げる商品とする」として，指定商品の具体的なラインナップを定めている。

　他にも，割賦販売法30条の2の3第1項は，カードが利用された場合の書面交付義務を規定したものであるが，その記載事項について同項3号は「前2号に掲げるもののほか，経済産業省令・内閣府令で定める事項」としており，これを受けて割賦販売法施行規則49条が具体的な記載事項を列挙している。

　このように規制の細部を政省令に委任しているのは，法律で定めるよりも施行令又は施行規則で定める方がより弾力的な規制とし，その時点での割賦取引を取り巻く情勢や最新のテクノロジーに即した規制を加えることが可能になるためである。

　いずれにせよ，割賦取引に加えられる規制の具体的かつ詳細な内容を把握するためには，割賦販売法だけでなく，割賦販売法施行令及び割賦販売法施行規則も参照することが不可欠である。むしろ，割賦販売法自体が規定しているのは，「規制の骨子」であるといってもよい。

〔2〕 経済産業省によるガイドライン

　経済産業省はその所管する事業・法律につき様々なガイドライン・通達を発しているが，割賦取引ないし割賦販売法に関しては，以下のガイドライン類を定めている。
・割賦販売法（後払分野）に基づく監督の基本方針
・割賦販売法（前払式特定取引）に基づく監督の基本方針──友の会編
・割賦販売法（前払式特定取引）に基づく監督の基本方針──冠婚葬祭時互助会編
・割賦販売法に基づく経済産業大臣の処分に係る審査基準等について
　「監督の基本方針」は，割賦取引業者がその事業を遂行するに際して留意すべき点などをまとめたものであり，割賦販売法，施行令及び施行規則で定めきれていない細部について規定しているだけでなく，割賦販売法の解釈適用において参照されるべきものである。ただし，「監督の基本方針」は，割賦販売及びローン提携販売については定められていない。これは，現在では，取引のボリューム自体が多くないことや，売主等自体が与信をすることになるため，過剰与信等の問題が生じにくく，「監督の基本方針」のようなガイドラインを策定し，これにより規制をすべき必要性が必ずしも高くないからである。
　また，割賦審査基準は，行政手続法上の審査基準（行手5条）及び処分基準（行手12条）に該当するものである。

〔3〕 業界団体による自主ルール

　さらに，割賦取引に係る業界団体として日本クレジット協会（Japan Credit Association，以下「JCA」）がある。同協会は，全日本信販協会（昭和33年設立），日本クレジット産業協会（昭和42年設立）及びクレジット個人情報保護推進協議会（平成17年設立）が，平成21年に統合して設立された団体である。
　JCAは，任意の業界団体としての側面だけでなく，個人情報の保護に関する法律（以下「個人情報保護法」）上の「認定個人情報保護団体」（個人情報50条1

19

項）及び割賦販売法上の「認定割賦販売協会」(35条の18第2項)としての認定も受けており，割賦販売，包括信用購入あっせん及び個別信用購入あっせんに関して自主規制規則及び自主規制細則を定めている。

　これらの自主ルールは，割賦販売法の解釈指針というよりは，割賦販売法上の規制を実行する際の詳細を定めたものであるが，その分，割賦取引の実務においては，参照が必須といってよい。

　なお，JCAへの加入は任意であり，JCAの自主ルール（自主規制規則及び自主規制細則）はJCAに未加入の割賦取引業者には適用されないから，JCAに未加入の事業者は当該自主ルールを遵守すべき義務を負うわけではない。しかし，上述のとおり，JCAの自主ルールは実務における行為規範として機能するものであるから，たとえJCAに未加入の事業者であっても，JCAの自主ルールを参照すべきであり，逆にいえば，JCAへの加入の有無を問わず，その自主ルールを遵守している限りは，法令違反を問われることは，まずないと考えてよい。

〔4〕　その他の法律

　割賦販売や信用購入あっせん等の割賦取引については割賦販売法が規制法・準拠法となっており，逆にいえば，割賦販売法は「代金の支払方式」に着目して規制を加える唯一の法律であるといってよい。

　ただし，例えば，事業者及び消費者間の取引であれば消費者契約法上の「消費者契約」（消契2条3項）に当たり，同法が適用されることになる。また，訪問販売や通信販売等の一定の取引形態のものには特定商取引法が適用されることになる。これらの他の法律の適用対象となる取引の決済において，割賦方式が採用された場合には，これらの法律と割賦販売法とが重複して適用され得る。

第4章 割賦取引の歴史とその規制の必要性

〔1〕 わが国における割賦取引

(1) 割賦取引の隆盛

　わが国では、信用取引自体は古くから行われていた。例えば、庶民金融などはいわゆる「頼母子講」のような形で行われており、また、商人間での商品の割賦販売なども広く行われていた。

　これに対し、商人と消費者間での割賦取引が広く流通し出したのは比較的近年のことである。その源流は「伊予の椀舟」であるといわれているが、事業として組織的に割賦取引が行われるようになったのはさらに最近のことであり、明治時代に丸善などが開始した展示販売会や、ジンガーミシンによるミシンの月賦販売などが今日の割賦取引の先駆けということができる。

　その後も、様々なメーカーによる月賦販売や月賦百貨店の広がり、さらには恐慌時における割賦取引の活用等、わが国において割賦取引は順調に広がりを見せていった。

　太平洋戦争及びこれに附随する経済統制により割賦取引は打撃を受けることとなったが、戦後には、ミシンの前払式の割賦販売、月賦百貨店の再興、電気系メーカーによる月販会社の設立など、割賦取引は再び勢いを取り戻していった。この頃は、クーポン制も普及し始めていたものの、まだ自社割賦が主流であった。

　そのような状況の中、昭和30年代には、信販会社は、クーポン制度に代わる割賦取引のシステムとして個別信用購入あっせんを開発し、また、昭和35年及び翌36年には日本ダイナースクラブや日本クレジットビューロー（現JCB）などのカード会社が設立され、クレジットカードも普及していくこととなっ

た。

その結果，現在では，小売店ないしメーカーを相手方とする直接の割賦取引（自社割賦）よりも，信販会社やカード会社を介した立替払式の割賦取引（信用購入あっせん）が主に利用されるに至っている。

そのため，割賦販売法の規制の中心も，割賦販売から信用購入あっせんにシフトしてきている。

(2) **月賦からクレジットへ**

わが国では，「割賦」のことを「月賦」と呼ぶことが多かった。これは，わが国においては，割賦取引における支払の周期が月単位で定められることが多かったことに由来するものである。もちろん，日，週ないし年単位で支払周期を定めることが法的に可能であるのはいうまでもないが，少なくともわが国においては，割賦＝月払い＝月賦という図式が成り立っており，「月賦」での取引が主流であった。

しかし，昭和35年に，月賦百貨店の1つであった丸井が，「クレジットカード」と呼ばれる紙製のカード（割賦取引専用の身分証のようなものである）を発行し，「月賦」を「クレジット」に改称した。

近いタイミングで日本ダイナースクラブ及び日本クレジットビューローというカード会社が設立され，クレジットカードが普及し始めたこともあり，丸井による導入以降，わが国では，「月賦」という言葉に代わり「クレジット」という呼び方が普及していくこととなった。

〔2〕 割賦取引の効用

割賦取引とは，商品や役務の代金を分割して支払うこととされている取引を指す。法的に見れば代金分割の特約が付された売買契約又は役務提供契約であるが，経済的な観点からは，単なる売買等を超えた効用を割賦取引に見出すことができる。

すなわち，代金の分割払いが許容されるということは，現金一括払いに比して，高額商品の購入が容易になり，また，高額ではない商品であっても大量に購入し，消費することが可能となる。このことは，商品に限らず，役務（サー

ビス）についても同様である。つまり，割賦取引は，買主等が有している潜在的な需要を掘り起こし，これを現実的な有効需要とし，大量消費を可能ならしめる効用を有しているのである。

　わが国の第二次世界大戦後の復興期～高度経済成長期においては，商品・サービスの大量生産が景気浮揚の原動力となったことは間違いないものと思われるが，大量生産を実現ならしめるためには，大量消費がなされなければならず，この大量消費を可能ならしめたのが割賦取引であったといっても過言ではないだろう。

　本書はあくまでも法律書であるから，経済学的な観点から割賦取引が果たす役割について詳述することはしないが，割賦取引は，正常に利用される限りは経済的に見てプラスの効果を有しており，このことが，割賦販売法が「国民経済の発展に寄与すること」（1条1項）をその目的としていることの所以である。

〔3〕 割賦取引の弊害

(1) 割賦取引の特徴——信用の供与

　有償の取引においては，商品の引渡し（又は役務の提供）とその代金の支払とは同時に履行されるのが原則であるから（民533条），割賦取引は，この同時履行という有償取引の原則に反する取引形態であるといえる。言い換えれば，割賦取引の本質は，売主等と買主等との間で与信を伴う点にあるといってよい。

　例えば，商品の売買につき，代金を後払いで分割して支払うこととなっている場合（つまり，自社割賦の場合）であれば，商品の売主から購入者に対して信用が供与されているのであり，逆の言い方をすれば，売主は，代金の弁済を受けていないにもかかわらず商品を引き渡さなければならず，代金の未払リスクを引き受けることになる。このことは，ボーナス払いなどの，分割払いではないが取引から一定期間経過後に代金が弁済されることとなっているケースも同様である。

　逆に，前払式の取引においては，買主等が，商品の引渡し等を受けていないにもかかわらず売主等に代金を支払うこととなり，買主等から売主等に対して

信用が供与されていることになる。つまり，買主等は，代金を支払ったにもかかわらず，商品の引渡し又は役務の提供を受けられないかもしれないリスクを引き受けることになる。

このように，信用が供与される方向に違いこそあれ，当事者間で与信が伴うことが割賦取引の特徴である。割賦取引は法形式としては単なる売買又は役務提供でしかなく，それ自体として問題を孕むものではないが，この「与信」という特徴から，割賦取引からは，通常の取引とは異なる弊害が生じ得ることとなる。

(2) **過剰与信**

信用の供与という点から生じる第1の弊害は過剰与信の問題である。

割賦取引においては，買主等は代金を分割払いすることとなるため，高額商品の購入ないし廉価製品の大量購入が容易になる。このような特質から大量消費，引いては大量生産に繋がり，景気の循環という割賦取引の効用が生じ得ることは前述のとおりであるが，逆に，自己の支払能力を超えて割賦取引を行い，その結果，支払不能ないし債務超過に陥り，支払に窮するという問題も生じ得る。これがいわゆる「多重債務」の問題である。

平成10年代に社会問題となった多重債務問題は，主にサラ金等の消費者金融に端を発したものであったが，割賦取引，特にクレジットカード取引も多重債務問題が生じる可能性を多分に孕んでおり，実際に，本書執筆の時点で，クレジットカードに起因する多重債務も多く見られるところである。

このような過剰与信・多重債務問題への対策として，割賦販売法は過剰与信の防止に関する規定を定めている。具体的には，平成20年改正により導入された指定信用情報機関制度（割賦第3章第3節）及び支払可能見込額に係る規制（30条の2・30条の2の2・35条の3の3・35条の3の4）がこれに当たる。ただし，多重債務問題は，最終的には債務者本人の意識の問題であり，これを予防・解決するためには，債務者の意識改革及びそのための教育しかないことも，また事実である。

(3) **割賦取引と消費者保護**

後払式の割賦取引においては，売主等が未払いリスクを引き受けることになるが，割賦取引業者は当該リスクを最小化し，あるいは自身が負担するリスク

をヘッジすべく，買主等に過酷な条件での割賦取引が多く行われることが多かった。例えば，高い利率による手数料の徴収，厳格な懈怠約款や，契約解除時の高額な違約金を設定する内容の約款を作成し，これに基づいて割賦取引が実施されることも多かった。

　また，約款以前の問題として，割賦取引，特に信用購入あっせんなどは，取引形態が複雑であるため，買主等が取引条件の詳細を理解しにくい面もあった。割賦取引業者の中には，このような取引自体の複雑性を奇貨として，アドオン方式での利率表示等，買主等の誤認を招くような表示をして，より売主等に有利な条件での割賦取引の勧誘を行う業者もあり，買主等，特に消費者である買主等の保護が課題となっていた。

　このような状況は，売主等がリスクを負担するという（後払式の）割賦取引の本質自体に由来するものであるから，割賦取引は，アンチ消費者ともいうべき状況が自然発生的に生じる可能性を内包しているといえる。そのため，消費者保護の観点から，過酷な取引条件の制限，さらには取引条件の表示（広告宣伝）についても規制をすべき必要性が生じることとなる。

　そこで，割賦販売法は，契約の解除の制限や期限の利益喪失事由の限定，さらには損害賠償額の制限等の実体法的な規制を加えるとともに，取引条件の表示や書面交付義務を課すに当たり，その表示方法や記載方法等についても規制を加えている。

　なお，取引条件の表示については，本来的には，不当景品類及び不当表示防止法により規制されるべきものであるが，割賦取引という独特の取引のジャンルに関するものであることから，割賦販売法は，割賦取引に係る規制法としてより詳細な規制を課すものである。

(4) 前払式取引の問題

　前払式の割賦取引においては，買主等が事前に代金を支払ったにもかかわらず，商品や役務の提供を受けられないという事態も生じ得るのであり，特に，売主等が破産したようなケースでは，買主等は，代金を払って何も得られないということにも繋がりかねない。

　このような前払式取引の弊害を受け，割賦販売法は，前払式割賦販売及び前払式特定取引に対して，売主等に対し資産要件を課したり，あるいは営業保証

金の供託義務等の規制を加えている。

〔4〕 割賦取引と消費者金融

　金融機関等による融資は，当事者間での与信を伴い，また，その返済が分割払いで行われる（ことが多い）という点で，割賦取引と同様の特徴を有しており，また，これと同様の弊害が生じるリスクを内包している。むしろ，商品の売買等を目的とせず，金銭そのものが取引の目的となっていることからすれば，融資取引は「与信そのもの」ということができ，過剰与信や過酷な契約条件等（超高金利等）のリスクは，割賦取引に比してよりストレートに生じる可能性が高い。実際，平成10年代に社会問題化した多重債務問題は，貸金業者によるサラ金を原因としたものであった。

　とはいえ，このような融資取引は，商品の売買や役務提供を目的とした取引ではなく，あくまでも金銭消費貸借取引であるにすぎないから，割賦販売法の適用はなく，銀行法や貸金業法によって規律されることになる。

　ただし，売主等との関係性如何によってはローン提携販売ないし個別信用購入あっせんに該当することもあり得るため，融資取引であるからといって，必ずしも割賦販売法の適用対象外であるということはできない。この点については，第2編第2章以降の該当箇所にて詳説する。

第5章　割賦販売法の来歴

〔1〕　割賦販売法の制定

(1)　経緯・背景

前述のとおり，わが国においては，戦後，割賦取引が普及していくこととなったが，これに伴い，割賦取引の弊害が顕在化し，売主有利・買主不利な約款に基づく取引や前払式割賦取引における商品未納等の問題が生じることとなった。

このような問題の発生を受けて，政府は，産業合理化審議会流通部会から，将来割賦取引に関する取引法秩序を策定する場合に立法措置を講ずべき項目につき答申を得，これをベースとして割賦販売法案を作成することとなった。

法案は，第34回通常国会において廃案となった後，修正を加えられて第38回通常国会に提出され，昭和36年5月30日に衆議院において修正可決され，同年6月8日に参議院においても可決された。これにより，割賦販売法が成立し，同年7月1日に公布され，同年12月1日から施行されることとなった。

(2)　主な内容

(a)　概　　要

割賦販売法が制定された昭和36年というと，日本ダイナースクラブ及び日本クレジットビューローが設立されてまもない頃であり，当時の割賦取引としては，クレジットカードや個別クレジットなどの信用購入あっせん（当時は「割賦購入あっせん」の用語があてられていた）はまだそこまで普及しておらず，自社割賦が主流であった。

そのため，制定当時のオリジナルの割賦販売法は，主に割賦販売に関する法律であり，割賦購入あっせんについては，ほとんど規制が加えられていなかっ

た。割賦販売法が、割賦販売以外の取引類型も規制しているにもかかわらず「割賦販売」法と名付けられているのは、制定当時は「割賦販売」に対する規制が中心であったことに由来するものである。

(b) **割賦販売に対する規制**

割賦販売（自社割賦）に当たる取引は、「指定商品の販売」に限定されており、指定商品以外の商品の売買や権利の売買、さらに、役務提供契約などは割賦販売に含まれていなかった。これは、当時は、権利の販売や役務提供を目的とした割賦販売はほとんど行われていなかったためである。

また、割賦販売に対する具体的な規制は、①割賦販売条件の明示、②書面交付、③契約の解除の制限、④損害賠償額の制限となっており、規制項目自体は現行法とそこまで大きな差異はないが、その内容としては、現行法ほど詳細な規制を加えるものではなかった。

さらに、前払式割賦販売についても規定されていたが、現在の許可制と異なり、登録制にとどまっていた。

(c) **割賦購入あっせんに対する規制**

一応、割賦購入あっせんについても規定され、規制が加えられることとなってはいたが、その対象となる取引は商品の販売に限られており（指定商品制は採用されていない）、また、個別方式の割賦購入あっせん（現在の個別信用購入あっせん）は、割賦購入あっせんの定義には含まれておらず、規制対象となっていなかった。

さらに、割賦購入あっせんについては、登録制が採用されたのみで、具体的な規制は加えられていなかった。

〔2〕 昭和43年改正

(1) 経緯・背景

割賦販売法は、わが国初の割賦取引に関する規制法として昭和36年に制定されたが、その後の経済成長等に伴い、次第に割賦取引に対する規制として不十分なものとなっていった。

その要因としては、前払式割賦販売の普及が挙げられる。前払式割賦販売

は，もともとミシンの販売に利用され普及してきた取引であったが，次第に対象となる商品の種類及び対象商品に対する需要が増加し，前払式割賦販売がより一層普及していくこととなった。これにより，前払式割賦販売業者の倒産による商品の未納，前払金の返還不能等の事態も比例的に増加することとなり，購入者に不測の損害を与える事態が多く生じることとなった。

そこで，通商産業省は，割賦販売審議会に改正を諮問し，消費者保護及び業界健全化の観点から割賦販売法改正の必要性が認められる旨の答申を得たため，割賦販売法の改正法案を作成し，第58回通常国会にこれを提出した。改正法案は，昭和43年5月10日に衆議院において，同月22日に参議院において可決され，割賦販売法の第一次改正法が成立することとなった。改正法は，同年5月29日に公布され，第4章以外の部分については同年8月25日に，第4章については同年10月1日から施行された。

(2) 主な改正点

割賦販売法の昭和43年改正は，前払式割賦販売による弊害への対処を目的としたものであるから，その改正点は主に前払式割賦販売に関する点であった。

すなわち，①従来登録制であったのを許可制とし，より厳格な参入規制とするとともに，②保証金の供託義務を強化し，本支店の数を基準とした営業保証金の供託に加え，受領した前払金の2分の1に相当する金額の供託（前受金保全措置）を要するに至った。さらに，③前払式割賦販売業者に対して，業務運営に関する改善命令，不適切な前払式割賦販売契約約款の変更を命じることができるなど，行政による監督も強化されることとなった。

〔3〕 昭和47年改正

(1) 経緯・背景

割賦販売法の制定から約10年が経過し，その間，昭和43年に一度改正されたものの，これだけでは，割賦取引に係る情勢の変化に対応することは困難であった。

その要因としては，まず，第1に，割賦取引の多様化が挙げられる。昭和

35年の日本ダイナースクラブ設立及び翌36年の日本クレジットビューローの設立以降，クレジットカードを利用した取引がシェアを伸ばしていたことに加え，従来利用されていた紙製の証票（チケット・クーポン）に代わり，プラスチック製のカードを利用した取引も行われるようになっていた。また，金融機関と販売業者が提携して商品の販売等を行う提携ローンの普及，さらには友の会・互助会などの前払式特定取引（ないしこれに類似した取引）も普及するに至ったことなどが挙げられる。

第2に，従来以上に消費者問題が頻発することとなっていた点が挙げられる。割賦取引固有の問題としては，買主等の判断を誤らせるような紛らわしい取引条件の表示，さらには，買主に酷な条件での取引なども多発し，他方では，古典的ながら布団や百科事典などの訪問販売方式での押し売りなどの被害が多発することとなった。

しかし，昭和43年改正による割賦販売法では，上記のような多様な割賦取引に適切な規制を加え，割賦取引に端を発する消費者トラブルに対処することは困難であった。このような情勢に対処すべく，昭和46年，通商産業大臣は割賦販売審議会に「我が国の消費者信用の多様化に対処して，公正な取引秩序を確立し，消費者利益の増進を図るための方策如何」という内容で諮問し，消費者保護の見地から割賦販売法を抜本的に改正すべしとの答申を得た。

さらに，上記の答申と併せて，当時存在した行政管理庁から通商産業省当局に対し，消費者からの苦情処理に関して「消費者保護に関する行政監察結果に基づく勧告」がなされた。当該勧告においては，当局による割賦取引業者の監督及び割賦取引に関する規制の強化が求められた。

このような経緯を経て，通商産業省は改正法案の作成に着手し，これが第68回通常国会に提出され，昭和47年4月21日に衆議院で，同年5月24日に参議院において可決され，割賦販売法の第二次改正法が成立した。

第二次改正法は，昭和47年6月16日に公布され，翌昭和48年3月15日に施行された。ただし，割賦販売審議会の所掌事務に関する改正点は公布の日から，指定受託機関に関する規定については昭和47年12月15日から，割賦販売及びローン提携販売における手数料率に関する点は昭和49年3月15日からの施行とされた。

(2) 主な改正点

昭和47年の第二次改正の主な点は次のとおりである。

(a) 目的の修正

昭和47年改正は、消費者保護を目的としたものであったため、割賦販売法の目的（1条1項）に「購入者等の保護」が追加され、消費者保護も割賦販売法の目的であることが明示されることとなった。

(b) 規制対象の拡大

これまでは割賦販売及び割賦購入あっせんのみが規制対象となっていたが、昭和47年改正により、ローン提携販売及び前払式特定取引が規制対象として追加された。

また、割賦購入あっせんにも「それと引換えに……商品を購入することができる証票」（＝チケット・クーポン）を利用した取引だけでなく、「それを提示して……商品を購入することができる証票その他のもの」（＝クレジットカード）が追加されるなど、割賦販売法の規制対象となる取引が追加・拡大することとなった。

(c) 割賦販売に係る規制の厳格化

割賦販売における取引条件の開示事項に、手数料率を追加するなど、取引条件の開示義務を厳格化するとともに、広告に際しても同様の事項の表示を義務付けるなど、取引条件の開示義務が厳格化されることとなった。

加えて、割賦販売につき、クーリングオフ制度が導入され、訪問販売での割賦販売に関し、購入者からの意思表示の撤回が認められることとなった。

〔4〕 昭和59年改正

(1) 経緯・背景

前回の昭和47年改正から10年以上経過した昭和59年に割賦販売法の第三次改正が行われることとなったが、その背景としては、主に次の3点が挙げられる。

第1に、割賦取引の規模自体が大幅に大きくなり、取引総額が倍増していたことである。割賦取引の取扱高は、昭和50年には5兆8000億円であったのに

対し，昭和59年には16兆9000億円にも達し，10年間で約3倍という驚異的な伸びを見せていた。

　第2に，割賦購入あっせんの普及が挙げられる。この頃には，クレジットカードに加え，個別方式による割賦購入あっせん（個別クレジット）もこれまで以上に広がりを見せており，割賦取引全体におけるシェアとしては，自社割賦を上回るものとなっていた。それにもかかわらず，割賦購入あっせんに関する規制は，登録制度と営業保証金の供託義務のみであり，さらに，個別方式の割賦購入あっせんに至っては，そもそも割賦販売法の規制対象には含まれていなかった。

　第3に，上記2点を背景とした消費者からの苦情の増大である。取扱高が増えれば，その分消費者トラブル及びこれに基づく苦情が増大するのは当たり前であるが，このことに加え，割賦購入あっせんの増加に伴い，例えば，加盟店から商品の引渡しを受けられていないのに，割賦購入あっせん業者に対する支払はしなければならない等の苦情の増加が著しかった。これは，いわゆる「抗弁権の接続」の問題であり，裁判例上もこれを認めるものと否定するものとがあり，判断が分かれていた。また，厳密には，消費者トラブルではないが，割賦取引の利用過多による多重債務も問題となっており，この点に関する苦情・相談も増加していた。

　このような事情から，通商産業省当局は，産業構造審議会消費経済部会に諮問し，昭和59年2月に「販売信用取引における購入者等の利益の保護の徹底等を図るための施策について」という答申を得た。これを受けて，当局は改正法案の作成に着手し，これを第101回特別国会に提出した。改正法案は昭和59年5月11日に衆参両院で可決され，同日割賦販売法の第三次改正法が成立した。同法は昭和59年6月2日に公布され，同年12月1日から施行された。ただし，第三次改正による37条2項については，公布日から施行された。

(2) **主な改正点**

　昭和59年の第三次改正は，大改正というべき内容であるが，その主な内容は以下のとおりである。

(a) **適用範囲の拡大**

(イ) **リボルビング方式の追加**　　まず，割賦販売，ローン提携販売及び割賦

〔4〕 昭和59年改正

購入あっせんは分割払方式による取引のみを対象としていたところ,リボルビング方式を追加し,同方式による取引も割賦販売法の対象とされた。

　(ロ) 個別クレジットの追加　　また,割賦購入あっせんについて個別方式を追加し,これにより個別クレジット（個品割賦購入あっせん）も割賦販売法による規制を受けることとなった。ただし,個別方式の割賦購入あっせんについては,登録制の対象から除外されていた。

　(ハ) 指定商品の範囲の拡大　　また,指定商品の定義も改正され,「耐久性を有し」との文言が削除された。これにより,耐久財以外の商品（消耗品）も指定することが可能となり,指定商品の範囲が拡大し,割賦販売法による規制対象となる取引が拡大することとなった。

　(b)　割賦購入あっせんへの消費者保護規定の適用

　従来,割賦購入あっせんについては,参入規制,すなわち,登録制及び供託金の供託義務以外には何の規制も加えられていなかったが,昭和59年改正により,割賦販売と同様に,書面交付,クーリングオフその他の買主保護のための規制が適用されることとなった。

　(c)　抗弁権の接続規定の創設

　割賦購入あっせんにおいては,加盟店との取引と割賦購入あっせん業者（カード会社,信販会社）との取引は法律上別個の取引であることから,加盟店に対して有する抗弁権を割賦購入あっせん業者に対しても主張できるのか否かが問題になっていた。これが抗弁権の接続の問題である。これまで,包括,個別を問わず割賦購入あっせんにおいて,抗弁権の接続が認められるかは議論されており,裁判例においてもこれを認めるものと否定されるものとがあり,統一した結論が出ないでいた。

　昭和59年改正は,抗弁権の接続が認められる旨を明記することにより,上記の論争に対し立法的な解決を図ったものである。

　(d)　過剰与信の防止に関する規定の新設

　昭和59年改正により,信用情報機関による信用情報を利用し,買主に対する過剰与信を防止する旨の規定が追加された。ただし,あくまでも努力義務にとどまるものであった。

〔5〕 平成11年改正

(1) 経緯・背景

　従来，割賦取引は「高額商品の購入」を目的としたものが中心であったが，この頃には，エステや英会話教室など「商品販売以外の高額取引」も広まっており，これらの役務提供を目的とした割賦取引が普及し，このような取引を原因とする消費者トラブル及び苦情が増加していた。しかし，割賦販売法の規制対象となっていたのは「（指定）商品の販売」のみであったため，割賦販売法上の消費者保護規定を権利販売又は役務提供を目的とした割賦取引に適用することはできないという状況にあった。

　また，金融機関や信販会社と金銭消費貸借契約を締結し，融資を受けて商品の購入や役務の提供を受ける形態の取引も増加しており，中には，割賦購入あっせんに類似しているものの，定義上，これに当たらない取引も多く含まれており，割賦販売法の適用が難しいケースもあった。

　このような状況の下，産業構造審議会消費経済部会は，平成11年2月に「今後の消費者ルールの在り方に関する提言」をとりまとめ，また，同時期に，割賦販売審議会クレジット産業部会も「割賦販売を巡る消費者取引の適正化について（継続的役務取引を中心に）」と題する報告書をまとめるに至った。これらを受けて，通商産業省当局は，割賦販売法改正法案を第145回通常国会に提出し，同法案は平成11年3月19日に衆議院で，同年4月16日に参議院で可決され，成立した。これによる改正法は，平成11年4月23日に公布され，同年10月22日に施行された。

(2) 主な改正点

　平成11年の第四次改正における主な改正点は，次の3点である。

(a) 商品販売以外の取引への拡張

　平成11年改正により，権利の販売及び役務の提供を目的とした取引も規制対象となり，これと併せて，指定権利制及び指定役務制が定められた。

　商品販売以外も割賦販売法の規制対象とすべきとの議論は昭和59年改正に際してもなされていたが，先送りにされていたため，今回の改正において導入

されたものである。
　(b) **割賦購入あっせんの範囲の拡大**
　割賦購入あっせんの定義を修正し，金融機関等から買主等を通じて代金を販売業者に交付する場合が含まれることとなった。
　(c) **ローン提携販売への抗弁権の接続の適用**
　昭和59年改正に際しては，ローン提携販売への抗弁権の接続の適用は認められていなかったが，今回の改正により，ローン提携販売においても抗弁権の接続が認められることとなった。
　ローン提携販売においても，販売業者の倒産（及びこれに基づく商品未納）にもかかわらず，金融機関に対して返済しなければならないような事態も想定され，割賦購入あっせんと似た状況が生じ得ることから，抗弁権の接続規定を新設したものである。

〔6〕 平成12年改正

(1) 経緯・背景

　この時期には，インターネットも普及し，これを利用した通信販売も広がりを見せていた。これに併せ，クレジットカードのような物理的な証票を交付せずに，ID，番号等のみを会員に付与し，これにより信用購入あっせんと同様の割賦取引を行うことが可能となるような「カードレス取引」の実用化も間近と考えられていた。
　また，いわゆる内職・モニター商法に端を発する消費者トラブルも増加の傾向を見せていた。これは，例えば，パソコンを購入すればこれを利用した仕事を紹介するなどといって，高額なパソコンを購入させるような取引である。実質的には消費者が購入しているのであるが，形式的には，購入者が事業目的で購入することになるため，割賦販売法の適用除外規定に該当し，同法が適用されないという問題が生じていた。
　このような状況を受けて，平成12年9月に産業構造審議会消費経済部会において「消費者をめぐる新たな諸課題への対応に関する提言」がとりまとめられ，また，同時期には，割賦販売審議会クレジット産業部会においても，上記

の点に関する提言がまとめられた。

これらの提言を受けて，通商産業省当局は，第150回臨時国会に「訪問販売等に関する法律及び割賦販売法の一部を改正する法律案」を提出し，これが平成12年11月2日に衆議院で，同月10日に参議院で可決され，割賦販売法の第五次改正法が成立した。公布は平成12年11月17日，施行は平成13年6月1日であった。

(2) 主な改正点

平成12年の第五次改正ではそこまで大きな改正は加えられていないが，各取引の定義を変更し，カードレス取引も割賦取引として割賦販売法の規制対象に含まれることとした点に加え，上記の内職・モニター商法を業務提供誘引販売取引として，これについては買主にとって商行為となる場合であっても，割賦販売法上の消費者保護規定（クーリングオフ等）が適用されることとした。

〔7〕 平成16年改正

(1) 経緯・背景

平成12年改正を経て内職・モニター商法に関する割賦取引については割賦販売法が適用されることとなったが，今度は，いわゆるマルチ商法等の新たな悪質商法が登場することとなった。

このような新たな消費者被害を受けて平成15年6月には産業構造審議会消費経済部会消費者政策小委員会において「消費者政策の実効強化に向けて」と題する報告書がまとめられた。これを受けて，同年9月には，消費経済部会に特定商取引小委員会が設置され，消費者トラブルに関する規制の強化及び民事ルールの策定を骨子とする報告書がとりまとめられた。

これを受けて経済産業省当局は，第159回通常国会に「特定商取引に関する法律及び割賦販売法の一部を改正する法律案」を提出し，これが平成12年4月16日に衆議院で，同年4月28日に参議院で可決された。この改正法は，平成16年5月12日に公布され，同年11月11日に施行された。

(2) 主な改正点

前回の業務提供誘引販売取引と同様に，マルチ商法等の連鎖販売取引が購入

者にとって商行為となる場合であっても，クーリングオフ等の消費者保護規定が適用されることとされた。

〔8〕 平成20年改正

(1) 経緯・背景

平成28年改正を除けば直近の改正であり，昭和59年改正以来の大改正といってよい内容の改正である。

従来から悪質商法に対処すべく法改正が繰り返されてきたことは前述のとおりであるが，今回は，個別クレジット（個別信用購入あっせん）を利用した過量販売等についての消費者トラブル及び苦情が増加しており，個別クレジットに端を発する消費者トラブルないし過剰与信が問題となっていた。

また，クレジットカードのIC化により，スキミングやこれによる偽造カードの作成・利用は多少の落ち着きを見せていたが，クレジットカードのカード番号及び有効期限等のカード情報の漏えい・流出を原因とするカードの不正利用も多く発生しており，カード情報の管理についても，規制を加える必要に迫られていた。

さらに，社会的には多重債務問題が緊急的な課題となっており，カード会社や信販会社を含む貸金業者との貸金取引については，貸金業法の改正により，年収の3分の1以上の貸付けを原則禁止するいわゆる総量規制が制定されたが，割賦取引については，過剰与信の防止は努力義務にとどまっていた。

このような状況下において，平成19年2月以降，産業構造審議会割賦販売分科会基本問題小委員会において議論が進められ，同年12月に報告書がとりまとめられた。

これを受けて，経済産業省当局は，特定商取引に関する法律及び割賦販売法の一部を改正する法律案を第169回通常国会に提出し，同法案は平成20年5月29日に衆議院で，同月6月11日に参議院で可決され成立した。

公布は平成20年6月18日，施行は平成21年12月1日である。ただし，指定信用情報機関制度及びこれを前提とする過剰与信の防止については，平成22年12月17日から施行とされた。

(2) 主な改正点

平成20年の第七次改正における改正点は多岐に亘るが，主な点は次のとおりである。

(a) **割賦購入あっせんに係る定義の変更**

「割賦購入あっせん」を「信用購入あっせん」と改め，包括方式と個別方式について，それぞれ包括信用購入あっせん，個別信用購入あっせんとして個別に定義した。

(b) **個別クレジットに係る規制の強化**

個別信用購入あっせんについても登録制の対象とした上で，加盟店の調査義務の明記，個別クレジット契約自体のクーリングオフなど，個別クレジットに係る規制が強化された。

(c) **規制対象の拡大**

個別信用購入あっせんについて，指定商品・指定役務制度を廃止し，原則，商品又は役務を目的とするすべての取引に規制が適用されることとしたのに加え，分割払方式の信用購入あっせんについて，「2ヵ月以上かつ3回以上の分割」の要件を削除した。

(d) **過剰与信防止**

信用購入あっせんにおける与信に際して，指定信用情報機関の信用情報の利用を義務付けるとともに，支払可能見込額を超える与信を禁止した。これまでは努力義務とされていたものを法的な義務としたものである。

(e) **カード情報の管理**

カード会社（イシュアー）及びアクワイアラーに対してカード情報の保護・管理を義務付けるとともに，加盟店及び委託先に対する監督が義務付けられることとされた。

〔9〕 平成28年改正

(1) 経緯・背景

(a) **クレジットカードに関する苦情の増加**

前述のとおり，平成20年改正は個別クレジット（個別信用購入あっせん）に関

する消費者被害及び苦情への対処を一つの目的としていた。その甲斐もあって，当該改正後，個別信用購入あっせんに関する苦情は減少したが，今度はクレジットカード（包括信用購入あっせん）に関する苦情が増加することとなった。その内容としては，カード会社に対する苦情よりも，加盟店における販売方法や取引の解約に関するものが大半であった。この背景としては，クレジットカード取引の中心が，オンアス取引からオフアス取引に移行したにもかかわらず，割賦販売法はイシュアーに対してのみ規制を課しており，アクワイアラーに対する規制がほとんど行われていないことが挙げられる。

(b) **キャッシュレス取引の推進とセキュリティ対策の必要性**

わが国の決済においては，クレジットカード，デビットカード，電子マネー等の現金以外を利用した「キャッシュレス決済」が民間最終消費支出に占める割合は，諸外国に比べて著しく低く，キャッシュレス決済が浸透・普及しているとはいい難い状況にある。しかし，キャッシュレス決済は，単に現金取扱業務に伴うコストを削減するにとどまらず，ビッグデータの取得・活用，さらには消費者，特に訪日観光客の利便性の向上等，多くの効用を有することもまた事実である。そこで，政府は，平成26年から28年にかけて「日本再興戦略」を閣議決定し，また，平成26年12月には「キャッシュレス化に向けた方策」を公表して，平成32年（2020年）のオリンピック・パラリンピックに向けてキャッシュレス化を推進することを決定した。

そのためには，悪質加盟店を排除するだけでなく，カード情報に関するセキュリティ対策，さらには，カード及び決済端末のIC化による不正利用の防止なども実施する必要がある。特に，平成26年には，カード大国であったアメリカがIC化に舵を切ったことで，わが国が非IC化のカード大国となり，不正利用の標的となることも懸念された。

そのため，キャッシュレスの推進という目的を達するための前提として，セキュリティ対策及びカード・決済端末のIC化を実装する必要性が高まっていた。

(c) **割賦販売委員会による報告書**

以上のような状況に加え，元々，平成20年改正割賦販売法の附則8条では改正後5年を目途に改正を検討することとされており，さらに，消費者委員会

からも建議が提出されたこともあり，産業構造審議会商務流通情報分科会割賦販売小委員会が招集され，改正に関する議論が進められ，平成27年7月には「クレジットカード取引システムの健全な発展を通じた消費者利益の向上に向けて」と題する報告書がとりまとめられ，翌年には追補版が公表された（以下，併せて「割賦販売小委員会報告書」）。

その内容は多岐に亘るが，①アクワイアラーの登録制及び決済代行業者の任意登録制の導入，②加盟店調査義務の規定の新設，③クレジットカード決済に係るセキュリティ対策の実装などが主要なポイントである。

(d) **改正法案の成立**

上記(c)の報告書を受けて経済産業省当局は，割賦販売法の改正法案の作成に着手し，第192回臨時国会にこれを提出した。改正法案は平成28年11月17日に衆議院で，同年12月2日に参議院で可決されて成立した。この平成28年改正法は，平成28年12月9日に公布され，平成30年6月1日に施行された。

(2) **主な改正点**

平成28年改正は，主にクレジットカード（包括信用購入あっせん）に関するものであり，その内容も基本的には割賦販売小委員会報告書に沿うものとなっているが，具体的には次のような内容である。

(a) **アクワイアリングに係る登録制度の導入**

(ｲ) **アクワイアラーの登録義務**　前述のとおり，クレジットカードを利用した取引にはオンアス取引とオフアス取引があるが，平成20年改正までの割賦販売法はオンアス取引を念頭に，イシュアーに対する規制法として発展してきた。つまり，カード会社の業務のうち，イシュイングにフォーカスして規制を加える法律であったといえる。

しかし，現在では，むしろオフアス取引の方が主流であって，イシュイングに対する規制強化のみでは，「加盟店とカード会員との間のトラブル」という改正の前提となった立法事実に対応することは不可能であった。そこで平成28年改正においては，カード会社の加盟店管理業務（アクワイアリング）についても規制対象とし，アクワイアラーに対し登録義務を課すこととした（35条の17の2）。簡単に説明すれば，アクワイアラーを割賦販売法上のプレイヤーとして明記することで，アクワイアリングに関する監督を実効的に行うとともに，

アクワイアラーを通じて加盟店の監督を行わせ，悪質加盟店の排除及び加盟店におけるセキュリティ対策の実装を図る趣旨である。

(ロ) **PSPの任意登録制**　また，クレジットカード取引においては，アクワイアラーと加盟店との間に，決済代行業者（Payment Service Provider，以下「PSP」）と呼ばれる事業者が介在することも多かったが，PSPはカード発行等のイシュイング業務を行わないため，従来の割賦販売法においてはその規制対象となっていなかった。そのため，PSPに紐付けられた加盟店についての調査が困難であり，悪質加盟店の排除が困難であることが指摘されていた。

とはいえ，PSPは，国際ブランドに加盟し，ライセンスを受けてアクワイアリング業務を行うアクワイアラーとは異なり，国際ブランドからライセンスを受けているわけではなく，アクワイアラーと無関係に加盟店契約を締結できるわけではない。さらに，PSPの介在形態としては，①PSP自身がアクワイアラーの加盟店となり，自身の店子を抱える包括加盟方式，②PSPが加盟店の代理人となり，アクワイアラーと包括代理加盟店契約を締結する包括代理方式，③PSPが，アクワイアラー・加盟店間の契約等の取次ぎや紹介のみを行う紹介・取次型方式など，複数の方式がある。

これらの事情を踏まえ，割賦販売小委員会報告書において，PSPについてもアクワイアラーと同様に登録義務を課すことは必ずしも適切ではないとされたため，PSPについては任意の登録制が採用されることとなった。

もっとも，改正割賦販売法上，「PSPについては，登録は任意である（＝義務ではない）」とする条文はないため，「任意性」の意味が問題になる。詳細は第2編で解説するが，この任意登録制というのは，割賦販売法35条の17の2第2号に該当するような事業を行う場合には登録が必要となり，そうでない場合には登録は不要であって，登録が必要となるビジネスモデルを採用するか否かはPSPの任意であるという趣旨とされる。

(b) **加盟店調査義務の明記**

(イ) **調査義務規定の新設**　もともと，カード会社（イシュアー）が加盟店調査義務・管理義務を負うのか，特にオフアス取引におけるオフアス加盟店において何らかのトラブルが生じた際に，イシュアーが何らかの責任を負わなければならないのかという点が議論となっており，裁判例上も問題となっていた。

また，法的な責任の有無という問題とは別に，オフアス加盟店について，イシュアーが調査・管理することは実際上不可能であり，オフアス取引における悪質加盟店排除の責任は誰が負うのか不明確であったという経緯もあった。

　そこで，平成28年改正においては，アクワイアラーの登録義務とともに，カード会社は自身の加盟店についての調査義務を負うことが明示された（35条の17の8）。

　これは，悪質加盟店の排除と加盟店におけるセキュリティ対策の水準の確認を目的としたものであるが，割賦販売小委員会報告書では，具体的な調査・管理手法は定めずに，従来から各社が行ってきた手法を許容するいわゆる「性能規定」によることが適切とされていたが，改正割賦販売法上では，具体的な調査項目が列挙されており，必ずしも性能規定とはいい難い内容となっており（むしろ，「仕様規定」であろう），カード会社（アクワイアラー）に重い負担を課す内容となっている。

　(ロ)　**苦情処理**　　また，旧割賦販売法においては，イシュイングに対する規制しか定められていなかったため，カード会員からオフアス加盟店に関する苦情が申し立てられた場合であっても，イシュアーに必要な事項の調査を義務付けるにとどまっていた。

　しかし，平成28年改正により，オフアス取引に関しても規制対象となり，規制の枠組みが変更されたことに伴い，イシュアーがオフアス加盟店に関する苦情を受けた場合で，それが消費者の利益保護に欠けるものと認められる場合にはアクワイアラーに対して苦情内容を伝達することとされ（割賦則60条2号），伝達を受けたアクワイアラー側で加盟店調査（上記(イ)）を行うこととされた（割賦則133条の8・133条の9）。

　(c)　**セキュリティ対策の厳格化**

　元々，クレジットカード番号等の管理については，イシュアー及びアクワイアラーが適切な管理義務を負い，加盟店については，イシュアー及びアクワイアラーが監督義務を負うにすぎないとされていた。

　平成27年の個人情報の保護に関する法律の改正によっても，カード番号等は，それ単体では個人識別符号（個人情報2条2項）に該当しないこととされているため（『『個人情報の保護に関する法律についてのガイドライン』及び『個人データの

[9] 平成28年改正

漏えい等の事案が発生した場合等の対応について』に関するＱ＆Ａ」の「１－22」参照），「個人情報」（個人情報２条１項）には当たらず，したがって，加盟店は，カード情報それ自体については，個人情報保護法上の安全管理措置（個人情報20条）を負わないこととなっている。

　これに対し，平成28年改正割賦販売法においては，加盟店も，直接，カード情報の適切な管理義務を負うこととされている。これは，カード情報の漏えい・流出を防止するための適切な措置を講じなければならないというだけではなく，不正利用の防止の趣旨も含まれている。

　ただし，加盟店が具体的にいかなる措置を講じなければならないのかについては，割賦販売法上は必ずしも明らかになっておらず，詳細は，クレジット取引セキュリティ対策協議会による「クレジットカード取引におけるセキュリティ対策の強化に向けた実行計画」や日本クレジット協会（JCA）の自主規制等に委ねられることとなっている。

第6章 今後の展望と課題

　現行法，すなわち平成28年改正による割賦販売法の附則12条でも，施行後5年を経過した段階で改正を検討することとされている。これまで見てきたように，割賦販売法の改正は，規制→新たな消費者トラブルの発生→対応のために規制を強化・追加，という歴史を繰り返してきており，実質的には，法の抜け穴を埋める作業の積み重ねであったといってもよい。

　結局，今後，具体的にどのような改正が加えられるのかは，今後どのような悪質商法・消費者トラブルが発生していくのか，どのような犯罪手法が開発されるのかにもよるのであり，現時点においてこれを予測することは困難である。

　もっとも，今後の課題という意味では，以下の事項が検討・考慮される必要がある。

(1) マンスリークリア方式の取扱い

　マンスリークリア方式に対する行為規制・民事ルールの適用，特に抗弁権接続規定の適用については，従前から議論が続けられているところである。

　平成28年改正においてもマンスリークリア方式への抗弁権の接続規定の適用の有無が注目されたが，割賦販売小委員会報告書では，①分割払方式やリボルビング方式と同様の「取引の誘引性」は生じていないこと，②分割払方式やリボルビング方式に比べて苦情件数が多くなく，包括信用購入あっせんと区別して取り扱うことに一定の合理性が認められること，③マンスリークリア方式は手数料を徴収しておらず収益性に乏しい取引形態であるため，マンスリークリア方式に対しても割賦販売法上の各種規制を課すことで，却って，サービスの低下を招き，消費者＝カード会員の利益に反することとなり得ることなどから，マンスリークリア方式へ各規制の適用は必要ではないとされている。

　今後も，同様の議論は続くと思われるが，上記の立法事実自体が変わる見込

みもないのであるから，今後の改正においても，マンスリークリア方式の取引を包括信用購入あっせんと同様に抗弁権の接続等の規定を適用する必要はない。

(2) 他の決済手法との平仄

現在，わが国ではクレジットカードのほかに，プリペイドカード（電子マネー），デビットカードなどの決済用カードも普及している上，仮想通貨の登場，スマートフォンの普及に伴いクレジットカードと紐付けたQRコード決済なども登場し，さらに，クレジットカードを前提としないQRコード決済なども登場している。わが国がキャッシュレス取引を推進しており，また，フィンテック等の技術発展が著しいことからすれば，以上に挙げたほかにも，今後多様な決済スキームが登場することは間違いないと思われる。

もっとも，これらの新たな決済方法については，クレジットカードと類似した問題（加盟店管理や苦情処理、抗弁権の接続の有無等）が生じ得るにもかかわらず，割賦販売法ほどの詳細な規制は加えられていない。つまり，過去に割賦取引が辿ってきたトラブルや問題がそのまま繰り返される可能性があるということであるが，逆にいえば，規制が厳格でない分，最新の技術や発想を柔軟に用いることが可能であるということでもある。このことは，前述のような詳細な規制により，雁字搦めとされているクレジットカード（包括信用購入あっせん）と比べると，規制のバランスを欠いている状況にあるといわざるを得ない。

割賦販売法をキャッシュレス決済のスタンダードとして，他の決済方法についても割賦販売法並みの規制を課すのか，それとも，クレジットカード等についても，他の決済方法と同様の比較的緩やかな規制にしていくのか，これは両方の考え方があろうが，いずれにしても，少なくとも現時点においてクレジットカードがキャッシュレス決済の中心であることは間違いないのであるから，割賦販売法の規制を原因としてクレジットカードが時代に取り残されるようなことは許されない。所管の問題等もあり難しいことは承知の上だが，いっそのこと，デビットカードやプリペイドカード（電子マネー），さらにはQRコード決済なども含めて，すべての電子決済方法を同一の法律により規制すべきであろう。

(3) 手段と目的の均衡

第1編　序説——割賦販売法の概説　　第6章　今後の展望と課題

　上述したように，割賦販売法を原因としてクレジットカードをはじめとする割賦取引の進化が止められることは許されないが，そのためにも，今後見込まれる技術革新に対応し，割賦販売法が「時代遅れの法律」にならないよう，随時適切にアップデートしていくことが不可欠である。そのためには，割賦販売法が「規制のための規制」であってはならないのであり，言い換えれば，「現実に即した法律」でなければならない。割賦取引による消費者被害を防止することは必要であるが，これを唯一絶対の目的とするのであれば，極端な話，割賦取引を全面的に禁止すれば足りるのである。しかし，それでは何の意味もないことは明白であろう。割賦販売法の平成28年改正については，今後評価されていくこととなるが，少なくとも，本書執筆の時点では，目的が先行しており，「手段としての現実味」がやや欠けているという声も多い。

　さらに，キャッシュレス取引を推進し，これを普及させるためには，利用者の利便性を図るだけでなく，利用者に対する利益還元が必要となることは間違いない。しかし，割賦販売法による規制を原因として，カード会社が不要なコストを負担せざるを得ないということになれば，加盟店から徴収する加盟店手数料や，カード会員から徴収する手数料（利息）を高くせざるを得ないことになる。加盟店手数料率が上昇すれば，クレジットカードの利用を受け入れる加盟店が増えず，カード会員の利便性を損なうこととなり，また，カード会員からの手数料率の上昇は，いうまでもなく，カード会員に対して直接的な不利益を与えることとなり，クレジットカードの普及とは正反対の方向に進むこととなる。割賦販売法が精緻な規制を課したことにより，取引の安全性は確保されたが，その結果としてクレジットカードの利用者が減少したというのでは，本末転倒というほかないのである。次回の改正がいつになるかは不明であるが，わが国の割賦取引事業を発展させ，キャッシュレス取引を普及させるためにも，既にある規制も含め，割賦取引業者の実情も踏まえた「手段（のコスト）と目的のバランスがとれた改正」をしなければならないのである。

■

第2編

割賦販売法の解説

第1章 割賦販売法の目的（1条）

〔1〕 概　　説

(1) 割賦販売法1条1項

(a) 趣　　旨

　割賦販売法1条1項は，割賦販売法の目的規定である。割賦取引ないし割賦取引業者に対して直接規制を加える条文ではないが，割賦販売法の解釈適用の場面においては，その指針として機能し得ることから，重要な規定である。

(b) 目的の順位

　割賦販売法1条1項は，「国民経済の発展に寄与すること」を割賦販売法の最終的な目的として掲げているが，その達成手段として，複数の副次的な目的を定めている。これらサブの目的は，階層的に定められており，その優劣ないし順序としては，次のように考えることになる。

　まず，割賦販売法1条1項は，「割賦販売等に係る取引の公正の確保」，「購入者等が受けることのある損害の防止」及び「クレジットカード番号等の適切な管理等」に「必要な措置」を講じることを，一次的な目的としている。文言上，これらの目的の間では優劣ないし順位は付けられていない。

　その上で，二次的目的として「割賦販売等に係る取引の健全な発達を図る」こと，「購入者等の利益を保護」すること及び「商品等の流通及び役務の提供を円滑に」することを設定しており，これらの目的の達成を通じて「国民経済の発展に寄与すること」という最終目的を掲げている。二次的目的は，「割賦販売等に係る取引の健全な発達」と「購入者等の利益の保護」に「あわせて」商品の流通・役務提供の円滑化を図ることとされていることからすれば，法文の表現上，前二者に比べ後一者は，やや劣る目的であることが意図されている

ものと解される。

　元々，割賦販売法は取引秩序の確保を目的として制定されたという経緯もあり，制定当時は割賦販売法1条1項には消費者保護的な目的は定められていなかったが，昭和47年改正により「購入者等の利益の保護」が追加され，さらに，平成20年改正において「購入者等が受けることのある損害の防止」が追加されたという経緯がある。

　このような経緯に照らせば，取引秩序の維持形成と消費者保護とは，割賦販売法の両輪であり，その解釈適用に際しては，これら両方が等しく参照されると考えるべきである。

(2) **割賦販売法1条2項**

　割賦販売法1条2項は，割賦販売法の運用における留意事項を示したものであり，割賦販売等を行う中小商業者の事業の安定及び振興につき留意することとしている。

　また，割賦販売法1条2項は，割賦販売法の制定に際して，国会での審議において政府原案に追加された条項である。割賦販売法の制定に際しては，元々百貨店等の大規模事業者が割賦取引に乗り出したことにより，中小の割賦取引業者を圧迫し又はそのおそれがあったところを通商産業大臣名での通達により調整・解決を図ったという経緯があり，割賦販売法の運用に際しても，当該通達の趣旨は維持されなければならないとする趣旨である。

〔2〕 条文解説

（目的及び運用上の配慮）
第1条　この法律は，割賦販売等に係る取引の公正の確保，購入者等が受けることのある損害の防止及びクレジットカード番号等の適切な管理等に必要な措置を講ずることにより★1，割賦販売等に係る取引の健全な発達を図るとともに，購入者等★2の利益を保護し，あわせて商品等の流通及び役務の提供を円滑にし，もつて国民経済の発展に寄与することを目的とする。

〔2〕 条文解説

2 この法律の運用にあたつては、割賦販売等を行なう中小商業者の事業の安定及び振興に留意しなければならない。

★1 「割賦販売等に係る取引の公正の確保」に「必要な措置」とは、割賦販売、ローン提携販売、信用購入あっせん、前払式特定取引という各取引類型に対して課される、参入規制及び取引条件の表示・書面交付・過剰与信の防止・業務運営に関する措置の構築・加盟店調査等の行為規制を指す。
　「購入者等が受けることのある損害の防止……に必要な措置」とは、抗弁権の接続やクーリングオフ等、消費者保護のために各取引に適用される民事ルールのことである。
　また、「クレジットカード番号等の適切な管理等に必要な措置」とは、クレジットカード番号等の適切な管理体制の構築、クレジットカードのアクワイアリングに係る登録制及び加盟店調査義務、クレジットカード番号等の不正取得に対する罰則等が科されることを表している。なお、元々は「クレジットカード番号等の適切な管理」とされていたが、平成28年改正において「クレジットカード番号等の適切な管理等」に変更された。これは、平成28年改正において、アクワイアラー等の登録制が導入されたことに合わせて、第3章の4のタイトルが「クレジットカード番号等の適切な管理等」に変更されたことに平仄を合わせる趣旨と解される。
　これらの措置を「講ずることにより」とは、1条1項の目的を達するために、上記の措置、すなわち、割賦販売法が定める各種の規制が課されることを表したものである。
★2 「購入者等」は、割賦販売法において特に定義されていないが、各取引類型における買主等を指すものである。

第2章　割賦販売（2条1項・5項・3条〜10条）

　前述のとおり，割賦販売は，昭和36年の割賦販売法の制定当初から規制対象とされていた取引類型である。今でこそ，割賦取引におけるシェアも減少し，割賦販売法における中心の地位を信用購入あっせんに明け渡しているが，割賦販売法が制定されるきっかけとなった取引類型であり，割賦販売に課される規制は，割賦販売法による規制の雛形といってもよく，そのような意味では，今なおその重要性は薄れていない。

　割賦販売については，割賦販売法2条1項が定義しており，割賦販売法第2章がこれに対する規制を定めている。その内容は，「第1節　総則（3条〜8条）」，「第2節　割賦販売の標準条件（9条・10条）」及び「第3節　前払式割賦販売（11条〜29条）」となっている。

　以下では，第1節において割賦販売の定義ないし意味内容について解説し，第2節では，割賦販売に適用される指定商品等制度について説明を加え，第3節及び第4節にて割賦販売に課される規制について解説する。前払式割賦販売については，これも割賦販売の一類型に位置付けられる取引ではあるものの，割賦販売とは異なる規制類型に服するため，別に章を設けて解説する。

第1節　割賦販売の意義（2条1項）

〔1〕概　　説

(1)　**割賦販売の概要**

　割賦販売法は「割賦販売」（2条1項。以下単に「割賦販売」とするときは，同項により定義された個別の取引類型としての割賦販売を指す）について規制を加えているが，ここでいう割賦販売とは，いわゆる「自社割賦」のことであり，売主等と

買主等が二者間で割賦取引を行う取引形態を指す。必ずしも商品又は権利の「販売」に限られず、役務提供を目的とする取引も含まれる。

なお、以下では、割賦販売の方法により指定商品若しくは指定権利を販売し又は指定役務を提供する事業者を総称して「割賦販売業者」、割賦販売業者から割賦販売の方法により指定商品又は指定権利を購入し又は指定役務の提供を受ける者を「購入者等」、割賦販売業者から割賦販売に係るカード等の交付を受けた者を「利用者」とする。

(2) **分割払方式とリボルビング方式**

割賦販売法2条1項1号は分割払方式の割賦販売(以下「分割払方式割賦販売」)について、同項2号はリボルビング方式の割賦販売(以下「リボルビング方式割賦販売」)について定義している。マンスリークリア方式での割賦販売とは、要するに、単なる後払いでの取引にほかならないため、割賦販売の定義には含まれておらず、割賦販売法の規制対象にはならない。

分割払方式及びリボルビング方式とは、具体的には、次のような支払方式を指す(他の取引類型においても同様)。

(a) **分割払方式**

取引に際しての購入者等の選択に従って支払回数が決められる方式で、賦払金(分割払方式割賦販売における割賦代金を指す。以下同様)の毎月の支払額は支払回数(分割回数)に応じて決定される。毎月の支払額の算定方法としては、元利均等方式と元金均等方式とがあるが(次頁の【図表9】参照)、元利均等方式によることが多い。

また、分割払方式での割賦販売が複数併存する場合には、取引ごとに毎月の支払額を計算し、その合計が毎月の支払総額となる。

なお、日常用語としては、いわゆるボーナス払いを含む場合もあるが、少なくとも、割賦販売に関しては支払回数も要件となっているため(2条1項1号)、ボーナス払いと分割払方式とは異なる支払方式として取り扱うのが相当である。

(b) **リボルビング方式**

割賦販売による個別の購入額にかかわらず、毎月一定の金額を支払う方式である。割賦販売に係る弁済金(リボルビング方式割賦販売における割賦代金を指し、賦払金と併せて「賦払金等」。以下同様)を分割して支払う点は分割払方式と同様だ

第2編　割賦販売法の解説　第2章　割賦販売

【図表9】元利均等方式と元金均等方式

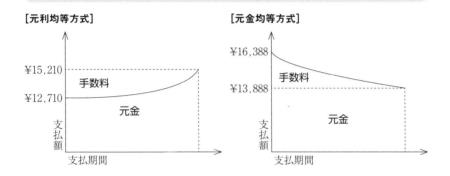

が，その時点の債務残額が毎月の支払額算定の基準になる点で分割払いと異なる。また，リボルビング方式での割賦販売に係る残債務を完済しない限り支払が継続し，手数料が発生し続けるため，支払総額が高額になりやすい支払方式である。

リボルビング方式の法的性質としては，①個別の取引から生じる債権債務は存続し，支払方式をリボルビング方式とするとの合意は，個別の取引に付随する支払時期及び支払時期ごとの支払額の算定方法を定める特約にすぎないとする見解，②リボルビング方式の合意とはすなわち準消費貸借（民588条）であり，当該合意により個別の取引から生じる債権債務は消滅し，リボルビング方式の合意（＝準消費貸借契約）に基づき新たに債権債務が生じるとする見解，③リボルビング方式に係る（つまり，カード等の交付等に係る）包括契約を商品若しくは権利の販売又は役務提供に関する継続的供給契約の基本契約とし，リボルビング方式の合意をその一部（あるいは，当該基本契約に附帯する無名契約）とする見解など様々な見解がある。リボルビング方式が分割払方式と並ぶ「支払方式の一種」であること，当事者の合理的な意思として準消費貸借契約や商品等の継続的な供給契約まで読み込むことは困難であること等からすれば，①の支払

時期及び支払額の算定方法を定める合意とする見解が妥当である。

なお，リボルビング方式は，毎月の支払額の算定方法により，概ね以下の3種類に分類することができる。

(イ) 定額方式　　リボルビング方式のうち，債務残額にかかわらず，予め定められた一定の金額を毎月支払う方式である。例えば，残債務額が5万円であろうが50万円であろうが，毎月1万円を支払うような形である。

定額方式には，ウィズイン方式（元利方式）とウィズアウト方式（元金方式）とがある。前者は，利息（手数料）も含めて毎月の支払額を定額とする方式であり，後者は，毎月定められた「元金」とそれに対する利息（手数料）とを支払う方式である。分割払いにおける元利均等と元金均等と同様であり，上述の例でいえば，ウィズイン方式であれば毎月1万円を払えば足りるのに対し，ウィズアウト方式においては，毎月1万円とその月の分の手数料（利息）の合計額を支払う必要がある。ウィズアウト方式の場合，元金への充当額は毎月同額となるが，毎月の手数料（利息）の額が変動するため，実際に支払う額は月によって異なり，一定とはならない。

(ロ) 定率方式　　債務残高に，予め定められた割合を乗じて算出された金額を毎月の支払金額とする方式である。例えば，毎月，残債務額の5％を弁済することとしておくような場合である。もっとも，定率方式を貫くと，支払がいつまでたっても終わらないため（債務残高の何パーセントかを支払う方式のため，定率方式のみでは債務残高がゼロにならない），債務残高がある程度少なくなった時点で，残額の全部を支払うように定められているのが一般的である。

定額方式と同様に，理論的にはウィズイン方式とウィズアウト方式とがあり得るが，そもそも，定率方式を採用している割賦取引業者は少ない。

(ハ) 残高スライド方式　　債務残高に応じて毎月の支払額又は支払率が変動（スライド）する方式である。多くの場合，上記(イ)の定額方式と組み合わされていることから，残高スライド定額方式を指す言葉として用いられることもある。残高スライド定額方式とは，例えば，残高が10万円以下の場合は毎月1万円，10万円を超える場合は毎月2万円といった形でリボルビング方式に係る残高に応じて毎月の支払額が決定される支払方式である。

なお，観念的・理論的には，残高スライド定率方式もあり得るが，筆者が知

る限り，貸金業者なども含め，このような支払方式を採用している事業者はない。

(3) 個別方式と包括方式

(a) カード等の要否

　割賦販売法2条1項の定義文言上は，「カードその他の物又は番号，記号その他の符号」（以下，総称して「カード等」。2条1項2号）を利用するのはリボルビング方式割賦販売（同号）のみであり，分割払方式割賦販売（同項1号）についてはカード等の利用は要件となっていない。

　しかし，割賦販売法3条1項柱書が「前条第1項第1号に規定する割賦販売（カード等を利用者に交付し又は付与し，そのカード等の提示若しくは通知を受けて，又はそれと引換えに当該利用者に商品若しくは権利を販売し，又は役務を提供するものを除く。）」とし，また，同条2項柱書が「前条第1項第1号に規定する割賦販売（カード等を利用者に交付又は付与し，そのカード等の提示若しくは通知を受けて，又はそれと引換えに当該利用者に商品若しくは権利を販売し，又は役務を提供するものに限る。）」としていることから明らかなように，分割払方式割賦販売においてもカード等を利用することは差し支えなく，むしろ，カード等の利用が想定されている。

　カード等を交付・利用しない分割払方式割賦販売は，取引の都度，与信審査をし，個別契約を毎回締結する方式であり，「個別方式」などと呼ばれる（【図表10】参照。以下「個別方式割賦販売」）。また，包括的な契約を締結してカード等を交付する方式は「包括方式」などと呼ばれる（【図表11】参照。以下，包括方式の分割払方式割賦販売を「包括方式割賦販売」）。

　これに対し，リボルビング方式割賦販売においては，カード等の交付及び利用が要件となっているため，カード等を交付・利用しない場合はリボルビング方式割賦販売に当たらないことになる。つまり，リボルビング方式割賦販売は，すべて包括方式である。これは，リボルビング方式が，その時点の債務残高を基準として毎月の支払額を算定する支払方式であり，「個別方式のリボルビング方式」というものを観念し得ないためである。

　なお，多くの場合，1枚のカードで，分割払方式とリボルビング方式のいずれの支払方式も利用できるようになっており，リボルビング方式の場合であっても，取引の流れは，包括方式割賦販売と変わらず，【図表11】のようになる。

【図表10】個別方式割賦販売

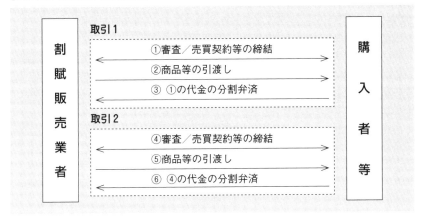

【図表11】包括方式割賦販売

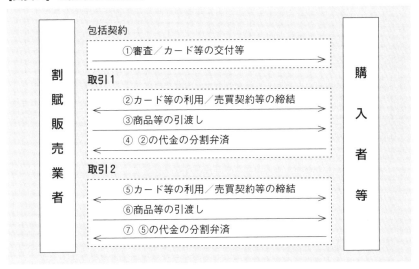

(b) 割賦販売と包括信用購入あっせん

　包括方式及びリボルビング方式の割賦販売と，包括信用購入あっせん（2条3項）とは，カード等を利用者に交付する点で共通しており，その規制範囲はかなり接近している。小売店，例えば百貨店が自店でも他の小売業者でも利用

できるカードを利用者に交付した場合を考えると，このようなカードは一般にはクレジットカードと呼ばれることになると思われるし，他の事業者においても利用できる以上は，包括信用購入あっせんにおける「カード等」（3条1項1号）に該当することも間違いない。そのため，当該カードを発行した百貨店は，包括信用購入あっせん業者として，割賦販売法による包括信用購入あっせんに関する規制を受けることになる。しかし，当該カードが，自店で利用された場合には，その取引は（包括方式又はリボルビング方式の）割賦販売に当たることになるから，当該カードは，割賦販売における「カード等」（2条1項1号）でもあることになる。そのため，当該カードの発行及びこれを利用した取引に関しては，割賦販売に関する規制も加えられることになる。

このように，カード等を利用する割賦販売と包括信用購入あっせんとは，規制範囲自体は明確に分けられるものの，1枚のカードが双方における「カード等」に該当することもあり得るのであって，実際上の境界線は，かなり曖昧なものとなっている。

(4) 割賦販売からの除外

割賦という言葉の意味からすれば，商品・権利又は役務提供の代金が分割払いとされている限り，割賦販売に当たることになる。しかし，代金が分割＝割賦となっている限り，およそすべての取引が割賦販売に該当し，割賦販売法上の規制を受けるとしたのでは，本来規制すべき必要のない取引まで規制を受けることとなり，「割賦販売等に係る取引の健全な発達を図」り，「商品等の流通及び役務の提供を円滑に」するという割賦販売法の目的（1条1項）に反することとなる。

そのため，割賦販売法は，以下のような絞りをかけて割賦販売の範囲を限定している。

(a) 支払期間及び回数による制限

まず，割賦販売法は，分割払方式割賦販売について，賦払金が「2月以上の期間にわたり，かつ，3回以上に分割して」支払われることを要件としている。そのため，賦払金が「2ヵ月未満」又は「2回以下」の分割とされている場合には，割賦販売に当たらず，割賦販売法による規制を受けないこととなる。単なる掛売り（一括での後払い）や，頭金と残金の2回払いのような日常広

く行われている割賦形式の取引を除外する趣旨である。

　逆に，リボルビング方式割賦販売については，弁済金の支払期間及び支払回数は要件とされていないため，結果的に，取引の翌月の1回の支払で完済できたような場合であっても，それが「あらかじめ定められた方法」により算定された結果として「あらかじめ定められた時期」に弁済されたものであれば（2条1項2号），割賦販売から除外されない。

　なお，賦払金の支払の「時期」については，後述の前払式割賦販売（11条柱書）に該当する場合を除き，特段規定されていないため，上記の「2ヵ月以上で3回以上」という要件に該当する限りは，賦払金の一部又は全部を前払いする場合であっても割賦販売に該当し得ることとなる。これに対し，リボルビング方式は，債務残高を基準に支払額が決定されるため，弁済金の前払いということは起こり得ない。

(b) 指定商品等制度

　割賦販売については，分割払方式割賦販売，リボルビング方式割賦販売ともに指定商品制，指定権利制及び指定役務制が採用されている（2条1項各号）。したがって，割賦販売に該当するのは，指定商品若しくは指定権利の販売又は指定役務の提供を目的とする取引のみであり，指定商品等を目的としない取引は，そもそも割賦販売に当たらず，割賦販売法の規制対象とならない。

　指定商品等制については，本章第2節で解説する。

(5) 割賦販売と事業性の要否

　割賦販売法3条以下の各種規制の対象となるのは「割賦販売業者」であり，割賦販売業者とは「割賦販売を業とする者」（3条1項柱書）であるから，割賦販売法は，その規制対象として事業者を念頭に置いていることは間違いない。

　もっとも，割賦販売の定義上，事業性は要件となっていないから，事業者以外の者による取引であっても，要件に該当する限りは割賦販売に当たることになる。そのため，厳密には，「割賦販売の主体は事業者に限定されないが，実際に規制を受けるのは事業者に限られる」ということになる。

(6) 文化預金方式の割賦販売

　割賦販売法2条1項1号は，分割払方式割賦販売について，売主等が「指定する銀行その他預金の受入れを業とする者に対し，2月以上の期間にわたり

3回以上預金させた後，その預金のうちから商品若しくは権利の代金又は役務の対価を受領すること」を条件とする商品販売等を含むとしている。これは，「文化預金方式の割賦販売」と呼ばれるものであるが，現在ではほとんど行われていない。詳細は後記〔2〕の「条文解説」の★2で説明する。

〔2〕 条 文 解 説

(定義)
第2条 この法律において「割賦販売」とは，次に掲げるものをいう。
一 購入者から商品若しくは権利の代金を，又は役務の提供を受ける者から役務の対価を2月以上の期間にわたり，かつ，3回以上に分割して受領すること★1（購入者又は役務の提供を受ける者をして販売業者又は役務の提供の事業を営む者（以下「役務提供事業者」という。）の指定する銀行その他預金の受入れを業とする者に対し，2月以上の期間にわたり3回以上預金させた後，その預金のうちから商品若しくは権利の代金又は役務の対価を受領することを含む。)★2 を条件として★3 指定商品若しくは指定権利を販売★4 し，又は指定役務★5 を提供すること。
二 それを提示し若しくは通知して，又はそれと引換えに，商品若しくは権利を購入し，又は有償で役務の提供を受けることができるカードその他の物又は番号，記号その他の符号（以下この項及び次項，次条並びに第29条の2において「カード等」という。）★6 をこれにより商品若しくは権利を購入しようとする者又は役務の提供を受けようとする者（以下この項及び次項，次条，第4条の2（第29条の4第1項において準用する場合を含む。)，第29条の2並びに第38条において「利用者」という。）に交付し又は付与★7 し，あらかじめ定められた時期ごとに，そのカード等の提示若しくは通知を受けて，又はそれと引換えに★8 当該利用者に販売した商品若しくは権利の代金又は当該利用者に提供する役務の対価の合計額を基礎としてあらかじめ定められた方法により算定★9 して得た金額を当該利用者から受領することを条件として★10，指定商品若しくは指定権利を販売し又は指定役務★11 を提供すること。
2～6 （略）

★1　分割払方式割賦販売においては，賦払金の支払期間及び支払回数の双方が要件とされており，「2ヵ月以上」かつ「3回以上」にわたり賦払金を支払うこととなっている場合のみが，分割払方式割賦販売に当たるとされている。この支払期間又は支払回数のいずれかの要件を欠く場合には，分割払方式割賦販売に当たらないことになる。

したがって，2ヵ月未満の期間で完済するようなケースでは，支払回数が何回であっても，例えば週払いで7回分割であっても割賦販売に当たらないことになる。また，支払期間が2ヵ月以上の長期に及ぶ場合であっても，支払回数が2回以下の場合には割賦販売に当たらない。例えば，いわゆる「ボーナス払い」（取引の直後のボーナス月に一括して支払う「ボーナス一括払い」と，取引の直後とその次のボーナス月に2回に分けて代金を支払う「ボーナス2回払い」などがある）は，通常「2月以上の期間にわたり」の要件を満たすが，「3回以上に分割して」の要件に当たらないため，割賦販売に当たらないことになる。

これに対し，賦払金の「支払時期」については特に規定されていないから，賦払金の支払開始時期が割賦販売契約の締結からどれだけ離れていても，あるいは前払いであっても割賦販売に当たることとなる。

★2　いわゆる「文化預金方式の割賦販売」も割賦販売に当たることを定めたものである。

「文化預金方式の割賦販売」とは，割賦販売に際して，割賦販売業者及び購入者等が，①割賦販売業者は代金相当額を指定銀行等から借り入れ，②購入者等は賦払金相当額を指定銀行等に預け入れること，③当該預金債権について，割賦販売業者の指定銀行等に対する貸金債務に係る担保権を設定すること（債権質の場合が多い）を合意し，最終的に，当該預金債権についての担保権の実行により，指定銀行等との取引を決済する形式で行われる割賦販売である（次頁の【図表12】参照）。

文化預金方式の割賦販売においては，購入者等は販売業者に対して賦払金を支払うわけではなく，銀行に代金相当額を預金するにすぎないが，実質的には割賦販売と同様の経済的性質を有することから，割賦販売に含むこととされたものである。ただし，このような文化預金方式による割賦販売は，取引の度に個別の手続を要するものであるから，包括方式及びリボルビング方式の割賦販売においては利用することはできず，個別方式割賦販売においてのみ利用可能な手法である。

【図表12】 文化預金方式の割賦販売

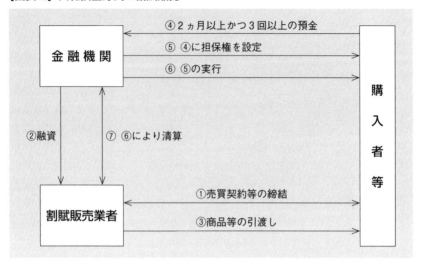

　なお,「銀行その他預金の受入れを業とする者」とは,銀行のほか,預金の受入れを業として行っている者を指し,具体的には,信用金庫,労働金庫,農林中央金庫,商工組合中央金庫,信用協同組合などがこれに当たる。

★3　分割払方式割賦販売とは,販売業者等に対する代金の支払を分割払方式とすることを「条件とし」た販売又は役務提供であるから,取引時点において分割払方式が条件となっていない場合,例えば,元々は代金を1回又は2回で払うこととなっていたが,その後の事情により,支払条件を変更(リスケ)し,2ヵ月以上かつ3回以上としたような場合や準消費貸借契約を締結してその返済を分割払方式としたような場合は,割賦販売に該当しない。

★4　契約の目的物を将来買い取る目的で賃借するいわゆる「買取賃貸借」(期間満了後に,ユーザーがリース物件の所有権を取得することとされているリース契約等)は,法形式としては賃貸借(役務提供契約)であり,その代金も「賃料」であって,指定商品又は指定権利の「販売」(=売買)ではないが,その実質は販売代金の分割払いにほかならないから,「販売」の一形態として割賦販売に当たり得ると解される。

　ただし,その目的物は,指定商品又は指定権利であることは必要である。

★5　分割払方式割賦販売が指定商品等制度を採用しており,「指定商品」若しく

第1節　割賦販売の意義　〔2〕　条文解説

は「指定権利」の販売又は「指定役務」の提供を目的とした取引に限られることを定めたものである。指定商品等制度については，本章第2節を参照。

★6　「カード等」とは，「それを提示し若しくは通知して，又はそれと引換えに，商品若しくは権利を購入し，又は有償で役務の提供を受けることができるカードその他の物又は番号，記号その他の符号」を指す。

「カードその他の物」とは，クレジットカードやハウスカードが典型だが，旧来主流であったチケットクーポンなども含まれる。また，「番号，記号その他の符号」とは，IDや会員番号，これらに係るパスワードなどを指す。したがって，IDやパスワード等のみを付与し，カード等の有体物は交付されない場合もリボルビング方式割賦販売に含まれる。

なお，ここでいう「カード等」とは包括契約の証として交付等されるものを意味するから，例えば，単なる身分証のような効果しかもたず，当該カードを提示しても，その都度与信審査が必要になるような場合は，「カード等」には当たらない。

★7　「交付」及び「付与」は，それぞれ「カードその他の物」と「番号，記号その他の符号」に対応する言葉であり，要するに，カード等を購入者等に対して発行することを意味する。

★8　「提示」及び「引換えに」は「カードその他の物」に，「通知して」は「番号，記号その他の符号」に対応する用語である。

「提示」は，割賦販売業者（の従業員）に見せることを意味するが，クレジットカードのように，単に見せるだけでなく，決済端末にスワイプするような方法も「提示」に含まれる。「引換えに」は，チケットやクーポンのように，割賦販売業者に渡すことを意味するが，例えば，使用済みのスタンプが押印され，2度と利用することができないことが明らかなような場合も含まれよう。

「通知」は，文字どおり，番号等を通知することを意味するが，対面での取引よりも，電話での注文において口頭で番号等を告げる場合や，インターネットを利用した通信販売等において，番号等を入力するような場合が念頭に置かれたものである。

★9　「あらかじめ定められた時期ごとに」，「あらかじめ定められた方法により算定」するとは，リボルビング方式により毎月の弁済金の支払額を算定することを指す。リボルビング方式であれば，定額方式・定率方式，ウィズイン方式・ウィズアウト方式等の詳細な算定方法は問われない。

条文上は，必ずしもリボルビング方式のみを指しているわけではないが，現実には，リボルビング方式以外の支払方式は想定し難い。

★10 　前掲★3参照。

　なお，割賦販売においては，クレジットカードにおけるいわゆる「後リボ」のような方式が採用されていることはほとんどないが，仮に，割賦販売においては，取引時点ではマンスリークリア方式での支払とされていたのが，後からリボルビング方式に変更されたような場合であっても，割賦販売契約の締結時点でリボルビング方式が「条件と」されていないため，割賦販売に該当しないと解される。

★11 　前掲★5参照。

第2節　指定商品，指定権利及び指定役務制度（2条5項）

〔1〕 概　　説

(1) **趣旨・目的**

　指定商品，指定権利及び指定役務制度は，およそあらゆる商品や権利，役務が割賦販売法による規制対象になるとしたのでは，その規制範囲が広範となり，本来自由に行われるべき私人間の取引に対して過度な規制を課すことになるため，そのような事態を避け，割賦販売法の目的（1条1項）を達成するのに必要な範囲で適切な規制を加えることを目的としたものである。

(2) **適用対象となる取引**

　割賦販売及びローン提携販売は，指定商品制，指定権利制及び指定役務制の全部の対象となっており，個別信用購入あっせんについては指定権利制のみ採用されている。個別信用購入あっせんについては，従来は指定商品制及び指定役務制も採用されていたが，過剰与信や悪質商法などの消費者トラブルが相次いだことから，平成20年改正に際して廃止されたものである。また，前払式特定取引については指定役務制のみ採用されているが，本節にて解説する指定役務とは異なる内容の役務が指定されている（詳細は，本編第9章第1節を参照）。

　これに対し，包括信用購入あっせんについては，指定商品制，指定権利制及

び指定役務制のいずれも採用されていない（ただし，一部の規定は，権利販売については，指定権利の場合にのみ適用されることとなっている）。

各取引類型と指定商品等制度の対応関係については，前掲【図表8】を参照。

(3) 内　　容

指定商品，指定権利及び指定役務は，いずれも政令で定めることとされており（2条5項），これを受けて，割賦販売法施行令1条は，「指定商品は，別表第1に掲げる商品」（割賦令1条1項），「指定権利は，別表第1の2に掲げる権利」（同条2項），「指定役務は，別表第1の3に掲げる役務」（同条3項）としている。

具体的に指定されている商品，権利及び役務の内容は，後記〔2〕の「条文解説」を参照。

(4) 権利と役務の区別

指定権利及び指定役務に限らず権利と役務の全般にいえる問題であるが，例えば，施設の利用に関する回数券のようなものは，施設を利用することができる「権利」なのか，それとも施設の利用という「役務」を購入したが提供を受けていないだけなのかが必ずしも判然とせず，「権利」の売買と「役務」提供のいずれに該当するのか曖昧である。

特に，個別信用購入あっせんについては指定権利制のみが採用されており，また，包括信用購入あっせんについても，指定権利制は採用されていないものの，権利の販売については，一部の規定の適用が指定権利の販売に限定されていることから，これらの取引類型においては「権利と役務の区別」は極めて重要であるといえる。

根本的には，取引の内容（目的）に即して考えるほかないが，一般論としては，役務提供者との取引においては「役務（の提供）」が目的となっており，役務提供者以外の第三者との取引においては，「権利（の販売）」が目的になっていると考えることになる。役務提供者以外の者が役務を提供することはできず，役務提供を取引の目的とすることは考えられないからである。

〔2〕 条 文 解 説

（定義）
第2条
1～4 （略）
5 この法律において「指定商品」とは，定型的な条件で販売するのに適する商品★1 であって政令で定めるもの★2 をいい，「指定権利」とは，施設を利用し又は役務の提供を受ける権利★3 のうち国民の日常生活に係る取引★4 において販売されるものであって政令で定めるもの★5 をいい，「指定役務」とは，次項，第35条の3の61，第35条の3の62，第41条及び第41条の2を除き★6，国民の日常生活に係る取引において有償で提供される役務★7 であって政令で定めるもの★8 をいう。
6 （略）

★1 「定型的な条件で販売するのに適する商品」とは，特注品等の個別の購入者によって異なる条件・内容で販売される商品（例えば，船舶や鉄道等）を除く趣旨である。
　　また，元々は，指定商品を耐久財に限る趣旨で「耐久性を有し」ていることも要件とされていたが，消耗品の中にも割賦販売の方法で取引され，かつ，トラブルが多発するものが出てきたため，昭和59年改正に際してこの要件は削除された。
　　なお，指定商品の分類は，総務省統計局統計基準部が定める「日本標準商品分類」によっている。したがって，目的物である商品が指定商品に該当するか微妙な場合には，上記分類を参照して判断・決定することとなる。
★2 これを受けて，割賦販売法施行令1条1項は，「指定商品は，別表第1に掲げる商品とする」としている。割賦販売法施行令別表第1に掲げられているのは，次の商品である。

第2節　指定商品，指定権利及び指定役務制度　〔2〕　条文解説

指定商品	備　考
(1) 動物及び植物の加工品（一般の飲食の用に供されないものに限る。）であって，人が摂取するもの（医薬品（医薬品，医療機器等の品質，有効性及び安全性の確保等に関する法律（昭和35年法律第145号）第2条第1項の医薬品をいう。）を除く。）	いわゆる「健康食品」のことである。
(2) 真珠並びに貴石及び半貴石	モース硬度で7以上が貴石，7未満が半貴石である。
(3) 幅が13センチメートル以上の織物	
(4) 衣服（履物及び身の回り品を除く。）	
(5) ネクタイ，マフラー，ハンドバック，かばん，傘，つえその他の身の回り品及び指輪，ネックレス，カフスボタンその他の装身具	
(6) 履物	スリッパや上履きなどの室内履きも含まれる。
(7) 床敷物，カーテン，寝具，テーブル掛け及びタオルその他の繊維製家庭用品	
(8) 家具及びついたて，びょうぶ，傘立て，金庫，ロッカーその他の装備品並びに家庭用洗濯用具，屋内装飾品その他の家庭用装置品（他の号に掲げるものを除く。）	家庭用装置品としては，カーポートやベランダ，物置等。
(9) なべ，かま，湯沸かしその他の台所用具及び食卓用ナイフ，食器，魔法瓶その他の食卓用具	
(10) 書籍	新聞や雑誌等の定期刊行物は除かれる。
(11) ビラ，パンフレット，カタログその他これらに類する印刷物	「その他…」としては，ポスターなどが考えられる。
(12) シャープペンシル，万年筆，ボールペン，インクスタンド，定規その他これらに類する事務用品	文鎮や硯，筆などの書道の道具も含まれる。
(13) 印章	シャチハタを含む。
(14) 太陽光発電装置その他の発電装置	
(15) 電気ドリル，空気ハンマその他の動力付き手持ち工具	
(16) ミシン及び手編み機械	

67

(17)	農業用機械器具（農業用トラクターを除く。）及び林業用機械器具	
(18)	農業用トラクター及び運搬用トラクター	
(19)	ひょう量2トン以下の台手動はかり、ひょう量150キログラム以下の指示はかり及び皿手動はかり	
(20)	時計（船舶用時計、塔時計その他の特殊用途用の時計を除く。）	
(21)	光学機械器具（写真機械器具、映画機械器具及び電子応用機械器具を除く。）	
(22)	写真機械器具	カメラ本体のほか、三脚やレンズ単体、カメラケース等も含まれる。
(23)	映画機械器具（8ミリ用又は16ミリ用のものに限る。）	
(24)	事務用機械器具（電子応用機械器具を除く。）	電卓等の電子製品だけでなく、そろばん等のアナログ製品も含まれる。
(25)	物品の自動販売機	基本的には自動販売機のことであるが、券売機のように「物品」自体を販売しないものも含まれる。
(26)	医療用機械器具	
(27)	はさみ、ナイフ、包丁その他の利器、のみ、かんな、のこぎりその他の工匠具及びつるはし、ショベル、スコップその他の手道具	
(28)	浴槽、台所流し、便器その他の衛生器具（家庭用井戸ポンプを含む。）	
(29)	浄水器	
(30)	レンジ、天火、こんろその他の料理用具及び火鉢、こたつ、ストーブその他の暖房用具（電気式のものを除く。）	
(31)	はん用電動機	
(32)	家庭用電気機械器具	
(33)	電球類及び照明器具	シーリング等の照明機器のほ

第2節　指定商品，指定権利及び指定役務制度　〔2〕　条文解説

		か，電球単体で販売されているものも含まれる。
(34)	電話機及びファクシミリ	
(35)	インターホーン，ラジオ受信機，テレビジョン受信機及び録音機械器具，レコードプレーヤーその他の音声周波機械器具	
(36)	レコードプレーヤー用レコード及び磁気的方法又は光学的方法により音，影像又はプログラムを記録した物	
(37)	自動車及び自動二輪車（原動機付き自転車を含む。）	
(38)	自転車	手動の車いすも含まれる。
(39)	運搬車（主として構内又は作業場において走行するものに限る。），人力けん引車及び畜力車	
(40)	ボート，モーターボート及びヨット（運動用のものに限る。）	
(41)	パーソナルコンピュータ	
(42)	網漁具，釣漁具及び漁網	
(43)	眼鏡及び補聴器	
(44)	家庭用の電気治療器，磁気治療器及び医療用物質生成器	
(45)	コンドーム	
(46)	化粧品	
(47)	囲碁用具，将棋用具その他の室内娯楽用具	「その他の室内娯楽用具」としては麻雀やトランプ，ボードゲーム等がある。
(48)	おもちゃ及び人形	家庭用ゲーム機器は，32号に当たると解される。
(49)	運動用具（他の号に掲げるものを除く。）	
(50)	滑り台，ぶらんこ及び子供用車両	
(51)	化粧用ブラシ及び化粧用セット	
(52)	かつら	
(53)	喫煙具	紙巻きたばこは含まれない。
(54)	楽器	

69

★3　指定権利となるのは，「施設を利用し又は役務の提供を受ける権利」に限定されている。したがって，例えば，金銭債権などを指定権利として指定することは許されない。

　「施設を利用し又は役務の提供を受ける権利」が指定権利とされたのは，これらの権利を目的にした取引においても，割賦取引特有の複雑な契約条件が設定され，販売業者等と購入者等との間に情報格差が生じ，あるいは，消費者の嗜好をそそりやすく消費者トラブルや過剰与信が発生する可能性が高いためである。

★4　「国民の日常生活」とは，自然人が事業又は労働に従事していない時間を指す。したがって，具体的には想定し難いが，事業又は労働に従事している間にしか利用され得ない権利を指定権利として指定することはできない。

★5　これを受けて，割賦販売法施行令1条2項は，「指定権利は，別表第1の2に掲げる権利とする」としている。割賦販売法施行令別表1の2に掲げられているのは，次の権利である。

指定権利	備　考
(1)　人の皮膚を清潔にし若しくは美化し，体型を整え，又は体重を減ずるための施術を受ける権利（次号に掲げるものを除く。）。	いわゆる「エステ」等を指し，増毛・植毛等はこれに当たらない。
(2)　人の皮膚を清潔にし若しくは美化し，体型を整え，体重を減じ，又は歯牙を漂白するための医学的処置，手術及びその他の治療（美容を目的にするものであつて，経済産業省令・内閣府令で定める方法によるものに限る。）を受ける権利	「経済産業省令・内閣府令で定める方法」は，割賦販売法施行規則142条により定められている。
(3)　保養のための施設又はスポーツ施設を利用する権利	ゴルフ場の会員権などである。
(4)　語学の教授（入学試験又は学校教育の補習のための学力の教授に該当するものを除く。）を受ける権利	語学学校のことを指し，学習塾や受験予備校などは含まない。
(5)　入学試験に備えるため又は学校教育の補習のための学力の教授（下記(6)に規定する場所以外の場所において提供されるものに限る。）を受ける権利	家庭教師や通信制の学習指導などがこれに当たる。
(6)　入学試験に備えるため又は学校教育の補習のための学校（幼稚園及び大学を除く。）の児童，生徒又は学生を対象とした学力の教授（役務提供事業者の事業所その他の役務提供事業者が当該役務提供のために用意	学習塾のことであり，ピアノ教室やそろばん教室などは除かれる。

する場所において提供されるものに限る。）を受ける権利	
(7) 電子計算機又はワードプロセッサーの操作に関する知識又は技術の教授を受ける権利	パソコン教室の類である。
(8) 結婚を希望する者を対象とした異性の紹介を受ける権利	お見合いパーティーのようなものも含まれる。

★6 「次項」（2条6項），35条の3の61及び35条の3の62は前払式特定取引に関する規定であり，41条は立入検査，41条の2は経済産業大臣から内閣総理大臣に対する資料の提供に関する規定である。これらの各規定における「指定役務」は，通常の指定役務（割賦令1条3項。後掲★8参照）とは別に指定されている（同条4項）。

★7 「日常の国民生活」については，前掲★5参照。

指定役務が「有償で提供される役務」に限定されているのは，無償の役務提供契約についてまで割賦販売法による規制を課す必要はないため，これを除外する趣旨である。

なお，「有償」であるか「無償」であるかは，形式面ではなく，実質的な費用負担の有無で決せられる。例えば，商品の販売や他の役務提供とセットで役務が提供される場合に，当該役務が通常の顧客サービスの一環であり，無償であるのが通常である場合であれば「無償」となるが，形式的には代金の内訳に含まれていないものの，通常は「有償」のサービスであり，その有償性＝経済的価値を購入者等も認識していたような場合であれば，有償であることになろう。

★8 これを受けて，割賦販売法施行令1条3項は，「指定役務は，別表第1の3に掲げる役務とする」としている。割賦販売法施行令別表1の3に掲げられているのは，次の役務である。

指定役務	備　考
(1) 人の皮膚を清潔にし若しくは美化し，体型を整え，又は体重を減ずるための施術を行うこと（次号に掲げるものを除く。）。	いわゆる「エステ」等を指し，増毛・植毛等はこれに当たらない。
(2) 人の皮膚を清潔にし若しくは美化し，体型を整え，体重を減じ，又は歯牙を漂白するための医学的処置，手術及びその他の治療を行うこと（美容を目的にするものであって，経済産業省令・内閣府令で定める方法	「経済産業省令・内閣府令で定める方法」は，割賦販売法施行規則142条により定められている。

によるものに限る。)。	
(3) 保養のための施設又はスポーツ施設を利用させること。	ゴルフ場やスポーツジムなどである。
(4) 家屋，門又は塀の修繕又は改良	純粋な修理のほか，リフォーム等も含まれる。
(5) 語学の教授（入学試験に備えるため又は学校教育の補習のための学力の教授に該当するものを除く。）	語学学校のことを指し，学習塾や受験予備校などは含まない。
(6) 入学試験に備えるため又は学校教育の補習のための学力の教授（下記(7)に規定する場所以外の場所において提供されるものに限る。）	家庭教師や通信制の学習指導などがこれに当たる。
(7) 入学試験に備えるため又は学校教育の補習のための学校（幼稚園及び大学を除く。）の児童，生徒又は学生を対象とした学力の教授（役務提供事業者の事業所その他の役務提供事業者が当該役務提供のために用意する場所において提供されるものに限る。）	学習塾のことであり，ピアノ教室やそろばん教室などは除かれる。
(8) 電子計算機又はワードプロセッサーの操作に関する知識又は技術の教授	パソコン教室の類である。
(9) 結婚を希望する者を対象とした異性の紹介	お見合いパーティーのようなものも含まれる。
(10) 家屋における有害動物又は有害植物の防除	白アリの駆除や蜂の巣の除去等である。
(11) 技芸又は知識の教授（(5)から(8)までに掲げるものを除く。）	音楽教室や茶道教室，華道教室等のほか，スポーツ教室なども含まれる。単に施設や設備を利用するような場合は，上記(3)に該当する。

第3節　割賦販売に対する参入規制――自由参入制

　昭和36年の割賦販売法制定から一貫して，割賦販売については参入規制は課されていない。これは，割賦販売が広く行われている取引形態であり，また，割賦販売の対象となる指定商品，指定権利及び指定役務がいずれも広く国民の間に普及した商品や役務等であることから，割賦販売に参入規制を課すこ

とで，却って，「割賦販売に係る取引の健全な発達」及び「商品等の流通及び役務の提供を円滑に」するという割賦販売法の目的（1条1項）を阻害し，消費者の利益に反するおそれがあるためである。

このように，割賦販売に対して参入規制を課す規定はないため，条文解説はない。

第4節　割賦販売に対する行為規制（3条～4条の2・9条・10条）

割賦販売に対する規制（前払式割賦販売に係るものを除く）は，割賦販売法第2章の第1節及び第2節において定められている。

割賦販売に対する規定としては，大きく分けると，①行為規制（取引条件の表示，書面交付等），②民事ルール（損害賠償額の制限等），③行政による監督（標準条件に係る規制），④これらの規定の適用除外に関する規定とがあるが，本節では，①行為規制，及び，③行政による監督について解説し，②民事ルール及び④適用除外については次節以下にて解説する。

第1款　取引条件の表示（3条1項～3項）

〔1〕　概　　説

(1)　趣旨・目的

割賦販売法3条1項～3項は，割賦販売業者に対して，事前に購入者等に取引条件を表示ないし開示することを義務付けるものである。

割賦販売においては約款が利用されることがほとんどで，詳細な契約条件は契約書ではなく約款に記載されているのが通常であるが，購入者等が約款に目を通して契約条件を詳細に確認することは稀であった。加えて，契約条件が複雑でわかりにくいものになりやすい上，割賦販売業者のリスクをヘッジすべく割賦販売業者寄りで消費者に不利な（あるいは，消費者に厳しい）契約内容となることが多かった。そこで，購入者等が，十分に契約条件を検討し，決済方法（現金で支払うのか，割賦販売を利用するのか）を選択することを可能ならしめるべ

く，事前に取引条件を表示することを義務付けたのが割賦販売法3条1項〜3項である。

なお，割賦販売法3条のタイトルは「割賦販売条件の表示」となっているが，包括方式割賦販売及びリボルビング方式割賦販売に関しては，取引条件を記載した書面を交付する必要がある。そのため，これらの両取引類型に関しては，単に取引条件を「表示」するだけでなく，取引条件を記載した「書面の交付」が必要である。

(2) 規定方法

割賦販売法3条1項〜3項は，いずれも割賦販売に関して，割賦販売業者に対して取引条件の表示（取引条件を表示した書面の交付）を義務付けるものであるが，1項は個別方式割賦販売について，2項は包括方式割賦販売について，3項はリボルビング方式割賦販売について表示義務（書面交付義務）を課しており，割賦販売の種類・類型により規制内容が若干異なっている。

また，包括方式割賦販売とリボルビング方式割賦販売においてはいずれもカード等の交付等が要件となっているが，交付・利用されるカード等が，包括方式とリボルビング方式の両方に利用可能な場合には，包括方式割賦販売に関する同条2項とリボルビング方式割賦販売に関する3項の双方に基づく表示（書面交付）をする必要がある。

(3) 事 業 性

割賦販売法3条1項〜3項を含め，「割賦販売業者」として，割賦販売に関して割賦販売法による規制を受けるのは，「割賦販売を業とする者」である（3条1項柱書。以下，単に「割賦販売業者」というときは，この割賦販売を業とする者を指す）。したがって，一般消費者がスポット的に割賦販売を行う場合など，割賦販売を業として行っていない者は割賦販売法による規制を受けない。

割賦販売を「業とする」とは，①営利の意思をもって，②反復継続して取引を行うことを意味する。①の営利性の有無は，構成員や出資者に対する利益配当や残余財産の分配を行うか否かではなく，単純に利益の追求を目的としていることを意味する。割賦販売業者とは，商品や権利の販売又は役務提供を事業として行っているだけでなく，「割賦販売を業として行う者」であるから，単に商品の販売に利ザヤを設定しているだけでは「(割賦販売についての)営利目

的」があることにはならない。ここでいう「営利目的」が認められるためには，割賦販売において手数料を徴収するなど，割賦販売という取引手段により利益を生じさせることが必要であろう。

　また，包括方式やリボルビング方式の割賦販売においては，繰り返し利用されることを前提にしてカード等が交付等されるのであるから，②の反復継続性は否応なく認められることになろう。逆に，個別方式割賦販売においては，必ずしも繰り返しの取引が想定されているわけではなく，スポット的な取引もあり得るため，反復継続性を個別の事情から認定する必要がある。

　いずれにせよ，これらの事情は割賦販売業者の内心の問題ではなく，客観的な事情から，その有無が判断される。

　なお，会社が割賦販売を行う場合には，通常その事業の一環として行われることや，会社の行為が商行為となること（会5条）等から，原則として「業として」に該当することになろう。

(4) **カード等を交付等する場合の事前表示**

　カード等を交付・利用する割賦販売，すなわち，包括方式割賦販売及びリボルビング方式割賦販売においては，後述のとおり，カード等を交付等する際に書面を交付すれば足り，少なくとも，割賦販売法上は事前に書面を交付することまでは求められていない。しかし，割賦販売業者は，包括方式割賦販売又はリボルビング方式割賦販売を営む場合には，割賦販売自主規則13条により，利用者がカード等の申込み（入会申込み）に先立って，割賦販売の取引条件を確認することができるように，入会申込書又はウェブ上での表示等の方法により，割賦販売法3条2項各号又は3項各号に定める事項を明示するよう努めなければならない。努力義務であることもあってか，その際の記載・表示方法までは指定されていないが，基本的には，代表的なカード等の利用規約を表示すれば足りるとされている（割賦販売自主細則7条）。

(5) **表示事項**

　割賦販売法3条1項～3項による表示事項（書面の記載事項）は次頁の表のとおりであるが，詳細は後記〔2〕の「条文解説」を参照。

個別方式（3条1項）	包括方式（3条2項）	リボルビング方式（3条3項）
① 現金販売価格又は現金提供価格 ② 割賦販売価格又は割賦提供価格 ③ 賦払金の支払期間及び支払回数 ④ 手数料率 ⑤ 商品の引渡時期（前払式割賦販売の場合のみ）	① 賦払金の支払期間及び支払回数 ② 手数料率 ③ その他経済産業省令・内閣府令で定める事項 イ 割賦販売価格又は割賦提供価格の具体的算定例 ロ 極度額 ハ カード等の利用に関する特約	① 弁済金の支払時期及び算定方法 ② 手数料率 ③ その他経済産業省令・内閣府令で定める事項 イ 弁済金の額の具体的算定例 ロ 極度額 ハ カード等の利用に関する特約

(6) カード等の更新時の書面交付

　割賦販売法3条2項・3項は，カード等の有効期間満了に合わせて更新カードを交付等し，又は既に交付等したカード等の有効期間を更新する場合についての書面交付の要否を明示していない。文理解釈としては，「カード等を利用者に交付し又は付与するとき」（3条2項・3項）には，更新カード等を交付等する場合も含まれると解するのが自然であるが，反対に，既に交付等したカード等の有効期間を更新するだけで，新たなカード等を交付等しない場合には，「カード等を利用者に交付し又は付与するとき」に当たらないことは明らかであるから，この場合には，割賦販売法上の書面交付義務は課されないと考えることになる。

　もっとも，割賦販売自主規則12条は，「カード等の有効期間を更新するとき」には，カード等を交付等する場合と同様に書面交付が必要である旨規定しているため，結局は，更新カード等の交付等する場合だけでなく，従前交付等したカード等の有効期間を更新するにすぎない場合であっても，割賦販売法3条2項・3項（割賦販売自主規則8条1項）による書面交付が必要である。

(7) 各項違反に対する処分

　割賦販売には参入規制が課されていないため，割賦販売法3条1項〜3項違反に対する行政処分（改善命令や業務停止命令等）は定められていないが，同各項に違反して，取引条件を表示せず又は取引条件を記載した書面を交付しなかっ

た者は，50万円以下の罰金が科される（53条1号・3号）。

〔2〕 条文解説

(割賦販売条件の表示)
第3条　割賦販売を業とする者（以下「割賦販売業者」という。)★1 は，前条第1項第1号に規定する割賦販売（カード等を利用者に交付し又は付与し，そのカード等の提示若しくは通知を受けて，又はそれと引換えに当該利用者に商品若しくは権利を販売し，又は役務を提供するものを除く。）の方法により★2，指定商品若しくは指定権利を販売しようとするとき又は指定役務を提供しようとするとき★3 は，その相手方★4 に対して，経済産業省令・内閣府令で定めるところ★5 により，当該指定商品，当該指定権利又は当該指定役務に関する次の事項★6 を示さなければならない★7。
一　商品若しくは権利の現金販売価格（商品の引渡し又は権利の移転と同時にその代金の全額を受領する場合の価格をいう。以下同じ。）又は役務の現金提供価格（役務を提供する契約の締結と同時にその対価の全額を受領する場合の価格をいう。以下同じ。）
二　商品若しくは権利の割賦販売価格（割賦販売の方法により商品又は権利を販売する場合の価格をいう。以下同じ。）又は役務の割賦提供価格（割賦販売の方法により役務を提供する場合の価格をいう。以下同じ。）
三　割賦販売に係る商品若しくは権利の代金又は役務の対価の支払（その支払に充てるための預金の預入れを含む。次項を除き，以下同じ。）の期間及び回数
四　第11条に規定する前払式割賦販売以外の割賦販売の場合には，経済産業省令・内閣府令で定める方法により算定した割賦販売の手数料の料率★8
五　第11条に規定する前払式割賦販売の場合には，商品の引渡時期
2　割賦販売業者は，前条第1項第1号に規定する割賦販売（カード等を利用者に交付し又は付与し，そのカード等の提示若しくは通知を受けて，又はそれと引換えに当該利用者に商品若しくは権利を販売し，又は役務を提供するものに限る。）の方法により★9，指定商品若しくは指定権利を販売するため又は指

定役務を提供するため，カード等を利用者に交付し又は付与するときは★10，経済産業省令・内閣府令で定めるところにより★11，当該割賦販売をする場合における商品若しくは権利の販売条件又は役務の提供条件に関する次の事項★12を記載した書面を当該利用者に交付しなければならない★13。

　一　割賦販売に係る商品若しくは権利の代金又は役務の対価の支払の期間及び回数★14

　二　経済産業省令・内閣府令で定める方法により算定した割賦販売の手数料の料率★15

　三　前2号に掲げるもののほか，経済産業省令・内閣府令で定める事項★16

4 割賦販売業者は，前条第1項第2号に規定する割賦販売の方法により★17，指定商品若しくは指定権利を販売するため又は指定役務を提供するため，カード等を利用者に交付し又は付与するときは★18，経済産業省令・内閣府令で定めるところにより★19，当該割賦販売をする場合における商品若しくは権利の販売条件又は役務の提供条件に関する次の事項★20を記載した書面を当該利用者に交付しなければならない★21。

　一　利用者が弁済をすべき時期及び当該時期ごとの弁済金の額の算定方法★22

　二　経済産業省令・内閣府令で定める方法により算定した割賦販売の手数料の料率★23

　三　前2号に掲げるもののほか，経済産業省令・内閣府令で定める事項★24

4　（略）

★1　割賦販売を「業とする」とは，前述のとおり，営利目的（＝利益を追求する目的）を有し，かつ反復継続して割賦販売を行うことを指す。

　　したがって，割賦販売を行うに当たり営利目的を有さず，又は割賦販売を反復継続しない者は，3条以下による規制の対象とならず，割賦販売法による規制と無関係に割賦販売を実施することができる。

★2　3条1項による表示義務の対象となるのは，割賦販売法2条1項1号による割賦販売（分割払方式割賦販売）のうち，カード等を交付・利用しないもの，すなわち個別方式割賦販売である。

　　したがって，カード等が交付・利用される包括方式及びリボルビング方式の割賦販売には，3条1項は適用されず，同条2項及び3項が適用される。

第4節 割賦販売に対する行為規制　第1款 取引条件の表示　〔2〕条文解説

★3　3条1項による表示は，指定商品等を「販売しようとするとき」，指定役務を「提供しようとするとき」に行われなければならない。この「販売しようとするとき」及び「提供しようとするとき」とは，個別方式割賦販売による取引を行う（つまり，個別方式割賦販売に係る契約を締結する）よりも前に，取引条件の表示を行わなければならないことを意味している。したがって，取引と同時に取引条件を表示したような場合は，表示のタイミングとして遅いのであって，3条1項違反となる。

　　元々は「販売するとき」，「提供するとき」と規定されていたが，平成20年改正に際して「しようとするとき」との表現に改められた。これは，契約締結に先立って表示しなければならないとの趣旨ないし意味内容をより強調する趣旨である。

　　また，3条1項により取引条件を表示しなければならないタイミングは，販売又は役務提供を「しようとするとき」であるから，例えば，営業所等において常に取引条件を掲示等することまで求めるものではなく，個別の取引に際して事前に表示しさえすれば足りる。

★4　「その相手方」とは，個別方式割賦販売を行おうとしている特定の相手であり，要するに，割賦販売を検討している顧客ということである。逆にいえば，例えば，店舗の前を通り過ぎたり，店内をうろついているだけの不特定の者は，ここでいう「相手方」には含まれない。このような不特定の者に対する条件の表示は，3条1項〜3項ではなく，同条4項の広告規制の問題である。

　　なお，3条1項は，購入者等が取引条件を吟味・検討するために，取引に先立つ事前の表示義務を定めるものであるから，表示の結果，実際に割賦販売が行われた否かは，3条1項の適用の有無とは無関係である。

★5　個別方式割賦販売における取引条件の表示方法は，以下のとおりである（割賦則1条の2第1項，割賦販売自主規則5条〜7条）。
　(1)　営業所等（特商2条1項1号）において，見やすい方法により取引条件を掲示し又は書面により提示すること。
　(2)　取引条件を，相手方が読みやすく，理解しやすいような用語により正確に示すこと。
　(3)　日本工業規格Z8305に規定する8ポイント以上の大きさの文字及び数字を示すこと。
　　　日本工業規格とは，日本の国家標準の一つで，いわゆるJIS規格のこと

である。また，Z8305とは活字の基準寸法のことである。詳細な計算は省略するが，例えば，マイクロソフト社によるワード等で用いられている基準（DTPポイント）の方が，JIS規格よりも1ポイント当たりのサイズは大きいため，同社のワードで8ポイントを使用すれば，(3)の基準を満たすことになる。

(4) 手数料の表示に当たっては，割賦販売法施行規則1条の2第2項の方法により算定した上で，実質年率であることを明示し，年利建てで少なくとも0.1％単位まで表示し，かつ，手数料率又は手数料として実質年率以外の料率を表示しないこと。

これはいわゆる「アドオン表示」を禁止する趣旨である。アドオン表示の場合，実質年率に比べ，著しく低く手数料率が算定されるため，虚偽ではないものの，実際よりも購入者に有利であると誤解されやすくなるため，このような表示が禁止される。

また，手数料率の表示に際しては，小数点第2位以下を原則四捨五入しなければならないが，より適切と判断される場合には，切り上げ又は切り捨ても許される（割賦販売自主細則5条）。

なお，ボーナス併用払いの場合には，次のいずれかの方法により手数料率を表示しなければならない。

① ボーナス月，加算金額を特定し，その条件下の料率を表示する方法
② 算定される料率の最低率から最高率を表示する方法
③ 算定される料率の最高率を表示する方法

手数料の算定方法については，後掲★8参照。

(5) すべての表示事項を集中表示している場合を除き，個別方式割賦販売をしようとしている商品等ごとにすべての事項を同時に表示すること。

表示事項の集中表示とは，多数の商品を同一条件によって割賦販売を行う営業所等において，店頭の見やすい場所にあらかじめ販売等を意図して用意した条件を集中的に表示し，個々の商品ごとの販売条件の表示に代える表示方法をいう（割賦販売自主細則3条）。

要するに，個別方式割賦販売の対象となる商品等について選択可能な取引条件の全部をまとめて表示するか，個々の商品等ごとに取引条件を示すかのいずれかを要するということである。

(6) 3条1項1号の現金販売価格及び現金提供価格並びに同項2号の割賦販売価格及び割賦提供価格について，次のいずれかの方法により表示するこ

第4節　割賦販売に対する行為規制　　第1款　取引条件の表示　　〔2〕　条文解説

と（割賦販売自主規則6条1号）。
① 　その実額を表示する方法
② 　「現金価格○○円，割賦価格は現金価格の○○％増」と表示する方法
③ 　「割賦価格○○円，現金価格は割賦販売価格の○○％引き」と表示する方法

　　なお，③の方法による場合には，割引料を分割払手数料の額とした上で，現金価格を元本として算定しなければならない（割賦販売自主細則4条）。

★6　ただし，賦払金の支払の間隔及び額が，購入者等の要求により不規則なものとなったとき又は割賦販売に係る手数料が2500円未満であるときは，3条1項4号の手数料率の表示を省略することができる（割賦則1条の2第1項柱書ただし書）。

★7⑴　あくまでも，取引条件の掲示又は取引条件を記載した書面の提示で足り，書面の交付までは不要である。また，取引条件の掲示は書面によることも求められていないため，デジタルな方法による掲示（電光掲示板等）も認められる。「提示」については，書面によることが求められており（割賦則1条の2第1項1号，割賦販売自主規則5条2号），かつ，3条1項が電磁的方法による提供を認める割賦販売法4条の2の対象となっていないが，同条の類推適用が認められると解されるため，電磁的方法による「提示」も認められると解される。

　⑵　なお，割賦販売業者は，3条1項により，同項各号に定められた事項を所定の方法により表示（掲示又は条件を記載した書面の提示）しなければならないが，例えば，条件の表示自体はしたものの，表示事項に漏れがあったり，記載方法が誤っていたり，あるいは，表示した内容に誤りがあった場合には，3条1項による「掲示」又は「書面の提示」をしたとは認められないと解される。同項違反に係る行政処分はなく，また，「うっかり」のミスにより割賦販売法53条1号による罰則の対象となることはまずないが，3条1項による義務を履行したか否かという点だけを見れば，義務を懈怠したものと考えることになる。

★8　手数料率の算定方法は，割賦販売法施行規則1条の2第2項により定められている。原則，「年金利廻法」によることとされているが（同項柱書本文，割賦則別表第1の1号），支払の間隔や各回の支払額が不規則で割賦販売法施行規則1条の2第2項各号に該当しない場合には，年金利廻法以外の計算方

法を利用することも認められる（同項柱書ただし書，割賦則別表第1の2号）。

　なお，個別方式割賦販売の手数料率の上限を定める法律はないが，割賦販売自主規則上，出資の受入れ，預り金及び金利等の取締りに関する法律（出資法）を遵守すべき努力義務が課されている（割賦販売自主規則7条）。

★9　3条2項が包括方式割賦販売にのみ適用されることを示したものである。カード等が交付等される点はリボルビング方式割賦販売と共通であるが，支払方式の相違に応じて書面の記載事項に差異が生じるため，カード等の交付等に係る書面交付義務につき，分割払方式とリボルビング方式とで異なる条項により規定されている。

★10　取引条件を表示しなければならないのは，「カード等を交付し又は付与するとき」である。

　包括方式割賦販売においては，カード等の交付等の時点で包括的な契約が締結され，当該契約において手数料率等の取引条件が定められるため，個々の割賦販売ではなく，カード等の交付等が基準とされている。

　なお，3条2項による書面交付の時期としては，カード等を交付等「したとき」ではないため，事後的な交付は許されないが，個別方式割賦販売のように「しようとするとき」（3条1項）でもないため，必ずしも事前に交付する必要はなく，カード等の交付等と書面の交付が同時でも足りる。もちろん，事前の交付であっても何ら問題ない。

★11　包括方式割賦販売における取引条件の表示方法（記載方法）は，「掲示又は書面の提示」ではなく「書面の交付」により行われるという根本的な点を除き，基本的には，個別方式割賦販売の場合と同様である（割賦則2条1項，割賦販売自主規則9条1項）（前掲★5参照）。

　ただし，個別方式割賦販売と異なり，取引条件を記載した書面を交付する必要があるため，当該書面の厚さ，質，色，インクの濃さ及び色の選択についても利用者の便宜に配慮する必要がある（割賦販売自主規則9条1項2号）。

★12　利用者に交付されたカード等が，包括方式割賦販売及びリボルビング方式割賦販売の双方に利用可能である場合には，3条2項による書面及び同条3項による書面の双方を交付する必要があるが，共通する項目については，省略することが認められている（割賦販売自主規則8条3項）。

　また，個別方式割賦販売と異なり，購入者の要求により支払の間隔又は金額が不規則になった場合又は手数料が2500円未満である場合であっても，手数料率の記載を省略することは認められていない。包括契約の締結時点で

第4節 割賦販売に対する行為規制　第1款 取引条件の表示　〔2〕 条文解説

は，そのようなケースを想定する必要はないためである。

★13(1)　3条2項の「書面」としては，例えば，カード等の交付等に際して交付されるカード規約などが考えられる。ただし，後述のように，極度額の記載が必要であるところ，カード規約には極度額は記載されないため，カード規約とは別に，極度額等を記載した書面を交付する必要がある。通常は，カードの送付に際してカードを貼付している台紙に極度額が記載されることになる。

　　また，消費者保護の目的や，3条の趣旨が複雑な取引条件を購入者等に理解させる点にあることからすれば，意味もなく書面を分割することは許されないが，カード規約とカード台紙のように，2枚程度に分割することは許されると解される。

(2)　包括方式割賦販売における取引条件の表示は，書面の掲示又は提示では足りず，書面を利用者に「交付」しなければならない。これは，個別方式のような一回的な関係ではなく，割賦販売業者と利用者との間に継続的な関係が生じるため，利用者がいつでも取引条件を確認できるようにするためである。

　　ただし，3条2項の書面は，割賦販売法4条の2により，書面の交付に代えて電磁的方法により提供することも認められる。

★14　賦払金の支払期間及び回数の記載に当たっては，利用者が選択できる条件をすべて表示し，それぞれの支払期間に対応する実質年率を表示しなければならない（割賦販売自主規則10条1項1号）。なお，当該事項は，割賦販売自主規則・別紙記載例1（巻末資料1）を参考にして記載することとされている。

★15　包括方式割賦販売の手数料率の算定方法及び表示方法は，原則，個別方式割賦販売の場合と同様であり（割賦則2条1項3号・2項），割賦販売自主規則・別紙記載例1（巻末資料1）を参考にすることとされている（割賦販売自主規則10条1項2号イ）。ただし，ボーナス併用払いの場合には，個別方式割賦販売のように具体的な記載をする必要はなく，例示した算定例における実質年率と異なることがある旨の記載を行えば足りる（割賦販売自主規則10条1項2号イただし書）。

　　また，上記にかかわらず，手数料の算出方法として一定の割合を表示することも許されるが，このような表示をする場合には，当該割合が手数料の算定方法としての割合であることを明示しなければならず，かつ，手数料率と

83

誤認させるような表示及び実質年率よりも目立たせるような表示を行ってはならない（割賦販売自主規則10条1項2号ロ）。

★16 経済産業省令・内閣府令で定める事項とは，具体的には次の事項である（割賦則2条3項）。
(1) 割賦販売価格又は役務提供価格の具体的算定例
割賦販売価格又は割賦提供価格の具体的算定例の記載方法・記載例については，割賦販売自主規則・別表1を参照（割賦販売自主規則10条1項3号）。
(2) 極度額について定めがあるときは，その金額
極度額とは，割賦販売の方法により指定商品若しくは指定権利を購入し，又は指定役務を受領することができる額の上限で，あらかじめ定められた金額のことである（割賦則2条3項2号）。その記載方法としては，割賦販売業者が決定した極度額の金額を記載することになる（割賦販売自主規則10条1項4号）。

なお，カード等の交付等に際しては，通常極度額が決定されるが，割賦販売においては，過剰与信の防止が努力義務にとどまっており（38条），支払能力を超える極度額の設定が禁止されていないため，場合によっては，極度額を無限として，あるいは極度額を定めないこともあり得ないではない。極度額を記載しなければならないのは，「極度額について定めがあるとき」であるから，極度額が定められなかった場合には，その記載は不要である。
(3) その他カード等の利用に関する特約があるときは，その内容
カード等の利用に関する特約としては，種々のものが考えられるが，割賦販売自主細則6条では次の事項が特約として挙げられている。
① カード盗難保険に関する事項
② 年会費に関する事項
③ カード等の保管，管理に関する事項
④ カード等が第三者によって利用された場合の利用者の責任に関する事項
⑤ 取引条件の変更（規約の変更・手数料率の変更等）に関する事項
①及び④は実際には重複することが多いと思われるが，カード等を紛失し，第三者により不正利用された場合の盗難保険の適用条件又は利用者の免責に関する事項などがこれらに当たる。また，カード等の管理・

第4節　割賦販売に対する行為規制　　第1款　取引条件の表示　　〔2〕　条文解説

保管に関して，利用者に善管注意義務を課すことが多いが，これが③に当たる。

このほかにも，例えば，賦払金に係る遅延損害金や包括契約の解除等に関する事項も規約（約款）において定められているのが通常であるが，このような事項は「カードの利用に関する」とはいえず，したがって，割賦販売法施行規則2条3項3号の「特約」には含まれないと解される。

★17　3条3項がリボルビング方式割賦販売を対象とした規定であることを示したものである。

★18　前掲★10参照。

★19　3条3項各号の事項の表示方法（記載方法）は，包括方式割賦販売の場合と同様である（割賦則3条1項，割賦販売自主規則9条1項。前掲★11参照）。

★20　前掲★12参照。

★21　前掲★13参照。

★22(1)　リボルビング方式割賦販売においては，個別方式割賦販売及び包括方式割賦販売における「支払期間」及び「支払回数」の代わりに，「弁済をすべき時期」及び「当該時期ごとの弁済金の額の算定方法」が記載事項とされている。

これは，リボルビング方式という支払方式の特徴によるものである。すなわち，リボルビング方式は，「あらかじめ定められた時期ごと」に，「あらかじめ定められた方法により」各回の支払額を算定する方法であるから（2条1項2号），その利用の合計額によって支払金額が変わり得るのであり，支払期間及び回数を事前に定めることは無意味であるし，それ以前にそもそも不可能である。そこで「弁済時期」（「あらかじめ定められた時期」に対応）及び「弁済金の額の算定方法」（「あらかじめ定められた方法」に対応）を記載事項としたものである。

(2)　弁済時期及び算定方法については，弁済金算定の基礎となる債務額の集計日（締日）を明示した上で，割賦販売自主規則・別紙記載例2（巻末資料2）を参考にして記載することとされているが（割賦販売自主規則10条2項1号），具体的な記載方法は定められていない。そのため，消費者である利用者が理解できるように平易かつ具体的に記載する必要があるほかは，必要以上に難解な記載をするような場合を除けば，弁済時期及び算定方法の記載内容・方法については割賦販売業者の裁量に委ねられている。ただ

し，弁済金の算定方法については，リボルビング方式においては，支払額の算定時期における残債務額（残元本額）が支払金額の算定基準となることから，その表示に当たっては，元本充当分と手数料充当分とは明確に区別されて記載される必要があろう。

★23 リボルビング方式割賦販売における手数料率の算定方法は，割賦販売法施行規則3条2項及び同施行規則別表第1の3号により定められている。これは，残債方式の手数料率を年率換算したものである。

その表示方法等は，包括方式割賦販売の場合と同様であり，割賦販売自主規則・別紙記載例2（巻末資料2）参照。

★24 具体的には，①弁済金額の具体的算定例，②極度額について定めがあるときは，その金額，③カード等の利用に関する特約があるときは，その内容である（割賦則3条3項）。

①については割賦販売自主規則・別紙記載例2（巻末資料2）を参照。②及び③については，前掲★16(2)・(3)参照。

第2款　取引条件に係る広告（3条4項）

〔1〕　概　　説

(1) **趣旨・目的**

割賦販売法3条4項は，割賦販売業者に対して，指定商品・指定権利の販売条件又は指定役務の提供条件について広告する際に，支払方式に応じて同条1項～3項各号に定める事項を表示することを義務付けている。

これは，広告が消費者に対して及ぼす影響の大きさに鑑み，昭和47年改正に際して追加された規定である。例えば，「毎月1000円から購入可能」などと広告された場合には，いかにも低額で購入可能な印象を与える一方で，実際には，毎月1000円の支払とするためには厳格な条件が課されていたり，毎月の支払は1000円であるものの支払期間が長期であることから，支払総額としては高額になったりするなど，消費者に誤認を与える可能性がある。そこで，割賦販売の条件について広告をする場合には，条件の全部について表示することを義務付けたのが割賦販売法3条4項である。

第4節 割賦販売に対する行為規制　第2款 取引条件に係る広告　〔2〕条文解説

(2) 表示事項及び表示方法

　表示事項は，取引条件の表示の場合と同様であり，個別方式割賦販売の場合は割賦販売法3条1項各号，包括方式割賦販売の場合には同条2項各号，リボルビング方式割賦販売には同条3項各号に定める事項を表示することになる。

　表示方法も，取引条件の表示の場合（割賦則1条の2～3条の各1項）と同様である（割賦則4条）。

(3) 割賦販売法3条4項違反に対する処分

　取引条件の表示の場合と同様に，割賦販売法3条4項違反に対する行政処分はないが，同項に違反して，広告において取引条件を表示しなかった者は，50万円以下の罰金が科される（53条2号）。

〔2〕条文解説

（割賦販売条件の表示）
第3条
1～3　（略）
4　割賦販売業者は，第1項，第2項又は前項の割賦販売の方法により指定商品若しくは指定権利を販売する場合の販売条件又は指定役務を提供する場合の提供条件★1について広告★2をするときは，経済産業省令・内閣府令で定めるところにより★3，当該広告に，それぞれ第1項各号，第1項各号又は前項各号の事項を表示しなければならない★4。

★1　3条4項の対象となる広告は，指定商品・指定権利の「販売条件」又は指定役務の「提供条件」についての広告である。
　　したがって，割賦販売を取り扱っている旨のみの広告であれば，3条4項の対象とはならない。逆に，毎月の支払額や分割回数等，あるいは手数料率など，販売条件又は役務提供条件の一部でも表示された場合には，本項の対象となり，支払方式に応じて3条1項～3項各号の事項の表示が必要となる（割賦販売自主細則8条2項参照）。

★2(1)　「広告」とは，不特定の顧客を誘引するための表示を指し，マスメディアを媒体とするものだけでなく，チラシや店頭での表示も含まれる（割賦販

売自主細則8条1項)。これを前提にすれば,「広告」と(広告ではない)「勧誘」とは,基本的には,その対象が不特定者であるか特定の者であるかにより区別されると解される。もっとも,その境界は曖昧であって,割賦販売業者が意図した表示の対象が特定の者であっても,不特定者が目にする合理的な可能性が予見されるような場合には「広告」に該当するものとして扱うべきであろう。

(2) ところで,貸金業法15条1項も3条4項と同様に貸金業者による取引条件に係る広告を規制する規定であるが,貸金業法15条1項の「広告」とは「ある事項を随時又は継続して広く宣伝するため,一般の人に知らせること」であり,例えば,以下のようなものが「広告」に当たり得ると説明される(貸金業者向けの総合的な監督指針Ⅱ-2-15(2)②)。

① テレビコマーシャル
② ラジオコマーシャル
③ 新聞紙,雑誌その他の刊行物への掲載
④ 看板,立て看板,はり紙,はり札等への表示
⑤ 広告塔,広告板,建物その他の工作物等への表示
⑥ チラシ,カタログ,パンフレット,リーフレット等の配布
⑦ インターネット上の表示

また,この「広告」に準じる「多数の者に対して同様の内容で行う勧誘」については,特定の名宛人に対して同内容のダイレクトメールやチラシ・パンフレット等を送付し又は電子メールを送信することと説明されている(同監督指針2-2-15(2)③)。

貸金業法が(所管は異なるが)割賦取引と実質的に隣接した分野につき規制するものであることからすれば,上記の説明は,3条4項における「広告」と「広告ではない勧誘」の区別においても参考とされるべきであろう。

★3 経済産業省令・内閣府令で定めるところとは,次のとおりである(割賦則4条)。

① 広告の相手方又は利用者が読みやすく,理解しやすいような用語により,正確に表示すること
② 日本工業規格Z8305に規定する8ポイント以上の大きさの文字・数字を用いること
③ 手数料率を年利建てで,0.1%単位で表示し,当該手数料率以外の料率を表示しないこと

第4節 割賦販売に対する行為規制　第3款 書面交付　〔1〕概説

　また，割賦販売自主規則上も，取引条件の表示の場合と同様の記載方法・表示方法によることとされているが，②については，書面による広告（ポスター等）の場合にのみ適用される（割賦販売自主規則14条）。

★4　3条4項により，取引条件に係る広告においては，前掲★3の方法により同条1項〜3項各号の事項を表示しなければならないが，個別方式割賦販売の場合で，手数料が2500円未満の場合には，手数料率（3条1項4号）の表示を省略することができる（割賦則4条柱書ただし書）。

第3款　書面交付（4条）

〔1〕概　　説

(1)　趣旨・目的

　割賦販売法4条は，割賦販売業者に対して，割賦販売に係る契約を締結したとき（同条1項・2項）及びリボルビング方式に基づく弁済金の支払を請求するときに（同条3項），割賦販売契約に関する一定の事項を記載した書面を交付すべきことを義務付けている。

　これは，割賦販売においては取引条件が複雑になる傾向があるため，これを記載した書面を購入者に対して交付させることで，購入者等における取引条件の理解を促進し，もって，購入者等（＝消費者）の保護を図る趣旨である。昭和47年改正の前は，交付義務が課されていたのは「次の事項を記載した書面」であったが，同改正により「次の事項について当該契約の内容を明らかにする書面」との表現に改められた。これは，契約内容を明らかにすることにより，購入者等を保護するという趣旨をより明確に表現したものである。

　なお，割賦販売法4条1項及び2項により交付される書面は，平成20年改正前には，割賦販売に係るクーリングオフの行使可能期間の算定基準となる機能も有していたが，現行法では割賦販売のクーリングオフに関する規定が削除されているため，現在では，上述の購入者等の保護の趣旨を有するのみである。

(2)　契約締結時書面

割賦販売法4条1項及び2項は，割賦販売に係る契約を締結した場合に，遅滞なく書面を交付することとしている（以下「締結時書面」）。1項は分割払方式割賦販売について，2項はリボルビング方式割賦販売について規定しており，個別方式割賦販売と包括方式割賦販売とでは記載事項・記載方法等について差異は設けられていない。また，1項及び2項とでは，支払方式に応じて若干記載事項の差異があるが，共通する事項も多い。

(3) リボルビング方式割賦販売に係る請求時書面

割賦販売法4条3項は，リボルビング方式に係る弁済金の支払を請求する際に一定の事項を記載した書面を交付することを定めており（以下「請求時書面」），書面交付の時期・タイミングは同条1項及び2項と異なっている。

上記の請求時書面の交付が必要となるのは，リボルビング方式においては，個々の商品等の代金と弁済金との間に明瞭な対応関係はなく，締日時点での債務残高を基準として弁済金額が決定されるため，割賦販売契約の締結時点では毎回の弁済金額が確定できないため，締結時書面において現金販売価格又は現金提供価格を記載させ（4条2項1号），その代わりに，割賦販売法4条3項において，次回支払うこととなる弁済金の額及びその算定方法を書面により明らかにする趣旨である。

この請求時書面の交付が義務付けられるのはリボルビング方式割賦販売のみであり，分割払方式割賦販売はその対象となっていないが，これは，分割払方式割賦販売においては，上記のような「契約締結時点において，毎回の弁済額が決定しない」という事態が生じ得ず，締結時書面において割賦販売価格又は割賦提供価格及び毎回の賦払金額を記載することで足りると考えられるからである。

(4) 締結時書面及び請求時書面の記載事項

請求時書面及び締結時書面に記載すべき事項は，以下のとおりである。

分割払方式割賦販売の締結時書面（4条1項）	リボルビング方式割賦販売の締結時書面（4条2項）	リボルビング方式割賦販売の請求時書面（4条3項）
① 割賦販売価格又は割賦提供価格 ② 賦払金の額	① 現金販売価格又は現金提供価格 ② 弁済金の支払方法	① 弁済金の支払時期 ② 各回の弁済金の額及びその算定根拠

第4節　割賦販売に対する行為規制　第3款　書面交付　〔1〕概説

③　賦払金の支払時期及び支払方法
④　商品の引渡時期，権利の移転時期又は役務の提供時期
⑤　契約の解除に関する事項
⑥　所有権の移転に関する定めの内容
⑦　その他経済産業省令・内閣府令で定める事項
　イ　割賦販売業者の名称及び住所又は電話番号
　ロ　契約年月日
　ハ　商品若しくは権利又は役務の種類
　ニ　商品の数量，権利の行使可能回数又は期間，役務の提供回数又は期間
　ホ　頭金の額
　ヘ　賦払金の支払回数
　ト　問合せ又は相談先の名称及び住所又は電話番号
　チ　期限の利益の喪失に関する事項
　リ　損害賠償額に関する事項
　ヌ　役務提供が指定商品・指定権利販売の条件となっている場合の当該役務の内容等
　ル　商品販売が指定権利販売又は指定役務提供の条件となっている場合の当該商品の内容等
　ヲ　権利販売が指定商品販売又は指定役務提供の条件となっている場合の当該権利の内容等

③　商品の引渡時期，権利の移転時期又は役務の提供時期
④　契約の解除に関する事項
⑤　所有権の移転に関する定めの内容
⑥　その他経済産業省令・内閣府令で定める事項
　イ　割賦販売業者の名称及び住所又は電話番号
　ロ　契約年月日
　ハ　商品・権利・役務の種類
　ニ　商品の数量・権利の行使可能回数又は期間，役務の提供回数又は期間
　ホ　問合せ又は相談先の名称及び住所又は電話番号
　ヘ　期限の利益の喪失に関する事項
　ト　損害賠償額に関する事項
　チ　役務提供が指定商品・指定権利販売の条件となっている場合の当該役務の内容等
　リ　商品販売が指定権利販売又は指定役務提供の条件となっている場合の当該商品の内容等
　ヌ　権利販売が指定商品販売又は指定役務提供の条件となっている場合の当該権利の内容等
　ル　商品の瑕疵担保責任に関する事項
　ヲ　その他の特約
　ワ　連鎖販売個人契約又

91

ワ　商品の瑕疵担保責任に関する事項 カ　その他の特約 ヨ　連鎖販売個人契約又は業務提供誘引販売個人契約であるときはその旨	は業務提供誘引販売個人契約であるときはその旨

(5)　**割賦販売法4条に基づく書面の記載方法**

基本的には，包括方式割賦販売及びリボルビング方式割賦販売に係る取引条件の表示書面の場合と同様である。詳細は後記〔2〕の「条文解説」を参照。

(6)　**割賦販売法4条違反に対する処分**

割賦販売法4条違反に対する行政処分は特に定められていないが，同条に違反して締結時書面又は請求時書面を交付しなかった場合には50万円以下の罰金が科される（53条3号）。

〔2〕　条 文 解 説

（書面の交付）
第4条　割賦販売業者は，第2条第1項第1号に規定する割賦販売の方法により★1 指定商品若しくは指定権利を販売する契約又は指定役務を提供する契約を締結したときは，遅滞なく★2，経済産業省令・内閣府令で定めるところにより★3，次の事項★4 について当該契約の内容を明らかにする書面を購入者又は役務の提供を受ける者に交付しなければならない★5。
一　商品若しくは権利の割賦販売価格又は役務の割賦提供価格★6
二　賦払金（割賦販売に係る各回ごとの代金の支払分をいう。以下同じ。）の額
三　賦払金の支払の時期及び方法★7
四　商品の引渡時期若しくは権利の移転時期又は役務の提供時期★8
五　契約の解除に関する事項★9
六　所有権の移転に関する定めがあるときは，その内容★10
七　前各号に掲げるもののほか，経済産業省令・内閣府令で定める事項★11
2　割賦販売業者は，第2条第1項第2号に規定する割賦販売の方法によ

第4節　割賦販売に対する行為規制　第3款　書面交付　〔2〕　条文解説

り★12 指定商品若しくは指定権利を販売する契約又は指定役務を提供する契約を締結したときは，遅滞なく★13，経済産業省令・内閣府令で定めるところにより★14，次の事項★15 について当該契約の内容を明らかにする書面を購入者又は役務の提供を受ける者に交付しなければならない★16。
一　商品若しくは権利の現金販売価格又は役務の現金提供価格★17
二　弁済金の支払の方法★18
三　商品の引渡時期若しくは権利の移転時期又は役務の提供時期★19
四　契約の解除に関する事項★20
五　所有権の移転に関する定めがあるときは，その内容★21
六　前各号に掲げるもののほか，経済産業省令・内閣府令で定める事項★22
3　割賦販売業者は，指定商品，指定権利又は指定役務に係る第2条第1項第2号に規定する割賦販売に係る弁済金の支払を請求するときは★23，あらかじめ★24，経済産業省令・内閣府令で定めるところにより★25，次の事項を記載した書面を購入者又は役務の提供を受ける者に交付しなければならない★26。
一　弁済金を支払うべき時期★27
二　前号の時期に支払われるべき弁済金の額及びその算定根拠★28

★1　4条1項による書面交付の対象となるのは，個別方式割賦販売及び包括方式割賦販売である。割賦販売法3条1項及び2項と異なり，個別方式及び包括方式が別個に規定されていないのは，いずれも分割払方式であり，契約締結時点においては表示すべき事項・内容に差異が生じないためである。
　リボルビング方式割賦販売については，4条1項ではなく，同条2項により書面交付義務が課されている。

★2 (1)　締結時書面は，取引条件の表示（3条1項・2項）のように一般論的な取引条件を表示するものではなく，実際に締結された契約についての条件を表示するものであるため，契約締結後（どんなに早くても契約締結と同時）にしか交付することはできない。そのため，締結時書面は，「契約を締結したとき」に「遅滞なく」交付することとされている。これは，締結時書面を，契約締結後に交付することを意味するものである。
　(2)　「遅滞なく」とは，法律用語としては，「直ちに」と同様に時間的な即時性を求めるものの，正当な理由に基づく遅れを許す表現である（吉田利宏『新法令用語の常識』35頁）。そのため，締結時書面の交付は，正当又は合理

的な理由がある限りは、契約締結後即時に交付しなければならないわけではなく、一定の時間的な幅が認められるのであって、割賦販売に係る契約の事務処理等の手続を遅れずに行った上で締結時書面を交付すれば足りることとされている（割賦販売自主細則9条・13条）。

したがって、契約の締結方法や契約内容等に照らして、合理的な時的範囲内で交付すれば足りると解される。例えば、インターネット通信販売により割賦販売契約が締結されたような場合には、契約締結直後に書面を交付することは物理的に不可能であって、4条1項は、そのような不可能を課すものではない。このような場合に、書面の作成及びその送付に多少時間がかかるのはやむを得ないのであり、契約締結から一定期間経過した後に交付した（購入者が書面を受領した）としても、「遅滞なく」交付したと認められる。

★3　4条1項に基づく締結時書面の記載方法は、次のとおりである（割賦則6条1項）。
① 購入者等が読みやすく、理解しやすいような用語により、正確に記載すること。
② 日本工業規格Z8304に規定する8ポイント以上の大きさの文字及び数字を用いること。

また、上記の2点に加え、一定の記載事項については、その内容に関する基準が定められているが（割賦則6条1項2号・3号）、その点については各記載事項の項に記載する。

さらに、4条1項に基づく締結時書面においては、紙の厚さ、質、及び色並びにインクの濃さ及び色の選択についても利用者の便宜に配慮する必要がある（割賦販売自主規則16条3号・20条）。

★4(1)　4条1項による締結時書面には同項1号～7号に定める事項を記載する必要があるが、個別方式割賦販売においては、契約の申込時点において確定している事項（割賦販売価格等）については、契約申込時に書面に記載して交付し、かつ、当該書面に「本書面は契約成立後、割賦販売法4条1項に定める書面となる」旨を記載している場合には、当該事項の締結時書面への記載を省略することができる（割賦販売自主規則15条3項）。

(2)　また、包括方式割賦販売においても、個々の割賦販売契約で内容が変わらない項目については、予め、割賦販売法3条2項の取引条件の表示書面に記載して購入者等に交付しておくことで、締結時書面への記載を省略す

ることができる（割賦販売自主規則18条3項）。

　例えば，契約の解除に関する事項，期限の利益喪失に関する事項や遅延損害金に関する事項などは，原則，個々の取引において変動しないと考えられるから，カード等の交付等に際して交付する書面（3条2項）に記載していた場合には締結時書面への記載を省略することが可能になる。逆に，商品名等は，個々の取引により変わるため，これを省略することはできない。

★5(1)　4条1項は，「書面を……交付しなければならない」とだけ規定しているが，この「書面」は，必ずしも1通でなければならないわけではなく，複数の書面をもって交付することも許される（割賦販売自主細則10条・14条）。

(2)　また，「交付」とは，書面を手交することを意味するが，郵送による交付も認められる（割賦販売自主規則15条2項・18条4項）。これに対し，ファクシミリによる送信は，書面の「交付」には当たらない。

　なお，4条1項の書面は，割賦販売法4条の2により，書面交付に代えて電磁的方法により提供する方法に代えることもできる。

★6　「割賦販売価格」及び「割賦提供価格」とはそれぞれ，割賦販売の方法により販売する場合の商品又は権利の価格，割賦販売の方法により提供する場合の役務の価格を指す（3条1項2号）。現金販売価格（同項1号）に手数料を加えた金額のことであり，言い換えれば，支払総額のことである。

★7　賦払金の支払時期は，①すべての支払期日を記載するか，②支払期間及び毎月の支払日をもって表示（例えば，「平成○年○月〜平成×年×月の毎月△日」）しなければならない（割賦販売自主規則17条1項1号・21条1項）。

　また，賦払金の支払方法については，持参払い，振込，口座引落し等の別を記載しなければならない（割賦販売自主規則17条1項1号・21条1項）。

★8　「引渡時期」，「移転時期」及び「提供時期」の記載に当たっては，具体的な期日又は期間を記載しなければならない（割賦販売自主規則17条1項2号・21条1項）。逆にいえば，商品の引渡時期，権利の移転時期又は役務の提供時期が，契約締結時点において日付をもって確定できない場合には，その期間を記載することでも許される。

★9　契約の解除に関する事項は，次の基準に合致するものでなければならない（割賦則6条1項2号，割賦販売自主規則17条1項3号・21条1項）。

(1)　購入者等からの契約の解除ができない旨が定められていないこと。

(2)　割賦販売の契約の締結の前に割賦販売業者が見本，カタログ等により購

入者等に対し提示した当該契約の内容と当該購入者等が受領した商品若しくは権利又は提供を受ける役務が相違している場合には，購入者等は，当該契約の解除をすることができる旨が定められていること。

　　例えば，「購入者は，見本・カタログ等により申込をした場合において，引き渡された商品等が見本・カタログと相違している場合は，商品等の交換を申し出るか又は本契約を解除できるものとします。」などの記載が考えられる（割賦販売自主規則・別紙記載例3）。

(3)　購入者等の支払義務の不履行により契約を解除することができる場合は，割賦販売業者が定める一定期間にわたり義務の不履行があった場合であって，割賦販売業者が20日以上の相当な期間を定めてその支払を書面で催告し，その期間内にその義務が履行されない場合に限る旨が定められていること。

　　例えば，「購入者が，規約〇条に該当した場合は，会社は本契約を解除し，購入者に商品の返還を請求できるものとします。」などの記載が考えられる（割賦販売自主規則・別紙記載例4）。

(4)　購入者等の責に帰すべき事由により契約が解除された場合の損害賠償等の額についての定めが割賦販売法6条1項，3項及び4項の規定に合致していること。

　　なお，記載に際しては，割賦販売自主規則・別紙記載例5（巻末資料3）を参照することとされている（個別自主規則17条1項3号ニ）。

(5)　割賦販売業者の責めに帰すべき事由により契約が解除された場合における割賦販売業者の義務に関し，民法545条に規定するものより購入者等に不利な特約が定められていないこと。

★10　所有権の移転に関する事項が定められている場合には，その内容は，次の基準に合致した上で，割賦販売自主規則・別紙記載例6（巻末資料4）を参考にして記載することとされている（割賦則6条1項3号表1号，割賦販売自主規則17条1項4号・21条1項）。

①　商品の所有権の移転時期が明示されていること。

②　商品の所有権の移転前においては，購入者は，当該商品を担保に供し，譲渡し又は転売できない旨が定められていること。

★11　経済産業省令・内閣府令で定める事項は，次の各項目である（割賦則5条各号）。

(1)　割賦販売業者の名称及び住所又は電話番号

第4節 割賦販売に対する行為規制 第3款 書面交付 〔2〕条文解説

(2) 契約年月日
(3) 商品若しくは権利又は役務の種類
(4) 商品の数量（権利又は役務の場合にあっては，契約上権利を行使し得る回数若しくは期間又は役務の提供を受けられる回数若しくは期間）

割賦販売の目的が指定商品だった場合には，上記(4)については可能な限り詳細に記載しなければならない（割賦販売自主規則17条1項5号・21条1項）。

また，包括方式割賦販売において2種類以上の指定商品が購入された場合には，現金販売価格が3000円未満の指定商品のうちもっとも高額である指定商品以外の指定商品については上記(3)及び(4)の項目の記載を省略することができる（割賦則5条柱書ただし書，割賦販売自主規則21条3項）。この場合には，①商品名を記載すべき欄に「その他〇品」として記載を省略した商品等の種類の数の合計を記載し，②商品名等及びその現金価格を会員が可能な限り特定できるような明細書等を交付しなければならない（割賦販売自主細則16条）。

(5) 頭金又は初回金の額

ただし，包括方式割賦販売においては上記(5)の事項は省略可能である（割賦則5条柱書ただし書）。

(6) 賦払金の支払回数
(7) 割賦販売の方法により指定商品若しくは指定権利を販売する契約又は指定役務を提供する契約について購入者等が問い合わせ，相談等を行うことができる機関の名称及び住所又は電話番号

割賦販売業者のコールセンター等のことであり，消費者センター等の外部機関のことではない。

(8) 支払時期の到来していない賦払金の支払を請求することについての定めがあるときは，その内容（前払式割賦販売の場合を除く）

賦払金の期限の利益喪失に関する事項であり，次の基準による必要があるほか（割賦則6条1項3号2号），割賦販売自主規則・別紙記載例7（巻末資料5）を参考にすることとされている（割賦販売自主規則17条1項6号）。

(a) 購入者等の支払義務の不履行により支払時期の到来していない賦払金の支払を請求することができる場合は，割賦販売業者が定める一定期間にわたり義務の不履行があった場合であって，割賦販売業者が20日以上の相当な期間を定めてその支払を書面で催告し，その期間内にその義務が履行されない場合に限る旨が定められていること

97

(b) 購入者等の支払義務の不履行以外の事由により支払時期の到来していない賦払金の支払を請求することができる場合として、購入者等の信用が著しく悪化した場合又は重要な契約条項違反があった場合以外の場合が定められていないこと

(9) 賦払金の支払の義務が履行されない場合（契約が解除された場合を除く）の損害賠償額の予定又は違約金の定めがあるときは、その内容

　　遅延損害金に関する項目であり、割賦販売法6条2項に則った内容でなければならないほか（割賦則6条1項3号表3号）、割賦販売自主規則・別紙記載例8（巻末資料6）を参考にすることとされている（割賦販売自主規則17条1項7号）。

(10) 役務の提供が指定商品又は指定権利の販売の条件となっているときは、当該役務の内容、提供時期その他当該役務に関する事項

　　上記(10)の記載に際しては、①役務の提供時期、提供回数、提供者、提供方法、提供場所、提供役務の種類、量、具体的内容、役務が優良の場合は1回ごとの単価等のうち、役務の属性に鑑みて記載可能なものをできるだけ詳細に記載し、②別紙に記載する場合には、契約締結時書面に「別紙による」旨を記載するとともに、契約日、会員の名称及び住所、商品名等を記載し、契約書面との一体性を明らかにし、③商品の販売条件となっている役務がない場合には、契約締結時書面にない旨を記載しなければならない（割賦販売自主規則17条1項8号・21条1項）。

(11) 商品の販売が指定権利の販売又は指定役務の提供の条件となっているときは、当該商品の内容、引渡時期その他当該商品に関する事項

(12) 権利の販売が指定商品の販売又は指定役務の提供の条件となっているときは、当該権利の内容、移転時期その他当該権利に関する事項

　　上記(11)及び(12)の記載に当たっては、上記(10)①～③を参照（割賦販売自主規則17条1項8号柱書後段）。

(13) 商品に隠れた瑕疵がある場合の責任についての定めがあるときは、その内容

　　瑕疵担保責任に関する事項であり、商品に隠れた瑕疵がある場合に割賦販売業者が当該瑕疵について責任を負わない旨が定められていないことが必要である（割賦則6条1項3号表4号）。

(14) 前各号に掲げるもののほか特約があるときは、その内容

　　特約としては、次のようなものが考えられるが、割賦販売自主規則・別

第4節　割賦販売に対する行為規制　第3款　書面交付　〔2〕　条文解説

紙記載例9〜11（巻末資料7〜9参照）を参考にして記載されなければならず（割賦販売自主規則17条2項），また，どのような事項であっても法令に違反してはならない（割賦則6条1項3号表5号）。
　①　債務弁済の受領費用として手数料以外に購入者等から徴収する費用に関する特則
　②　早期完済に関する特約
　③　管轄裁判所に関する特約
⒂　割賦販売の契約が連鎖販売個人契約又は業務提供誘引販売個人契約であるときは，その旨
★12　4条2項がリボルビング方式割賦販売に係る締結時書面について規定したものであることを示したものである。
★13　前掲★2参照。
★14　4条2項に基づく締結時書面の記載方法は，割賦販売法施行規則8条及び割賦販売自主規則20条に定められているが，基本的には，包括方式割賦販売の場合（前掲★3）と同様である。
★15　前掲★4参照。
★16　前掲★5参照。
★17　リボルビング方式割賦販売の場合に締結時書面に記載しなければならないのは，割賦販売価格・割賦提供価格ではなく，現金販売価格又は役務の現金提供価格（3条1項1号）である。
　　これは，リボルビング方式においては，個々の商品と毎回の支払額とに個別の対応関係がなく，割賦販売契約締結時点では個々の商品に係る賦払金の総額（＝割賦販売価格・割賦提供価格）が決定されないため，一種の代替措置として現金価格を記載することとされたものである。
　　なお，同一の商品等を複数販売等した場合には，現金価格については，商品や役務の単価ではなく，当該複数個の合計額を記載しなければならない（割賦販売自主規則21条3項なお書）。
★18　前掲★7⑵参照。
★19　前掲★8参照。
★20　基本的には，分割払方式の場合（前掲★9）と同様であるが（割賦則8条2号，割賦販売自主規則21条2項3号），リボルビング方式割賦販売には割賦販売法6条が適用されないことから，契約が解除された場合の損害賠償に関する記載（割賦則6条1項2号ニ，割賦販売自主規則17条1項3号ニ）は不要となっ

★21　前掲★10参照。
★22　経済産業省令・内閣府令で定める事項は，次の事項であるが（割賦則7条各号），各事項の記載方法等は，分割払方式割賦販売（包括方式割賦販売）の場合と同様であるから，分割払方式の場合と比して特に記載すべき必要がある事項・内容についてのみ指摘する。
(1)　割賦販売業者の名称及び住所又は電話番号
(2)　契約年月日
(3)　商品若しくは権利又は役務の種類
(4)　商品の数量（権利又は役務の場合にあっては，契約上権利を行使し得る回数若しくは期間又は役務の提供を受けることができる回数若しくは期間）
　　　契約の目的が2種類以上の商品である場合には，3000円以下の商品については，その中で最高額のものを除き，上記(3)及び(4)の事項の記載を省略することができる（割賦則7条柱書ただし書，割賦販売自主規則18条3項）。ただし，省略するためには，①商品名を記載すべき欄に，「その他○品」として，記載を省略した商品等の種類の数の合計を記載し，②商品名等及びその現金価格を，会員が可能な限り特定できるような明細書等を交付しなければならない（割賦販売自主細則16条）。
(5)　割賦販売の契約について購入者等が問い合わせ，相談等を行うことができる機関の名称及び住所又は電話番号
(6)　支払時期の到来していない弁済金の支払を請求することについての定めがあるときは，その内容
(7)　弁済金の支払の義務が履行されない場合（契約が解除された場合を除く）の損害賠償額の予定又は違約金の定めがあるときは，その内容
(8)　役務の提供が指定商品又は指定権利の販売の条件となっているときは，当該役務の内容，提供時期その他当該役務に関する事項
(9)　商品の販売が指定権利の販売又は指定役務の提供の条件となっているときは，当該商品の内容，引渡時期その他当該商品に関する事項
(10)　権利の販売が指定商品の販売又は指定役務の提供の条件となっているときは，当該権利の内容，移転時期その他当該権利に関する事項
(11)　商品に隠れた瑕疵がある場合の責任についての定めがあるときは，その内容
(12)　前各号に掲げるもののほか特約があるときは，その内容

⑬ 割賦販売の契約が連鎖販売個人契約又は業務提供誘引販売個人契約であるときは，その旨

★23　4条3項は，リボルビング方式割賦販売につき，弁済金を請求するに際して書面の交付を義務付けるものである。

　これは，リボルビング方式においては，契約締結時に弁済金の毎回の支払額が決定されないため，締結時書面には各回の弁済金や支払総額を記載させずに現金価格を記載させることとしたことの裏返しとして，請求に際して，弁済金の次回支払額やその算定根拠等を記載した書面を交付させることとしたものである。

　なお，4条3項の「請求」は，毎回の弁済金の支払を求めることを指し，例えば，購入者等が弁済金の支払を懈怠した後になされる一括請求や督促等は「請求」に含まれないと解される。

★24　「あらかじめ」とは，事前にという意味であるが，具体的には，各回の弁済金の支払時期及び支払額を，毎月の支払日前に交付する利用明細書に記載して交付するなど，現実に支払請求をする時点までに書面を交付することを指す（割賦販売自主細則15条）。

　基本的には，毎回の支払日の前日まで交付されれば違法とはならないと解されるが，割賦販売法が消費者保護も目的にしていることからすれば，次回の請求金額が確定した時点で，なるべく早く交付することが求められよう。

★25　これを受けて，割賦販売法施行規則9条は，請求時書面の記載方法について，次のとおり定めている。

① 購入者等が読みやすく，理解しやすいような用語により，正確に記載すること。
② 弁済金の算定根拠については，遅延損害金及び割賦販売の手数料以外の債務のうち未払いとして残っている額，弁済金の内訳その他弁済金の額の算出に必要な事項を記載すること。
　②については，後掲★28を参照。
③ 日本工業規格Ｚ8305に規定する8ポイント以上の大きさの文字及び数字を用いること。

　また，上記①～③に加えて，書面に使用する紙の厚さ，質，色及びインクの濃さ，色の選択に当たっては，利用者にとって読みやすいものとなるよう十分に留意しなければならない（割賦販売自主規則20条・9条1項2号）。

★26⑴　締結時書面と異なり，複数枚の書面によることは明示では認められてい

ない。ただし，法文上，これを禁止する規定もないから，請求時書面を複数の書面に分割する合理性があるのであれば，複数の書面に分けて交付したからといって，違法になるとは解されない。

(2) 交付とは，手交することを意味するが，郵送によることができるほか，要件を満たす限り，電磁的方法による提供（4条の2）により代替することが認められる。

★27 4条3項に基づく請求時書面は，「支払を請求するとき」に交付しなければならないものであるから，4条3項1号にいう「弁済金を支払うべき時期」とは，当該請求に係る弁済金の支払日（いわゆる「次回支払日」）のことを指す。したがって，毎月請求書兼利用明細を送付するような場合であれば，次回支払日を記載すれば足り，その後の暫定での支払スケジュール全部を記載しなければならないものではない。

★28(1) 「弁済金の額」とは，文字どおり，その支払時期（支払日）において弁済しなければならない金額のことであるから，当然，元金及び手数料の「合計額」が記載されなければならない。

(2) また，「弁済金の額」の記載に併せて，その「算定根拠」を記載する必要があるが，算定根拠とは，支払請求に係る弁済金の内訳（元本及び手数料の別）並びにその計算方法を指す。

「算定根拠」の具体的な記載事項について，割賦販売法施行規則9条2号及び割賦販売自主規則22条は，「遅延損害金及び割賦販売の手数料以外の債務のうち未払として残っている額，弁済金の内訳その他弁済金の額の算出に必要な事項」を記載することとしている。「その他」は，その前後の用語が並列関係であることを表す文言であるから，「遅延損害金及び割賦販売の手数料以外の債務のうち未払として残っている額，弁済金の内訳」は「弁済金の額の算出に必要な事項」の例示ではなく，必ず前者の事項の記載が必要となる。

「弁済金の額の算出に必要な事項」としては，例えば，手数料率などが考えられるが，弁済金の算定を可能ならしめるだけの情報が記載されている限りは，その他の事項の記載については割賦販売業者の裁量によることが認められるのであり，例えば，具体的な計算式などまで記載しなければならないものではない。

第4款　電磁的方法による提供（4条の2）

〔1〕概　　説

(1) 趣旨・目的

　割賦販売業者は，政令で定めるところにより購入者等の承諾を得た場合には，割賦販売法3条2項・3項及び4条1項〜3項による書面を，電磁的方法により提供することができる。

　割賦販売法4条の2は，「書面の交付等に関する情報通信の技術の利用のための関係法律の整備に関する法律」の制定に併せて平成12年改正に際して追加された条項であり，電子商取引（＝インターネット通販）に対応することを目的としたものである。

　すなわち，電子商取引においては，そもそも紙媒体の書面を交付することが困難なケースもあり，また，そこまではいかなくても，迅速な取引の成立の妨げとなっていた。割賦販売法4条の2は，このような状況を改善するためのものであり，基本的には，割賦販売業者と購入者等が非対面で割賦販売契約を締結することを念頭に置いた規定であるが，もちろん，対面取引において電磁的方法による提供をすることが妨げられるものではない。

(2) 割賦販売法4条の2の対象

　割賦販売法4条の2により電磁的方法による提供が認められるのは，次の各書面である。

①　包括方式割賦販売に係る事前書面（3条2項）
②　リボルビング方式割賦販売に係る事前書面（3条3項）
③　分割払方式割賦販売に係る締結時書面（4条1項）
④　リボルビング方式割賦販売に係る締結時書面（4条2項）
⑤　リボルビング方式割賦販売に係る請求時書面（4条3項）

(3) 電磁的方法による提供の要件

　詳細は後記〔2〕の「条文解説」に譲るが，書面交付に代えて電磁的方法により提供するための要件は，①事前の承諾の取得，②利用できる電磁的方法

の種類の制限，の2種類に分けられる。

①については，割賦販売法施行令2条1項が規定しており，一定の事項を購入者等に示した上で，事前にその承諾を得ることを求めている。

②については，割賦販売法4条の2により利用できる電磁的方法としては3種類が定められている（割賦則10条1項各号）。簡単にいえば，電子メールで送信する方法，インターネット上で表示する方法，CD-ROM等に記録し，当該媒体を送付する方法である。最後の方法は，書面をCD-ROM等に代えただけであるから，必ずしも割賦販売法4条の2の趣旨にそぐわないように思われる。そのためか，ほとんど利用されない方法である。

(4) オプトイン規制

割賦販売法4条の2は，事前に承諾を得た場合にのみ，電磁的方法により提供することができるという，いわゆる「オプトイン規制」である。つまり，電磁的方法は利用できないのが原則であるが，利用者・購入者等の承諾を得た場合に限り例外的に利用できる，という原則例外の関係を定めた規制である。

購入者等の承諾が電磁的方法による提供の要件であるから，電磁的方法による提供を受けない旨の申出がなされた後は，電磁的方法により提供することは認められない（割賦令2条2項）。その後に，再度承諾を得た場合に利用することができるのは当然である（同項ただし書）。

なお，このようなオプトイン規制とは逆に，原則許容，例外禁止の形式の規制をオプトアウト規制と呼ぶ。個人情報保護法や特定電子メール法などが定めているが，割賦販売法上は，オプトアウト規制は特に定められていない。

(5) **割賦販売法4条の2違反の効果**

割賦販売法4条の2に違反しても，それ自体として行政処分や罰則の対象となるものではないが，同条による「当該書面を交付したものとみなす」という効果が生じず，結果として，「当該書面」を交付していないことになる。そのため，割賦販売法4条の2違反は，「当該書面」の交付義務の懈怠とほぼイコールである。詳細は，下記〔2〕の「条文解説」を参照。

〔2〕 条 文 解 説

> (情報通信の技術を利用する方法)
> 第4条の2　割賦販売業者は，第3条第2項若しくは第3項又は前条各項の規定による書面の交付に代えて★1，政令で定めるところにより，当該利用者又は購入者若しくは役務の提供を受ける者の承諾を得て★2，当該書面に記載すべき事項を電子情報処理組織を使用する方法その他の情報通信の技術を利用する方法であつて経済産業省令・内閣府令で定めるもの（以下「電磁的方法」という。）により提供することができる★3。この場合において，当該割賦販売業者は，当該書面を交付したものとみなす★4。

★1　4条の2に基づき電磁的方法による提供により代替することが認められる書面は，①利用者にカード等を交付する際の取引条件を表示する書面（3条2項・3項），②契約締結時書面（4条1項・2項），③リボルビング方式に係る請求時書面（4条3項）であり，④個別方式割賦販売に係る契約締結前の取引条件の表示（3条1項）はその対象となっていない。

これは，④の表示は，取引条件の「掲示」又は「書面の提示」で足り（割賦則1条の2第1項1号），書面の「交付」まで求められていないことから，必ずしも書面が交付されることが予定されていないためと解される。とはいえ，割賦販売法3条1項の個別方式割賦販売に係る取引条件の表示についても4条の2の趣旨が妥当することは間違いないから，同条を類推適用し，電磁的方法による提供の方法により取引条件を表示することも許されると解される（経産省・解説70頁）。

★2　電磁的方法による提供は，利用者・購入者等の「承諾を得て」行うこととされているが，その承諾を得る方法等については政令で定めることとされている。これを受けて割賦販売法施行令2条がその具体的な要件について以下のとおり定めている。

(1)「あらかじめ」

4条の2に基づく電磁的方法を利用するためには，事前に承諾を得なければならないことを示したものである。事後的な承諾（追認）は認められず，事前の承諾を得ていない場合には，「当該書面を交付したものとみな

す」という4条の2の効果が生じないことになる。

(2) 「用いる……方法……の種類及び内容を示し」

電磁的方法による提供の承諾の取得に際して，利用者・購入者等に示す「種類及び内容」は経済産業省令・内閣府令で定めることとされており，これを受けて割賦販売法施行規則11条は，示すべき電磁的方法の種類及び内容として，①割賦販売業者が使用する電磁的方法，②ファイルへの記録の方式の2つを定めている。

①は，割賦販売法施行規則10条1項により定められた電磁的方法のうち，割賦販売業者が実際に利用する方法を明示することを意味する。利用することが認められる電磁的方法については，後掲★3参照。

②は，文言からすれば，デジタルデータのファイルの種類や保存の形式を指すが，そもそもこれらの情報が読取りに利用するアプリケーションを識別するためのものであることから，当該電磁的データを利用する場合に必要となるソフトの形式やバージョン等を示すことでも足りると解される（経産省・解説71頁）。

なお，電磁的方法の種類及び方法の表示については，その方法は規定されていないため，必ずしも書面又は電磁的方法を利用して示す必要はなく，口頭で示す方法も許されると解される。もちろん，事後的な紛争防止の観点から，口頭ではなく，事後的な検証可能性のある方法によることが望ましいことはいうまでもなく，また，下記(3)のとおり，承諾自体は書面又は電磁的方法により取得しなければならないため，当該承諾の取得に併せて，書面又は電磁的方法により示すのが通常であろう。

(3) 「書面又は電磁的方法による承諾を得」ること

電磁的方法を利用するための承諾は，書面又は電磁的方法により取得しなければならず，口頭による承諾の取得は認められない。これは，承諾の有無及び内容を事後的に検証し，後日の紛争を予防・防止する趣旨である。このような趣旨からすれば，例えば，通話内容を録音した電話での承諾なども認められてもよいように思われるが，条文上「書面又は電磁的方法」と明示されている以上は，これら以外の方法による承諾が有効となる余地はないと解すべきであろう。

この承諾を取得する際に用いる電磁的方法は，割賦販売業者が書面交付に代えて実際に利用する電磁的方法と同一の方法である必要はない。

また，同様に，購入者等本人がその意思に基づいて承諾したことを担保

第4節 割賦販売に対する行為規制　第4款 電磁的方法による提供　〔2〕条文解説

するためにも，例えば，カード等を交付する場合のカード規約に紛れさせて包括的な承諾ないし同意を取得するような方法も認められないとされる（経産省・解説70頁）。したがって，例えば，電磁的方法によることの承諾についてのみを独立した1枚のペーパーにより取得するか，あるいは，特約事項として，カード規約の本体とは明確に区分けして記載することが必要となると解される。

なお，電磁的方法によることの承諾は，法律関係の変動をもたらすものではなく，また，個人情報関係のように場合によっては本人に多大な不利益が生じるという類のものでもないから，未成年者から承諾を得る場合であっても，「電磁的方法によることの承諾」そのものについての法定代理人の同意は不要であり，割賦販売に係る取引自体に対する包括的な同意で足りると解される。

(4) 承諾の撤回及び再承諾

承諾を得て電磁的方法による提供を開始した後に，購入者等から，書面又は電磁的方法により，電磁的方法による提供を受けない旨の申出があった場合には，割賦販売業者は，当該申出を受けた後に電磁的方法により提供することはできない（割賦令2条2項）。そもそも電磁的方法により提供することが認められるのは，購入者等の承諾を得たからであり，電磁的方法による提供を受けない旨の申出というのは，当該承諾が撤回されたのと同様であるから，それ以降，電磁的方法により提供することができないのは，オプトイン規制の性質上，当然の帰結である。

ただし，上記(3)の承諾と同様に，電磁的方法による提供を受けない旨の申出も書面又は電磁的方法によりなされる必要があるため，少なくとも条文上は，口頭による申出に対しては対応する必要はなく，電磁的方法による提供を継続することが許される。もちろん，口頭で当該申出を受けた割賦販売業者としては，書面又は電磁的方法による申出が必要である旨をアナウンスの上，当該方法に誘導することが望ましい。

なお，当該申出の後，再度電磁的方法によることの承諾を得た場合には，再び電磁的方法による提供が認められる（割賦令2条2項ただし書）。

★3　4条の2により利用することができる電磁的方法は，以下の方法である（割賦則10条）
(1) 電子情報処理組織を使用する方法のうち次のもの
　(a) 割賦販売業者の使用に係る電子計算機と利用者又は購入者等の使用に

係る電子計算機とを接続する電気通信回線を通じて送信し，受信者の使用に係る電子計算機に備えられたファイルに記録する方法

(b) 割賦販売業者の使用に係る電子計算機に備えられたファイルに記録された書面に記載すべき事項を電気通信回線を通じて利用者又は購入者等の閲覧に供し，当該利用者又は購入者等の使用に係る電子計算機に備えられたファイルに当該事項を記録する方法

(2) 磁気ディスク，CD-ROMその他これらに準ずる方法により一定の事項を確実に記録しておくことができる物をもって調製するファイルに書面に記載すべき事項を記録したものを交付する方法

　(1)(a)は電子メールでの送信が念頭に置かれているが，例えば，受信側がデータを保存できるのであればファクシミリによる送信も含まれる余地がある。また，(1)(b)はウェブサイトを通じて購入者等に閲覧させる方法を指す。(2)は文字どおり電磁的な記録媒体という有体物自体を交付又は送付する方法のことであり，「電磁的方法」という割にはアナログな方法である。

　(1)の方法については，購入者等の「電子計算機に備えられたファイルに記録する方法」とされている。(1)(a)の電子メールによる場合は，電子メールソフトを利用する場合だけでなく，フリーメール等のウェブメールであっても，購入者側の領域で記録されることになるため，その要件を満たすことになる。(1)(b)については，システム的に記録することができれば足り，購入者等が自主的にダウンロードはしたが保存しなかった場合などであっても，その要件を満たすものと解される。そこまで購入者等側の行動を，割賦販売業者がコントロールすることはできないからである。

　なお，上記(1)及び(2)の方法は，いずれも購入者等がプリンターによる出力等により書面を作成することができるものでなければならないが（割賦則10条2項），現在では，例えばスマートフォンに宛てて送信したような場合であっても，無線又は有線によりプリンターと接続し，受信した内容を印刷することは可能であるから，ほぼすべての通信端末において電磁的方法による提供の方法を利用することが可能であるといえよう。

★4　4条の2に基づき，電磁的方法により提供した場合，「当該書面を交付したものとみな」される。したがって，適式に電磁的方法により提供する限り，書面交付義務を履行したとみなされ，書面を交付する必要がないことになる。これが，4条の2の効果である。

　したがって，例えば，電磁的方法により提供するための要件を充足してい

なかったり，電磁的方法として認められない方法を利用したりしたような場合には，4条の2による「当該書面を交付したものとみなす」という効果が生じないこととなり，その結果，あらためて書面交付義務を履行する必要があることになる。とはいえ，電磁的方法による提供につき，何らかの瑕疵が発覚した後に再度書面を交付したような場合に「遅滞なく」交付したとはいえないケースが大半であろう。

第5款　割賦販売の標準条件（9条・10条）

〔1〕　概　　説

(1)　趣旨・目的

割賦販売法第2章第2節は「割賦販売の標準条件」と題して，一部の指定商品を目的とする割賦販売について，頭金及び支払期間の標準条件を告示し（9条），標準条件に比して著しく悪質な条件による割賦販売を行う割賦販売業者に対して，条件改善に関する勧告をすることができる旨を定めている（10条）。

上記規定は，割賦販売に係る取引の健全及び取引秩序の維持を目的としたものであり，割賦販売業者間の過当競争を防止するためには主務大臣による行政指導を要するが，そのための根拠を与える趣旨で定められたものである。

なお，過去には，自動車やエアコン，カラーテレビなどについて標準条件が定められていたが，いずれも既に廃止されており，現在，割賦販売法9条により標準条件が定められている指定商品はなく，また，今後標準条件が定められる見込みもない。そのため，割賦販売法9条及び10条は，いわば「定められているだけ」の規定であって，死文である。

(2)　適用対象
(a)　リボルビング方式割賦販売への不適用

割賦販売法9条及び10条は，分割払方式割賦販売のみを対象としており，リボルビング方式割賦販売は対象となっていない。告示される標準条件は，頭金及び支払期間に関するものであるが，リボルビング方式においては，取引条件として支払期間を定めることが困難であり，割賦販売法9条及び10条の法意

にそぐわないことから、リボルビング方式割賦販売は対象から除外されたものと解される。

(b) **前払式割賦販売への不適用**

リボルビング方式に加え、前払式割賦販売も、割賦販売法9条及び10条の対象から除外されている。前払式割賦販売においては、商品の引渡しに先立って賦払金が支払われるため、支払期間が長すぎる等の諸問題が生じにくいと考えられるとともに、割賦販売法11条以下により厳格な行政監督が加えられているからである。

(c) **指定権利及び指定役務への不適用**

割賦販売法9条により定められる標準条件は、指定商品のみを対象としており、指定権利及び指定役務に関する標準条件が告示されることはない。

これは、権利及び役務に関して、下記(3)のような事態が生じ、割賦販売の健全な発達が阻害されるような事態はこれまでなく、このような事態が生じることも予想されないためである。

(3) **標準条件の告示要件**

指定商品の割賦販売に係る標準条件は、「割賦販売……の健全な発達を図るため必要があるとき」に告示することとされているが（9条）、具体的にどのようなケースがこれに当たるのかは、条文上明らかにされていない。

そもそも標準条件が定められるのは、次のような事態を回避するためである。すなわち、割賦販売に係る割賦販売業者間の競争が激化すると、頭金の割合や支払回数等の取引条件が（割賦販売業者から見て）悪化しやすく、このような過当競争を放置したのでは、割賦販売業者の経営に悪影響を及ぼし、場合によっては競争に参加した割賦販業者が共倒れになる等の事態に至る可能性がある。このような事態は、割賦取引の健全な発達という割賦販売法の目的に反するだけでなく、割賦販売業者の倒産により、割賦販売による取引が提供されなくなり、ひいては消費者に対しても不利益をもたらす可能性がある。

逆に、頭金の比率が下がり、支払回数を長くするなど、割賦販売業者に有利な条件での割賦販売は、それ自体として消費者保護に反するおそれがあるほか、支払途中での商品の故障・滅失等の可能性があり、消費者にとって不利益となる可能性が高い。

このような事態を避けるために，主務大臣が行政指導の一環として，消費経済審議会から意見を聴取した上で（36条１項），頭金の割合及び支払期間に関して標準条件を定めて告示するとしたものである。
　そのため，標準条件の策定要件である「割賦販売……の健全な発達を図るため必要があるとき」（9条）とは，割賦販売の取引流通秩序を維持すべく上記のような問題を未然に防止する必要があると判断された場合である。

(4)　**勧告への違反に対する処分**

　割賦販売法10条の勧告に違反した場合については，特に規定されていないため，当該勧告に違反しても，行政処分の対象とならず，罰則も科されない。勧告が行政指導の一種である以上は，当然であろう。

〔2〕　条文解説

(標準条件の公示)
第９条　主務大臣★1は，第２条第１項第１号に規定する割賦販売（第11条に規定する前払式割賦販売を除く。以下次条において同じ。）について，その健全な発達を図るため必要があるときは★2，指定商品ごとに★3，割賦販売価格に対する第１回の賦払金★4の額の標準となるべき割合及び第２条第１項第１号に規定する割賦販売に係る代金の支払の標準となるべき期間を定め，これを告示★5するものとする。

★1　主務大臣とは，経済産業大臣及び商品の流通を所掌する大臣の両方を指す（46条１号）。
★2　前記〔1〕(3)のような問題を防止する必要がある場合を意味する。なお，9条により標準条件を定める場合には，事前に，消費経済審議会への諮問を経る必要がある（36条１項）。
★3　9条の対象となるのは，「指定商品」に係る「第２条第１項第１号に規定する割賦販売（……前払式割賦販売を除く）」のみである。
　　したがって，リボルビング方式割賦販売はその対象とならず，また，分割払方式であっても前払式割賦販売である場合には，やはり9条により告示される標準条件の対象とはならない。

さらに，前払式割賦販売ではない分割払方式割賦販売であっても，指定権利及び指定役務に係るものも，その対象とはされていない。
★4　「第1回の賦払金」とは，頭金のことである。
★5　9条による標準条件の告示は，官報への掲載により行われる。
　　また，9条による告示は，「行政指導」（行手2条6号）であるから，告示された標準条件を遵守するか否かは各割賦販売業者の裁量に委ねられ，主務大臣がその遵守を強制することはできず，割賦販売法10条の勧告を除き，標準条件の不遵守に対する処分・罰則はない。また，その裏返しとして，割賦販売業者は，告示された標準条件に対して不服申立てをすることもできない。

> （勧告）
> 第10条　主務大臣は，割賦販売業者が前条の規定により告示した割合より著しく低い第1回の賦払金の額の割賦販売価格に対する割合又は同条の規定により告示した期間より著しく長い代金の支払の期間によつて指定商品の第2条第1項第1号に規定する割賦販売を行つているため，当該商品の同号に規定する割賦販売の健全な発達に著しい支障が生じ，又は生ずるおそれがあると認めるとき★1 は，当該割賦販売業者に対し，その割合を引き上げ，又はその期間を短縮すべきことを勧告することができる★2。
> 2　前項の規定による勧告は，告示により行なうことができる★3。

★1　10条の勧告要件は，割賦販売業者が割賦販売法9条による標準条件を遵守せず，標準条件に比して著しく低い頭金の割合を設定し又は著しく長い支払期間を設定していることにより，割賦販売の健全な発達に著しい支障が生じ又は生じるおそれがあると認められることである。このような要件が満たされたか否かの判断は，主務大臣の裁量に専属する。
★2　勧告の内容は，頭金の割合の引上げ又は支払期間の短縮である。
　　10条1項による勧告も，割賦販売法9条の告示と同様に行政指導の一種にすぎないから，何ら強制力ないし拘束力を有するものではなく，あくまでも事実上の効力を有するにとどまる。そのため，勧告への違反に対しても，特に処分・罰則はない。
★3　10条1項による勧告は，行政指導である以上，原則として個別の割賦販売業者に対してなされるのが原則であるが，10条2項は，官報掲載による告示の形式で，多数を対象とした一般的勧告を行うことを認めるものである。

第5節　割賦販売に係る民事ルール（5条～7条）

　割賦販売に係る民事ルールとしては、①契約の解除・期限の利益喪失に係る制限（5条）、②損害賠償額の制限（6条）、③所有権の推定に係る規定（7条）の3つが定められている。いずれも、割賦販売法が何らかの実体法的な法律関係に変動を生じさせるというよりも、割賦販売業者・購入者等の間の元々の契約関係に制限を加えるものである。

　なお、従来は、割賦販売についてもクーリングオフが認められていたが、割賦販売法の平成20年改正に際して削除された。これは、特定商取引法においてクーリングオフ制度が充実しており、割賦販売法において独自にクーリングオフ制度を定めておくべき必要性がないと考えられたためである。

第1款　解除及び期限の利益喪失の制限（5条）

〔1〕　概　　説

(1) 趣旨・目的

　割賦販売法5条1項は、割賦販売契約の解除又は賦払金若しくは弁済金（以下併せて「賦払金等」）の期限の利益喪失について制限を加えるものであり、同条2項は、同条1項が強行規定である旨規定している。

　割賦販売法の制定経緯にもあったように、元々は、割賦販売業者が自身のリスクを最小化すべく購入者等に不利な契約条件を定めることが多かったが、割賦販売法5条は、そのような契約条項を防止し、購入者等（＝消費者）を保護することを目的にした規定である。

(2) 制限の対象事項

　割賦販売法5条1項により制限されるのは、賦払金等の支払債務が履行されない場合の契約解除及び賦払金等の期限の利益喪失に係る契約条項である。

　したがって、契約解除又は期限の利益喪失以外の事項、例えば所有権の留保や、手数料率、合意管轄等については、割賦販売法5条1項の対象とはならな

い。また、契約解除及び期限の利益喪失に関する事項であっても、賦払金等の未払いを理由としないもの、例えば、他の契約条項違反や手形の不渡り等の信用不安を理由とした解除及び期限の利益喪失については、同項は何ら制限を加えるものではない。

(3) 制限の内容

割賦販売業者は、20日以上の相当な期間を定めてその支払を書面で催告し、その期間内に義務が履行されない場合以外は、賦払金等の未払いを理由として割賦販売契約を解除し又は賦払金等の期限の利益を喪失させてはならない（5条1項）。文字どおりの意味であり、解説を要する点は多くないが、催告期間の考え方については、後記【2】の「条文解説」を参照。

(4) 強行規定

割賦販売法5条1項に反した特約は無効とされる（5条2項）。したがって、割賦販売契約において、例えば、「催告なしに解除できる」とか「1回でも支払を怠れば即期限の利益を喪失する」といった条項を定めても無効となる。

逆に、割賦販売法5条1項に反しない（つまり、より消費者に有利な条件とする）のであれば、賦払金等の未払いを理由とする解除又は期限の利益喪失について特約することも可能である。例えば、催告期間を、最低でも1ヵ月とする等の場合である。

(5) 各書面の記載要領との関係

割賦販売法施行規則6条1項3号表2号イ及び8条3号表2号イは、それぞれ分割払方式割賦販売及びリボルビング方式割賦販売の契約締結時書面において、「支払時期の到来していない賦払金（弁済金）の支払の請求に関する事項」について定めるときは、割賦販売法5条1項の基準に合致するものでなければならないとしている。

加えて、割賦販売法施行規則6条1項3号表2号ロ及び8条3号表2号ロでは、上記の事項につき、「購入者等の支払義務の不履行以外の事由により支払時期の到来していない賦払金（弁済金）の支払を請求することができる場合として、購入者等の信用が著しく悪化した場合又は重要な契約条項違反があつた場合以外の場合が定められていないこと」との基準を定めている。

これは、賦払金等の期限の利益喪失事由は、割賦販売法5条1項による「20

日以上の相当期間を定めての催告及び当該期間内の弁済がないこと」のほか，「著しい信用悪化」及び「重要な契約条項違反」以外には期限の利益喪失事由としてはならないことを意味する。著しい信用悪化とは，例えば，手形の不渡りや弁護士等を通じての債務整理などの支払停止，租税の滞納処分などが考えられ，また，重要な契約条項違反とは，反社会的勢力に該当しないことの表明保証違反や包括方式・リボルビング方式におけるカード等の貸与禁止義務違反などが考えられる。逆に，住所等の登録事項に変更があった場合の届出義務違反などは，「重要な契約条項違反」には当たらないものと解される。割賦販売の本質部分とは無関係だからである。

なお，割賦販売法施行規則6条1項及び8条が定めているのは，あくまでも，契約締結時書面の記載要領であり，割賦販売業者及び購入者等の間の契約関係に関する実体法的な規制を加えるものではない。したがって，期限の利益喪失事由として，著しい信用悪化及び重要な契約条項違反以外の事由が定められていたとしても，当該記載要領に反することのみをもって，契約が無効になるとは考え難い。もちろん，信義則違反や権利濫用，あるいは公序良俗違反を認定する際の一事情にはなろう。

また，上記のような記載要領は，契約解除については定められていないため，軽微な契約条項違反などでも契約を解除することは許されることになる。もちろん，上記記載要領を踏まえて，割賦販売業者から見て謙抑的な条件とすることが望ましいことはいうまでもない。

(6) 割賦販売法5条違反の効果

割賦販売法5条1項に違反した解除又は期限の利益喪失は無効であり，また，同項に反した特約は無効となるが（同条2項），このような実体法的な効果を超えて，割賦販売法5条1項違反に対する行政処分及び罰則は定められていない。

〔2〕 条 文 解 説

（契約の解除等の制限）
第5条　割賦販売業者は，割賦販売の方法により指定商品若しくは指定権利

> を販売する契約又は指定役務を提供する契約について賦払金（第2条第1項第2号に規定する割賦販売の方法により指定商品若しくは指定権利を販売する契約又は指定役務を提供する契約にあつては，弁済金。以下この項において同じ。）の支払の義務が履行されない場合において，20日以上の相当な期間を定めて★1 その支払を書面で催告★2 し，その期間内にその義務が履行されないときでなければ，賦払金の支払の遅滞を理由として，契約を解除し★3，又は支払時期の到来していない賦払金の支払を請求することができない★4。
> 2　前項の規定に反する特約は，無効とする★5。

★1　5条1項の催告期間は，必ずしも20日では足りず，「20日以上の相当な期間」であることを要する。現実には多くないが，天災地変等が発生した場合などは，20日では足りない事態も多いと思われる。

　　ただし，この「催告期間の相当性」は，客観的事情により判断されるため，旅行や病気による入院等の購入者等の主観的（個人的）な事情を考慮する必要はない（打田＝稲村・割賦販売法91頁）。したがって，例えば，天災地変も生じておらず，郵便・銀行等の営業に何らの支障がないような状況で30日の期間を定めて催告したものの，債務者がちょうど1ヵ月半の旅行に行っていたため催告に気付かなかったというような場合には，何の問題もなく相当性が認められよう。

　　また，5条1項は，民法541条の特則として，民法541条の「相当期間」の最低限を定めたにすぎず，それ以上の内容を含むものではないから，「期限内に支払がない場合には，契約を解除する」という停止期限付解除（又は停止条件付解除）も有効である。

　　なお，5条1項の催告は，到達主義（民97条1項）に基づくため，20日以上の期間は，「催告の通知を発信した時点」からではなく，「催告の通知が到達した時点」を基準に算定する必要があり，また，催告書が到達した日の翌日を1日目として計算することとなる。

★2　「催告」とは，他者に対して一定の行為をするよう求める行為を意味し，民法上その形式は定められていないが，5条1項の督促は書面で行われることを要する。したがって，口頭や電子メールでの催告は，5条1項の「催告」には当たらない。

　　なお，5条1項は，催告は書面によることを定めるのみで，その形式・様式については定めていないため，割賦販売業者が任意の形式・書式の書面を

用いることができる。したがって、手紙・葉書、さらには、メモの手交であっても「書面による催告」として認められるが、後日の紛争防止の観点から配達証明付内容証明郵便（あるいは、最低でも配達記録付郵便）が用いられるのが通常である。逆に、書面は交付又は送付される必要があり、単に書面を提示し、その内容の確認を得るだけでは足りないと解される（打田＝稲村・割賦販売法92頁）。

また、書面の内容についても特に定められていないため、基本的には、記載事項及びそのレイアウトは割賦販売業者の自由である。もちろん、基本的な観点としては、消費者保護という目的に適うものであることが求められる。そのためには、①割賦販売契約の特定（契約日・目的物等）、②債務の特定といった事項は最低限必要と解される。②については、催告に係る請求金額を明示するのが通常であり、基本的には、元金、手数料及び遅延損害金の別を記載することとなろう。

★3　契約の解除は、相手方に対する意思表示により行うこととされているが（民540条1項）、民法上、その形式は定められていない。5条1項は前掲★2の催告とは異なり、解除の意思表示については形式を定めてはいないから、書面によるほか、口頭、電子メールなどにより契約を解除することも認められる。

なお、契約解除の効果については、特に定められていないため、解除後の原状回復等については民法上の原則により処理される。

★4　「支払時期の到来していない賦払金の支払を請求する」とは、弁済期が到来していない賦払金等について期限の利益を喪失させることを指す。

割賦販売における賦払金等の期限の利益喪失は、5条1項によるもののほか、購入者等に信用の著しい悪化又は重大な契約条項違反が生じた場合も認められるが、この点については、前記〔1〕(5)参照。

★5　前記〔1〕(4)参照。

第2款　損害賠償額の制限（6条）

〔1〕　概　　説

(1) **趣旨・目的**

割賦販売法6条は、分割払方式の割賦販売契約が解除された場合の損害賠償

額及び賦払金の支払が履行されない場合の遅延損害金（率）に制限を加えるものである。リボルビング方式割賦販売については，各回の弁済金と個別の取引との関係性が希薄であることから，同条による損害賠償・遅延損害金の制限の対象となっていない。

割賦販売法6条の趣旨は，同法5条と同様に，業者有利・消費者不利な約款から消費者を保護する点にある。旧来の割賦販売においては，例えば，割賦販売契約が解除された場合でも既払いの賦払金を返還せず，かつ，割賦価格に相当する額を損害賠償額の予定として定めている業者もおり，しかも，損害賠償額の予定は裁判所が減額することができないため（民420条1項後段），割賦販売契約が解除された場合の方が，解除されない場合よりも割賦販売業者が利益を得るようなケースもあった。そこで，このような損害賠償の額に一定の歯止めをかけ，購入者等，特に消費者の保護を図ることとされたものである。

(2) **割賦販売法6条の構造**

割賦販売法6条は，1項から4項からなっているが，1項は割賦販売契約が解除された場合，2項は割賦販売契約が解除されずにその賦払金の支払債務が履行されない場合（つまり，単に賦払金が弁済されない場合），3項が連鎖販売契約（特商37条2項）である割賦販売契約が特定商取引法に基づき解除された場合，4項が商品販売契約（特商40条の2第2項）である割賦販売契約が特定商取引法に基づき解除された場合について定めている。

また，1項，3項及び4項は，商品が返還された場合や引渡未了である場合等に場合分けした上で，損害賠償額の予定又は違約金が定められていても，法定の金額を上限とし，これを超える金額を請求できないこととしている。損害賠償額の予定が定められていない場合であっても，当該金額を超えることが認められないのは当然である。

これに対し，2項は，割賦販売契約が解除されないことを前提に，未払いの賦払金に対する遅延損害金について，その率の上限を制限するものである。

いずれのケースにおいても，商事法定利率の年6％（商514条）が基準とされている。

(3) **リボルビング方式割賦販売の遅延損害金率**

割賦販売法6条は分割払方式割賦販売のみを対象としており，リボルビング方

式割賦販売には適用されないため，リボルビング方式割賦販売は，年6％の商事法定利率を超過する率での損害賠償・遅延損害金を請求することが認められる。

もっとも，当該リボルビング方式割賦販売が，割賦販売業者と消費者との取引であった場合には，当該取引は「消費者契約」(消契2条3項)に当たるため，消費者契約法9条により，損害賠償額の予定・違約金及び遅延損害金率は制限を受ける。すなわち，消費者契約が解除された場合には，損害賠償額の予定ないし違約金は「事業者に生ずべき平均的な損害の額」が上限となり(消費契約9条1号)，弁済金に係る遅延損害金率も14.6％が上限となり(同条2号)，これらを超える部分は無効となる。

(4) 既払金の取扱い

割賦販売法6条は，既払いの賦払金については何ら規定していないが，契約が解除された場合には，割賦販売業者から購入者等に対する原状回復義務の一環として既払金の返還義務が生じるため，民事一般法理として，割賦販売業者は，購入者等に対する既払金の返還が必要となる。

実際には，割賦販売業者から購入者等に対する既払金の返還と，購入者等から割賦販売業者に対する損害賠償とを相殺処理することになろう。

(5) 割賦販売法6条違反の効果

割賦販売法6条各項に違反した場合，損害賠償額の予定・違約金の特約は，同条に定める上限を超過する部分につき無効とされる。逆にいえば，同条に定める上限金額の範囲内では，計算方法の如何を問わず損害賠償を請求し，徴収することが認められる。

なお，割賦販売法6条に違反する特約を合意等しても，行政処分又は刑事罰の対象とはならない。

〔2〕 条 文 解 説

(契約の解除等に伴う損害賠償等の額の制限)
第6条 割賦販売業者は，第2条第1項第1号に規定する割賦販売の方法により指定商品若しくは指定権利を販売する契約又は指定役務を提供する契

約が解除された場合(第3項及び第4項に規定する場合を除く。)には★1，損害賠償額の予定又は違約金の定めがあるときにおいても★2，次の各号に掲げる場合に応じ当該各号に定める額にこれに対する法定利率による遅延損害金の額を加算した金額★3を超える額の金銭の支払を購入者又は役務の提供を受ける者に対して請求することができない★4。

一　当該商品又は当該権利が返還された場合　当該商品の通常の使用料の額又は当該権利の行使により通常得られる利益に相当する額(当該商品又は当該権利の割賦販売価格に相当する額から当該商品又は当該権利の返還された時における価額を控除した額が通常の使用料の額又は当該権利の行使により通常得られる利益に相当する額を超えるときは，その額)★5

二　当該商品又は当該権利が返還されない場合　当該商品又は当該権利の割賦販売価格に相当する額★6

三　当該商品又は当該権利を販売する契約又は当該役務を提供する契約の解除が当該商品の引渡し若しくは当該権利の移転又は当該役務の提供の開始前である場合(次号に掲げる場合を除く。)　契約の締結及び履行のために通常要する費用の額★7

四　当該役務が特定商取引に関する法律(昭和51年法律第57号)第41条第2項に規定する特定継続的役務に該当する場合であつて，当該役務を提供する契約の同法第49条第1項の規定に基づく解除が当該役務の提供の開始前である場合　契約の締結及び履行のために通常要する費用の額として当該役務ごとに同条第2項第2号の政令で定める額★8

五　当該役務を提供する契約の解除が当該役務の提供の開始後である場合(次号に掲げる場合を除く。)　提供された当該役務の対価に相当する額に，当該役務の割賦提供価格に相当する額から当該役務の現金提供価格に相当する額を控除した額を加算した額★9

六　当該役務が特定商取引に関する法律第41条第2項に規定する特定継続的役務に該当する場合であつて，当該役務を提供する契約の同法第49条第1項の規定に基づく解除が当該役務の提供の開始後である場合　次の額を合算した額★10

　　イ　提供された当該役務の対価に相当する額に，当該役務の割賦提供価格に相当する額から当該役務の現金提供価格に相当する額を控除した額を加算した額

　　ロ　当該役務を提供する契約の解除によつて通常生ずる損害の額として

当該役務ごとに同条第2項第1号ロの政令で定める額
2 割賦販売業者は，前項の契約について賦払金の支払の義務が履行されない場合（契約が解除された場合を除く。）には★11，損害賠償額の予定又は違約金の定めがあるときにおいても★12，当該商品若しくは当該権利の割賦販売価格又は当該役務の割賦提供価格に相当する額から既に支払われた賦払金の額を控除した額にこれに対する法定利率による遅延損害金の額を加算した金額★13を超える額の金銭の支払を購入者又は役務の提供を受ける者に対して請求することができない★14。
3 割賦販売業者は，第2条第1項第1号に規定する割賦販売の方法により指定商品若しくは指定権利を販売する契約又は指定役務を提供する契約が特定商取引に関する法律第37条第2項に規定する連鎖販売契約に該当する場合であつて★15，当該契約が同法第40条の2第1項の規定により解除された場合には★16，損害賠償額の予定又は違約金の定めがあるときにおいても★17，契約の締結及び履行のために通常要する費用の額（次の各号のいずれかに該当する場合にあつては，当該額に当該各号に掲げる場合に応じ当該各号に定める額を加算した額）にこれに対する法定利率による遅延損害金の額を加算した金額を超える額の金銭の支払を購入者又は役務の提供を受ける者に対して請求することができない★18。
一 当該連鎖販売契約の解除が当該連鎖販売取引に伴う特定商取引に関する法律第33条第1項に規定する特定負担（次号，第35の3の11及び第35条の3の14において「特定負担」という。）に係る商品の引渡し又は権利の移転後である場合 次の額を合算した額★19
イ 引渡しがされた当該商品又は移転がされた当該権利（当該連鎖販売契約に基づき販売が行われた商品又は権利に限り，特定商取引に関する法律第40条の2第2項の規定により当該商品又は当該権利に係る同項に規定する商品販売契約が解除されたものを除く。）の割賦販売価格に相当する額
ロ 提供された特定商取引に関する法律第33条第1項に規定する特定利益（第35条の3の14において「特定利益」という。）その他の金品（同法第40条の2第2項の規定により解除された同項に規定する商品販売契約に係る商品又は権利に係るものに限る。）に相当する額
二 当該連鎖販売契約の解除が当該連鎖販売取引に伴う特定負担に係る役務の提供開始後である場合 提供された当該役務（当該連鎖販売契約に基づき提供されたものに限る。）の対価に相当する額に，当該役務の割賦提供

価格に相当する額から当該役務の現金提供価格に相当する額を控除した額を加算した額★20

4 割賦販売業者は，第２条第１項第１号に規定する割賦販売の方法により指定商品又は指定権利を販売する契約が特定商取引に関する法律第40条の２第２項に規定する商品販売契約に該当する場合であつて★21，当該契約が同項の規定により解除された場合には★22，損害賠償額の予定又は違約金の定めがあるときにおいても★23，次の各号に掲げる場合に応じ当該各号に定める額にこれに対する法定利率による遅延損害金の額を加算した金額を超える額の金銭の支払を購入者に対して請求することができない★24。

一 当該商品若しくは当該権利が返還された場合又は当該商品販売契約の解除が当該商品の引渡し若しくは当該権利の移転前である場合 当該商品又は当該権利の現金販売価格の10分の１に相当する額に，当該商品又は当該権利の割賦販売価格に相当する額から当該商品又は当該権利の現金販売価格に相当する額を控除した額を加算した額★25

二 当該商品又は当該権利が返還されない場合 当該商品又は当該権利の割賦販売価格に相当する額★26

★１(1) ６条１項の対象は，分割払割賦販売，すなわち，個別方式割賦販売及び包括方式割賦販売が解除された場合であり，リボルビング方式割賦販売についてはその対象とされていない。このことは，２項以下も同様である。

(2) 「解除」としては，①購入者等に帰責性のある解除（民541条），②割賦販売業者に帰責性のある解除（民541条），及び③合意解除（解約）の３種類があり得る。

まず，６条１項の趣旨からしても，また，割賦販売法施行規則６条１項２号ニが，分割払方式割賦販売の契約締結時書面の記載要領として，「購入者等の責に帰すべき事由により契約が解除された場合の損害賠償額等の額についての定めが法第６条第１項……の規定に合致していること」としていることからしても，６条１項が上記①のケースを念頭に置いていることは，疑いの余地もなく，①の類型の解除に本項が適用されるのは当然である。

逆に，６条１項は，割賦販売業者が購入者等に対し損害賠償を請求する場合について規定するものであるから，②の割賦販売業者に帰責性がある場合（つまり，割賦販売業者が購入者等に対して損害賠償義務を負うケース）は，６条１項の想定から離れるものであり，②のようなケースについてま

第5節　割賦販売に係る民事ルール　　第2款　損害賠償額の制限　　〔2〕　条文解説

で何らかの規制を及ぼすことは同項の趣旨ではないと解される。したがって，6条1項にかかわらず，②の割賦販売業者の帰責性に基づく契約解除の場合については，割賦販売業者は自由に特約を設定することが許される。ただし，割賦販売法施行規則6条1項2号ホは，「割賦販売業者の責に帰すべき事由により契約が解除された場合における割賦販売業者の義務に関し，民法……第545条に規定するものより購入者等に不利な特約が定められていないこと」としているため，割賦販売業者がフリーハンドに特約を設定できるものではない。例えば，購入者等から割賦販売業者に対する損害賠償や原状回復（既払金の返還）の請求を禁止するような特約がこれに当たる。なお，割賦販売業者に帰責性が認められるにもかかわらず，割賦販売業者が購入者等に対し損害賠償ないし違約金を請求できるとする特約が締結された場合には，消費者契約法10条により無効とされるものと解される。

　問題になるのは③のような合意解除のケースであるが，6条の趣旨が消費者保護にあり，合意解除の場合には6条1項が適用されないとすると容易に同項の潜脱を許すことにもつながりかねないことからすれば，やはり，合意解除の場合にも6条1項は適用され，同項各号に定める金額を超える損害賠償を請求することは許されないと解される。

(3)　また，6条1項は，最終的に割賦販売契約が解除された場合について定めているが，契約が解除されるまでに未払いの賦払金が発生した場合に，6条1項各号に定める金員と別に，未払いの賦払金に対する遅延損害金を請求することが許されるかが問題になり得るが，6条1項は，あくまでも契約が解除されたことに起因する損害賠償額の上限を定めるものであるから，未払いの賦払金に対する遅延損害金については，これと別途に徴収することは許されると解される。もちろん，未払金に対する遅延損害金については，6条2項が適用され，その範囲内でなければならないことは当然である。

★2(1)　「損害賠償額の予定」とは，当事者間での債務不履行の場合についての損害賠償額に関する約定のことを指す（民420条1項）。例えば，「売主が，約定日までに商品の引渡しを履行できなかった場合には，50万円の損害賠償を支払う」といったものである。6条1項に即していえば，「割賦販売契約が解除された場合には，購入者等は金50万円を損害賠償として支払う」といった特約がこれに当たる。

　また，「違約金」とは，債務者が債務不履行の場合に給付することを約定した金銭のことであり，約定される趣旨・理由は様々であるが，通常，損

123

害賠償額の予定と同様と考えられることから，違約金は損害賠償額の予定と推定される（民420条3項）。逆にいえば，反証により推定を覆すことも可能であり，その場合には違約金は損害賠償額の予定とは異なる合意・特約として取り扱われるが，6条1項は，「又は違約金」と明示しているため，民法420条3項の推定の如何にかかわらず，違約金も同項の対象となる。

(2) 損害賠償額の予定又は違約金の定めが「あるときにおいても」との文言からすれば，6条1項が，損害賠償額の予定又は違約金の定めがない場合にも適用されることは明らかである。

したがって，損害賠償額の予定・違約金の約定がない場合でも（例えば，割賦販売契約の解除に際して損害賠償額を合意した場合等），6条1項に定める上限額以上の金額を購入者等に請求することは許されない。

★3 「法定利率」とは，商事法定利率の年率6％（商514条）を指す。したがって，6条1項により購入者等に請求することができるのは，①（6条1項各号に定める金額）＋②（各号に定める金額×6％×日数／365日）の合計額になる。

★4 6条1項は，同項に定める金額を超過する損害賠償等を購入者等に請求することを禁止するものであり，強行規定である。

したがって，損害賠償額の予定及び違約金の定めのうち，6条1項に定める上限金額を超過する部分は無効となる。また，合意が無効となることの効果として，割賦販売業者が，購入者等から6条1項に違反する損害賠償等を受領した場合には，上限額を超過する部分については不当利得が成立し，これを購入者等に返還することを要する。

★5 (1) 6条1項1号は，①割賦販売契約が解除され，かつ，②その目的である指定商品又は指定権利が返還された場合について定めており，商品の「通常の使用料の額」又は権利行使により「通常得られる利益」（以下併せて「通常使用料」）と商品又は権利の割賦販売価格から返還時点の価額（以下「残存価額」）を控除した差額（以下「減価額」）のいずれか高い方の金額を損害賠償額の基準とするものである。

契約が解除された場合において，目的物が返還されれば，購入者等は解除に基づく原状回復義務を一応果たしたものと考えることができるが，原状回復の場合には現存利益（民703条）の概念は妥当しないから，厳密には，商品又は権利そのものの返還だけでなく，返還するまでの商品又は権利の使用利益についても返還を要することになる。6条1項1号は，このような考え方に基づき，通常使用料又は減価額を損害賠償の上限額の基準

第5節 割賦販売に係る民事ルール 第2款 損害賠償額の制限 〔2〕 条文解説

としたものである。

(2) 通常使用料の算定に当たっては，例えば，同一の指定商品がレンタルされていたりする場合には，当該レンタル料金の額が通常使用料算定の1つの基準となろう。また，耐用年数が定められているような商品であれば，現金価格を耐用年数で除して通常使用料を算定するような方法も認められよう。しかし，このような参考価格が存しない場合には，通常使用料の算定は困難である。

いずれにせよ，通常使用料は，「通常」の金額でなければならないから，割賦販売業者と購入者等とが事前に計算方法や算定式を合意していたとしても，それが「通常」の範疇に含まれないのであれば，「通常」を超過する部分については6条1項により無効となると解さざるを得ない。通常使用料を損害賠償額の基準とする趣旨は理解できるが，実際上の基準を定立することが困難な基準というのは，6条1項の欠陥であるといわざるを得ない。

(3) また，減価額の算定においては，その前提として残存価額が算定されなければならないが，残存価格の算定においても，通常使用料と同様の問題が生じる。むしろ，残存価額については，通常使用料に比して「その商品」の個性に着目することとなるから，市場価格を参考にすることの合理性が少なく，より多くの問題を孕むことになる。

なお，減価額は割賦販売価格から残存価額を控除した金額であるが，これは，契約解除に伴う損害賠償の性質をいわゆる「履行利益の賠償」であることを前提にしたものと解される。契約が解除された場合には，ある意味では早期に契約が満了したものとして，早期完済と同様に扱い，金利の戻し計算が必要なようにも思われるが，条文上，「割賦販売価格」と明示され，とくに注意書き等が加えられていないことからすれば，減価額を算定する際の割賦販売価格は，割賦販売契約締結時点において算定された割賦販売価格を指し，金利戻し計算は不要と解される。

★6　6条1項2号は，商品又は権利が返還されない場合であり，例えば，使用又は滅失・破損等により返還することが不能となっている場合のほか，購入者等が返還を拒む場合も含まれる。つまり，6条1項1号と2号とは，商品の返還が可能であるか否かではなく，実際に返還されたか否かの区分により適用が分かれることとなる。

一般に，契約が解除された場合で目的物の返還ができないときには，原状回復として，解除時における時価相当額で価額賠償する必要があり，これが

6条1項1号の残存価額と同様と考えれば，理論的には，商品又は権利が返還されない場合についても同号により規律することも不可能なわけではない。しかし，商品等が割賦販売業者の手元にない限り，残存価額を算定することは困難であるため，計算を容易ならしめる趣旨で，割賦販売価格そのものが基準となっている。

なお，既払金がある場合においても，例えば「割賦販売価格（既払金がある場合にはこれを控除した金額）」などと規定されていない以上は，6条1項2号における割賦販売価格も，同項1号と同様に，割賦販売契約において決定された割賦販売価格自体を意味し，既払金を控除等する必要はないものと考えられる。既払金については，割賦販売業者が購入者等に対し返還義務を負うのであり，これとの相殺により処理すれば足りるということである。

★7(1) 6条1項3号は，①商品の引渡前，②権利の移転前，又は③役務の提供前に割賦販売契約が解除された場合について規定するものであり，同項1号・2号と異なり，指定役務を目的とした割賦販売契約もその対象となっている。また，6条1項3号の適用場面としては前払式割賦販売（11条柱書）のケースが大半と思われるが，後払式の割賦販売においても適用がないわけではない。

(2)「契約の締結及び履行のために……要する費用」としては，書面作成代，印紙税代，取立てや催告のための費用（督促書面の郵便費用等）が考えられる。また，賦払金の支払が遅れた場合の再度の口座振替に要した費用なども，これに含まれると解される。

ただし，6条1項3号が定めるのは「通常」要する費用であるから，実費相当額ではなく，あくまでも，業界における標準金額が上限となる。たしかに，約定時点で実費相当額を算定できないため，実費を基準とすることが難しいのは理解できるが，通常使用料や残存価額と同様に，その算定は困難であり，割賦販売法の欠陥の1つであろう。

★8(1) 6条1項4号は，「特定継続的役務提供に係る割賦販売契約」が，「当該役務の提供開始前」に，「特定商取引法49条1項に基づき解除」された場合について定めるものである。したがって，特定商取引法49条1項によらないで解除された場合（民法上の債務不履行解除又は合意解除の場合）には，6条1項4号ではなく，同項3号により規律されると解される。

「特定継続的役務」とは，国民の日常生活に係る取引において有償で継続的に提供される役務であって，①役務の提供を受ける者の身体の美化又は

第5節　割賦販売に係る民事ルール　　第2款　損害賠償額の制限　　〔2〕　条文解説

　　知識若しくは技能の向上その他のその者の心身又は身上に関する目的を実現させることをもって誘引が行われるもの，②役務の性質上，特定商取引法41条2項1号に規定する目的が実現するかどうかが確実でないもの，のいずれにも該当するものとして政令（特商令12条）で定めるものをいう（特商41条2項）。

(2)　また，6条1項4号により認められる損害賠償額は，契約の締結及び履行のために通常要する費用の額として役務ごとに特定商取引法49条2項2号の政令で定められた額となっている。

　　特定継続的役務の種類及び役務ごとの政令で定める金額は，次のとおりである（特商令12条・16条）。

①　人の皮膚を清潔にし若しくは美化し，体型を整え，又は体重を減ずるための施術を行うこと（②に該当するものを除く。）。	2万円
②　人の皮膚を清潔にし若しくは美化し，体型を整え，体重を減じ，又は歯牙を漂白するための医学的処置，手術及びその他の治療を行うこと（美容を目的とするもので，主務省令に定める方法によるものに限る。）	2万円
③　語学の教授（入学試験に備えるため又は学校における教育の補習のための学力の教授に該当するものを除く。）	1万5000円
④　入学試験に備えるため又は学校教育の補習のための学力の教授（同項に規定する場所以外の場所において提供されるものに限る。）	2万円
⑤　入学試験に備えるため又は学校教育の補習のための学校（幼稚園・大学を除く。）の児童，生徒又は学生を対象とした学力の教授（役務提供事業者の事業所その他の役務提供事業者が当該役務提供のために用意する場所において提供されるものに限る。）	1万1000円
⑥　電子計算機又はワードプロセッサーの操作に関する知識又は技能の教授	1万5000円
⑦　結婚を希望する者への異性の紹介	3万円

★9　6条1項5号は，特定継続的役務以外の役務提供を目的とする割賦販売契約が，役務の提供開始後に解除された場合について定める規定である。

　　役務については，商品や権利と異なり返還することが想定されていないため，基本的には，商品・権利が返還されない（できない）場合（6条1項2号）と同様に考える必要がある。わかりにくいが，条文上は，次の算定式によることとされている。

> （提供された役務の対価）＋（割賦提供価格－現金提供価格）

　　つまり，割賦販売業者から見れば，提供した役務の対価に，割賦販売における利益（手数料）を請求できることとなる。提供した役務の対価は，例えば，回数性や時間制の役務であれば，現金提供価格のうち，提供した分の回数や時間に相当する金額ということになろう。

★10(1)　特定継続的役務を目的とする割賦販売契約が，当該役務が提供された後に特定商取引法49条１項により解除された場合の規定であり，この場合には，６条１項６号イ及びロの金額を合算した金額が基準となる。
　(2)　６条１項６号イが規定しているのは，同項５号（前掲★９）と同様であり，（提供した役務の対価）＋（割賦提供価格－現金提供価格）である。
　(3)　６条１項６号ロが規定しているのは，特定継続的役務提供契約の解除により通常生じる損害の額として役務ごとに特定商取引法49条２項１号ロの政令で定める金額である。この金額については，前掲★８(2)を参照。

★11　６条１項が割賦販売契約が解除された場合の規定であったのに対し，６条２項は，契約が解除されずに，賦払金が未払いとなっている場合の遅延損害金の上限を定める規定である。
　　「賦払金の支払の義務が履行されない場合」には，単純に各回の賦払金の弁済期が経過した場合に加え，期限の利益を喪失し，未払いの賦払金全部について弁済期が到来した場合も含まれる。

★12　前掲★２参照。

★13　６条２項の「法定利率」も，商事法定利率の年６％（商514条）である。したがって，６条２項により認められる遅延損害金の上限額は，次の算定式により求められる。

> （割賦価格－既払金）＋（割賦価格－既払金）×６％×日数／365

　　つまり，６条２項は，元金だけでなく手数料に対する遅延損害金も認めているのであり，一種の複利計算を認めるものである。

★14　６条１項も同様であるが，６条２項は，同項に定める金額を上限とした損害賠償額の予定又は違約金の約定を認めるにすぎず，上限額での約定及びこれに基づく損害賠償の徴収を義務付けるものではない。

第5節　割賦販売に係る民事ルール　第2款　損害賠償額の制限　〔2〕　条文解説

したがって、6条2項に基づく上限額よりも低くなるような計算方法を合意し、当該合意に基づき損害賠償を算定、徴収することが認められるのは当然である。

例えば、単純に、未払いの元金に対してのみ6％の遅延損害金率を乗じるような計算方法は実務的にも多く採用されている計算方法であるが、これが6条2項の上限額の範囲内であることは明らかであるから、このような計算により遅延損害金を算定し、請求することは何ら問題となるものではない。

★15(1)　6条3項は、連鎖販売契約である割賦販売契約が、特定商取引法40条の2第1項により解除された場合の損害賠償の上限を規定するものである。解除のタイミングや商品・権利の返還の有無（可否）については特に規定されていないため、これらの事項にかかわらず、連鎖販売契約が特定商取引法40条の2第1項により解除されれば6条3項の対象となる。

(2)　連鎖販売契約とは、「連鎖販売業に係る連鎖販売取引についての契約」をいい（特商37条2項）、連鎖販売業とは、物品（施設を利用し又は役務の提供を受ける権利を含む）の販売・あっせん又は有償で行う役務の提供・あっせんの事業であって、連鎖販売取引をすることをいう（特商33条1項）。また、連鎖販売取引とは、商品の再販売、受託販売若しくは販売のあっせんをする者又は同種役務の提供若しくはその役務の提供のあっせんをする者を特定利益を収受し得ることをもって誘引し、その者と特定負担を伴うその商品の販売若しくはそのあっせん又は同種役務の提供若しくはその役務の提供のあっせんに係る取引（取引条件の変更を含む）をすることをいう（同項）。個人を販売員として勧誘して取引に参加させた上で、さらに当該個人に、別の販売員を勧誘させる形で拡大していく取引のことであり、いわゆる「マルチ商法」がこれに当たる。

★16　6条3項における「解除」は、特定商取引法40条の2第1項の解除（中途解約）を指す。したがって、民法上の債務不履行解除や合意解除の場合などは、6条3項の規制対象には含まれないと解される。

★17　前掲★2参照。

★18　6条3項による損害賠償額の上限は、「契約の締結及び履行のために通常要する費用の額」（6条3項各号の場合には、同号の定める金額を加算した金額）に法定利率（年6％、商514条）を加算した金額である。

「契約の締結及び履行のために通常要する費用の額」については、前掲★7(2)参照。

★19(1)　6条3項1号は，特定負担に係る商品の引渡し又は権利の移転後に，特定連鎖販売契約が解除された場合について規定するものであり，この場合には，同号イ及びロの金額を合算した金額が基準となる。

　　　「特定負担」とは，連鎖販売業の要件の1つであり，具体的には「その商品の購入若しくはその役務の対価の支払又は取引料の提供」を意味する（特商33条1項）。要するに，連鎖販売取引に伴い購入者等に生じる金銭的負担のことである。

(2)　6条3項1号イが規定しているのは，引渡済みの商品又は移転済みの権利に係る割賦販売価格である。引渡し又は移転が未了の商品・権利に係る代金（割賦販売価格）については，6条3項1号イの金額に含まれない。

　　　また，特定負担としての商品又は権利について，特定商取引法40条の2第1項ではなく同条2項により解除された場合も，6条3項1号イの対象から除外されている。この場合については，6条3項1号ロの対象となる。

(3)　6条3項1号ロの特定利益とは，「その商品の再販売，受託販売若しくは販売あっせんをする他の者又は同種役務の提供若しくはその役務の提供のあっせんをする他の者が提供する取引料その他の主務省令で定める要件に該当する利益の全部又は一部」を指し（特商33条1項），特定商取引法施行規則24条がその要件を定めている。簡単にいえば，特定利益とは，連鎖販売取引において購入者が得られる（ことが予定されている）利益のことであり，このような特定利益を得られるとして購入者を誘引し，特定負担を負わせるのが連鎖販売取引である。

　　　上記(2)の特定商取引法40条の2第2項により解除された商品・権利については，6条3項1号イによる割賦価格ではなく，6条3項1号ロにより，当該商品・権利に係る特定利益の金額が加算される。

★20　連鎖販売取引の目的が役務であり，連鎖販売契約の解除が役務の提供開始後である場合には，提供済みの役務の対価相当額に，役務全体の割賦手数料（割賦提供価格－現金提供価格）を加えた金額が加算される。

★21　「商品販売契約」とは，連鎖販売業者が，連鎖販売契約（特商37条2項）に附随して，連鎖販売加入者（特商40条1項。加入1年未満の者に限る）に対して販売・あっせんした特定負担に係る商品に係る契約を指す（特商40条の2第2項）。

　　　6条4項は，このような「商品販売契約」である割賦販売契約が解除された場合の損害賠償の上限について規定するものである。

第5節　割賦販売に係る民事ルール　第2款　損害賠償額の制限　〔2〕　条文解説

★22　6条4項の解除は,「同項の規定によ」る解除,すなわち,特定商取引法40条の2第2項による解除を指すから,商品販売契約が他の法的根拠に基づいて解除された場合には,6条4項の対象とはならないと解される。

★23　前掲★2参照。

★24　6条4項は,商品販売契約が特定商取引法40条の2第2項により解除された場合には,同項各号の金額に商事法定利率（年6%,商514条）を加算した金額が,損害賠償の上限になることを規定したものである。

★25　6条4項1号は,①商品販売契約の解除後に商品又は権利が返還された場合,②商品販売契約に係る商品の引渡し又は権利の移転前に当該契約が解除された場合について規定している。

これらの場合には,次の式により基準額が算定される。

> （現金販売価格÷10）＋（割賦販売価格－現金販売価格）

つまり,現金販売価格の10分の1の金額に,手数料を加算した金額が基準額になるということである。

★26　6条4項2号は,商品販売契約に係る商品又は権利が当該契約の解除後に返還されない場合について規定したものである。

この場合には,当該商品又は権利の割賦販売価格がそのまま損害賠償額の基準額となる。

契約解除の場合の原状回復義務であれば,解除時点の残存価額を返還すれば足り,これを超える金額を認める必要はないが,6条4項は原状回復義務について規定するものではないから,残存価額ではなく割賦販売価格での損害賠償を許容するものである。

なお,購入者等が賦払金の一部又は全部を弁済している場合には,割賦販売価格での損害賠償は,賦払金を二重に弁済するに等しいこととなるが,割賦販売契約解除による原状回復措置として,割賦販売業者から既払金の返還を受けられるため,実際上は,購入者等が賦払金を二重に弁済することにはならない。実務上は,割賦販売業者に対する損害賠償と購入者等に対する既払返還とは相殺処理されるのが通常である。

第3款 所有権の推定（7条）

〔1〕 概　　説

(1) 趣旨・目的

分割払方式割賦販売において販売された指定商品の所有権は、賦払金が完済されるまでは、割賦販売業者に留保されたものと推定される（7条）。

これは、所有権の留保を法律上推定することにより、賦払金の弁済を確保・促進するとともに、後日の紛争を防止する趣旨である。

なお、割賦販売においては、取引条件又はカード規約上、商品の所有権は賦払金の完済まで割賦販売業者に留保される旨定められているのが通常である。割賦販売法7条を前提にする限り、上記の定めは不要とも考えられるが、同条の効果はあくまでも「推定」であり、反証により覆すことが可能であるから、割賦販売法7条を前提にしてもなお、割賦販売業者への所有権留保を合意しておく意義ないし実益がある。

(2) リボルビング方式への不適用

割賦販売法7条が適用されるのは分割払方式割賦販売のみで、リボルビング方式割賦販売には適用されない。これは、リボルビング方式割賦販売の場合には、弁済金と購入された商品との対応関係が不明確ないし不明瞭であり、「その商品に係る弁済金を完済したのか？」が一見して明らかでない上、このような理由から、リボルビング方式割賦販売においては、通常、規約（契約）上所有権の留保規定が設けられないため、あえて法律で所有権留保を推定する必要はないと考えられるためである。

(3) 所有権留保の法的性質

所有権留保の法的性質やその効果については、様々な議論があるが、大きく分けると、所有権留保を、物権としての所有権そのものが売主に留保されるという所有権的構成と、所有権留保において売主に留保されるのは譲渡担保類似の担保権にすぎず、物権としての所有権は買主が取得するという担保権的構成があり、後者の担保権的構成が通説であるといわれる。

第5節 割賦販売に係る民事ルール 第3款 所有権の推定 〔2〕条文解説

所有権的構成と担保権的構成のいずれかに決定する必要はなく，個別の事情や当事者の合理的意思に応じて，売主に留保されているのが所有権であるのか担保権であるのかを判断すれば足りると解されるが，割賦販売を含む割賦取引において割賦取引業者が意図するところは，代金が完済されない場合には，目的物を転売し，その売却代金から割賦代金の支払を受けることであって，自ら使用収益することではない。その意味では，割賦販売法7条における「所有権留保」の法的性質としては，担保的構成として捉えるのがより適切であろう。

本書は民法の解説書ではないから，これ以上所有権留保を深追いすることはしないが，要するに，使用収益権限は別にしても，少なくとも，割賦販売業者が商品の処分権限を有しているということである。

〔2〕 条文解説

(所有権に関する推定)
第7条 第2条第1項第1号に規定する割賦販売の方法により販売された指定商品（耐久性を有するものとして政令で定めるものに限る。)★1の所有権は，賦払金の全部の支払の義務が履行される時までは★2，割賦販売業者に留保された★3ものと推定★4する。

★1 (1) 前述のとおり，7条の対象となるのは，個別方式割賦販売及び包括方式割賦販売により販売された指定商品のみであるから，指定権利や指定役務，さらには，リボルビング方式割賦販売により販売された指定商品には7条は適用されない。

　　権利及び役務については所有権が観念し得ないため，7条の対象とならないのは当然である。リボルビング方式割賦販売が対象外とされている理由等については，前記〔1〕(2)参照。

(2) 7条による所有権留保の推定の対象となる指定商品は，「耐久性を有するものとして政令で定めるもの」に限定される。これは，一部の消耗品に関しては，賦払金の完済時点において既に消費され，その所有権が消滅していることが想定されるところ，そのような商品について，所有権を留保することが無意味であるからである。

133

政令で定められている指定商品は，割賦販売法施行令別表第1のうち，①人が摂取する動物及び植物の加工品（健康食品）（同表1号），②コンドーム（同表45号）及び③化粧品（同表46号）以外の指定商品である。

★2　7条による推定の終期は「賦払金の全部の支払の義務が履行される時」であるから，賦払金が完済されない限りは，7条により所有権留保が推定され続ける。要するに，割賦販売に係る代金を完済するまでということであるが，賦払金とは，「割賦販売に係る各回ごとの代金の支払分」（4条1項2号）のことであるから，例えば，当初予定されていた支払総額に相当する額を支払ったとしても，一部支払を遅滞したために，遅延損害金が生じており，これに充当された部分があるため，賦払金（＝元本及び手数料）が一部残存しているような場合には，「賦払金の全部の支払の義務が履行」されたとはいえず，7条による推定が継続することとなろう。

★3　「所有権は……留保され」るの意味については，前記〔1〕(3)参照。

★4　7条の効果は「推定」であるから，何らかの反証により，割賦販売業者に所有権が留保されたとの推定を覆すことが可能である。

例えば，割賦販売業者に商品の所有権が留保されない旨の合意・特約などが反証の典型であろうが，ほかにも，贈答品としてネクタイ（割賦令別表第1の5号）を販売した場合や，セールを案内するビラやチラシ（同別表11号）を販売したような場合など，割賦販売業者が，取引後速やかに利用・費消されることを認識して割賦販売が行われたような場合なども，7条による推定を覆すことは可能であろう。

第6節　適用除外（8条）

〔1〕　概　　説

(1)　**趣旨・目的**

割賦販売法8条は，割賦販売（及び前払式割賦販売）に係る規制についての適用除外を定めたものである。

割賦販売に係る適用除外規定の趣旨については，割賦販売法が消費者保護をその目的としていることから（1条），割賦販売法による規制対象を事業者と消費者（エンドユーザー）との間で行われる取引に限定すれば足り，事業者間取引

や団体内部での取引についてまで割賦販売法の規制を加える必要性がない点にあると説明される。

割賦販売法上の適用除外規定は，基本的には，上記のような趣旨に出たものと解されるが，本邦外に在る者との取引（8条2号・35条の3の60第1項2号・2項2号等）が適用除外とされている点については上記のような趣旨と説明することは困難である。

そのため，割賦販売法上の適用除外規定については，「割賦販売法が消費者保護を目的としており，消費者に関しない取引についてまで規制する必要がない」という消極的な趣旨ではなく，「割賦販売法により規制を加えるよりも当事者間の私的自治に委ねた方が，割賦取引の健全な育成及び消費者保護，双方の目的に適うと考えられる取引類型については，割賦販売法による規制を加えず，当事者間の私的自治ないし契約自由あるいは他の法律による規制に委ねるべき」という積極的な趣旨から出たものと考えるのが妥当であろう。

(2) **適用除外となる取引**

適用除外となる取引は，割賦販売法8条1号から6号までの6類型に分けて規定されているが，大きく分けると，次のように分類することができる。

(a) **当事者の一方又は双方の属性・性質に着目して適用除外とされる取引**
・事業者間取引（8条1号）
・海外取引（8条2号）
・国又は地方公共団体による割賦販売（8条3号）

(b) **団体内部の私的自治の範囲内であることから適用除外とされる取引**
・一定の団体によるその構成員に対する割賦販売（8条4号）
・事業者によるその従業者に対して行う割賦販売（8条5号）

(c) **他の法律による規制を受けていることから適用除外とされる取引**
・無尽に該当する取引（8条6号）

各取引の詳細については，後記〔2〕の「条文解説」を参照。

(3) **適用除外となる規定**

割賦販売法8条により適用が除外される規定は，割賦販売法第2章の規定全部である。したがって，前述の割賦販売に対する各規制はすべて適用されないことになる。逆に，割賦販売法第2章以外に規定された割賦販売に関する規定，

例えば，過剰融資に係る努力義務（38条）や信用情報の目的外利用の禁止（39条）などは，割賦販売法8条各号に該当する取引についても適用されることになる。

〔2〕 条 文 解 説

（適用除外）
第8条　この章の規定は，次の割賦販売については，適用しない★1。
　一　指定商品若しくは指定権利を販売する契約又は指定役務を提供する契約（次に掲げるものを除く。）であつて，当該契約の申込みをした者が営業のために若しくは営業として締結するもの又は購入者若しくは役務の提供を受ける者が営業のために若しくは営業として締結するものに係る割賦販売★2
　　イ　連鎖販売業（特定商取引に関する法律第33条第1項に規定する連鎖販売業をいう。以下同じ。）に係る連鎖販売取引（同項に規定する連鎖販売取引をいう。以下同じ。）についての契約（当該契約以外の契約であつてその連鎖販売業に係る商品若しくは権利の販売又は役務の提供に係るもの（以下「特定商品販売等契約」という。）を含む。）のうち，その連鎖販売業に係る商品若しくは権利の販売又は役務の提供を店舗その他これに類似する設備によらないで行う個人との契約（以下「連鎖販売個人契約」という。）★3
　　ロ　業務提供誘引販売業（特定商取引に関する法律第51条第1項に規定する業務提供誘引販売業をいう。以下同じ。）に係る業務提供誘引販売取引（同項に規定する業務提供誘引販売取引をいう。以下同じ。）についての契約のうち，その業務提供誘引販売業に関して提供され，又はあつせんされる業務を事業所その他これに類似する施設によらないで行う個人との契約（以下「業務提供誘引販売個人契約」という。）★4
　二　本邦外に在る者に対して行う割賦販売★5
　三　国又は地方公共団体が行う割賦販売★6
　四　次の団体がその直接又は間接の構成員に対して行う割賦販売（当該団体が構成員以外の者にその事業又は施設を利用させることができる場合には，これらの者に対して行う割賦販売を含む。）★7

イ　特別の法律に基づいて設立された組合並びにその連合会及び中央会★8
ロ　国家公務員法（昭和22年法律第120号）第108条の2又は地方公務員法（昭和25年法律第261号）第52条の団体
ハ　労働組合
五　事業者がその従業者に対して行う割賦販売★9
六　無尽業法（昭和6年法律第42号）第1条に規定する無尽に該当する割賦販売★10

★1(1)　8条は，各号の取引には「この章」，すなわち割賦販売法第2章の規定全部が適用されないことを規定したものである。

(2)　割賦販売法第2章の規定が適用されないのは「次の割賦販売」，つまり，個別的な取引のみとされているため，8条の適用の有無は，割賦販売業者単位ではなく，取引単位で判断される。したがって，同一の割賦販売業者による割賦販売であっても，8条により割賦販売法の適用を免れる取引と，8条各号に該当せず割賦販売法の適用対象となる取引とが混在することになる。

なお，ここでいう「割賦販売」には，前払式割賦販売も含まれるため，前払式割賦販売による取引が8条各号に該当する場合には，当該取引については前述の割賦販売に関する規制だけでなく，前払式割賦販売に関する規定も適用されないことになる。

★2(1)　8条1号は，同号イ・ロに該当するものを除き，購入者等が「営業のため又は営業として」締結する取引を適用除外とするものである。要するに，割賦販売業者の取引の相手方が事業者である場合を適用除外とするものである。

(2)　「営業のために若しくは営業として」とは，営利目的で，かつ，事業のため又は事業の一環として，という意味である（経産省・解説83頁）。

ここでいう営利目的は，剰余金の配当又は残余財産の分配が可能であることを意味するのではなく，利益追求を目的とすることを意味する。したがって，学術目的やボランティア目的で割賦販売の方法により商品等を購入等する場合は，ここでいう「営業のため又は営業として」に当たらないことになる。

8条1号における事業性の要件については，「業として」と同様に，反復継続性を要件とし又は重大な考慮要素とする見解もあるが，「業として」と

異なる文言である以上は異なる意味と解すべきであり，また，購入者が事業者である場合であっても，反復継続して割賦販売の方法により商品等を購入等することは必ずしも多くないことも踏まえれば，反復継続性は要件とはならないと解すべきである。したがって，購入者が，事業活動の一環として行う限りは，スポット的な取引であっても 8 条 1 号に該当し得ることになる。ただし，前提である事業活動自体は反復継続してなされる必要があるのは当然である。

(3) なお，特定商取引法においても，この 8 条 1 項柱書と同旨の規定が設けられており（特商26条 1 項 1 号・50条 1 項 1 号・58条の17第 1 項 1 号），「営業のために若しくは営業として」の解釈について議論が進められている。

すなわち，消費者庁及び経済産業省による通達（平成29年11月 1 日付「特定商取引に関する法律等の施行について」）においては，特定商取引法26条 1 項 1 号は「契約の相手方の属性が事業者や法人である場合を一律に適用除外とするものではな」く，「一見事業者名で契約を行っていても，購入商品や役務が，事業用というよりも主として個人用家庭用に使用するためのものであった場合は，原則として本法（特定商取引法：筆者注）は適用される」と説明されている。

さらに，大阪地判平24・7・27判タ1398号159頁は，特定商取引法26条 1 項 1 号について，「購入者又は役務の提供を受けた者が事業者であっても，これらの者が『営業のために若しくは営業として』締結するものでない販売又は役務の提供については特定商取引法の適用除外とするものではない」，「『営業のために若しくは営業として』は，契約の目的・内容が営業のためのものである場合を意味し，『営業のために若しくは営業として』締結されたものといえるかは，相手方の属性や経費計上の有無といった形式的側面のみならず，事業内容，当該商品の使用目的，使用状況，当該商品の設置場所等といった当該取引の実体的側面も考慮して判断すべきである」としている。

上記の解釈は，あくまでも特定商取引法26条 1 項 1 号に関するものであり，割賦販売法 8 条 1 項 1 号についてのものではないが，同一の文言が使用されており，かつ，特定商取引法と割賦販売法が隣接分野に関する法律であることからすれば，割賦販売法 8 条 1 項 1 号の「営業のために若しくは営業として」の解釈においても，上記の特定商取引法に関する解釈と別異に解する理由はない。

第6節　適用除外　〔2〕　条文解説

　　したがって，8条1項1号の「営業のために若しくは営業として」は，購入者等が事業者であり，かつ，主として営利目的である事業に利用し又は営利目的である事業活動の一環として契約を締結する場合を指すものと解され，同号の適用の有無は，購入者等の契約名義や属性等の形式面に加え，割賦販売により購入した商品の使用状況等の具体的な事情に即して判断されることとなる。

★3　購入者にとって「営業のために若しくは営業として」締結される割賦販売契約には割賦販売法が適用されないが，連鎖販売取引に係る取引のうち，連鎖販売個人契約については，適用除外の例外として，割賦販売法の適用対象となる。連鎖販売業については，割賦販売法6条の解説（★5(2)）を参照。

　8条1号イにより，適用の対象となる「連鎖販売個人契約」とは，連鎖販売業に係る商品等の販売・提供を店舗その他これに類似する設備によらないで行う個人との契約を指すが，例えば，購入者等の自宅等により行われる取引のことであり，形式的には連鎖販売取引に係る営業目的ではあるが，購入者等が実質的には消費者である場合を指すものである。

　連鎖販売取引においては，加盟者が他の加盟者に対して商品を販売等していくことになるため，購入者である加盟者にとっては，当該購入が「営業のため若しくは営業として」行われることになる。このような連鎖販売個人契約が適用除外から除外されているのは，購入者等は実質的には消費者であるが，形式的には8条1号柱書に該当し，割賦販売法が適用されないこととなるところ，このような事態を避ける趣旨である。

★4　8条1号ロも，同号イと同様の趣旨である。

　「業務提供誘引販売業」とは，物品の販売・あっせん又は有償で行う役務の提供・あっせんの事業であって，業務提供誘引販売取引をするものを指す（特商51条1項）。業務提供誘引販売取引とは，その販売の目的物たる商品又はその提供される役務を利用する業務に従事することにより得られる業務提供利益を収受し得ることをもって相手方を誘引し，その者と特定負担を伴うその商品の販売若しくはそのあっせん又はその役務の提供若しくはそのあっせんに係る取引（その取引条件の変更を含む）をするものをいう（特商51条1項）。

　いわゆる「モデル商法」がこれに当たるが，「事業所その他これに類似する施設によらないで行う個人」，つまり，自宅等で取引を行う消費者を購入者等とする業務提供誘引販売取引については，8条は適用されず，割賦販売法の規制対象となる。

139

★5　「本邦外に在る者」とは，海外に居ながら割賦販売の方法で商品等の購入等を行う者を指す。国籍は問わない。逆に，商品の送付先が海外であっても，購入者等自身が日本国内にいれば，8条2号には該当しない。

　　単純に，購入者等が，割賦販売契約の締結時点において，日本国内にいたのか国外にいたのかが分水嶺である。

　　根本的には，国内の割賦販売業者と海外にいる購入者等との割賦販売契約に，どの国の法律が適用されるかは，準拠法についてどのような合意をしたかの問題であるが，8条2号は，このような取引についてまで割賦販売法を適用して購入者等の保護を図る必要はなく，当事者間の合意（私的自治）又は商慣習に委ねる方が適切であると考え，適用除外としたものである。

★6　国又は地方公共団体が割賦販売を行うことはほとんど想定されず，万が一そのような事態が生じた場合に備えての「念のため」の規定である。強いて想定すれば国有地の払下げが分割払いで行われたようなケースが考え得るが，現実的ではないだろう。

★7　団体内部での取引については，購入者等を保護すべき必要性は高くなく，却って，割賦販売法により規制を加えるよりも，団体内部の私的自治に委ねる方が適切と考えられることから，割賦販売法の適用除外とされたものである。

★8　例えば，農業協同組合，消費生活協同組合，中小企業等協同組合，国家公務員共済組合，市町村職員共済組合などがこれに当たる。

★9　8条4号（前掲★7）と同様に，事業者と従業者との雇用関係等に基づく私的自治に委ねることが適切と考えられたことから，適用除外とされたものである。

　　なお，事業者は，必ずしも法人である必要はなく，個人事業主であっても8条5号に当たる。また，「従業者」は，その文言からすれば，必ずしも雇用契約を締結した労働者（被用者）である必要はなく，例えば派遣従業員や他社からの出向社員，さらには業務委託先等，割賦販売業者の業務に従事している者も含まれるものと解される。

★10　無尽業については，無尽業法により規制されており，参入規制（免許制。無尽3条），事業方法・約款の変更の認可（無尽8条）等の義務が課されており，重ねて割賦販売法の規制まで加える必要性はないと考えられることから，適用除外とされたものである。

第3章 前払式割賦販売 (11条〜29条)

　前払式割賦販売は，割賦販売（2条1項）の一類型に位置付けられているが（11条柱書参照），前払いという特殊性から，割賦販売法は，第2章に第3節を設けて，前払式割賦販売に関する規制について定めている。

　もっとも，前払式割賦販売も割賦販売の一類型であることには違いないから，前払式割賦販売は，割賦販売法第2章第3節の規定だけでなく，同章第1節及び第2節の規定（本書第2編第2章参照）の割賦販売に関する規制も適用されることとなる。

　詳細は以下にて説明していくが，前払式割賦販売は，前払いという性質から，①割賦販売と異なり許可制が採用されており，②営業保証金等の供託を要し，さらに，③民事ルールとして法定解除権が定められているほか，④行政による監督に服することとされている。

　なお，（前払式）割賦販売については経済産業省による監督指針も定められていない上，割賦販売自主規則においても前払式割賦販売のみに関する規定は設けられていない。その代わりというわけではないが，前払式割賦販売（及び前払式特定取引）においては，上記②の営業保証金等の供託の関係で，「供託法」，「供託規則」及び「許可割賦販売業者等の営業保証金等に関する規則」（以下「保証金規則」）を参照する必要がある。

第1節　参入規制——許可制 (11条〜15条・18条の6・19条)

〔1〕　概　　説

(1)　前払式割賦販売の意義

(a)　意味内容と割賦販売との相違

前払式割賦販売とは，指定商品を引き渡すに先立って購入者から2回以上にわたり代金の全部又は一部を受領する分割払方式割賦販売をいう（11条柱書）。すなわち，前払式割賦販売とは，代金が前払式であることに着目した（分割払方式）割賦販売の一類型であるから，分割払方式割賦販売に対する各規制（3条～7条）の適用を受けることはいうまでもない。

　とはいえ，前払式割賦販売は，前払式であること自体から弊害が生じやすいことは前述のとおりである。そのため，許可制の採用，営業保証金の供託，前受金保全措置，許可制に伴う行政による監督等の厳格な規制が課されることとされている（11条以下）。この点こそが，前払式割賦販売と割賦販売との最大の相違点であるといえる。

　また，前払式割賦販売の許可に関しては，「法人でない」ことが不許可事由とされており（15条1項1号），個人は前払式割賦販売に係る許可を受けることはできず，前払式割賦販売を業として営むことが許されないことになる。これに対し，割賦販売自体は，法人であろうと個人であろうと業として営むことが認められるのであり，この点も，割賦販売と前払式割賦販売の相違点といえよう。

　(b)　**前払式割賦販売の対象**

　前払式割賦販売は，指定商品の販売のみを対象としており，権利の販売及び役務の提供を目的とする取引は含まれない。これは，権利及び役務を目的とする前払式の割賦販売がほとんど行われておらず，割賦販売法11条以下の規制を加える必要性が認められないためである。

　(c)　**前払式割賦販売の支払方式**

　前払式割賦販売は分割払方式割賦販売の一類型であるから，リボルビング方式割賦販売は，（実際には想定し難いが）たとえ代金の支払が前払いとされていても前払式割賦販売には当たらない。リボルビング方式においては，各取引と弁済金の支払とに個別の対応関係がなく，前払式の支払がどの取引に対応するものかが必ずしも判別されないためと解される。

　逆に，分割払方式であれば，個別方式であろうと包括方式であろうと前払式割賦販売に含まれる。

　(d)　**前払式割賦販売の要件**

第1節　参入規制——許可制　〔1〕　概説

前払式割賦販売の要件は，指定商品に係る賦払金を，指定商品の引渡前に2回以上弁済することである。詳細は，後記〔2〕の「条文解説」を参照されたい。

(2) **許可制の採用**（11条）

(a) **趣旨・目的**

前払式割賦販売に対しては許可制が採用されており，前払式割賦販売を業として営むためには，経済産業大臣の許可を受けなければならない（11条）。

これは，前払式割賦販売においては，購入者は商品の引渡しに先立って賦払金を弁済することとなる反面，販売業者の倒産等により商品の引渡しを受けられず，また，前払金の返還も受けられないなどの不測の損害を被ることが多かったため，資力要件等を前提に許可制を採用し，これに伴い行政による監督を実施することで，購入者＝消費者を保護するためである。

割賦販売法の制定当初は，前払式割賦販売については登録制が採用されるにとどめられていた。これは，金融機関以外の者が預り金を受け入れることは出資法により禁止されており，前払式割賦販売における賦払金がある意味では預り金と同様の性質を有することから，前払式割賦販売を無制限に認めたのでは出資法の潜脱を許すことにも繋がりかねないため，登録制が採用されたという経緯であった。しかし，上述のような弊害が多く生じたことから，昭和43年改正において登録制から許可制に改められたものである。

(b) **許可制の例外**

上記のとおり，前払式割賦販売を業として営むためには許可を得ることを要するが，前払式割賦販に係る取扱高が小規模である場合には，上記(a)のような弊害が生じる可能性は高くなく，許可制を含む行政による厳格な監督を加える必要は必ずしも高くないと考えられる。そのため，取扱高が一定額を下回る場合には許可を受けることは不要である（11条1号）。

(3) **許可申請手続**

(a) **手　続**（12条）

前払式割賦販売に係る許可の申請は，割賦販売法施行規則様式第1の申請書によるほか（割賦則12条），一定の添付書類を要することとされているが（12条2項），その手続自体に難解な点はない。

(b) 不許可事由（15条）

そもそも、「許可」とは、法令により原則として禁止されている行為を、例外的に許容する行政処分を指す。すなわち、法令による一般的禁止を解除する行為が許可であり、許可をするか否かは行政庁の裁量に委ねられるのが原則である。

したがって、適式な許可申請がなされたからといって、行政は必ず許可しなければならないわけではなく、法律上の不許可事由が認められない場合であっても、裁量権の逸脱・濫用に及ばない限りは不許可とすることも可能である。

もっとも、割賦販売法15条は、前払式割賦販売についての不許可事由を定めた上で、許可申請者に当該事由が認められる場合には許可してはならないとしている。これは、上記のような「許可しないことも許される」という裁量的な不許可ではなく、必要的な不許可処分を規定したものである。

不許可事由は、数種類あるが、大きく分けると、①法人でないこと、②財政面に関する事情、③約款の内容的な問題点、④法人自身や役員についての過去の素行に関する問題、に分けることができる。

(4) 無許可営業に関する処分・罰則

(a) 無許可営業に対する罰則

前払式割賦販売の無許可での営業は、許可を受ける前、すなわち、行政による監督に服する前の段階であるから、無許可営業に対する行政処分はないものの、無許可で前払式割賦販売の営業を営んだ者は、3年以下の懲役若しくは300万円以下の罰金又はこれらが併科される（49条1号）。

(b) 不正な手段による許可の取得に対する処分

前払式割賦販売の許可を取得してはいるものの、許可の取得過程において不正な手段があった場合には、割賦販売法23条1項4号により必要的取消しの対象となり、許可が取り消されることとなる。

これに対し、このような手段それ自体に対する罰則は科されていない。

(5) 許可の承継（18条の6）

前払式割賦販売に係る許可を受けた割賦販売業者（以下「許可割賦販売業者」）が事業譲渡、合併又は会社分割を行う場合には、財産や債権債務等の実体法的な法律関係、さらには「のれん」のような抽象的財産だけでなく、当該許可割

賦販売業者に対する許可も承継される（18条の6第1項）。これは，行政手続を簡略化し，コスト減を図る趣旨である。

許可割賦販売業者に対する許可を承継した者は，遅滞なく経済産業大臣にその旨を届出しなければならず（18条の6第2項），これを怠り又は虚偽の届出をした者は30万円以下の過料が科される（55条1号）。もっとも，経済産業大臣に対する届出が割賦販売法18条の6第1項の承継の効力要件となっているわけではないから，届出を怠ったからといって，承継の効果まで否定されるものではない。

(6) **申請事項の変更に係る届出義務**（19条）

許可割賦販売業者の名称等の一定の事項又はその使用する前払式割賦販売契約約款等を変更する場合には，前者については事後的に，後者については事前に経済産業大臣に対し届出をしなければならない（19条1項・2項）。

これは，行政による監督を実効的なものとすることを目的としたものであるが，約款の変更（19条2項）については，内容に問題がある場合には経済産業大臣はその変更を命じることができるとされており（19条3項），消費者保護もその目的の一つとなっている。

これらの届出を怠り又は虚偽の届出をした者は，30万円以下の罰金が科される（53条の2第1号）。

〔2〕 条 文 解 説

（前払式割賦販売業の許可）
第11条 指定商品を引き渡すに先立つて購入者から2回以上にわたりその代金の全部又は一部を受領する第2条第1項第1号に規定する割賦販売（以下「前払式割賦販売」という。）[1]は，経済産業大臣の許可を受けた者でなければ，業として営んではならない[2]。ただし，次の場合は，この限りでない。
一 指定商品の前払式割賦販売の方法による年間の販売額が政令で定める金額に満たない場合[3]
二 指定商品が新たに定められた場合において，現に当該指定商品を前払

式割賦販売の方法により販売することを業として営んでいる者が，その定められた日から６月間（その期間内に次条第１項の申請書を提出した場合には，その申請につき許可又は不許可の処分があるまでの間を含む。）当該商品を販売するとき★4。
三　前号の期間が経過した後において，その期間の末日までに締結した同号の指定商品の前払式割賦販売の契約に基づく取引を結了する目的の範囲内で営む場合★5

★1(1)　前払式割賦販売を定義したものであり，その要件は，①指定商品の，②引渡しに先立って２回以上にわたり代金の一部又は全部を受領する，③分割払方式割賦販売（２条１項１号）であること，の３点である。

(2)　まず，前払式割賦販売は，指定商品の売買のみを対象としたものであるから，指定商品以外の商品はもちろん，指定権利の売買及び指定役務の提供を目的とした取引は前払式割賦販売に当たらない。

(3)　また，前払式割賦販売に係る賦払金は，指定商品の引渡前に２回以上弁済される必要がある。ただし，割賦販売価格の全額が商品の引渡前に支払われる必要はなく，その一部であっても足りる。例えば，代金を10回分割とする場合で，商品の引渡前に２回，引渡後に８回弁済することとなっているような場合も「指定商品を引き渡すに先立つて購入者から２回以上にわたりその代金の……一部を受領する」に該当し，前払式割賦販売に含まれることになる。

　　逆に，賦払金の前払いの期間は特に要件とされていないため，２ヵ月で２回前払いするケースだけでなく，１ヵ月で２回前払いするケース，逆に半年で２回前払いするようなケースであっても，前払式割賦販売の要件を満たすことになる。

　　ただし，分割払方式割賦販売自体が「２ヵ月以上，３回以上」を要件としているため（２条１項），例えば，２回の前払いのみで完済するような場合や，１ヵ月間に３回前払いし，それで完済となるような場合は，「商品の引渡しに先立って２回以上」という前払式割賦販売の要件は満たすものの，そもそも割賦販売の要件を満たさないため，前払式割賦販売に該当しないことになる。

　　なお，（前払式）割賦販売は，分割払方式によることを「条件として」締結される取引であるから，元々は商品の引渡前には頭金を支払うだけとな

第1節　参入規制——許可制　〔2〕　条文解説

っていたが，資金繰りに余裕ができたため，追加でもう1回前払いすることにしたというような，2回以上の前払いが契約上の条件とはなっていなかったような場合は，前払式割賦販売に該当しないと解される。

(4)　前払式割賦販売となるのは，「第2条第1項第1号に規定する割賦販売」，すなわち，分割払方式割賦販売のみであるから，リボルビング方式割賦販売は，商品の引渡前に2回以上弁済金を支払うこととなっていても，前払式割賦販売には含まれない。

　　逆に，分割払方式であれば，個別方式であろうと包括方式であろうと，その要件を満たす限り，前払式割賦販売に当たることになる。

★2　11条は，無許可で前払式割賦販売を「業として営むこと」を禁止したものであるから，前払式割賦販売一般について許可を必要とするものではない。したがって，業として営むのでなければ，無許可で前払式割賦販売を行うことは許される。

　　「業として」とは，営利目的で反復継続することである。詳細は，本編第2章第4節第1款を参照。

★3(1)　「年間の販売額」とは，実際に受領した賦払金の額ではなく，（帳簿上の）販売額を指す。外税方式で代金額を決定している場合には，当然外税部分も販売額に含まれる。

　　また，「年間の」とは，いずれの時点の過去1年間においても，という意味であり，どの時点で区切った1年間で見ても販売額が政令で定める金額を下回っている必要がある。したがって，例えば，平成29年4月～平成30年3月までの1年では販売額が政令で定める金額を下回っているが，平成29年7月～平成30年6月の1年では当該金額を上回っているような場合には，「年間の販売額が政令で定める金額に満たない」には該当せず，11条による許可を受けなければ，前払式割賦販売を業として営むことができないことになる。

(2)　「政令で定める金額」とは，1000万円である（割賦令4条1号）。

★4　11条2号は，指定商品が追加された場合の経過措置を定めるものであり，指定商品が追加された日から6ヵ月間（当該期間内に許可申請をした場合には，これに対する許可又は不許可の処分がされるまで）は許可を得ずに当該指定商品に係る前払式割賦販売を営むことを認めるものである。当然，追加された指定商品以外の指定商品について前払式割賦販売業を営む場合には，11条2号は適用されず，同条柱書により許可を得なければ業として営むことができな

147

い。
★5　11条2号と同様に、指定商品が追加された場合の経過措置を定めるものであり、同号の期間経過後も、当該期間内に締結した前払式割賦販売に係る取引が結了（終了）するまでは、許可を得ずに追加された指定商品について前払式割賦販売業を営むことを認めるものである。

（許可の申請）
第12条　前条の許可を受けようとする者は、次の事項を記載した申請書★1を経済産業大臣に提出しなければならない★2。
　一　名称★3
　二　本店その他の営業所及び代理店の名称及び所在地★4
　三　資本金又は出資の額及び役員の氏名★5
　四　前払式割賦販売の方法により販売しようとする指定商品の種類★6
2　前項の申請書には、定款、登記事項証明書、前払式割賦販売契約約款★7その他経済産業省令で定める書類★8を添付しなければならない。ただし、経済産業省令で定める場合は、登記事項証明書の添付を省略することができる★9。
3　前項の場合において、定款が電磁的記録（電子的方式、磁気的方式その他人の知覚によつては認識することができない方式で作られる記録であつて、電子計算機による情報処理の用に供されるものをいう。以下同じ。）で作られているときは、書面に代えて電磁的記録（経済産業省令で定めるもの★10に限る。）を添付することができる。

★1(1)　12条は、前払式割賦販売の許可申請の手続を定めたものである。資本金又は出資の額や役員の氏名（12条1項3号）などが申請書の記載事項となっているのは、これらの事項が許可発布における審査事項となっているからである（15条）。
　(2)　12条1項による許可申請書は、様式第1による（割賦則12条）。
★2　条文上は、申請書は経済産業大臣に提出することとなっているが、実際には、本店所在地を管轄する経済産業局長に提出することになる（割賦則140条1号）。
★3　一般に「名称」とは、法人を含む団体の名前のことを指し、個人の「氏

名」と並列されることが多い。本号において「氏名」が記載事項とされていないのは，前払式割賦販売に係る許可は，法人であることが要件となっており（15条1項1号），個人に許可されることはない（そのため，個人が許可申請することが想定されていない）からである。

★4(1) 「本店」とは，営業所のうち，主たる営業所のことをいい，これに対し従たる営業所を支店という。なお，会社については，本店所在地が登記事項となっているから（会911条～914条），本店として登記されている営業所が「本店」である。

　また，「その他の営業所」は，登記された本支店だけでなく，会社の営業活動の本拠地たる場所を広く含む。したがって，登記されていない出張所のような場所も「営業所」に含まれる（経産省・解説88頁）。

　逆に，「営業所」は前払式割賦販売に係る営業を行う営業所を指すから（後藤巻則＝齋藤雅弘＝池本誠司『条解消費者三法』1253頁），前払式割賦販売取引の営業と全く関係のない支店・営業所は許可申請書の記載事項とはならない。例えば，純粋に商品を製造するだけの工場や，商品を保管するだけの倉庫，さらには前払式割賦販売以外の事業しか取り扱っていない営業所なども記載事項とはならないと解される。

(2) 「代理店」とは，代理商のことをいい，代理商とは「商人のためにその平常の営業の部類に属する取引の代理又は媒介をする者で，その商人の使用人でないもの」（商27条）のことである。

　取引の代理をする代理商を締結代理商，取引の媒介をする代理商を媒介代理商というが，「代理店」には，双方の代理商が含まれる。したがって，必ずしも代理店が契約締結等に係る代理権を有している必要はなく，代理人として契約を締結する権限を有しない場合（媒介代理商）であっても12条1項2号の「代理店」に当たることになる。ただし，上記(1)と同様に，前払式割賦販売と無関係な代理商は，「代理店」に含まれない。

★5(1) 「資本金」は株式会社（及び有限会社）に，「出資」は合名会社，合資会社及び合同会社に対応するものである。株式会社においては，発行済株式の総額が，持分会社については拠出された経済的手段の総額がこれに当たる。

(2) 「役員」とは，ただし書その他の注記が一切されていないことからすれば，会社法上の役員（会329条1項），すなわち，取締役，会計参与及び監査役を指すものと解される。

★6 「販売しようとする」とは，将来販売するかもしれないという漠然とした可能性ではなく，具体的な販売計画が立案されている等，実際に販売する予定があり又はそのような蓋然性が高いことを意味する。

　また，「指定商品の種類」の特定の程度は必ずしも明らかになっていないが，指定商品が日本商品標準分類に基づくものであることや「種類」という言葉の（日本語としての）意味からすれば，同分類の中分類程度の記載で足りるものと解される。

★7 「前払式割賦販売契約約款」とは，前払式割賦販売に用いるために販売業者が事前に作成した定型的な約款のことを指し，文字どおり前払式割賦販売において利用される約款である。必ずしも「前払式割賦販売契約約款」という名称である必要はなく，包括方式の場合にはカード規約がこれに当たる。

　割賦販売法上，前払式割賦販売契約約款の作成を義務付ける規定はないが，これが作成・利用されることがほとんどであり，また，許可申請における添付書類となっていること，その内容の妥当性が許可・不許可の判断基準となっていること等からすれば，前払式割賦販売においては前払式割賦販売契約約款の作成が事実上義務付けられているといってよい。

★8 「その他経済産業省令で定める書類」とは，具体的には次の書類である（割賦則12条2項）。

(1) 許可申請書提出日前1ヵ月以内の一定の日の現在において様式第2により作成した財産に関する調書及び様式第3により作成した許可申請書提出日の直前事業年度の収支に関する調書並びに許可申請書提出日の直前5事業年度（事業年度が6月の法人にあっては，直前10事業年度）の貸借対照表（関連する注記を含む），損益計算書（関連する注記を含む）及び株主資本等変動計算書（関連する注記を含む）又はこれらに代わる書面

(2) 次の事項を記載した許可後5事業年度（事業年度が6月の法人にあっては，許可後10事業年度）の業務計画書
　① 前払式割賦販売の方法により販売しようとする指定商品の販売計画
　② 収支計画
　③ 資金計画

(3) 役員の履歴書

(4) 割賦販売法15条1項6号～8号までの規定に該当しないことの誓約書

(5) 前払式割賦販売に関する代理店を有するときは，代理店契約書の写し

(6) 申請日前1年間における指定商品の種類別の前払式割賦販売の方法によ

第1節　参入規制——許可制　〔2〕条文解説

る販売額

★9　「経済産業省令で定める場合」には、登記事項証明書の添付を省略することができるとされているが、この経済産業省令に対応する割賦販売法施行規則は定められていない。
　　したがって、登記事項証明書の添付は、常に必要である。

★10　「経済産業省令で定めるもの」とは、行政手続等における情報通信の技術の利用に関する法律3条1項に定める行政機関等の使用に係る電子計算機から入手され記録されたものを指し（割賦則12条3項）、定款がこのような電磁的記録により作成されている場合には、書面に代えて電磁的記録の提出によることができる。

第13条及び第14条★1　削除

★1　13条及び14条ともに昭和43年改正において削除されたものである。
　　割賦販売法制定当初は、前払式割賦販売については許可制ではなく登録制が採用されており、13条は登録申請の手数料、14条は登録に係る手続及びその通知に関して規定していたが、登録制から許可制に改められたのに伴い、無用となったことから削除されたものである。

（許可の基準）
第15条　経済産業大臣は、第11条の許可の申請をした者が次の各号のいずれかに該当すると認めるときは、同条の許可をしてはならない★1。
一　法人でない者★2
二　資本金又は出資の額が購入者の利益を保護するため必要かつ適当であると認められる金額で政令で定めるものに満たない法人★3
三　資産の合計額から負債の合計額を控除した額が資本金又は出資の額の100分の90に相当する額に満たない法人★4
四　前2号に掲げるもののほか、その行おうとする前払式割賦販売に係る業務を健全に遂行するに足りる財産的基礎を有しない法人★5
五　前払式割賦販売契約約款の内容が経済産業省令・内閣府令で定める基準に適合しない法人★6

六　第23条第1項又は第2項の規定により許可を取り消され，その取消しの日から2年を経過しない法人

七　この法律の規定により罰金の刑に処せられ，その刑の執行を終わり，又は執行を受けることがなくなった日★7から2年を経過しない法人

八　役員のうちに次のいずれかに該当する者のある法人

　イ　破産手続開始の決定を受けて復権を得ない者

　ロ　禁錮以上の刑に処せられ，又はこの法律の規定により罰金の刑に処せられ，その刑の執行を終わり，又は執行を受けることがなくなった日から2年を経過しない者

　ハ　第11条の許可を受けた者（以下「許可割賦販売業者」という。）が第23条第1項又は第2項の規定により許可を取り消された場合において，その処分のあつた日前30日以内にその許可割賦販売業者の役員であつた者で，その処分のあつた日から2年を経過しないもの

2　前項第3号の資産の合計額及び負債の合計額は，政令で定めるところにより計算しなければならない★8。

3　経済産業大臣は，第11条の許可の申請があつた場合において，不許可の処分をしたときは，遅滞なく，その理由を示して，その旨を申請者に通知しなければならない★9。

★1　15条1項は，各号に該当する場合には，必ず不許可としなければならないとしており，必要的不許可事由を定めたものである。

　　前述のとおり，一般論として，許可するか否かは行政の裁量によるが，15条1項は，各号に該当する場合には，許可してはならない，つまり，必ず不許可とされなければならないこととされており，その意味で行政の裁量に一定の制限を加える規定でもある。

★2　法人でない者，つまり個人及び法人でない団体は前払式割賦販売の許可を受けることはできない旨を定めたものである。個人の場合，事業用財産と個人的な財産との区別がつきにくい場合も多く，その財産的基盤を行政が把握することが困難であるケースも多い上，そもそも財産的基盤が貧弱で，前払式割賦販売を業として行わせることが不適当と考えられたためである。法人でない団体についても同様である。

　　なお，「法人」としては，会社のほかに，社団法人，財団法人や公益法人なども含まれるが，前払式割賦販売を「業として営む」法人という意味では，

現実的には会社以外の法人を想定する必要はない。

★3　資本金又は出資の額が「政令で定める」金額に満たないことを不許可事由としたものである。

　　基準となる金額は営業所又は代理店の総数によって異なり，これらの数が50以上の場合には1億円，10以上50未満の場合には5000万円，それ以外の場合には2000万円である（割賦令5条）。

　　なお，許可を受けた後に，上記の金額を下回ることとなった場合には，許可の必要的取消しの対象となる（23条1項1号）。

★4　15条1項3号は，経営が不健全な法人を排除する趣旨である。資産の合計額及び負債の合計額の計算方法については政令で定めることとされている（本条2項）。

　　計算方法については，後掲★8参照。

★5　15条1項4号は，前払式割賦販売に係る業務を健全に遂行するに足りる財産的基礎を有しないことを不許可事由としたものであるが，この「財産的基礎」については，割賦審査基準「第1の1.(1)」で次のように示されている。

　　「『財産的基礎』については，『割賦販売法第15条第1項第4号に定める前払式割賦販売に係る業務を健全に遂行するに足りる財産的基礎の審査基準』（別紙1）を参照しつつ，消費者保護等の観点から総合的に勘案するものとする。」

　　また，勘案することとされている審査基準では，①収支の状況，②資産及び負債の状況，③業務計画の状況，④経営見通し等の各項目につき要件を設定している。

　　要するに，上記の4項目をベースに，前払式割賦販売に係る事業を健全に継続することができるか否かを総合的に判断するということである。

　　このように，「財産的基礎」とは，かなりファジーな要件であり，これについて画一的な基準を示すことは困難で，多分に行政による裁量的な判断に基づくことになる。許可の判断が行政庁の裁量に委ねられていることは前述したが，このような裁量に基づく判断であることを最も示しているのが15条1項4号であるといえよう。

★6　15条1項5号は，前払式割賦販売契約約款が，経済産業省令・内閣府令で定める基準に合致しない場合には不許可とすることを定めており，約款の内容の妥当性が許可・不許可の判断基準となることを示したものである。また，15条1項5号により，前払式割賦販売を業として営むためには，前払式

割賦販売契約約款の作成が事実上義務付けられているといってよい。作成されていなければ，その適否を判断することができないからである。

「経済産業省令・内閣府令で定める基準」は，次のとおりである（割賦則13条）。

(1) 次の事項が記載される欄があること。
   ① 販売者の名称及び住所
   ② 購入者の氏名
   ③ 契約番号
   ④ 契約年月日
   ⑤ 商品若しくは権利又は役務の種類
   ⑥ 商品の数量
   ⑦ 前払式割賦販売価格
   ⑧ 賦払金の金額，回数，支払時期及び支払の方法
   ⑨ 前払式割賦販売契約約款の交付の時期及び交付の方法

(2) 購入者等が読みやすく，理解しやすいような用語により，正確に記載すること。

(3) 次の表の左列の事項（商品の引渡しを受ける前に代金の一部を支払う旨を定める前払式割賦販売契約約款にあっては，同欄の①から⑤までの項の事項）が記載されており，かつ，その内容が同表の右列の基準に合致していること。

記載すべき事項	内容の基準
① 領収書の発行に関すること。	支払の方法が集金又は持参の場合には，領収書を発行する旨が定められていること。
② 商品の引渡時期に関すること。	引渡時期として商品の引渡しを受ける前に支払うべき代金の完済後30日以内の一定期間が定められていること。
③ 契約の解除に関すること。	購入者の支払義務の不履行により契約を解除する場合は，販売者が定める一定期間にわたり義務の不履行があった場合であって，販売者が20日以上の相当な期間を定めてその支払を書面で催告し，その期間内にその義務が履行されない場合に限る旨及び販売者の責に帰すべき事由により契約の目的を達することができなくなった場合には，購入者は当該契約を解除することができる旨が定められていること。
④ 契約の解除に伴う損害賠償等の額に関すること。	購入者の責に帰すべき事由により契約を解除する場合には，契約解除の日から60日以内の一定の期間内に購入者が既に支払った金額から契約の締結及び履行のために通常要する費用

第1節　参入規制——許可制　〔2〕　条文解説

		の額を控除した額を払い戻す旨が定められており，かつ，その額が，購入者が容易に計算することができる方法により明確に表示されていること，並びに販売者の責に帰すべき事由により契約を解除する場合には，遅滞なく，支払済金額及び支払済金額に法定利率を乗じた額以上の一定額の合計額を払い戻す旨が定められていること。
⑤	代金残額の一括支払に関すること。	購入者は，賦払金の支払の途中において，契約に係る商品の現金販売価格から支払済金額及び支払済金額に法定利率を乗じた額以上の一定額の合計額を控除した額を現金で支払った場合には，当該商品の引渡しを受け，契約を結了することができる旨が定められていること。
⑥	支払完済前の商品引渡しに関すること。	購入者は，販売者が定める一定の回数以上賦払金を支払った場合であって，販売者が定める条件に適合するときは，当該割賦販売契約の内容を変更して商品の引渡しを受けることができる旨及びこの場合において販売者は支払済金額及び支払済金額に法定利率を乗じた額以上の一定額の合計額を変更後の代金の一部に充当する旨が定められていること。
⑦	前払式割賦販売契約約款の交付及び再交付に関すること。	前払式割賦販売契約約款を交付する場合にあっては，その交付の時期及び交付の方法並びに購入者から当該約款の再交付を求められたときは，遅滞なく，当該約款を再交付する旨が定められていること。

(4)　次の事項が記載されていないこと。
  ①　前払式割賦販売契約約款の再交付をする場合において，その再交付に通常要する費用を超えて手数料を徴収すること。
  ②　契約締結後に販売者が消費税及び地方消費税の増額以外の理由により価格の引上げを行うことができること。
  ③　契約締結後に販売者が契約に係る商品を変更することができること。
  ④　購入者からの契約の解除ができない旨の特約
  ⑤　割賦販売法27条2項に規定する特約
  ⑥　当該契約に係る訴えの属する裁判所の管轄につき購入者に著しく不利となる特約
  ⑦　①から⑥までに掲げるもののほか，法令に違反する特約又は購入者に著しく不利となる特約
(5)　日本工業規格Z8305に規定する8ポイント以上の大きさの文字及び数字を用いること。
　まず，上記(1)及び(4)は，それぞれ「記載していなければならない事項」と

第2編　割賦販売法の解説　　第3章　前払式割賦販売

「記載してはならない事項」とを定めたものであり，また，(3)及び(4)はその契約条件の内容にも踏み込んで記載しており，前払式割賦販売契約約款の内容の方向性を示す内容となっている。

　本来，前払式割賦販売において，どのような約款を用いるか，契約条件をどのように設定するかは当事者間の私的自治に委ねられるべきところではあるが，購入者が不利になるのを防止するとともに，前払式割賦販売取引の安全性を確保するべく，上記の内容に合致することを許可要件としたものである。このような強烈な私的自治の例外が許されるのは，ひとえに前払式割賦販売における弊害の大きさによるものである。

★7　「執行を受けることがなくなつた日」とは，仮釈放（刑28条）の場合の残刑期が経過した日又は刑の時効の完成した日（刑31条）を指す。

　刑の執行猶予（期間の満了）は，期間満了により刑の言渡しが失効するため（刑27条），ここでいう「執行を受けることがなくなつた日」には該当せず，そもそも期間満了日の翌日から「刑に処せられ」に該当しないことになる。大赦及び特赦の場合も同様である（恩赦3条1号・5条）。逆に，刑の執行の免除（恩赦8条）の場合は，「執行を受けることがなくなつた日」に該当する。

　15条1項8号ロの「執行を受けることがなくなつた日」も同様である。

★8　15条2項は，同条1項3号の資産の合計額及び負債の合計額の計算方法を定めたものであり，政令で定めるところにより計算することとされている。

　政令では，資産の合計額及び負債の合計額は，許可の申請日前1ヵ月以内の計算日における帳簿価額又は計算日における評価額により計算することとされている（割賦令6条）。

★9　15条による不許可処分に対しては不服申立てが可能であるが，その機会を与えるために，通知を義務付けたものである。

（承継）
第18条の6　許可割賦販売業者が事業の全部を譲渡し，又は許可割賦販売業者について合併若しくは分割（当該事業の全部を承継させるものに限る。）があつたときは★1，当該事業の全部を譲り受けた法人又は合併後存続する法人若しくは合併により設立した法人若しくは分割により当該事業の全部を

承継した法人は，その許可割賦販売業者の地位を承継する★2。ただし，当該事業の全部を譲り受けた法人又は合併後存続する法人若しくは合併により設立した法人若しくは分割により当該事業の全部を承継した法人が第15条第1項第2号又は同項第6号から第8号までのいずれかに該当するときは，この限りでない★3。
2 　前項の規定により許可割賦販売業者の地位を承継した者は，遅滞なく，その事実を証する書面を添付して，その旨を経済産業大臣に届け出なければならない★4。

★1(1)　18条の6第1項の「事業の……譲渡」は，会社法上の事業譲渡（会467条1項1号）を指す。「事業」とは，講学的にいえば，単なる財産の譲渡ではなく，「のれん」や契約関係（権利義務関係），その財産等の営業目的のための組織化された有機的一体として機能する統一体などと説明される。そして，事業譲渡とは，文字どおり，このような事業を第三者に譲渡することを意味し，譲渡会社の事業の全部を譲渡する場合と，その事業の一部又は複数併存する事業のうちの一部の事業のみを譲渡する場合とがある。

　18条の6第1項は，このような事業譲渡のうち，「事業の全部を譲渡」する場合に限り，許可割賦販売業者の地位が譲受人に承継されることとしている。「事業の全部」とは，許可割賦販売業者が営む事業全部という意味であり，前払式割賦販売に係る事業の全部という意味ではない。一応，前払式割賦販売に係る事業さえ譲渡されれば足りると考えることもできるが，そもそも，許可割賦販売業者に対する許可は，前払式割賦販売に係る事業のみではなくその法人の事業全部を前提に審査され，与えられているのであるから，事業全部の譲渡の場合に限り地位の承継を認めるのは当然であろう。

　加えて，仮に，事業の一部のみの譲渡によっても許可が承継されるとしたのでは，許可を取得しては事業を譲渡することを繰り返すことが可能となり，前払式割賦販売に対する参入規制が潜脱されるおそれがあり，このような事態を回避する趣旨も含まれていると解される。

(2)　「合併」とは，会社法上認められた組織再編の手法の1つで，2以上の複数の会社が合併契約を締結し，当事会社の全部又は一部が解散し（新設合併消滅会社・吸収合併消滅会社），解散する会社の権利義務を新設する会社又は存続する当事会社に包括承継させることを意味する。このうち，解散す

る当事会社の権利義務を，新設した会社に承継させる場合が新設合併であり，存続する当事会社に承継させる場合が吸収合併である。新設合併，吸収合併のいずれも，「合併」に当たることはいうまでもない。

　なお，合併の場合，上記(1)の事業譲渡と異なり，事業の一部のみを承継させることは認められないため，新設合併・吸収合併のいずれの場合であっても，許可割賦販売業者を消滅会社とする合併が行われれば，そのことのみをもって，18条の6第1項により消滅会社である許可割賦販売業者に対する許可が，新設会社又は存続会社に承継されることとなる。

(3)「分割」とは会社分割のことを指し，会社分割には，分割する会社（分割会社）の事業の全部又は一部を新設した会社に承継させる新設分割と，既存の会社に承継させる吸収分割とがある。会社分割も，合併と同様に会社法上定められた組織再編手法の1つであるが，事業の一部のみの承継が認められる点や，分割会社が解散しない点で合併と異なり，むしろ，効果としては事業譲渡に近い手法である。

　上述のとおり，分割の場合には，事業の一部の承継も認められ，必ずしも分割会社の事業の全部が承継会社又は新設会社に承継されるわけではないため，カッコ書により，分割会社である許可割賦販売業者が受けた許可を承継会社が承継するためには，許可割賦販売業者の事業の全部が会社分割により移転することが必要とされている。

★2　「許可割賦販売業者の地位を承継する」とは，事業譲渡における譲渡会社，合併における消滅会社，分割における分割会社（以下総称して「譲渡会社等」）である許可割賦販売業者に与えられた前払式割賦販売に係る許可が，事業譲渡の譲受会社，合併の新設会社・存続会社，分割における新設会社・承継会社（以下総称して「譲受会社等」）に移転し，承継されることを指す。本来，事業譲譲渡等がされた場合において，譲渡会社等に付与された許認可は譲受会社等に移転することはない。許認可は，あくまでも譲渡会社等に関する事情を前提として，譲渡会社等を名宛人として付与されたものだからである。

　しかし，このような原則によった場合，譲受会社等は，前払式割賦販売に係る事業を承継しても，許可を得ない限り承継した事業を営むことができず，許可を得るための申請・審査という事業者・行政の双方にとって（無駄な）事務コストを要することとなる。また，事業の全部の譲渡，合併又は分割の場合には，譲渡会社等である許可割賦販売業者が前払式割賦販売に係る事業を営むことはないから，事業譲渡等の後も許可を受けている意味もな

く，さらに，譲渡会社等の前払式割賦販売に係る営業財産もその全部が移転することから，譲受会社等が許可を申請すれば，基本的には許可がおりることが多いと考えられる。

そこで，18条の6第1項は，行政手続を簡略化し，行政事務に係るコストを削減するべく，譲渡会社等の事業の全部が譲渡・承継された場合に限り，譲渡会社等たる許可割賦販売業者に対して与えられた許可も譲受会社等に承継されることとしたものである。

★3　18条の6第1項ただし書は，譲受会社等が不許可事由（15条1項2号・6号～8号）に該当する場合には，「許可割賦販売業者の地位」，すなわち，前払式割賦販売に係る許可が承継されないことを定めている。

18条の6第1項ただし書により列挙されているのは，いずれも客観的に判断できる事項となっており，このような「一見して明らかに不許可事由に該当する場合」には，本来前払式割賦販売に係る許可が与えられることはないから，前掲★2に述べた18条の6第1項の趣旨に合致せず，また，割賦販売法15条1項6号を除き，18条の6第1項ただし書により列挙された条項への該当は同法23条1項1号による許可の必要的取消しの対象となることから，取消しの手間を省くべく，そもそも許可が承継されないとしたものである。

★4(1)　18条の6第2項の「遅滞なく」とは，書面交付（4条1項・2項）の場合と同様に，合理的な範囲で遅れなければ足りるという趣旨と解されるが，事業譲渡等を受けた後に，その旨の届出をするのに何らかの支障が生じることは現実的にはおよそ考え難いため，実際には，承継を受けた後速やかに届け出ることが必要である。

(2)　18条の6第2項の届出は，様式第8による届出書の提出により行い（割賦則19条1項），また，①登記事項証明書並びに役員の履歴書及び割賦販売法15条1項6号～8号に該当しないことの誓約書，②事業譲渡の場合には譲渡契約書の写しを添付することとされている（割賦則19条2項）。また，届出書の提出先は，本店所在地を管轄する経済産業局長である（割賦則140条2号）。

(変更の届出等)
第19条　許可割賦販売業者は，第12条第1項各号に掲げる事項について変更があつたときは★1，遅滞なく，その旨を経済産業大臣に届け出なければな

> らない★2。
> 2　許可割賦販売業者は，前払式割賦販売契約約款を変更しようとするときは，その旨を経済産業大臣に届け出なければならない★3。
> 3　経済産業大臣は，前項の規定による変更の届出があつた場合において，その変更後の前払式割賦販売契約約款の内容が第15条第1項第5号の経済産業省令・内閣府令で定める基準に適合しなくなると認めるときは★4，当該許可割賦販売業者に対し，その内容の変更を命ずることができる★5。
> 4　第12条第2項の規定は，第1項又は第2項の規定による変更の届出をする場合に準用する★6。

★1　「第12条第1項各号に掲げる事項」とは，許可申請書の記載事項のことであり，具体的には，①名称，②本店その他の営業所及び代理店の名称及び所在地，③資本金又は出資の額及び役員の氏名，④前払式割賦販売により販売しようとする指定商品の種類，の4項目である。

　　19条1項は，これらの事項につき，許可申請時から変更が生じた場合に，当該変更につき，事後的な届出の義務を課すものである。

★2 (1)　19条1項の届出は，「変更があつたとき」に「遅滞なく」行うこととされており，事前に届け出る必要はなく，事後届出で足りることとなっている。

　　行政による監督という観点からすれば，事前の届出が望ましく，また，19条2項が前払式割賦販売契約約款の変更については事前届出としていることからしても，19条1項においても事前の届出義務を課すことも考えられないではないが，名称（12条1項1号）並びに資本金の額及び役員の氏名（同項3号）の変更は株主総会決議事項であるから，必ずしも事前届出に親和するものではなく，また，営業所及び代理店の名称・所在地（同項2号）並びに前払式割賦販売により販売する指定商品の種類（同項4号）は，申請書の記載事項ではあるものの，審査事項とはされていないから（15条1項各号参照），これらの事項に変更が生じたからといって事前に届け出させるべき必要性は低い。このような事情に鑑み，事後届出制とされたものと解される。

(2)　許可申請書の記載事項に変更が生じた後に，その旨の届出をすることに何らかの支障が生じることは考え難いから，「遅滞なく」は，実際には，変更が生じた後できる限り速やかに届出すべきことを意味するものといえ

第1節　参入規制——許可制　〔2〕条文解説

　　　る。
　(3) 19条1項の届出は，様式第9により（割賦則20条1項），本店所在地を管轄する経済産業局長に提出することとされている（割賦則140条3号）。

★3 (1) 19条2項は，許可割賦販売業者に対し，前払式割賦販売契約約款を変更する場合に事前の届出義務を課すものである。これは，当該約款の変更が消費者の利益保護に直結する問題であり，かつ，もともと約款の内容が審査基準となっているため事前届出とすべき必要性が高く，また，当該約款の変更が株主総会決議事項とされていないため，事前届出とすることの問題・弊害が生じないことから事前届出制を採用したものである。

　(2) 19条3項において，前払式割賦販売契約約款の変更内容が審査対象となっていることを前提にすれば，「その旨」とは，単に約款を変更することだけを指すのではなく，その変更箇所及び変更内容も含むものと解される。
　　　なお，19条2項の届出は，様式第10による（割賦則20条2項）。

★4 「経済産業省令・内閣府令で定める基準」は，割賦販売法施行規則13条に定められている。詳細は，割賦販売法15条の解説★6を参照。
　　　なお，前払式割賦販売契約約款の変更命令の審査基準は，「（19条3項）の規定を基としつつ，重大性又は悪質性の有無等の観点から総合的に勘案して判断する」こととされている（割賦審査基準「第2の1.(1)」）。

★5 19条3項による命令は，あくまでも行政指導の範疇にとどまり，前払式割賦販売契約約款を変更させる強制力を伴う行政処分ではないと解される（打田＝稲村・割賦販売法193頁）。
　　　もっとも，当該命令への違反は，裁量的取消しの事由（23条2項3号）となることから，事実上は強制力を有するものということができる。

★6 19条4項が準用する割賦販売法12条2項は，許可申請に当たっては，申請書に定款，登記事項証明書等の一定の書類を添付する旨規定したものである。
　　　19条4項により，割賦販売法12条2項が準用される結果，19条1項の申請事項の変更届出又は2項の前払式割賦販売契約約款の変更届出に際しても一定の書類を添付することが必要となる。
　　　具体的な添付書類は，割賦販売法施行規則20条3項が規定しており，19条1項の届出については，①変更に係る事項を証する書類，②役員に係る変更の場合には，新たな役員の履歴書及び割賦販売法15条1項8号に該当しないことの誓約書，③代理店に係る変更の場合には，代理店契約書の写しが添付

161

書類となっており（割賦則20条3項1号），また，19条2項の届出に際しては，変更前及び変更後の前払式割賦販売契約約款の添付を要する（割賦則20条3項2号）。

第2節　参入規制——保証金の供託（16条〜18条の5・20条の3・20条の4・21条〜22条の2・29条）

第1款　営業保証金の供託（16条〜18条の2）

〔1〕概　　説

(1)　趣旨・目的

　割賦販売法は，許可割賦販売業者に対して，①営業所の数を基準として算定される「営業保証金」，及び②購入者から受領した前受金の総額に基づいて算定される「前受業務保証金」という2種類の保証金の供託を義務付けている（16条1項・18条の3第1項）。

　これは，債権保全の一環として義務付けられたものであり，いうまでもなく，前払式割賦販売に係る購入者が弁済した前受金の返還請求権を保全するための措置である。

　すなわち，許可割賦販売業者が倒産等した場合には，購入者は前払式割賦販売契約を解除することができ（27条1項），法的あるいは観念的には，契約解除に伴い，購入者は前払金の返還を受けることができることになる。しかし，倒産した許可割賦販売業者から前受金の返還を受けるというのは，およそ現実的ではない。そのため，購入者は営業保証金及び前受業務保証金の還付を受けることが認められており（21条1項），これにより自己の許可割賦販売業者に対する債権の満足を受けることができるのである。

　このように，営業保証金及び前受業務保証金は，許可割賦販売業者において営業保証金及び前受業務保証金を前受金の担保として供託させ，前受金の返還請求権を保全することにより購入者の保護を図るための制度である。

第2節　参入規制——保証金の供託　　第1款　営業保証金の供託　　〔1〕　概説

(2)　営業保証金の供託
(a)　供託義務

許可割賦販売業者は，前払式割賦販売の営業を行うに当たっては，営業保証金を供託しなければならず（16条1項），供託した旨の届出をした後でなければ，前払式割賦販売の営業を開始してはならない（同条3項）。

(b)　供託金額

供託すべき営業保証金の額は，主たる営業所につき10万円，その他の営業所又は代理店1ヵ所ごとに5万円として計算した合計額である（17条1項）。さらに，新規に営業所又は代理店を開設した場合には，追加で営業保証金を供託しなければならない（18条1項）。

後述の前受金保全措置としての前受業務保証金の額が前受金の額を基準として定められるのに対し，営業保証金は，営業所数を基準とするものであるから，受領している前受金が0円である場合であっても，営業所が存する限りは営業保証金の供託が必要になる。そのため，営業保証金は，最低保証金としての機能を営むものである。

逆に，営業所又は代理店を廃止したことにより，供託した営業保証金の額が割賦販売法で定められた必要な金額を超過することとなった場合には，許可割賦販売業者は当該超過分を取り戻すことができる（18条の2第1項）。ただし，営業保証金の取戻しに際しては，債権者に対し，6ヵ月以上の一定期間内に申し出るべき旨を公告し，その期間内に申出がなされないことを要する（同条2項）。

(c)　届出義務違反に対する処分

(イ)　行政処分　　営業保証金の供託をせず又は供託した旨の届出をせずに前払式割賦販売の営業を行った場合は，前払式割賦販売に係る許可の任意的取消しの対象となる（23条2項1号）。営業所又は代理店を新たに開設したにもかかわらず，営業保証金を供託せず又はその届出を怠った場合も同様である。

(ロ)　罰則　　また，割賦販売法16条3項に違反して，営業保証金を供託せず又はその届出をせずに営業を開始した者は，50万円以下の罰金が科される（52条1号）。

第2編　割賦販売法の解説　　第3章　前払式割賦販売

〔2〕　条文解説

（営業保証金の供託等）
第16条　許可割賦販売業者は，営業保証金を主たる営業所のもよりの供託所に供託しなければならない★1。
2　許可割賦販売業者は，営業保証金を供託したときは，供託物受入れの記載のある供託書の写しを添附して，その旨を経済産業大臣に届け出なければならない★2。
3　許可割賦販売業者は，前項の規定による届出をした後でなければ，前払式割賦販売の営業を開始してはならない★3。

★1(1)　許可割賦販売業者とは，前払式割賦販売に関する許可を受けた者をいう（15条1項8号ハ）。したがって，割賦販売法11条ただし書により許可を受けずに前払式割賦販売を業として営む者は許可割賦販売業者に当たらず，16条以下の営業保証金の供託等に関する規制は適用されない。
　(2)　「供託所」とは，法務局若しくは地方法務局若しくはこれらの支局又は法務大臣の指定するこれらの出張所のことを指し（供1条），金銭及び有価証券の供託に関する事務を取り扱う機関である。
　　　供託法その他の関係法令においては，供託所の管轄は特に定められていないため，営業保証金の供託は，16条1項により「主たる営業所のもよりの供託所」に対して行うことになる。
　　　「もよりの供託所」とは，文字どおり，主たる営業所から，物理的・地理的に最も近い供託所を意味すると解される（打田＝稲村・割賦販売法160頁）。割賦販売法18条により，営業保証金を追加で供託すべき場合もあり得るし，逆に，行政区画を基準とすることに何らかのメリットがあるわけでもない以上は，許可割賦販売業者に便宜なように取り扱うべきであろう。
　(3)　「供託」とは，金銭又は有価証券その他の財産を供託所に預け入れ，供託所を通じて債権者その他の者に受領させる制度ないし行為を指す。供託には，その目的に応じ，弁済供託，担保保証供託，執行補助供託，特殊供託，補完供託などの種類があるが，16条1項における供託は，許可割賦販売業者に対する債権を保全することを目的としたものであり，担保保証供

第2節 参入規制——保証金の供託 第1款 営業保証金の供託 〔2〕条文解説

託に当たる。
　　供託に際しての手続については，供託規則により定められている。
★2　16条2項の届出は，様式第4による（割賦則14条）。
★3　「営業」とは，外回りのような日常用語としての「営業活動」を意味するものではなく，事業と同義の文言である。したがって，「前払式割賦販売の営業」とは，前払式割賦販売に係る事業活動の全部を含むものと解されるが，営業保証金の供託は，既に許可を受けており，かつ，営業所を有していることを前提としているから，供託前には前払式割賦販売に係る準備行為の一切を行うことができないと解することはできない。
　　そのため，16条3項により，供託前に行うことが禁止されているのは，基本的には，購入者との契約締結，前受金の受領，商品の発注及び引渡し等の，購入者との前払式割賦販売契約に係る事項と解される。

> 第17条　前条第1項の営業保証金の額は，主たる営業所につき10万円，その他の営業所又は代理店につき営業所又は代理店ごとに5万円の割合による金額の合計額とする★1。
> 2　前項の営業保証金は，経済産業省令で定めるところにより，国債証券，地方債証券その他の経済産業省令で定める有価証券（社債，株式等の振替に関する法律（平成13年法律第75号）第278条第1項に規定する振替債を含む。）をもつて，これに充てることができる★2。

★1　17条1項は，前払式割賦販売の許可を受けた時点で供託すべき営業保証金の額を定めるものであり，具体的には，本店につき10万円，その他の営業所・代理店1ヵ所につき5万円として計算した合計額を供託しなければならないとされている。例えば，東京に本店を置き，札幌，仙台，名古屋，大阪，広島，高松及び福岡に支店を設置した場合であれば，（10万円＋5万円×7）＝45万円の供託が必要になる。
　　前払式割賦販売もおよそ割賦販売である以上は，それなりの金額をもって取引されるのであるから，上記のような低額な営業保証金によって，債権者，特に購入者の債権を保全し，消費者を保護することができるのかは，甚だ疑問であるが，現在，前払式割賦販売がほとんど利用されておらず，また，後述の前受業務保証金（前受金保全措置）も営業保証金と同様の担保的機

能を営むことから，上記のような金額であっても問題が生じることは少ないとの判断に基づくものと思われる。

なお，工場や前払式割賦販売に係る営業を一切行っていない営業所については，許可申請書の記載事項となっていないことからしても，ここでいう「営業所」には含まれないと解される。

★2 「国債証券，地方債証券その他の経済産業省令で定める有価証券」は，割賦販売法施行規則15条により定められており，有価証券ごとに，券面額に対して営業保証金に充てられる割合が定められている（割賦則16条）。具体的には次のとおりである。

有価証券の種類	営業保証金に充てられる割合
(1)　金融商品取引法2条1項1号～3号までに規定する債券 ・国債証券 ・地方債証券 ・特別の法律により法人の発行する債券	95％
(2)　(1)のほか，担保付社債信託法による担保付社債券及び法令により優先弁済を受ける権利を保証されている社債券（自己の社債券及び会社法による特別清算開始の命令を受け，特別清算終結の決定の確定がない会社，破産法による破産手続開始の決定を受け，破産終結の決定若しくは破産廃止の決定の確定がない会社，民事再生法による再生手続開始の決定を受け，再生手続終結の決定若しくは再生手続廃止の決定の確定がない会社又は会社更生法による更生手続開始の決定を受け，更生手続終結の決定若しくは更生手続廃止の決定の確定がない会社が発行した社債券を除く）	90％
(3)　社債，株式等の振替に関する法律88条に規定する振替国債	95％

> 第18条　許可割賦販売業者は，営業の開始後新たに営業所又は代理店を設置したときは，当該営業所又は代理店につき前条第1項に規定する割合による金額の営業保証金を供託しなければならない★1。
> 2　第16条及び前条第2項の規定は，前項の規定により供託する場合に準用する★2。

★1(1)　営業所又は代理店の「設置」とは，新たに営業所を開設し又は代理商契約を締結することである。考え方としては，当該営業所又は代理商におい

第2節　参入規制——保証金の供託　　第1款　営業保証金の供託　　〔2〕　条文解説

て，実際に前払式割賦販売に係る営業を開始した時点をもって「設置」とすることも考えられるが，そのように解したのでは供託すべき時期が不明確になり，また，「設置」という文言にそぐわないこととなる。また，このように解すると，供託の届出後でなければ営業を開始してはならないとする割賦販売法16条3項（18条2項による準用）と矛盾することになる。そのため，営業所の開設又は代理商契約の締結をもって，営業所又は代理店を「設置した」ものとみることとなろう。

　なお，工場や前払式割賦販売に係る営業を行っていない営業所等が，方針を転換し前払式割賦販売に係る営業を行うこととなった場合も，新たに営業所を開設したのに準じるものとして，ここでいう「設置」に含まれよう。

(2)　18条1項により追加で供託する営業保証金の額は，前払式割賦販売の営業開始時点（17条1項）と同額であるが，本店（主たる営業所）を既にある本店と別に新たに設置するということは考え難い。そのため，18条1項により追加で供託する金額は，基本的には，営業所又は代理店を新たに設置するごとに5万円という計算である。

★2　18条2項により割賦販売法16条が準用される結果，①追加供託の届出後でなければ，当該営業所又は代理店において前払式割賦販売の営業を開始することができず（16条3項），②当該届出は様式第4により行うこととなる（16条2項，割賦則14条）。

　また，18条2項が割賦販売法17条2項を準用しているため，現金での供託だけでなく，有価証券による供託も認められる。この場合において供託することができる有価証券及び供託に充てられる額の券面額に対する割合については，割賦販売法17条の解説★2を参照。

第18条の2　許可割賦販売業者が一部の営業所又は代理店を廃止した場合において★1，営業保証金の額が第17条第1項に規定する額をこえることとなつたときは★2，当該許可割賦販売業者は，そのこえる額を取り戻すことができる★3。

2　前項の営業保証金の取戻しは，当該営業保証金につき第21条第1項の権利を有する者に対し，6月を下らない一定期間内に申し出るべき旨を公告し，その期間内にその申出がなかつた場合でなければ，することができな

> い★4。ただし，営業保証金を取り戻すことができる理由が発生した時から10年を経過したときは，この限りでない★5。
> 3　前項の公告その他第１項の規定による営業保証金の取戻しに関し必要な事項は，法務省令・経済産業省令で定める★6。

★1(1)　営業所の「廃止」とは，基本的には，店舗を閉鎖することを指すが，物理的な意味での店舗を残したまま前払式割賦販売に係る営業を行わなくなることも含まれると解される。そもそも，前払式割賦販売に係る営業を行っていない営業所等は許可取得に際しての申請事項となっておらず，また，営業保証金算定の頭数にも算定されないと解されることからすれば，必ずしも営業所が物理的な意味での廃止（閉店）される必要はなく，他の業務に係る営業を継続するような場合であっても，前払式割賦販売に係る営業を行わなくなったのであれば，営業保証金算定における頭数として算定しないと解さないと営業保証金の供託の場面との均衡を失することとなる。

(2)　また，代理店の「廃止」とは，代理商契約が解除，期間満了その他の事由により終了することを指す。

★2　旧来は，営業保証金と前受業務保証金とが連動していたため，営業所を廃止した場合であっても，供託金額が必ずしも必要な営業保証金の額を超過するとは限らなかった。しかし，昭和47年改正により，営業保証金と前受業務保証金とは連動しないこととされ，営業保証金額は，営業所又は代理店の頭数のみを基準として算定されることとなった。

　そのため，現在では，営業所又は代理店を廃止すれば，そのことのみをもって，即，供託金額が営業保証金額を超過することとなる。したがって，「営業保証金の額が……（法定の）額をこえることとなつたとき」とは，要するに営業所等を廃止したときとイコールであり，特に，独自の意味合いを有する要件ではない。

★3　18条の２第１項により取り戻すことができる「こえる額」とは，本店を廃止することは考えられないから，（廃止した営業所又は代理店の数×５万円）という計算により算定される。

★4(1)　18条の２第１項により供託した営業保証金を取り戻すためには，供託した金額が法定の金額を超過するだけでなく，割賦販売法21条１項の権利を有する者に対し，６ヵ月以上の期間を定めて公告し，当該期間内に権利行

第2節　参入規制——保証金の供託　第1款　営業保証金の供託　〔2〕　条文解説

使の申出がなかったことが必要である。
(2)　「第21条1項の権利」とは，営業保証金（又は前受業務保証金）から債権の弁済を受ける権利のことであり，当該権利を有しているのは，「許可割賦販売業者と前払式割賦販売の契約を締結した者」で，許可割賦販売業者に対して，当該契約により生じた債権を有している者である。この債権は，多くの場合，前受金の返還請求権である。

　　したがって，18条の2第2項の「第21条1項の権利を有する者」とは，許可割賦販売業者に対して債権を有する購入者であり，債権者一般を指すものではない。
(3)　18条の2第2項の「公告」については，保証金規則により定められている。その内容については，後掲★6参照。

★5(1)　「営業保証金を取り戻すことができる理由が発生した時」とは，18条の2第2項の公告期間が満了した時点ではなく，営業所又は代理店を廃止した時点のことと解される。公告期間が満了したときという意味と解すると，文意にそぐわない上（そのような意味であれば「取り戻すことができる時」と直接的に記載されるのが通例であろう），公告を不要としたことと矛盾するからである。
(2)　なお，供託金の取戻請求権は，10年間の消滅時効にかかると解されるが，時効期間については，時効処理等取扱要領（平成28年7月14日法務省民商第114号）により，次のとおり取り扱うこととされている。

　　すなわち，権利行使の公告をしたことが明らかでない場合（≒公告していない場合）には，当該公告を要しないこととなる時点から10年間で消滅時効が完成し（同要領の「第4の2(1)イ(ア)①」），公告を行った場合には公告に係る期間の満了時点から10年間で消滅時効が完成する（同要領の「第4の2(1)イ(ア)②」）。

　　したがって，18条の2第2項本文により公告を実施した場合には，当該公告に係る期間（通常は6ヵ月）を経過した時点から，同項ただし書により公告を実施しなかった場合には，営業所又は代理店を廃止した時から10年が経過した時点から消滅時効が進行することとなる。

★6　18条の2第3項の「法務省令・経済産業省令」とは保証金規則のことである。同規則では，18条の2による営業保証金の取戻しにつき次のように定められている。
(1)　公告手続

許可割賦販売業者は，次の事項を官報に公告しなければならない（保証金規則19条1項）。
- ① 当該許可割賦販売業者の名称及び代表者の氏名並びに主たる営業所その他の営業所及び代理店の名称及び所在地
- ② 廃止した営業所又は代理店の名称及び所在地並びにその廃止の年月日
- ③ 当該許可割賦販売業者の営業保証金の総額及び取戻しをしようとする営業保証金の額
- ④ 上記③の営業保証金につき割賦販売法21条1項の権利を有する者は，6月を下らない一定期間内に，その債権の額及び債権発生の原因たる事実並びに住所及び氏名又は名称を記載した申出書3通を経済産業局長に提出すべき旨
- ⑤ 上記④の申出書の提出がないときは，上記③の取戻しをしようとする営業保証金が取り戻される旨

(2) 公告後の手続
- (a) 許可割賦販売業者は，公告後，遅滞なく，その旨を経済産業局長に届け出なければならない（保証金規則19条7項）。
- (b) 公告に定める期間内に，営業保証金につき還付請求権を有する者からの申出書の提出がなかったときは，その旨の証明書の交付を経済産業局長に請求することができる（保証金規則20条1項）。
- (c) 公告に定める期間内に，営業保証金につき還付請求権を有する者からの申出書の提出があったときは，当該申出書各1通及び申出に係る債権の総額に関する証明書の交付を経済産業局長に請求することができる（保証金規則20条2項）。
- (d) 次の書類を添付して供託物払渡請求書を提出する（保証金規則21条1項）。
    - ① 債権申出書の提出がなかった場合には，その旨の証明書
    - ② 債権申出書が提出された場合には，債権総額の証明書及び債権が存在しないこと又は消滅したことを証する書類

第2款　前受金保全措置（18条の3～18条の5・20条の3・20条の4）

〔1〕　概　　説

(1)　**前受金保全措置の実施**（18条の3）
(a)　**趣旨・目的**
　許可割賦販売業者は，基準日（毎年3月31日及び9月30日）時点での前受金の額を基準として算定される基準額が供託した営業保証金を超過する場合には，当該超過額について前受金保全措置を講じなければならない（18条の3第1項）。
　これは，いうまでもなく，営業保証金の供託と併せて，購入者の許可割賦販売業者に対する債権を保全し，もって購入者を保護することを目的としたものである。

(b)　**基準額**
　基準額とは，基準日において前払式割賦販売契約を締結している者から当該基準日までにその契約に係る商品の代金の全部又は一部として受領した前受金の合計額の2分の1から割賦販売法17条1項により供託すべき営業保証金の額を控除した金額である（18条の3第2項）。
　つまり，受領した前受金の2分の1の金額については，前受金保全措置及び営業保証金により担保され，債権保全されることになる。残りの2分の1については，債権保全措置がとられないため，許可割賦販売業者が倒産した場合等には，前受金の返還を受けられない可能性がある。このようなケースについては行政による監督を通じた許可割賦販売業者自身の営業努力に期待するほかない。

(c)　**前受金保全措置の内容**
　前受金保全措置としては，次の2つの方法がある（18条の3第2項）。
　(イ)　**前受業務保証金の供託**　　まず，1つ目は，許可割賦販売業者が自ら基準額を供託する方法である（前受業務保証金の供託）。供託の方法や，現金以外に有価証券による供託が認められる点などは，営業保証金の場合と同様である（18条の3第5項）。

(ロ) 前受業務保証金供託委託契約の締結　2つ目は，前受業務保証金供託委託契約（以下「供託委託契約」）を締結することである。これは，許可割賦販売業者に一定の事由が生じた場合には，受託者（以下「供託受託者」）が前受業務保証金を供託すべきことを委託する契約を指す。

　なお，この供託委託契約において受託者となることができるのは，①銀行その他政令で定める金融機関，又は②経済産業大臣の指定する者（指定受託機関，割賦第3章の3）のみである（18条の3第4項）。

(ハ) 供託委託契約の内容　供託委託契約の大まかな内容については割賦販売法が定めており，許可割賦販売業者による届出（18条の4第1項）の後，最初に到来する基準日の50日後までの間に，許可割賦販売業者が割賦販売法27条1項各号（購入者による法定解除権の発生事由）に該当することとなった場合又は割賦販売法20条の3第3項による指示があった場合に，供託受託者が供託委託契約により定められた金額を供託する契約であるとされている（18条の3第3項）。

(ニ) 両者の併用　割賦販売法が義務付ける前受金保全措置としては，上記(イ)の許可割賦販売業者による前受業務保証金の供託と，(ロ)の供託委託契約の締結のどちらか片方だけによるのではなく，両者を併用することも認められる。例えば，基準額が100万円だった場合に，許可割賦販売業者が自ら50万円を供託し，残りの50万円について供託委託契約を締結するといった形である。

　また，供託委託契約は必ずしも1本の契約であることを要さず，複数の供託受託者と複数の供託委託契約を締結し，これにより基準額相当とすることも認められよう。

(d) **前払式割賦販売契約締結の禁止**

　許可割賦販売業者は，基準額について前受金保全措置を講じ，その旨の届出をした後でなければ，当該基準額に係る基準日の翌日から起算して50日を経過した後は，新たに前払式割賦販売契約を締結してはならない（18条の3第1項）。

　つまり，基準日時点での前受金の50％相当額が営業保証金の額を超過する場合には，超過額につき前受金保全措置を講じ，その旨の届出をしなければ，基準日（毎年3月31日及び9月30日）の翌日から起算して50日が経過した日（つま

り5月21日及び11月20日）以降は新たに前払式割賦販売契約を締結することが禁止される。

逆にいえば，前受金保全措置を講じなくても，5月20日及び11月19日までは，新たに前払式割賦販売契約を締結することは可能である。

このように，50日間の猶予を設けているのは，基準額を算定・確定し，前受金保全措置を実施するまでにこの程度の期間を要すると考えられるからである。

(e) **違反に対する処分等**

(イ) 行政処分　割賦販売法18条の3第1項に違反し，前受金保全措置を講じず，又はその旨の届出（18条の4第1項）をせずに新たに前払式割賦販売契約を締結した場合には，前払式割賦販売に係る許可の任意的取消しの対象となる（23条2項2号）。

(ロ) 罰　則　また，割賦販売法18条の3第1項に違反し，前受金保全措置を講じ，かつその旨の届出をする前に前払式割賦販売契約を締結した者は，50万円以下の罰金が科される（52条2号）。

(2) **前受金保全措置の届出**（18条の4）

許可割賦販売業者は，前受金保全措置を講じた場合には，基準日ごとに経済産業大臣に対しその旨を届け出なければならない（18条の4第1項）。

届出書には，前受業務保証金の供託をした場合には供託物受入れの記載のある供託書の写しを，前受業務保証金供託契約を締結した場合には契約書の写しを添付しなければならない（18条の4第2項）。

なお，この届出は，前受金保全措置を講じた場合に必要となるにすぎず，前受金保全措置を講じる必要がない場合（つまり，営業保証金が前受金の額の2分の1を上回る場合）には，届出は不要である。

前受金保全措置が必要であるにもかかわらずこれを講じなかった場合は論外だが，当該措置を講じても届出をしない限りは，新たに前払式割賦販売契約を締結することは認められず（18条の3第1項），行政処分及び罰則の対象となり得る（23条2項2号・52条2号）。

(3) **供託金の取戻し及び供託委託契約の解除**（18条の5）

(a) 概　要

許可割賦販売業者は、①基準日における前受金の金額の2分の1が、営業保証金の額以下となった場合（つまり、基準額が0円となった場合）には前受金保全措置に係る全額につき、②基準額が1円以上であるが、前受金保全措置に係る金額が基準額を超過する場合には当該超過額につき、前受業務保証金を取り戻し又は供託委託契約を解除することができる（18条の5第1項・2項）。ただし、前受業務保証金の取戻し及び前受業務保証金供託委託契約の解除のいずれについても、経済産業大臣の承認を受ける必要がある（18条の5第3項・5項）。

なお、前受業務保証金の取戻しに係る手続については保証金規則により定められており、また、経済産業大臣による承認については、割賦審査基準により基準が示されている。いずれについても、詳細は後記〔2〕の「条文解説」を参照。

(b) **前受業務保証金供託委託契約の解除**

供託委託契約は、割賦販売法18条の5第1項又は2項に該当する場合、すなわち、基準日における前受金の額の2分の1の金額について担保が確保されている場合以外には解除できないのが原則である（18条の5第6項本文）。この条件を満たしていない場合は、供託委託契約を解除しても経済産業大臣の承認を得られず、その効力を生じないこととなっている（同条5項）。

ただし、逆にいえば、上記のような条件が満たされる限り、供託委託契約の解除を禁止すべき格別の必要性もない。そこで、割賦販売法18条の5第6項ただし書は、上記の条件を満たす場合、すなわち供託委託契約を解除してもなお割賦販売法18条の3第3項の要件を満たす場合には解除を例外的に認めることとしている。これは、割賦販売法18条の4第1項の届出の次の基準日から50日が経過するまでに許可割賦販売業者が他の前受金保全措置を講じ終えた場合には、供託委託契約の終期を前受金保全措置を講じた時点にまで短縮しても問題はないため、このような取扱いを認める趣旨である。そのような意味では、契約の解除を認めるというよりも、供託委託契約の期間短縮を認めるという方がより正確である。

なお、この解除の禁止に関する割賦販売法18条の5第5項は強行規定である（同条6項）。したがって、割賦販売法18条の3第3項の要件を満たさない場合でも供託委託契約を解除できる旨の特約は無効である。

(4) **供託委託契約の受託者による供託**（20条の3・20条の4）
(a) **供託受託者による供託義務**
(イ) 供託義務の発生　まず，供託委託契約を締結しただけでは供託受託者は供託を実施する必要はなく，供託受託者が実際に前受業務保証金を供託しなければならない場合については，割賦販売法20条の3が定めている。

すなわち，①許可割賦販売業者に許可の取消しや破産手続の申立て等の一定の事由が生じた場合は，経済産業大臣は許可割賦販売業者に対して債権を有する購入者に対して，一定期間内に債権申出をすること等を公示し（20条の3第1項），②この公示と併せて，経済産業大臣は，供託受託者に対して，債権申出期間の末日までに供託委託契約に基づき前受業務保証金を供託することを指示し（同条2項），これにより，供託受託者は，債権申出期間の末日までに前受業務保証金を供託しなければならないこととなる（同条4項）。

また，上記の手続とは別に，③経済産業大臣が購入者の債権を保全するために必要があると認めた場合には，供託受託者に対して前受業務保証金を供託すべきことを指示することができ（20条の3第3項），供託受託者は，当該指示に係る期間内に前受業務保証金を供託しなければならない（同条4項）。

供託すべき供託所は，許可割賦販売業者の主たる営業所の最寄りの供託所である（20条の3第6項・16条1項）。ただし，割賦販売法17条2項は準用されていないため，供託受託者による供託の場合，有価証券による供託は認められない。

(ロ) 供託書の提出　上記のいずれかの手続を経て前受業務保証金を供託した供託受託者は，供託書の写しを経済産業大臣に提出しなければならない（20条の3第5項）。

(ハ) 行政処分・罰則　供託受託者が，上記(イ)に反して前受業務保証金を供託しなかった場合には，50万円以下の罰金が科されるほか（52条4号），受託者が指定受託機関である場合には，指定の取消し等の対象となる（35条の14第2項）。

(b) **供託受託者による取戻し**
供託受託者は，経済産業大臣による公示がされている場合は，債権申出期間内に債権申出がなされなかったとき，公示がされていない場合には経済産業大臣の承認を受けたときに，供託金を取り戻すことができる（20条の4第2項）。

また、債権申出がされたが、供託金額がこれを超過している場合には、当該超過額についても、取戻しが認められると解される。

なお、供託受託者が前受業務保証金を取り戻す際の手続は、保証金規則により定められている。

〔2〕 条文解説

(前受金保全措置)

第18条の3 許可割賦販売業者は、毎年3月31日及び9月30日(以下これらの日を「基準日」という。)において前払式割賦販売の契約を締結している者から基準日までにその契約に係る商品の代金の全部又は一部として受領した前受金の合計額の2分の1に相当する額が当該基準日における第17条第1項に規定する営業保証金の額をこえるときは★1、次項の前受金保全措置を講じ、次条第1項の規定によりその旨を経済産業大臣に届け出た後でなければ、基準日の翌日から起算して50日を経過した日以後においては、新たに前払式割賦販売の契約を締結してはならない★2。

2 前受金保全措置は、前受業務保証金の供託又は前受業務保証金供託委託契約の締結であって、その措置により、許可割賦販売業者が、基準日において前払式割賦販売の契約を締結している者から当該基準日までにその契約に係る商品の代金の全部又は一部として受領した前受金の合計額の2分の1に相当する額から当該基準日における第17条第1項に規定する営業保証金の額を差し引いた額に相当する額(以下「基準額」という。)をその契約によって生じた債務の弁済に充てることができるものとする★3。

3 前受金保全措置として締結する前受業務保証金供託委託契約は、次条第1項の規定による届出の翌日以降次の基準日の翌日から起算して50日を経過する日(その日前に当該次の基準日に係る基準額について同項の規定による届出があつたときは、その届出の日)までの間に、委託者たる許可割賦販売業者が第27条第1項各号の一に該当することとなった場合又は受託者が第20条の3第3項の規定による指示を受けた場合において、受託者が委託者のために委託額に相当する額の前受業務保証金を供託することを約する契約とする★4。

第 2 節　参入規制——保証金の供託　　第 2 款　前受金保全措置　　〔2〕条文解説

4　銀行その他政令で定める金融機関又は経済産業大臣の指定する者でなければ，前項の前受業務保証金供託委託契約（以下単に「供託委託契約」という。）の受託者となることができない★5。

5　第16条第 1 項及び第17条第 2 項の規定は，前受金保全措置として前受業務保証金を供託する場合に準用する★6。

★1(1)　18条の 3 第 1 項は，一定の場合において，許可割賦販売業者に対し前受金保全措置（18条の 3 第 2 項）を義務付けるものであり，その要件は，基準日において前払式割賦販売の契約を締結している者から基準日までに受領した前受金の 2 分の 1 の額が当該基準日時点の営業保証金の額を超えることである。

(2)　「基準日」とは，毎年 3 月31日及び 9 月30日のことである。わが国の事業者の多くが 3 月決算としていることから，半期及び決算期を基準としたものであると解される。

(3)　「基準日……において前払式割賦販売の契約を締結している者」とは，前払式割賦販売契約の購入者全般ではなく，基準日時点で，前払式割賦販売に係る商品の引渡しを受けていない購入者のことを指すものと解される。18条の 3 の前受金保全措置が割賦販売法27条の法定解除権に基づく前受金の返還請求権を保全することを目的としており，当該解除権が「商品の引渡しを受けていない者」にしか認められず，商品が引渡済みの購入者については当該解除権が認められないことからすれば，そのような購入者まで18条の 3 が念頭に置いているとは考え難い。

　　そのため，前受金が完済前であっても，商品の引渡しを受けている限り，「前払式割賦販売の契約を締結している者」には含まれないと考えられる。確かに，商品の引渡後も，瑕疵担保責任等の金銭債務が生じる可能性はあるが，そのような可能性まで含めて，過去に前払式割賦販売の契約を締結した一切の者を指すこととしたのでは，前払式割賦販売の業務を継続する限り，18条の 3 第 1 項の「前受金」は増加し続けることとなり，供託すべき金額が減少する自体は起こり得ないことになる。後述するように，割賦販売法は前受業務保証金の取戻しを認めており，基準額（18条の 3 第 2 項）が減少する事態を想定していることからしても，このように解することはできない。

(4)　「前受金」なる用語は特に定義されていないが，前払式割賦販売における商品の代金を指し，また，上記(3)からすれば，18条の 3 第 1 項の「前受

金」は，商品を引き渡していない購入者から受領した前受金のみを意味し，商品引渡済みの購入者から受領した前受金は含まれないものと解される（打田＝稲村・割賦販売法174頁）。

(5) 18条の3第1項は，前受金の2分の1の額が営業保証金を超える場合に前受金保全措置の構築及び届出を義務付けるものであるから，前受金の2分の1の額が営業保証金の額と同額又はこれを下回る場合には，上記義務は課されず，前受金保全措置を講じる必要はない。

★2 (1) 18条の3第1項は，基準日において前受金額（の2分の1）と営業保証金額とを比較し，前者が後者を超過する場合には，前受金保全措置を講じその旨の届出をしなければ，基準日の翌日から起算して50日を経過した日以後の前払式割賦販売契約の締結を禁止するものである。

したがって，前受金の2分の1の額が営業保証金額を超える場合には，許可割賦販売業者は前受金保全措置を講じた上でその旨の経済産業大臣への届出もしなければならず，前受金保全措置は講じたが届出を怠ったという場合も18条の3第1項違反として行政処分又は罰則の対象となる。

(2) 「基準日の翌日から起算して50日を経過した日」とは，毎年の5月21日及び11月20日を指す。

(3) 18条の3第1項が禁止しているのは，毎年5月21日及び11月20日以降に前払式割賦販売契約を締結することであるから，基準日から5月20日又は11月19日までは，前受金保全措置の構築及び届出をしなくても新たに前払式割賦販売契約を締結することが許される。

また，18条の3第1項により禁止されるのは，あくまでも「新たな前払式割賦販売の契約を締結」することであるから，新たな前払式割賦販売契約の締結に向けた準備（広告宣伝等）は許される。加えて，以前に締結した前払式割賦販売に係る業務（商品引渡し，代金の受領等）を行うことが禁止されないのは当然である。

★3 18条の3第2項は，前受金保全措置の内容を定めたものであり，具体的には，前受業務保証金の供託若しくは供託委託契約の締結のいずれか又はこれらの併用が前受金保全措置に当たる。

許可割賦販売業者にこのような前受金保全措置を講じさせる理由は，当該措置により購入者の許可割賦販売業者に対する債権を保全し，もって購入者を保護することにあるが，そのための方法としては，一定の金額をプールさせ，個別の差押え等により債権保全を図ることも考えられる。しかし，この

第2節　参入規制——保証金の供託　　第2款　前受金保全措置　〔2〕　条文解説

ような方法によった場合，債権者間の公平を害する可能性があり，また，許可割賦販売業者が当該資金を使用してしまう可能性もあり，債権保全の確実性で劣ることになる。さらに，財産の差押えのためには，債務名義（≒判決）が必要であり，救済の迅速性に欠けることになる。

　このような理由から，一般的な債権保全手続ではなく，供託制度を通じて，公平かつ確実な債権保全を図ったものと解される。

★4　18条の3第3項は，供託委託契約の内容（概要）を定めたものであり，許可割賦販売業者に一定の事由が生じた場合に，供託受託者が基準額を供託することを委託し，これを受託する契約であるとされている。法的性質としては，停止条件付きの（準）委任契約である。

　また，供託受託者が供託すべき金額は「委託額に相当する額」である。したがって，基準額の全額について供託委託契約を締結する必要はなく，例えば，基準額の一部を許可割賦販売業者が供託し，残額について供託委託契約を締結する，あるいは，複数の供託受託者と供託委託契約を締結するなどの方法も認められる。

　供託受託者が供託を実行することとなる停止条件は，許可割賦販売業者が割賦販売法27条1項各号のいずれかに該当することとなったこと又は供託受託者が割賦販売法20条の3第3項の規定による指示を受けたことであるが，具体的に列挙すれば，次のとおりである。

(1)　割賦販売法27条1項各号
　① 　基準日の翌日から起算して50日を経過する日までの間に当該基準日に係る基準額について前受金保全措置を講じなかったとき
　② 　純資産が資本又は出資の額の90％に満たなくなったことにより，経済産業大臣から前払式割賦販売契約を締結してはならない旨の命令を受けたこと
　③ 　許可割賦販売業者が，前払式割賦販売の許可を取り消されたとき
　④ 　許可割賦販売業者が営業を廃止し，許可が失効したとき
　⑤ 　許可割賦販売業者に破産手続，民事再生手続又は会社更生手続の申立てがあったとき
　⑥ 　許可割賦販売業者が支払を停止したとき
(2)　経済産業大臣が，供託受託者に対し，購入者の債権保全のために必要があると認め，期限を指定して供託委託契約に基づき前受業務保証金を供託することを指示した場合（20条の3第3項）

第2編　割賦販売法の解説　　第3章　前払式割賦販売

　　なお，供託受託者は，上記の事由が生じた場合には供託委託契約に基づく供託をする必要があるが，上記の事由は割賦販売法18条の4第1項による「届出の翌日以降次の基準日の翌日から起算して50日を経過する日（その日前に当該次の基準日に係る基準額について同項の規定による届出があったときはその届出の日）までの間」に生じる必要がある。例えば，4月20日に届出をした場合には，11月19日までに上記各事由が生じた場合には，供託委託契約に基づき供託しなければならないことになる。逆に11月20日以降に各事由が生じても，供託受託者は供託すべき必要はない。

★5　18条の3第4項は，供託受託者となることができる者を限定している。前受金保全措置（供託委託契約）により購入者の債権を保全するためには，行政による厳格な監督が行われ，そのコンプライアンス・財政の両面から見て，供託委託契約に基づく供託を確実に履行し得る者に限る趣旨である。

　　「その他政令で定める金融機関」は，株式会社商工組合中央金庫，保険会社，信用金庫，労働金庫及び労働金庫連合会並びに信用協同組合で出資の総額が5000万円以上であるものである（割賦令7条）。

　　また，「経済産業大臣の指定する者」は，割賦販売法第3章の3の指定受託機関として，規制が加えられている。指定受託機関として指定を受けているのは，日本割賦保証株式会社及び互助会保証株式会社の2社である。

★6(1)　「前受金保全措置として前受業務保証金を供託する場合」とは，許可割賦販売業者が18条の3第1項及び2項により前受業務保証金を供託する場合を指し，供託受託者が供託委託契約に基づき供託する場合は含まれないと解される。あくまでも「前受金保全措置」は，許可割賦販売業者による供託及び供託委託契約の締結を指し，供託受託者による供託委託契約に基づく供託は，「前受金保全措置」に含まれないからである。

　(2)　18条の3第5項により，割賦販売法16条1項が準用されるため，18条の3に基づく供託は，許可割賦販売業者の主たる営業所の最寄りの供託所に対してすることとなる。また，割賦販売法17条2項の準用により，許可割賦販売業者は，有価証券により前受業務保証金を供託することも認められる。

第18条の4　前受金保全措置を講じた許可割賦販売業者は，基準日ごとに，当該基準日に係る基準額についての前受金保全措置につき，書面で，経済産業大臣に届け出なければならない★1。

第2節　参入規制——保証金の供託　第2款　前受金保全措置　〔2〕条文解説

> 2　許可割賦販売業者が新たな前受金保全措置を講じて前項の規定による届出をする場合においては，当該前受金保全措置が，前受業務保証金の供託であるときは供託物受入れの記載のある供託書の写しを，供託委託契約の締結であるときは当該契約書の写しをそれぞれ同項の書面に添附しなければならない。

★1　18条の4第1項の届出は様式第5による（割賦則17条）。

　前述のとおり，許可割賦販売業者は，前受金保全措置を講じた上で18条の4第1項の届出をしなければ，基準日の翌日から50日を経過した後に新たな前払式割賦販売の契約を締結することができない（18条の3第1項）。

> 第18条の5　前受金保全措置を講じている許可割賦販売業者は，基準日において前払式割賦販売の契約を締結している者から当該基準日までにその契約に係る商品の代金の全部又は一部として受領した前受金の合計額の2分の1に相当する額が当該基準日における第17条第1項に規定する営業保証金の額以下となつたときは，次の基準日までに，前受業務保証金の全部を取り戻し，又は供託委託契約の全部を解除することができる★1。
> 2　前項に定める場合を除き，前受金保全措置を講じている許可割賦販売業者は，基準日において当該前受金保全措置により前払式割賦販売の契約によつて生じた債務の弁済に充てることができる額が当該基準日に係る基準額をこえることとなつたときは，次の基準日までに，そのこえる額につき，前受業務保証金を取り戻し，又は供託委託契約の全部若しくは一部を解除することができる★2。
> 3　前2項の規定による前受業務保証金の取戻しは，経済産業省令で定めるところにより，経済産業大臣の承認を受けなければ，することができない★3。
> 4　前項に定めるもののほか，第1項又は第2項の規定による前受業務保証金の取戻しに関し必要な事項は，法務省令・経済産業省令で定める★4。
> 5　第1項又は第2項の規定による供託委託契約の解除は，経済産業省令で定めるところにより，経済産業大臣の承認を受けなければ，その効力を生じない★5。
> 6　前受金保全措置としての供託委託契約は，第1項又は第2項の規定によ

る場合のほか，その全部又は一部を解除することができない★6。ただし，当該供託委託契約の一部を解除した場合において，なお当該供託委託契約が第18条の3第3項に規定する要件を満たすものであるときは，この限りでない★7。

7　前項の規定に反する特約は，無効とする★8。

★1(1)　18条の5第1項は，一定の場合において，講じた前受金保全措置の全部を解消することを認めるものである。その条件は，基準日において受領した前受金の額の2分の1が営業保証金額以下となること，つまり，基準額が0円以下になることである。この場合には，営業保証金により，購入者の債権保全が図られるため，上記条件に該当する場合には，前受業務保証金の全部の取戻し又は供託委託契約の全部の解除を認めるものである。

(2)　前受金保全措置の解消が認められるのは，「次の基準日まで」である。次の基準日が到来した場合には，当該次の基準日時点での基準額を算出し，前受金保全措置の要否が判断されるため，18条の5第1項により前受金保全措置を解消することは認められない。

★2(1)　18条の5第2項は，同条1項の場合を除いた一定の場合において，前受金保全措置の一部を解消することを認めるものであり，その条件は「当該前受金保全措置により前払式割賦販売の契約によつて生じた債務の弁済に充てることができる額」が「基準額をこえる」ことである。

「当該前受金保全措置により前払式割賦販売の契約によつて生じた債務の弁済に充てることができる額」とは，前受業務保証金の供託金額又は供託委託契約によって供託を委託した金額を指す。また，基準額は，基準日における前受金の額の2分の1の額から営業保証金の額を控除した金額のことである（18条の3第2項）。

つまり，18条の5第2項は，基準額が0円にはなっていないが，前受金保全措置の金額の方が基準額を上回る場合を主として想定したものであり，その上回る部分について前受金保全措置の解消を認めるものである。逆にいえば，18条の5第1項と異なり，営業保証金のみによっては購入者の債権保全を図ることができないため，解消できるのは前受金保全措置の一部にとどまっている。

(2)　18条の5第1項と同様に，18条の5第2項により前受金保全措置を解消することができるのは，「次の基準日まで」である。

第2節　参入規制——保証金の供託　　第2款　前受金保全措置　　〔2〕　条文解説

★3 (1)　18条の5第3項は、許可割賦販売業者が、供託した前受業務保証金を取り戻すためには、事前に経済産業大臣の承認を受けなければならない旨定めるものである。あくまでも、許可割賦販売業者が前受業務保証金を供託した場合において、その取戻しについて規定するものであり、供託委託契約の解除については18条の5第3項ではなく同条5項により規定されている。

　(2)　「経済産業省令」とは、割賦販売法施行規則18条1項を指し、同項により、営業保証金の取戻しに係る承認申請は様式第6によることとされている。

　(3)　経済産業大臣の承認については、割賦審査基準「第1の2.(1)」は、割賦販売法18条の5第1項及び2項により承認の基準が定められており、「更に具体的な審査の基準を作成することは困難である」として、審査基準は作成しないこととしている。したがって、18条の5第1項又は2項の要件に該当する限りは、前受金保全措置の解消（前受業務保証金の取戻し）は、原則、承認されるものと考えてよい。

★4　「法務省令・経済産業省令」とは、保証金規則を指す。

　保証金規則では、経済産業大臣（経済産業局長）は取戻しを承認した場合には、前受業務保証金取戻し承認書を許可割賦販売業者に交付することとしており（保証金規則22条1項）、許可割賦販売業者が供託金を取り戻す際の申請書には、当該承認書を添付すれば足りるとされている（同条2項）。

　逆にいえば、当該承認書がなければ前受業務保証金を取り戻すことができないため、18条の5第1項又は2項の要件に該当したからといって、経済産業大臣の承認を得ずに供託金を取り戻すことは不可能である。

★5 (1)　18条の5第5項は、同条1項又は第2項により供託委託契約を解除するに当たり、経済産業大臣による承認を得ることを求めるものである。

　18条の5第5項が規定しているのは、前受金保全措置のうち、供託委託契約の解消についてであり、許可割賦販売業者が前受業務保証金を供託した場合については同条3項により規定されている。その意味で、18条の5第5項と同条3項は対になる規定である。

　(2)　「その効力を生じない」とは、供託委託契約の解除の後に経済産業大臣の承認を得ることを想定したものであるが、仮に、許可割賦販売業者及び供託受託者が供託委託契約を解除しても、経済産業大臣の承認を得ない限り、当該解除の効力が生じず、解除に係る供託委託契約の効力が残存し、両当事者（主に受託者）が当該契約に拘束されることを意味する。

供託金の取戻しは事前承認とされている（18条の5第3項）のに対し，18条の5第5項が事後承認で足りるとしているのは，供託金の取戻しは事実行為であり，事前の承認を要するとしなければ手続が進行してしまい，供託金が取り戻されてしまうこととなるのに対し，供託委託契約の解除は法律行為であるから効力発生時期を規定すれば足りるためであると説明される（経産省・解説97頁）。したがって，承認前に契約を解除すること自体は差し支えない。

(3) 18条の5第5項による供託委託契約の解除の承認申請は，様式第7により行い（割賦則18条2項），供託委託契約の解除を証する書面（合意書等）を添付することとされている（同条3項）。

なお，供託委託契約の解除の承認の審査基準について，割賦審査基準は供託金の取戻しの承認と同様に審査基準を特に設けないこととしている（審査基準「第1の2.(2)」）。したがって，18条の5第1項又は2項の要件を満たす限り，承認を得られるのが原則である。

★6　18条の5第6項は，同条1項又は2項の要件に該当しない限り供託委託契約を解除することができない旨規定したものであるが，仮に要件に該当しないにもかかわらず供託委託契約を解除しても，同条5項により経済産業大臣の承認を得なければ解除の効力が生じず，解除要件に該当しない場合には当該承認がされることはあり得ない。そのため，18条の5第6項本文はあえて規定する必要はないものの，同条1項又は2項の条件を満たさない限り解除できないことを確認する趣旨の規定と解される。

★7(1)　18条の5第6項ただし書は，同条1項又は2項に該当する場合以外は，供託委託契約を解除することができないとした上で（18条の5第6項本文），その例外として，供託委託契約の一部を解除しても，残存する部分のみで前受金保全措置としての要件（18条の3第3項）を満たす場合には，当該一部の解除を認めるものである。もっとも，18条の5第6項ただし書による一部解除も，同条5項により経済産業大臣による承認を得なければその効力は生じない。

(2)　なお，18条の5第2項による供託委託契約の「解除」は，当該委託契約に係る契約金額を減少させることを指し，その意味で供託委託契約の一部解除という表現が適切である。

これに対し，18条の5第6項ただし書による供託委託契約の解除は，期間短縮ないし早期終了という方がより正確ではある。すなわち，供託委

第2節　参入規制——保証金の供託　　第2款　前受金保全措置　　〔2〕　条文解説

契約は，締結日（例：4月10日）の次の基準日（例：9月30日）の翌日から50日間が経過するまで（11月20日）を契約期間とするものであるが（18条の3第3項），18条の5第6項ただし書による解除とは，当該次の基準日から50日が経過するまでの間に，当該次の基準日（9月30日）に係る前受金保全措置が講じられ，その旨の届出がされた場合には，当該供託委託契約を，前受金保全措置が講じられた時点で前の基準日（4月10日）に係る供託委託契約を終了させることが認められるということである（18条の3第3項カッコ書参照）。

上記の例でいえば，例えば，10月10日に，9月30日時点での基準額について許可割賦販売業者が前受業務保証金を供託し，その旨の届出をした場合には，4月10日に締結した供託委託契約（本来の契約期間は11月20日まで）を10月10日時点で解除することができる，ということである。

★8　18条の5第7項は，同条6項が強行規定であることを明示したものである。したがって，供託委託契約において，同条1項若しくは2項又は6項に該当する場合以外に供託委託契約を解除できる旨の特約が締結されたとしても，当該特約は無効である。

（供託委託契約の受託者の供託等）
第20条の3　経済産業大臣は，前受金保全措置として供託委託契約を締結している許可割賦販売業者が第27条第1項第1号から第4号までの一に該当するとき，又は第21条第1項の権利を有する者若しくは当該許可割賦販売業者から当該許可割賦販売業者が第27条第1項第5号若しくは第6号に該当する旨の申出があつたときは★1，遅滞なく，第21条第1項の権利を有する者に対し，60日以上の一定の期間内に経済産業大臣に債権の申出をすべきこと及びその期間内に債権の申出をしないときは当該公示に係る前受金保全措置についての権利の実行の手続から除斥されるべきことを公示しなければならない★2。

2　経済産業大臣は，前項の規定による公示をしたときは，遅滞なく，当該許可割賦販売業者に係る供託委託契約の受託者に対し，当該公示に係る債権の申出をすべき期間の末日までに当該供託委託契約に基づく前受業務保証金を供託すべきことを指示しなければならない★3。ただし，当該受託者が次項の規定による指示を受けて前受業務保証金を供託している場合は，

この限りでない。
3　経済産業大臣は，前項本文に定める場合のほか，許可割賦販売業者と前払式割賦販売の契約を締結した者のその契約によつて生ずる債権を保全するため必要があると認めたときは，当該許可割賦販売業者に係る供託委託契約の受託者に対し，期限を指定して供託委託契約に基づく前受業務保証金を供託すべきことを指示することができる★4。
4　供託委託契約の受託者は，第2項本文の規定による指示を受けたときは第1項の規定による公示に係る債権の申出をすべき期間の末日までに，前項の規定による指示を受けたときは同項の規定により指定された期限までに，当該供託委託契約に基づく前受業務保証金を供託しなければならない。
5　供託委託契約の受託者は，前項の規定により前受業務保証金を供託したときは，経済産業大臣に供託物受入れの記載のある供託書の写しを提出しなければならない。
6　第16条第1項の規定は，第4項の規定により供託する場合に準用する。この場合において，同条第1項中「主たる営業所」とあるのは，「許可割賦販売業者の主たる営業所」と読み替えるものとする★5。

★1　20条の3第1項は，許可割賦販売業者に一定の事由が生じた場合には，経済産業大臣が，許可割賦販売業者の債権者である購入者に対して，一定期間内に債権申出をすべきことを公示（以下「債権申出公示」）しなければならない旨規定したものである（必要的公示）。
　経済産業大臣が20条の3第1項により債権申出公示をしなければならないのは，具体的には，許可割賦販売業者に次の事由が生じた場合である。
(1)　許可割賦販売業者が，基準日の翌日から起算して50日を経過する日までに，当該基準日に係る前受金保全措置を講じなかったとき
(2)　割賦販売法20条1項による新規契約締結禁止の命令を受けたとき
(3)　前払式割賦販売に係る許可が取り消されたとき
(4)　営業の廃止により，許可が失効したとき
(5)　許可割賦販売業者又はその債権者である購入者から，許可割賦販売業者が次の事由に該当する旨の申出を受けたとき
　　①　破産手続，民事再生手続又は会社更生手続の開始申立てがされたこと
　　②　許可割賦販売業者が支払を停止したこと

第2節　参入規制——保証金の供託　　第2款　前受金保全措置　〔2〕条文解説

　(1)については，前受金保全措置について届出義務が課されており（18条の4第1項），(2)及び(3)は経済産業大臣による処分であり，また，(4)については割賦販売法26条により事業廃止の届出義務が課されていることから，許可割賦販売業者等からの申出を受けるまでもなく，経済産業大臣が各事由の発生を知ることができるため，当該事由が生じた時点で，公示義務が生じることになる。

　これに対し，(5)については，経済産業大臣が，自動的に各事由の発生を知ることはできないため，許可割賦販売業者又は利害関係人からの申出を受けた時点で，公示義務が生じることとされている。

★2　20条の3第1項の債権申出公示は，割賦販売法21条1項の権利を有する購入者に対してされるもので，①60日以上の一定の期間内に債権申出をすること，②当該期間内に債権申出がない場合には権利実行手続から除斥されることを内容とするものである。

　債権申出公示は必要的であるから，経済産業大臣には裁量の余地はなく，20条の3第1項に定める公示事由が生じた場合には，必ず公示が行われなければならない。

★3(1)　20条の3第2項は，経済産業大臣が，同条1項の債権申出公示をした場合には，供託受託者に対して，債権申出公示における債権申出期間内に供託受託契約に基づき前受業務保証金を供託すべきことを指示（以下「必要的指示」）しなければならない旨規定したものである。この指示も必要的であるから，20条の3第2項ただし書に該当する場合（後掲★4参照）を除き，債権申出公示がされた場合には，必ず発出されなければならない。

(2)　必要的指示は，債権申出公示がされた後「遅滞なく」することとされているが，債権申出公示と必要的指示は，同時にされるのが通常であろう。

(3)　債権申出公示に係る債権申出期間の末日までに供託すべきとされているのは，当該期間終了後から還付手続（21条）が実施されるためである。

★4(1)　20条の3第3項は，経済産業大臣は，同条2項による場合以外の場合においても，購入者の「債権を保全するため必要があると認めたとき」には，供託受託者に対して前受業務保証金の供託を指示（以下「任意的指示」）することができる旨規定したものである。この指示は，20条の3第2項の指示と異なり，任意的なものであるから，債権保全の必要性が認められたとしても，必ず発出しなければならないものではない。

(2)　例えば，許可割賦販売業者が倒産寸前であるとか，廃業目前である等の

第2編　割賦販売法の解説　　第3章　前払式割賦販売

噂が流れたような場合には，還付申請が殺到し，営業保証金だけでこれを賄うことが困難であるケースがあり得る。このように，20条の3第1項には該当しないが，供託受託者に前受業務保証金を供託させる必要があるケースをカバーするのがその趣旨である。

したがって，「債権を保全するため必要がある」ときとは，抽象的には，債権者である購入者からの還付請求がなされ，営業保証金のみでは不足する（おそれがある）場合を意味し，具体的な事情としては，「倒産寸前の状態や倒産がうわさされるような場合」（割賦審査基準「第1の1.(2)」）が挙げられる。

★5　供託受託者は，20条の3第2項又は3項の指示がされた場合には，供託委託契約に基づき前受業務保証金を供託しなければならないが，その場合の供託所は，同条6項により，「許可割賦販売業者の主たる営業所」の「もよりの供託所」である（16条1項）。

第20条の4　前条第2項本文の規定による指示を受けて前受業務保証金を供託した供託委託契約の受託者は，同条第1項の規定による公示に係る債権の申出をすべき期間内にその申出がなかつた場合には，その供託した前受業務保証金を取り戻すことができる★1。

2　前条第3項の規定による指示を受けて前受業務保証金を供託した供託委託契約の受託者は，同条第1項の規定による公示がされている場合にあつては当該公示に係る債権の申出をすべき期間内にその申出がなかつたとき，当該公示がされていない場合にあつては経済産業省令で定めるところにより経済産業大臣の承認を受けたときは，その供託した前受業務保証金を取り戻すことができる★2。

3　前2項の規定による前受業務保証金の取戻しに関し必要な事項は，法務省令・経済産業省令で定める★3。

★1　20条の4第1項は，供託受託者が，割賦販売法20条の3第2項による必要的指示に基づく供託金につき，債権申出期間内に債権申出がされなかった場合には，供託した前受業務保証金を取り戻すことができる旨規定したものである。20条の4第2項と異なり，特に場合分けもされていないため，その要件は極めてシンプルである。

第2節 参入規制——保証金の供託　第2款 前受金保全措置　〔2〕条文解説

なお，債権申出がされている場合には，還付手続（21条）が終了しない限り，供託金を取り戻すことはできない。

★2(1)　20条の4第2項は，任意的指示に基づき前受業務保証金を供託した場合のその取戻しについて規定したものであり，その要件は，①債権申出公示がされている場合には，債権申出期間内に債権申出がなかったこと，②債権申出公示がされていない場合には，経済産業大臣の承認を受けること，である。

(2)　上記(1)①については，供託の直接の原因となる指示が必要的指示か任意的指示かという違いはあるものの，債権申出公示がされている点は共通であるため，20条の4第1項（前掲★1参照）と同様の要件としたものである。

(3)　上記(1)②の債権公示申出がされていない場合において，供託金を取り戻すためには，経済産業大臣の承認を得ることが必要である。

承認の申請は，様式第12による申請書を提出して行うこととされている（割賦則24条）。

また，承認の基準については，割賦審査基準「第1の1.(2)」が，当該承認に係る審査基準は「法20条の3第3項により経済産業大臣が，供託委託契約に基づく受託者に対して，供託指示をするに至った事由……が解消されたと認められるか否かとする」としている。つまり，割賦販売法20条の3第3項に定める債権者である購入者の債権保全の必要性が解消しない限りは，本項の承認は受けられないということである。

★3　受託者が前受業務保証金を取り戻す際の手続については，保証金規則が次のように定めている。

(1)　証明書・承認書の取得（保証金規則23条）

　(a)　20条の4第1項により前受業務保証金の取戻しをしようとする者は，割賦販売法20条の3第1項の公示（債権申出公示）に係る債権申出期間内に債権の申出がなかったときに，その旨の証明書の交付を経済産業局長に請求することができる。

　(b)　20条の4第2項により前受業務保証金の取戻しをしようとする者は，割賦販売法20条の3第1項の公示（債権申出公示）に係る債権申出期間内に債権の申出がなかったときに，その旨の証明書の交付を経済産業局長に請求することができる。

　(c)　経済産業局長は，割賦販売法20条の3第1項の公示（債権申出公示）が

されていない場合で，同法20条の4第2項の承認（前掲★2(3)参照）をしたときは，保証金規則様式第7による前受業務保証金取戻承認書を交付する。
(2) 前受業務保証金の取戻しの申請に際しての添付書類は，上記(1)の証明書又は承認書を添付すれば足りる。

第3款　営業保証金等の保管替え（22条の2）

〔1〕 概　　　説

　割賦販売法22条の2は，許可割賦販売業者の本店が移転し，営業保証金等を供託すべき「もよりの供託所」に変動が生じた場合の手続について定めるものである。

　金銭のみをもって営業保証金等を供託している場合には，費用を予納の上で営業保証金等の保管替えを請求しなければならず（22条の2第1項），また，有価証券により供託している場合には，変更後の「もよりの供託所」に対して営業保証金等を供託した上で，変更前の供託所から，供託した有価証券を取り戻すことができる（同条2項）。

　以上のような保管替えないし供託所の変更を認める趣旨は，①保管替えを認めないと，許可割賦販売業者は一時的にせよ二重に営業保証金等を供託すべき必要があり，これが許可割賦販売業者の経済的な負担となり，ひいては購入者の利益を害する事態を生じる可能性があること，②割賦販売法は営業保証金等の還付及び再供託を予定しており（21条・22条），許可割賦販売業者にとっても供託しやすい場所での供託を認めることが購入者の保護に資する点にある。

　これに対し，有価証券による供託がなされている場合に保管替えが認められないのは，金銭による供託の場合ほど二重の供託の負担が重くないこと，有価証券という有体物の輸送に係るコスト及びリスク等に鑑みたものと解される。

〔2〕 条文解説

(営業保証金及び前受業務保証金の保管替え等)
第22条の2　許可割賦販売業者又は供託委託契約の受託者は、金銭のみをもつて営業保証金又は前受業務保証金を供託している場合において、許可割賦販売業者の主たる営業所の所在地について変更があつたためそのもよりの供託所が変更したときは、遅滞なく、営業保証金又は前受業務保証金を供託している供託所に対し、費用を予納して、所在地変更後の許可割賦販売業者の主たる営業所の最寄りの供託所への営業保証金又は前受業務保証金の保管替えを請求しなければならない★1。

2　許可割賦販売業者は、第17条第2項に規定する有価証券又はその有価証券及び金銭をもつて営業保証金又は前受業務保証金を供託している場合において、主たる営業所の所在地について変更があつたためその最寄りの供託所が変更したときは、遅滞なく、当該営業保証金又は前受業務保証金の額と同額の営業保証金又は前受業務保証金を所在地変更後の主たる営業所の最寄りの供託所に供託しなければならない。その供託をしたときは、法務省令・経済産業省令で定めるところにより、所在地変更前の主たる営業所の最寄りの供託所に供託した営業保証金又は前受業務保証金を取り戻すことができる★2。

3　第17条第2項の規定は、前項の規定により供託する場合に準用する★3。

★1⑴　22条の2第1項は、営業保証金又は前受業務保証金が金銭のみをもって供託されている場合における許可割賦販売業者の主たる営業所所在地の変更があったときの保管替えの手続について規定したものである。

⑵　「保管替え」とは、供託官庁たる地位を従前のまま新たな供託所に移転すること、すなわち、供託所と供託者との法律関係等をそのまま関係書類ごと新たな供託所に送ることを意味する(打田＝稲村・割賦販売法241頁)。そのため、厳密には、「保管替え」というよりも「(供託手続の)移送」と表現する方が正確であろう。

⑶　なお、保管替えの手続については、供託規則21条の3～21条の5が定めている。

★2(1)　22条の2第2項は、有価証券により営業保証金又は前受業務保証金が供託されている場合において、その主たる営業所所在地が変更された場合について規定したものである。有価証券による供託は、許可割賦販売業者にのみ認められており、供託受託者には認められていないため、22条の2第1項と異なり、供託受託者は22条の2第2項の主体とされていない。

　さらに、22条の2第2項の場合は、同条1項の場合と異なり、保管替えは認められておらず、新たな供託所に供託→従前の供託所から取戻し、という手順を踏むこととされている。したがって、従前の供託所から供託金（有価証券）を取り戻すためには、新たな供託所に同額の金銭又は有価証券を供託する必要がある。

(2)　22条の2第2項の「法務省令・経済産業省令」とは保証金規則を指す。同規則では、22条の2第2項に基づいて有価証券の取戻しを請求する際の添付書類は、①主たる営業所が移転した事実を証する書面、②新たな供託所にした供託に係る供託書正本の写しとされている（保証金規則18条）。

★3　割賦販売法17条2項は、有価証券により営業保証金を供託することができる旨規定したものであり、22条の2第3項がこれを準用しているため、22条の2第2項により、主たる営業所の所在地が変更された後の最寄りの供託所に営業保証金又は前受業務保証金を供託する場合においても、有価証券により供託することが認められる。

第4款　保証金の還付（21条・22条）

〔1〕　概　　説

　購入者は、営業保証金又は前受業務保証金（以下併せて「営業保証金等」）から、前払式割賦販売契約によって生じた債権について弁済を受けることができる（21条1項）。前払式割賦販売契約を解除した際に生じる原状回復請求権（前金の返還請求権）が念頭に置かれているが、例えば、瑕疵担保責任や債務不履行に基づく損害賠償請求権なども「前払式割賦販売契約によって生じた債権」に含まれる。要するに、前払式割賦販売契約を原因として生じた債権であれば、営業保証金等から弁済を受けられるということである。

第2節　参入規制――保証金の供託　第4款　保証金の還付　〔1〕概説

　購入者が営業保証金等から弁済を受ける方法としては，①営業保証金等の還付手続，②営業保証金等の配当手続の2つがある。なお，これらの手続は，割賦販売法施行令により定めることとされている（21条2項）。

(1) 営業保証金等の還付手続

　まず，購入者等が，許可割賦販売業者に対して前払式割賦販売契約によって生じた債権を有する場合には，営業保証金等の還付を受けることができるが，そのためには，営業保証金等に対して還付請求権を有すること（＝許可割賦販売業者に対して債権を有すること）の確認書の交付を受ける必要がある（割賦令9条）。そのため，まず，購入者は，許可割賦販売業者の本店を管轄する経済産業局長に対して，当該確認書の交付を請求しなければならない（割賦令8条1項，保証金規則1条1項）。

　この請求がなされた場合，その旨が許可割賦販売業者に通知される（保証金規則1条2項）。また，請求を受けた経済産業局長は，①確認書の交付を請求した者が，許可割賦販売業者に対して債権を有するかが明らかでない場合，②確認書の交付請求を受理した日から起算して10日以内に，債権申出公示又は割賦販売法施行令10条1項による公示（以下「経済産業局長公示」）がされた場合，③確認書の交付請求の受理日から10日以内になされた確認書の交付請求のうち，請求に理由があると認められるものの合計額が，営業保証金等を超過する場合，のいずれにも該当しない場合には，請求者に対して供託金等規則様式第2による確認書を交付することになる（割賦令8条2項，保証金規則1条3項）。

　逆に，上記①～③のいずれかに該当する場合には，確認書を交付してはならないが，①は権利の存在が不確かであるのに還付を認めるのが不相当であるためであり，②及び③については，このような場合に，特定の購入者のみが「早い者勝ち」となることを認めたのでは購入者（債権者）間の平等を害するため，個別の還付手続ではなく配当手続によるべきと考えられるからである。

　上記①～③のいずれにも該当せず，確認書が交付された場合には，許可割賦販売業者又は受託者にその旨が通知され（保証金規則1条2項），確認書を受領した購入者は，これを添付して営業保証金等の還付を請求することになる（割賦令9条，保証金規則2条）。

(2) 営業保証金等の配当手続

(a) **経済産業局長による公示**

許可割賦販売業者等の本店を管轄する経済産業局長は，許可割賦販売業者が以下の事由のいずれかに該当する場合には，割賦販売法21条1項の権利を有する者に対し，60日以上の一定期間内に債権申出をすべきこと及び当該期間内に債権申出がなかった場合には，営業保証金等についての権利実行手続から除斥されるべきことを公示（経済産業局長公示）しなければならない（割賦令10条1項・2項）。

① 基準日の翌日から起算して50日以内に前受金保全措置を講じなかったとき
② 割賦販売法20条1項に基づく新規契約締結禁止の命令を受けたとき
③ 割賦販売法23条1項又は2項により，前払式割賦販売に係る許可を取り消されたとき
④ 営業を廃止し，許可が失効したとき
⑤ 割賦販売法21条1項の権利を有する者又は許可割賦販売業者から，破産手続，民事再生手続又は会社更生手続の申立てがなされ又は支払停止に陥ったことの申出がなされたとき
⑥ 割賦販売法施行令8条2項3号に基づき，購入者に対し確認書を交付しないこととしたとき

さらに，経済産業局長は，債権申出公示がなされ又は経済産業局長公示をした場合には，許可割賦販売業者等及び確認書の交付請求をした購入者に対し，その旨を通知しなければならない（割賦令10条3項）。

(b) **購入者による債権申出**

許可割賦販売業者に対して債権を有する購入者は，還付を受ける権利を有することの証明書を添付して保証金規則様式第3による申出書を経済産業局長に提出することで，債権申出をすることができる（保証金規則3条）。

また，この時点で商品の引渡しを受けていなければ，購入者は前払式割賦販売契約を解除して（27条1項），上記の手続により債権申出をすることができる。

(c) **権利の調査**

債権申出がなされた場合には，経済産業局長は，債権申出公示又は経済産業

第2節　参入規制——保証金の供託　第4款　保証金の還付　〔1〕概説

局長公示に係る債権申出期間が経過した後，遅滞なく，権利の調査を行わなければならない（割賦令11条1項）。

　さらに，経済産業局長は，債権申出期間経過後，遅滞なく仮配当表を作成し，これを公示し，かつ，許可割賦販売業者に通知しなければならない（保証金規則4条）。また，これと併せて，期日及び場所を公示し，かつ，許可割賦販売業者に通知して，債権申出をした者及び許可割賦販売業者に対して，権利の存否及びその権利によって担保される債権額について証拠を提示し，意見を述べる機会を与えなければならない（割賦令11条2項）。この公示は，経済産業局の掲示場に掲示するとともに，当該掲示をした旨及びその要旨を官報に掲載して行うこととされている（保証金規則14条3項）。

　なお，上記の意見聴取会は，経済産業局長又はその指名する職員が議長として主宰することとされている（保証金規則5条1項）。債権申出をした者及び許可割賦販売業者は，出席して意見を述べるのが原則であるが，病気その他やむを得ない事由により出席することができないときは，本人が署名押印した口述書を提出して，意見聴取会における陳述に代えることができる（保証金規則5条2項）。

(d)　配当表の作成及び配当

　経済産業局長は，意見聴取会における権利調査の結果に基づき，速やかに配当表を作成し，これを公示し，かつ，許可割賦販売業者に通知しなければならない（割賦令12条1項）。この公示も，経済産業局の掲示場に掲示するとともに，掲示した旨及びその要旨を官報に掲載して行う（保証金規則14条3項）。

　上記(a)⑥による経済産業局長公示がされた場合で，当該公示から80日が経過する前に債権申出公示又は割賦販売法施行令10条1項による経済産業局長公示をした場合には，これらの公示に係る債権申出をした者について意見聴取会を開催し，その結果に基づき，配当表を更正し，これを公示し，かつ，許可割賦販売業者に通知しなければならない（割賦令12条2項）。

　配当表の基準となるのは，公示に係る債権申出期間の末日までに供託された営業保証金等である（割賦令12条3項）。

　そして，営業保証金等の配当は，配当表の公示から80日を経過した後，配当表に従い行われる（割賦令13条）。なお，有価証券で供託されている場合に

は，経済産業局長は，その費用を控除した上で，有価証券を換価することが認められている(割賦令15条)。

(3) 不足額の追加

上記のような経緯・手続を経て営業保証金等が還付又は配当された後に事業を継続する許可割賦販売業者は多くないと思われるが，これらの手続により，営業保証金が不足し又は前受金保全措置の金額が基準額に不足する場合には，不足の事実を知った日以後，遅滞なく，不足額について営業保証金を供託し又は前受金保全措置を新たに講じなければならない(22条1項・2項)。

これらの規定に違反して営業保証金を供託せず，又は前受金保全措置を講じず若しくはその届出を怠った場合には，割賦販売法23条2項5号及び6号により，許可の任意的取消しの対象となる。

〔2〕 条 文 解 説

(営業保証金及び前受業務保証金の還付)
第21条 許可割賦販売業者と前払式割賦販売の契約を締結した者は★1，その契約によつて生じた債権に関し★2，当該許可割賦販売業者又は当該許可割賦販売業者と供託委託契約を締結した受託者が供託した営業保証金又は前受業務保証金について，その債権の弁済を受ける権利を有する★3。
2 前項の権利の実行に関し必要な事項は，政令で定める★4。

★1 「許可割賦販売業者と前払式割賦販売の契約を締結した者」とは，前払式割賦販売における購入者のことである。

前受金保全措置における基準額算定の場合と異なり，商品引渡未了の購入者以外の購入者も含まれると解される。

★2 「その契約によつて生じた債権」とは，基本的には，前払式割賦販売契約が解除された場合の前受金の返還請求権のことであるが，他の債権を排除するものではなく，前払式割賦販売契約に基づき又はこれを原因として発生した債権であれば「その契約によつて生じた債権」に含まれると解される。例えば，債務不履行又は瑕疵担保責任に基づく損害賠償請求権などが考えられる。

★3 「営業保証金又は前受業務保証金について，その債権の弁済を受ける権利」

第2節 参入規制——保証金の供託 第4款 保証金の還付 〔2〕条文解説

とは，前掲★2の債権につき，営業保証金又は前受業務保証金から優先して弁済を受けられることを意味する。

21条1項により，例えば，許可割賦販売業者につき破産手続の開始決定がされた場合には，許可割賦販売業者に対して債権を有する購入者は，破産手続に参加し，破産債権者として破産財団から弁済を受けることができるが，これ以外に，営業保証金等から優先弁済を受けることができることになる。これは，営業保証金等が，購入者を保護し，その債権を保全する目的で供託されたものであり，許可割賦販売業者の債権者一般に対する責任財産を構成せず，破産財団には属さないと解されるためである。もちろん，債権申出のなされた債権全部につき還付又は配当をした後になお残額があれば，これは他の債権者に対する支払（配当）に回されることとなる。逆に，営業保証金等からの優先弁済のみでは，債権の完全な満足を受けられなかった購入者は，残額については破産債権者として，債権届をし，破産手続に則って配当を受けることになろう。

★4　購入者による還付手続及び購入者への配当手続については，割賦販売法施行令8条～16条により定められている。手続の内容については前記〔1〕を参照。

（権利の実行があつた場合の措置）
第22条　許可割賦販売業者は，前条第1項の権利を有する者がその権利を実行したため，営業保証金が第17条第1項に規定する額に不足することとなつたときは★1，その事実を知つた日以後遅滞なく，その不足額を供託しなければならない★2。
2　前受金保全措置を講じている許可割賦販売業者は，前条第1項の権利を有する者がその権利を実行したため，当該前受金保全措置により前払式割賦販売の契約によつて生じた債務の弁済に充てることができる額がその権利を実行した日の直前の基準日における基準額に不足することとなつたときは★3，その事実を知つた日以後遅滞なく，その不足額について新たに前受金保全措置を講じ，書面で，その旨を経済産業大臣に届け出なければならない★4。
3　第16条第2項及び第17条第2項の規定は第1項の規定により供託する場合に，第18条の4第2項の規定は前項の規定による届出に準用する★5。

第2編　割賦販売法の解説　　第3章　前払式割賦販売

★1　22条1項は，購入者による権利実行により営業保証金が不足することとなった場合について規定するものであり，前受業務保証金の不足については，同条2項が規定している。

「前条第1項の権利を有する者がその権利を実行した」とは，許可割賦販売業者に対して前払式割賦販売に係る債権を有する購入者が，還付手続又は配当手続により，営業保証金から当該債権について弁済を受けたことを意味する。

なお，22条1項は，権利の実行＝還付手続・配当手続により，営業保証金が不足する事態が生じた場合について，営業保証金等の追加を規定するものであり，それ以外の事由による不足（営業所の新規開設による営業保証金の不足等）は，22条1項の対象とはならない。

★2　前払式割賦販売業者は，前掲★1の事由により営業保証金が不足した場合において，営業保証金等を「（不足の）事実を知った日以後遅滞なく……供託しなければならない」。

営業保証金は，事業開始に先駆けて供託しているのが原則であるから（16条3項），その不足を知った場合には，速やかに不足分を追加供託すべきとの趣旨である。

ここでいう「遅滞なく」とは，文字どおりの意味であり，よほどやむを得ない事由がない限りは，「知つた日」から速やかに供託される必要があろう。

★3　22条2項は，購入者の権利実行により前受金保全措置が基準額に不足することとなった場合に，追加の措置を講じるべきことを規定したものである。

「前条第1項の権利を有する者がその権利を実行した」については，前掲★1参照。

「前受金保全措置により前払式割賦販売の契約によつて生じた債務の弁済に充てることができる額」とは，許可割賦販売業者が供託した前受業務保証金の額及び供託委託契約に係る金額の合計額である。

★4(1)　22条2項も，同条1項と同様に，前受金保全措置を「遅滞なく」講じることを義務付けている。もっとも，営業保証金と異なり，前受金保全措置は，基準日から50日という猶予期間が設けられており，その期間内に供託又は供託委託契約を締結すれば足りるのが原則である（18条の3第1項）。したがって，本項に基づく前受金保全措置についても，「遅滞なく」とはいうものの，「知つた日」の次の基準日に係る前受金保全措置と同時に履行されれば足りると解される。

198

(2) この届出は様式第5による（割賦則17条）。
★5　22条3項により，同条1項により営業保証金を追加供託する場合には，割賦販売法16条2項（供託の届出）及び17条2項（有価証券による供託）が準用され，また，22条2項による前受金保全措置の追加については，割賦販売法18条の4第2項（前受金保全措置の届出）が準用される。

第5款　保証金の取戻し (29条)

〔1〕概　　説

許可割賦販売業者（又はその承継人）は，前払式割賦販売の許可を取り消され（23条1項・2項）又は営業を廃止したために許可が失効した場合（25条）には，供託した営業保証金又は前受業務保証金を取り戻すことができる（29条1項）。ただし，供託金を取り戻すためには，債権者に対する6ヵ月の期間を定めて公告し，期間内に申し出た者がいなかった場合又は許可の取消し・失効から10年間が経過することを要する（同条2項）。

消滅時効に係る点や，手続の詳細が保証金規則により定められている点などは，営業所を廃止した場合と同様である。

〔2〕条文解説

> 第29条　許可割賦販売業者が第23条第1項若しくは第2項の規定により許可を取り消されたとき，又は第25条の規定により許可が効力を失つたときは，許可割賦販売業者であつた者又はその承継人（前条の規定により許可割賦販売業者とみなされる者を除く。）は★1，当該許可割賦販売業者であつた者が供託した営業保証金又は前受業務保証金を取り戻すことができる。
> 2　前項の営業保証金又は前受業務保証金の取戻しは，当該営業保証金又は前受業務保証金につき第21条第1項の権利を有する者に対し，6月を下らない一定期間内に申し出るべき旨を公告し，その期間内にその申出がなかつた場合でなければ，することができない。ただし，営業保証金又は前受

> 業務保証金を取り戻すことができる理由が発生した時から10年を経過したときは，この限りでない★2。
> 3　前項の公告その他第1項の規定による営業保証金又は前受業務保証金の取戻しに関し必要な事項は，法務省令・経済産業省令で定める★3。

★1　29条1項は，前払式割賦販売に係る許可を取り消され又は許可が失効した場合に営業保証金等を取り戻すことができる旨規定するものであるが，その主体は，「許可割賦販売業者であった者」及び「その承継人」である。

　　ただし，前払式割賦販売に係る取引が結了するまではなお許可割賦販売業者とみなされるため（28条），カッコ書により，このような許可割賦販売業者とみなされる者は，取引を結了，具体的には購入者に対する債務を弁済するまでは，供託金の取戻しをすることができないこととされている。

★2　29条1項により営業保証金等を取り戻すことができるのは，6ヵ月以上の期間を定めて債権申出につき公告し，当該期間内に債権申出がされなかった場合，営業保証金等を「取り戻すことができる理由が発生した時」から10年を経過したとき，である。

　　「取り戻すことができる理由が発生した時」とは，29条1項の事由が生じた時点，すなわち，前払式割賦販売に係る許可が取り消され又は許可が失効した時点である。

★3　29条2項を受けて，保証金規則は，次のように定めている。
　(1)　公告は，官報により次の事項について行う（保証金規則19条2項）。
　　①　許可割賦販売業者であった者の名称及び代表者の氏名並びに主たる営業所その他の営業所及び代理店の名称及び所在地
　　②　許可割賦販売業者であった者の許可の年月日及び許可の取消し又は失効の年月日
　　③　許可割賦販売業者であった者の営業保証金又は前受業務保証金の額
　　④　営業保証金又は前受業務保証金につき割賦販売法21条1項の権利を有する者は，6ヵ月を下らない一定期間内に，その債権の額及び債権発生の原因たる事実並びに住所及び氏名又は名称を記載した申出書3通を経済産業局長に提出すべき旨
　　⑤　④の申出書の提出がないときは，③の営業保証金又は前受業務保証金が取り戻される旨
　(2)　公告後の手続

(a) 許可割賦販売業者は，公告後，遅滞なくその旨を経済産業大臣に届け出なければならない（保証金規則19条7項）。
(b) 公告に定める期間内に，営業保証金につき還付請求権を有する者からの申出書の提出がなかったときは，その旨の証明書の交付を経済産業局長に請求する（保証金規則20条1項）。
(c) 公告に定める期間内に，営業保証金につき還付請求権を有する者からの申出書の提出があったときは，当該申出書各1通及び申出に係る債権の総額に関する証明書の交付を経済産業局長に請求する（保証金規則20条2項）。
(d) 次の書類を添付して供託物払渡請求書を提出する（保証金規則21条1項）。
① 債権申出書の提出がなかった場合には，その旨の証明書
② 債権申出書が提出された場合には，債権総額の証明書及び債権が存在しないこと又は消滅したことを証する書類

第3節　行為規制——帳簿の備付け（19条の2）

〔1〕　概　説

(1) 趣旨・目的

　許可割賦販売業者は，主たる営業所に，前払式割賦販売契約に係る事項を記載した帳簿を備え付けなければならない（19条の2）。
　これは，前受金保全措置としての前受業務保証金の供託義務（18条の3）に対応するものであり，基準額算定の前提となる前受金の額を行政が把握することを容易ならしめることを目的としたものである。もちろん，会社であれば，会社法により会計帳簿の作成が義務付けられているが（会432条・615条），会計帳簿は会社の財務状況を明らかにするものであり，割賦販売法19条の2による帳簿とは趣旨・目的が全く異なっており，会計帳簿から前受金の額を算定することは困難である。そのため，同条は，会計帳簿とは別に帳簿の備付け（及びその前提として帳簿の作成）を許可割賦販売業者に対して義務付けたものである。

(2) 義務の内容

割賦販売法19条の2は，許可割賦販売業者に対して，①帳簿の作成，及び②その備付けを義務付けているものの，購入者や債権者に対する閲覧を義務付けてはいない。これは，あくまでも基準額算定の便宜として上記①及び②を義務付けたものであり，債権者や購入者の保護を目的としたものではないからである。

したがって，購入者や債権者には本条の帳簿の閲覧請求権はなく，これらの者から閲覧を求められた場合，許可割賦販売業者としてもこれに応じるべき義務はない。

(3) 帳簿を備え付ける営業所

割賦販売法19条の2の帳簿を備え付けなければならないのは，「主たる営業所」である（割賦則21条1項）。ただし，主たる営業所に備え付ける帳簿に法定の記載事項の全部を記載することが難しい場合には，主たる営業所及び従たる営業所であって，様式第11による届出書が提出されたものに備え付けることとされている。

(4) 保存期間

帳簿の保存期間は，帳簿の閉鎖から2年間である（割賦則21条2項）。

(5) 帳簿の記載事項

帳簿の記載事項は，経済産業省令・内閣府令で定めることとされており，具体的には，次のとおりである（割賦則21条3項）。

・前払式割賦販売契約を締結した者の氏名及び住所
・契約番号
・商品名
・前払式割賦販売契約に係る商品の代金の全部又は一部として受領した前受金（以下「予約前受金」）の残高
・営業所又は代理店ごとの月末における予約前受金の合計額及び契約件数

さらに，割賦販売法施行規則21条1項カッコ書により，主たる営業所及び従たる営業所に帳簿を備え付ける場合には，主たる営業所に備え付けられた帳簿には，帳簿を備える営業所ごとの月末における予約前受金の合計額及び契約件数も記載しなければならない。

(6) 割賦販売法19条の2違反に対する罰則

割賦販売法19条の2に違反して帳簿を備え付けず、法定の記載事項について記載をせず若しくは虚偽の記載をし又は帳簿を保存しなかった者は、50万円以下の罰金が科される（52条3号）。

〔2〕 条文解説

> （帳簿の備付け）
> 第19条の2　許可割賦販売業者は、経済産業省令で定めるところにより★1、帳簿を備え、前払式割賦販売の契約について経済産業省令で定める事項を記載し、これを保存しなければならない★2。

★1　ここでいう経済産業省令は、割賦販売法施行規則21条1項及び2項を指す。具体的には、①主たる営業所（又は様式第11により届け出た主たる営業所及び従たる営業所）に備え付けること（割賦則21条1項）、②帳簿を、その閉鎖から2年間保存すること（同条2項）が定められている。

★2(1)　「帳簿」とは、紙媒体のことを指していたが、現在では、電磁的方法により作成されたものも帳簿として認められる。

(2)　帳簿の記載事項は、いずれも前払式割賦販売契約に関するものであり、具体的には、割賦販売法施行規則21条3項及び4項が定めている。詳細は、前記〔1〕(4)を参照。

第4節　民事ルール――法定解除権 (27条)

〔1〕 概　　説

(1) 趣旨・目的

許可割賦販売業者について許可の取消しや破産手続開始決定等の一定の事由が生じた場合において、前払式割賦販売契約に係る商品の引渡しを受けていない購入者は、当該前払式割賦販売契約を解除することができる（27条）。

本来、契約を解除するには、相手方に債務不履行があるか（民541条）、相手

方との合意や特約に基づくことを要するのが原則である。しかし，許可割賦販売業者に割賦販売法27条1項各号に該当するような事由が生じた場合には，許可割賦販売業者の信用（財産状況）が著しく低下し，将来商品の引渡しを受けられない可能性が極めて高いと考えられる。

　そこで，割賦販売法27条は，商品未受領の購入者に対して解除権を認め，前受金の返還請求を可能ならしめ，もって，営業保証金及び前受業務保証金の還付又は配当を受けられるようにすることを目的としたものである。

(2) **解除要件**

　割賦販売法27条による解除の要件は，①許可割賦販売業者に同条1項各号に該当すること，②商品の引渡しを受けていないこと，の2点である。

　そもそも①の事由が発生していなければ解除は認められないが，①が生じた時点で既に商品の引渡しを受けている購入者は②の要件を欠くから，割賦販売法27条により前払式割賦販売契約を解除することはできない。同条の趣旨からして，既に商品を受領している購入者に対し，割賦販売法上の法定解除権を認めるべき必要性はないからである。

(3) **解除の効果**

　割賦販売法27条1項は，解除の要件を定めるのみで，解除の効果については何ら規定していない。したがって，解除の効果については，民法上の原則（民545条）に従うこととなる。具体的には，購入者は，許可割賦販売業者に対して，原状回復請求権として，既払いの前受金の返還を請求することができる。他方で，購入者は，解除時点で商品の引渡しを受けていないため，割賦販売法27条1項による法定解除の結果，購入者の商品返還義務は生じず，購入者から許可割賦販売業者（であった者）に対する一方的な債権のみが生じることとなる。

　そして，このような前受金返還請求権は，「その契約によって生じた債権」（21条1項）に当たるから，割賦販売法27条1項により前払式割賦販売契約を解除した購入者は，相手方である許可割賦販売業者が供託した営業保証金等から還付又は配当を受けることができることとなる。

　このように，割賦販売法27条は，許可割賦販売業者に信用不安を基礎付ける事由が生じた場合に，早期に契約関係から解放し，保証金の還付を受けられるようにする点に意義がある。

第4節　民事ルール——法定解除権　〔2〕　条文解説

(4) 強行規定

割賦販売法27条1項に反する特約は無効である（27条2項）。例えば，同条1項各号に該当する事由が生じた場合であっても，購入者が契約を解除できないとする旨の特約などが無効となる。

割賦販売法27条1項に基づく解除は認めるが，営業保証金又は前受業務保証金の還付請求をしない（できない）旨の特約は，その趣旨に反することは明らかであるが，文言上，「前項の規定に反する」とはいえないため，少なくとも，割賦販売法27条2項が直接に適用され，無効となることはないと解される。ただし，割賦販売法27条は，割賦販売法の目的の1つである消費者保護を直接的な目的とした規定であり，上記のような特約が消費者保護という法の目的ないし割賦販売法27条2項の趣旨に反することは明らかであるから，同条2項を準用又は類推適用されることとなろう。また，同条2項が適用されないとしても，消費者契約法10条により無効となる可能性が高い。

〔2〕　条 文 解 説

（契約の解除）
第27条　許可割賦販売業者が次の各号のいずれかに該当するときは，当該許可割賦販売業者と前払式割賦販売の契約を締結している者でその契約に係る商品の引渡しを受けていないものは[★1]，その契約を解除することができる。
　一　基準日の翌日から起算して50日を経過する日までの間に当該基準日に係る基準額について前受金保全措置を講じなかつたとき[★2]。
　二　第20条第1項の規定による命令を受けたとき[★3]。
　三　第23条第1項又は第2項の規定により許可を取り消されたとき。
　四　第25条の規定により許可が効力を失つたとき[★4]。
　五　破産手続開始，再生手続開始又は更生手続開始の申立てがあつたとき[★5]。
　六　支払を停止したとき[★6]。
2　前項の規定に反する特約は，無効とする[★7]。

第2編　割賦販売法の解説　　第3章　前払式割賦販売

★1 (1)　27条1項による法定解除の要件を定めるものであり，①「許可割賦販売業者が次の各号のいずれかに該当するとき」で，「商品の引渡しを受けていないもの」に解除権が認められる。

(2)　「契約を解除することができる」のは，上記(1)①の27条1項各号に「該当するとき」であるから，同項各号に定める事由に該当することとなった時点（各号に定める事由が生じた時点）が，同項の解除権の発生時期である。

(3)　27条1項の法定解除が認められるためには，上記(2)の解除権の発生時点において「商品の引渡しを受けていない」ことが必要である。

　　したがって，許可割賦販売業者が27条1項各号に該当することとなった時点において，既に商品の引渡しを受けている購入者については，同項の解除権は認められない。また，例えば，受領した商品に瑕疵があったとして，既に返品しているような場合は，その「返品」の法的性質にもよるが，通常は，既に前払式割賦販売契約が解除されているとみられるから，27条1項による解除の対象とはならないと考えられる。また，商品の交換や修補のために，一時的に返品しているような場合も，既に商品の引渡し自体はなされているのであるから，「引渡しを受けていない」には当たらない。

★2　27条1項1号は，許可割賦販売業者が割賦販売法18条の3第1項に反し，前受金保全措置を講じなかったことを法定解除権の発生事由とするものである。

　許可割賦販売業者は，基準日の翌日から起算して50日が経過するまでに前受金保全措置を講じなければ，同日以降新たな契約を締結することができないが（18条の3第1項），27条1項1号は，このような新規契約の締結禁止という効果を超えて，既に締結された契約の解除まで認めるものである。

　27条1項1号がこのような効果を認めたのは，前受金保全措置を講じないというのは，それを講じるだけの資力がないことを推認させるからである。もちろん，「うっかり」前受金保全措置の構築を怠ったような場合であっても，法定解除権が発生することはいうまでもない。

★3　「第20条第1項の規定による命令」とは，許可割賦販売業者の財政状況の悪化を原因とする新規の前払式割賦販売契約の締結を禁止する旨の命令である。

　この命令の要件それ自体が財産状況の悪化であることから，当該命令の発出を法定解除権の発生事由としたものである。

★4　「第25条の規定により許可が効力を失った」とは，許可割賦販売業者が前払

式割賦販売の営業を廃止した場合の許可の失効のことである。

★5　27条1項5号は，手続の開始決定ではなく，破産手続等の開始申立てそれ自体を法定解除権の発生事由としている。したがって，例えば，破産手続の申立てがなされたが，要件を満たしていないために開始決定がなされなかった（申立てが棄却された）場合や，開始決定がなされたものの抗告され，最終的に棄却されたような場合であっても，27条1項5号に該当することになる。

　これは，破産手続の開始決定に至らなくても，開始申立てがなされた時点で，財政状況に深刻なリスクを抱えている可能性が高いためと解される。

　なお，27条1項5号の「申立て」には，許可割賦販売業者（の代表者）による自己破産の申立てだけでなく，役員による準自己破産の場合，さらには債権者による申立ての場合も含まれる。

★6　「支払を停止」とは，弁済能力の不足を理由として，弁済期が到来した債務について一般的かつ継続的に弁済することができない旨を外部に表示することである。支払停止通知等による明示的な支払停止のほか，債務整理の開始，手形の不渡り及びこれによる銀行取引の停止，夜逃げ等の黙示的な支払停止もある。

　なお，支払停止に類似する概念として，支払不能がある。これは「債務者が，支払能力を欠くために，その債務のうち弁済期にあるものにつき，一般的かつ継続的に弁済することができない状態」を意味する概念である（破2条11号）。支払停止は支払不能を推定させることから（破15条2項），支払停止がなされた時点で，既に支払不能状態にあるのが通常である。そういう意味では，支払不能→支払停止という順に発生することが多い。

　消費者保護を目的とするのであれば，なるべく早いタイミングで購入者に解除権を認めるべく，支払不能を27条1項の要件とすることも考えられないではないが，支払不能は，支払停止と比べて抽象的な概念であり，支払不能状態にあるか否かの判断が外部からは難しいことから，法定解除権の発生事由には馴染まない。このような観点から，債務者による客観的な行為である支払停止を要件としたものと解される。

★7　27条1項が強行規定であることを明示したものである。27条2項による無効となる特約の範囲については，前記〔1〕(4)を参照。

第5節　行政による監督（20条・20条の2・23条〜26条・28条）

〔1〕　概　　説

　前払式割賦販売については許可制が採用されているため，許可割賦販売業者は，前払式割賦販売に係る事業を開始する入口段階において既に行政による審査を受けているが，その後も行政による監督は継続され，許可割賦販売業者に一定の事由が生じた場合には，その事由の重大性に応じて，新規契約の締結禁止，改善命令，許可の取消しという行政処分を受けることになる。

　これは，前述の標準約款に関する「勧告」（10条）のような行政指導と異なり，強制力を有する「処分」である。したがって，これらの行政処分への違反自体が他の行政処分の事由となり得るほか，罰則の対象ともなっている。

(1) **新規契約の締結禁止（20条）**

　許可割賦販売業者が割賦販売法15条1項3号に該当した場合，すなわち，純資産が資本の90％に満たないこととなった場合には，経済産業大臣は，許可割賦販売業者に対して，前払式割賦販売に係る新規の契約を締結してはならない旨を命じなければならない（新規契約禁止命令，20条1項）。

　これは，許可割賦販売業者をして純資産の要件を保持すべく努力させることを図るとともに，割賦販売法15条1項3号に該当することとなった許可割賦販売業者を健全な許可割賦販売業者から切り離し，購入者（消費者）の保護及び「取引の健全な発達」（1条1項）を図る趣旨である。

　新規契約禁止命令は必要的処分であるが，当該命令により却って購入者の保護に欠けることとなる場合には，新規契約締結の禁止を命じないことも認められる（20条1項ただし書）。例えば，新規契約締結の禁止命令により，許可割賦販売業者の事業に支障を来し，倒産を早めることなり，却って購入者の保護に支障を来すような場合である。

　また，この命令は，一次的には，許可割賦販売業者をして資産に対する純資産の比率を保持させることを目的としているから，一度割賦販売法15条1項3号に該当し，新規契約締結の禁止命令を発した場合であっても，命令から6

ヵ月以内に純資産の比率を回復し，当該事由に該当しないこととなった場合には，経済産業大臣は命令を取り消さなければならない（20条2項）。割賦販売法20条1項による命令は，それ自体として許可割賦販売業者の営業にダメージを与えるものである上，割賦販売法27条1項2号により購入者に契約の解除権が認められることになるため，純資産の比率を回復した以上は，命令を取り消さないと，許可割賦販売業者の営業に致命的なダメージを与える可能性があることから，これを取り消すことを明示したものである。

割賦販売法20条1項の命令に違反して新規に契約を締結した場合には，許可の必要的取消事由となるほか（23条1項3号），2年以下の懲役又は300万円以下の罰金又はこれらが併科される（51条3号）。

(2) **改善命令**（20条の2）

経済産業大臣は，許可割賦販売業者に対し，許可割賦販売業者が主に一定の事由に該当し，かつ，購入者の利益保護のために必要かつ適当と認められる場合に，必要な限度で必要な措置をとるべきことを命じることができる（改善命令，20条の2第1項）。これは，前払式割賦販売に関しては，許可制による入口段階での審査及び新規契約禁止命令のみによっては，購入者ないしその利益の保護が必ずしも十分ではないことから，許可割賦販売業者に生じた事由に応じて柔軟な命令を認め，これによりその業務を改善させ，もって購入者の保護を図る趣旨である。

改善命令の発出事由は，割賦販売法20条の2第1項各号のいずれかに該当し，かつ，購入者の利益の保護のために必要かつ適当と認められることである（20条の2第1項）。

購入者の利益の保護のために必要かつ適当と認められるか否かの判断は行政の裁量に委ねられている。

また，新規契約禁止命令と異なり，改善命令の内容は法定されていない。そのため，購入者の利益の保護のために必要な限度で，財産状況又は業務運営を改善するために必要と認められる範囲で，経済産業大臣は自由に命令の内容を設定することができる。一見すると，命令の内容について，経済産業大臣にはかなり広範な裁量が認められているかのように見えるが，改善命令は「必要の限度において」のみ発することが認められるのであり，これにより経済産業大

臣の裁量はある程度は制限されていると見ることもできる。

改善命令に対する違反は、許可の任意的取消事由となるほか（23条2項4号）、30万円以下の過料が科される（55条2号）。

(3) 許可の取消し（23条）

割賦販売法23条1項又は2項各号の事由が生じた場合には前払式割賦販売に係る許可の取消し等の行政処分がなされるが、この処分は、必要的処分と任意的処分とに分けることができる。前者は、処分事由が生じたら、必ず許可を取り消さなければならないというものであり（必要的取消し）、後者は、処分事由が生じたとしても、必ず処分しなければならないものではなく、また、処分の内容としても許可の取消しと期間を定めての新規の契約締結禁止とのいずれかとなっており、要件・効果の双方で行政に裁量が認められている（任意的処分）。

任意的処分と比較して、必要的取消しの方が、必ず許可の取消しにつながる分、より重大な事由が処分事由とされている。それぞれの処分事由とされているのは、次の各事由である。

(a) 必要的取消事由（23条1項）

① 許可割賦販売業者が割賦販売法15条1項2号、7号又は8号に該当することとなったとき。

② 新規契約締結の禁止命令（20条1項）があった場合で、命令から6ヵ月以内に当該命令が取り消されなかったとき。

③ 新規契約締結の禁止命令に反して、前払式割賦販売に係る新規の契約を締結したとき。

④ 不正の手段により、前払式割賦販売の許可を受けたとき。

(b) 任意的処分事由（23条2項）

① 営業保証金を供託した旨の届出をする前に、前払式割賦販売の営業を開始したとき。

② 前受金保全措置を講じた旨の届出をする前に、前払式割賦販売契約を締結したとき。

③ 前払式割賦販売契約約款の内容の変更の命令に違反したとき。

④ 改善命令に違反したとき。

⑤　購入者による権利実行後,営業保証金の不足分を供託しないとき。
⑥　購入者による権利実行後,前受金保全措置の不足分について前受金保全措置を講じないとき。

　なお,必要的取消し,任意的取消しのいずれにおいても,取消後,遅滞なく,取消しの理由を示して,その旨を許可割賦販売業者であった者に対し通知しなければならない（23条5項）。これは,不服申立ての機会を与えるためである。

(4)　営業の廃止及び許可の失効（25条・26条）

　許可割賦販売業者は,前払式割賦販売に係る営業を廃止したときは,遅滞なく経済産業大臣に届け出なければならず（26条1項）,営業を廃止した時点で許可は失効する（25条）。

　割賦販売法26条に反し,営業を廃止したにもかかわらずその旨の届出を怠った場合又は虚偽の届出をした者は,30万円以下の過料が科される（55条3号）。

(5)　処分の公示（24条・26条2項）

　上記(1),(3),(4)の処分,すなわち,①新規契約禁止命令及び当該命令の取消し,②許可の取消しの処分がなされた場合,③営業廃止による許可が失効した場合には,経済産業大臣は当該処分につき公示しなければならない（24条・26条2項）。

　これは,新規契約締結の禁止命令や許可の取消し等が,割賦販売法27条による法定解除権の発生事由となっているため,処分がされたことを購入者に周知する趣旨である。

(6)　許可の取消し等に係る取引の結了（28条）

　許可が取り消され又は失効した場合には,取消後又は失効後は前払式割賦販売を業として営むことは禁止されるが（11条参照）,既存の契約の履行,すなわち商品の引渡し及び代金の受領又は取立てについては,なおこれを行わせる必要がある。そこで,割賦販売法28条は,許可が取り消され又は失効した場合であっても,既存の前払式割賦販売契約に係る取引を結了する目的の範囲内では,なお許可割賦販売業者とみなすとしている。

　この範囲外での前払式割賦販売の営業は,当然,割賦販売法11条に違反する無許可営業となり罰則の対象となる。

第2編　割賦販売法の解説　　第3章　前払式割賦販売

〔2〕 条文解説

（契約の締結の禁止）
第20条　経済産業大臣は，許可割賦販売業者が第15条第1項第3号の規定に該当することとなつたときは★1，当該許可割賦販売業者に対し，前払式割賦販売の契約を締結してはならない旨を命じなければならない★2。ただし，その命令をすることによつて購入者の保護に欠けることとなる場合は，この限りでない★3。
2　経済産業大臣は，前項の規定による命令をした場合において，その許可割賦販売業者が6月以内にその命令の要件に該当しなくなつたときは，その命令を取り消さなければならない★4。

★1　「第15条第1項第3号の規定」は，「資産の合計額から負債の合計額を控除した額が資本金又は出資の額の100分の90に相当する額に満たない」ことを前払式割賦販売に係る不許可事由とする規定である。
　　つまり，20条1項は，許可の申請時点では上記規定には該当せず，許可を受けられたが，その後の財務状況の変動により，純資産が資本の90％未満となった場合に，新規契約締結の禁止命令が発せられることとしたものである。
　　新規契約禁止命令の発出事由は上記の事由のみであり，これ以外の事由により当該命令が発せられることはない。

★2(1)　20条1項本文の命令は，「前払式割賦販売の契約を締結してはならない旨」であるから，あくまでも，新規の契約の締結を禁止するものであり，既に締結された契約に対して何ら直接的な影響を及ぼすものではない。例えば，既に締結されている契約に基づき商品を引き渡したり，前受金を受領したりすることは，何ら20条1項の命令に反するものではない。
　　ただし，20条1項の新規契約禁止命令が発せられた場合で，商品の引渡しが未了であったときには，割賦販売法27条1項2号により法定解除権が発生することとなる。その意味では，新規契約禁止命令は，既存の契約に全く無関係というわけではない。
　(2)　新規契約締結禁止命令の審査基準については，「（20条1項）の規定を基

としつつ、重大性又は悪質性の有無等の観点から総合的に勘案して判断する」とされているが（割賦審査基準「第2の1.(2)」）、20条1項は「命じなければならない」としているため、本項の新規契約禁止命令は必要的処分であり、許可割賦販売業者が割賦販売法15条1項3号に該当する場合には、（20条1項ただし書に該当しない限り）必ず命令が発出されなければならない。

(3)　また、20条1項の命令は強制力のある「行政処分」である。したがって、新規契約禁止命令を受けた許可割賦販売業者は、命令に従い、これを遵守する必要がある。当該命令の効力（強制力）は、命令違反に対する行政処分（許可取消し、23条1項3号）及び罰則（51条1号）により担保されている。

なお、このように、新規契約禁止命令が強制力を伴う不利益処分であるため、20条1項の命令を発する際には公聴会の開催が必要である（43条）。

★3(1)　20条1項ただし書は、割賦販売法15条1項3号に該当する場合であっても、「購入者の保護に欠けることとなる場合」には、新規契約禁止命令を発出しなくてもよいこととしている。

(2)　ここでいう「購入者」とは、許可割賦販売業者と前払式割賦販売契約を現実に締結した者を指し、今後契約を締結する可能性のある者などは「購入者」に含まれない。

また、商品の引渡しを受けているか否かは特に問われないが、商品が引渡済みで、かつ、前受金も完済している場合には、契約は終了しており、原則、その保護の必要性は認められないから、このような者は、「購入者」には含まれないと解される。

(3)　なお、20条1項ただし書の要件は、「購入者の保護に欠けることとなる場合」であり、「購入者の保護に欠けるおそれが認められる場合」などとはなっていないため、一般的・抽象的な可能性では足りず、命令により「購入者の保護に欠ける」という事態が生じる高度の蓋然性が認められる場合に限られると解される。

ただし、その要件自体は不明確である上、当該要件に該当する場合に新規契約禁止命令を差し控えるか否かも行政の任意であることから、20条1項ただし書の適用については行政に広い裁量が認められると解される。

★4　20条2項は、割賦販売法15条1項3号に該当した許可割賦販売業者が、財務状況を回復し、6ヵ月以内に同号に該当しないこととなった場合には、新

規契約禁止命令を取り消すこととしたものである。

この命令の取消しは必要的であり，したがって，新規契約禁止命令から6ヵ月以内に純資産の比率が回復した場合には，経済産業大臣は，必ず，命令を取り消さなければならない。要件も客観的に判断できる上，処分も必要的であるから，20条2項による新規契約締結禁止命令の取消しについては，行政の裁量は認められない。

（改善命令）
第20条の2　経済産業大臣は，許可割賦販売業者の財産の状況又は前払式割賦販売に係る業務の運営が次の各号のいずれかに該当する場合において，購入者の利益を保護するため必要かつ適当であると認めるときは[★1]，その必要の限度において，当該許可割賦販売業者に対し，財産の状況又は前払式割賦販売に係る業務の運営を改善するため必要な措置をとるべきことを命ずることができる[★2]。
　一　一事業年度の収益の額の費用の額に対する比率が経済産業省令で定める率を下つた場合[★3]
　二　流動資産の合計額の流動負債の合計額に対する比率が経済産業省令で定める率を下つた場合[★4]
　三　前2号に掲げる場合のほか，購入者の利益を保護するため財産の状況又は前払式割賦販売に係る業務の運営につき是正を加えることが必要な場合として経済産業省令で定める場合[★5]
2　前項第1号の収益の額及び費用の額並びに同項第2号の流動資産の合計額及び流動負債の合計額は，経済産業省令で定めるところにより計算しなければならない[★6]。
3　経済産業大臣は，許可割賦販売業者の前払式割賦販売に係る業務の運営が第1項第3号に該当する場合において，同項の規定による命令をしようとするときは，あらかじめ，内閣総理大臣に協議しなければならない[★7]。
4　内閣総理大臣は，許可割賦販売業者の前払式割賦販売に係る業務の運営が第1項第3号に該当する場合において，購入者の利益を保護するため必要があると認めるときは，経済産業大臣に対し，同項の規定による命令に関し，必要な意見を述べることができる[★8]。

第5節　行政による監督　〔2〕　条文解説

★1(1)　20条の2第1項は，許可割賦販売業者に対する改善命令について規定したものであるが，その要件，すなわち，改善命令の発出が認められるのは，①許可割賦販売業者が各号のいずれかに該当し，かつ，②「購入者の利益を保護するため必要かつ適当であると認めるとき」である。

　　　購入者の利益保護のために必要かつ適当と認められるか否かの判断は，専ら行政の裁量に委ねられており，「必要かつ適当と認め」られるケースを類型化することは難しいが，例えば，景気変動等により，その年の事業成績が悪化し，形式的には20条の2第1項各号に該当するものの，前年までの実績や当該事業者の財務的基礎には大きな問題は生じていないような場合であれば，「必要かつ適当」とは認められないこととなろう。

　(2)　なお，改善命令に係る処分基準については，「(割賦販売法20条の2第1項)の規定を基としつつ，重大性又は悪質性の有無等の観点から総合的に勘案して判断する」こととされている（割賦審査基準「第2の1.(3)」）。

★2(1)　改善命令は，「必要な限度」で命じられなければならない。これは，改善命令それ自体が，自由経済に対する干渉的行為である上，改善命令違反が行政処分（23条）や罰則（55条）につながることから，必要以上の改善命令を制限するものであり，ともすれば広範となりがちな経済産業大臣の裁量を制限する趣旨である。

　(2)　また，改善命令は，「必要な措置」を命じるものである。「必要な措置」の具体的内容は，事案や改善命令の発出事由によって変わり得るため，具体的にどのような措置をとることを命じるかは，経済産業大臣の裁量に委ねられている。その意味で，20条の2第1項の適用においては，要件・効果の双方について経済作業大臣の裁量に委ねられており，その裁量の範囲は広範である。

　　　しかし，改善命令の内容は「必要な措置」を命じるものでなければならず，不要な措置を命じる改善命令は認められない上，上記(1)のとおり「必要な限度」でなければならないのであるから，少なくとも，改善命令の効果については，経済産業大臣の裁量に一定の歯止めがかけられているといえる。

★3(1)　「一事業年度」とは，許可割賦販売業者の定款で定められた事業年度のことである。

　(2)　「収益の額の費用の額に対する比率」とは，いわゆる「経常収支率」のことで，

第2編　割賦販売法の解説　　第3章　前払式割賦販売

$$（経常）収入÷（経常）支出×100$$

の計算により算出される。
　ここでいう収入は，事業としての売上げと営業外収益の双方を含み，また，損失も同様である。
　収益及び損失の詳細な計算方法は，20条の2第2項により経済産業省令により定めることとされている。
(3)　「経済産業省令で定める率」とは，100分の100である（割賦則22条1項）。要するに，20条の2第1項1号は経常収支が赤字となっている場合を指す。

★4(1)　「流動資産の合計額の流動負債の合計額に対する比率」とは，いわゆる「流動比率」のことである。流動資産及び流動負債の計算方法は，経済産業省令で定めることとされている（20条の2第2項）。
(2)　なお，「経済産業省令で定める率」は，100分の90である（割賦則22条2項）。

★5　「経済産業省令で定める場合」とは，次の場合を指す（割賦則22条3項）。
(1)　資産の合計額から負債の合計額を控除した額が資本金又は出資の額に満たないとき。
(2)　予約前受金の合計額又は負債の合計額が財産の状況に照らし著しく過大であるとき。
(3)　前払式割賦販売に係る繰延費用を過大に計上しているときその他経理処理が不健全なとき。
(4)　基準日において前受金保全措置により前払式割賦販売の契約によって生じた債務の弁済に充てることができる額が当該基準日に係る基準額を下回つたとき。
(5)　販売員その他従業員に対する指導監督が十分でないとき。
(6)　前払割賦販売の業務の委託先（委託先が法人であるときは，その業務を執行する社員，取締役，執行役その他の法人の代表者）又は代理店（代理店が法人であるときは，その業務を執行する社員，取締役，執行役その他の法人の代表者）に対する指導が十分でないとき。
(7)　購入者に対して，前払式割賦販売の契約に関する事項であってその判断に影響を及ぼすこととなる重要なものにつき，事実を告げないとき，又は

第5節　行政による監督　〔2〕　条文解説

不実のこと若しくは誤解させるおそれのあることを告げ，若しくは表示したとき。
(8)　購入者に対して，不利益となるべき事実を告げずに，既に成立している前払式割賦販売の契約を消滅させて新たな前払式割賦販売の契約の申込みをさせ，又は新たな前払式割賦販売の契約の申込みをさせて既に成立している前払式割賦販売の契約を消滅させる行為を行ったとき。
(9)　前払式割賦販売の契約を締結させ，又は前払式割賦販売の契約の解除を妨げるため，購入者を威迫したとき。
(10)　購入者からの前払式割賦販売の契約の解除の申出を受けることを拒否し，又は不当に遅延させたとき。
(11)　前払式割賦販売の業務に関して取得した購入者に関する情報の適切な取扱い及び購入者からの苦情の適切かつ迅速な処理のために必要な措置を講じていないとき。
(12)　前払式割賦販売契約約款に記載されている義務を履行しないとき。
(13)　前払式割賦販売契約約款の内容が第13条の基準に適合しないとき。

★6　20条の2第1項1号の収益及び費用の額並びに同項2号の流動資産及び流動負債の合計額の計算方法は，割賦販売法施行規則23条により定められている。具体的には，次の方法により計算される。
(1)　収益の額は，純売上高（役務収益を含む）に営業外収益を合計して計算し，当該事業年度における未実現利益の増加額は収益額から控除し，その減少額は収益額に算入する。
(2)　費用の額は，売上原価（役務原価を含む）の額，販売費及び一般管理費並びに営業外費用を合計して算定する。
(3)　上記(1)及び(2)の計算においては，前期損益修正その他通常の営業活動以外の原因により発生した特別の利益又は損失の額は，収益又は費用の額に算入しない。
(4)　流動資産の額は，次の各資産の額を合計して計算する。
　①　現金
　②　預金
　③　受取手形
　④　売掛金
　⑤　投資有価証券以外の有価証券
　⑥　商品

⑦ 製品
⑧ 半製品
⑨ 原材料
⑩ 仕掛品
⑪ 貯蔵品
⑫ 前渡金
⑬ １年以内に償却されて費用となるべき前払費用
⑭ 短期貸付金
⑮ 立替金
⑯ 未収入金
⑰ 未収収益
⑱ 前払式割賦販売に係る１年以内に償却されて費用となるべき繰延費用
⑲ その他の１年以内に現金化できると認められる資産
(5) 流動負債の額は，次の各負債の額を合計して計算する。
① 支払手形
② 買掛金
③ 短期借入金
④ 未払金
⑤ 未払費用
⑥ 前払式割賦販売に係る１年以内に取り崩されると見込まれる前受金
⑦ 預り金
⑧ 前受収益
⑨ 未払法人税等
⑩ １年以内に支払又は返済されると認められるその他の負債
(6) 上記(4)及び(5)については，計算日における帳簿価額（ただし，受取手形，売掛金，短期貸付金及び未収入金については貸倒れ引当金を控除した額）により計算する。

　ただし，資産について，その帳簿価額が当該資産を計算日において評価した額を超えるとき，負債にあっては，その帳簿価額が当該負債を計算日において評価した額を下回るときは，その評価した額により計算する。

★7　20条の２第３項は，許可割賦販売業者の業務運営が同条１項３号に該当する場合の改善命令の発出に際して，あらかじめ内閣総理大臣と協議しなければならない旨規定したものである。

第5節　行政による監督　〔2〕　条文解説

　　20条の2第1項3号の経済産業省令で定める場合については割賦販売法施行規則22条3項が規定しているが，そのうち，「許可割賦販売業者の前払式割賦販売に係る業務の運営」に関する事由は同項5号～13号である。同項1号～4号は，許可割賦販売業者の財務状況に着目したものであり，許可割賦販売業者の業務運営に関する事由ではないから，同項1号～4号に該当する場合は，ここでいう「許可割賦販売業者の前払式割賦販売に係る業務の運営が第1項第3号に該当する場合」には該当しない。
★8　20条の2第4項は，一定の場合に，内閣総理大臣が経済産業大臣に対し意見を述べて，改善命令の発出を促すことができる旨規定したものである。
　　「許可割賦販売業者の前払式割賦販売に係る業務の運営が第1項第3号に該当する場合」については，前掲★7参照。

（許可の取消し等）
第23条　経済産業大臣は，許可割賦販売業者が次の各号の一に該当するときは，その許可を取り消さなければならない★1。
　一　第15条第1項第2号，第7号又は第8号の規定に該当することとなつたとき。
　二　第20条第1項の規定による命令があつた場合において，その命令の日から6月以内に同条第2項の規定による取消しがされないとき。
　三　第20条第1項の規定による命令に違反したとき。
　四　不正の手段により第11条の許可を受けたとき★2。
2　経済産業大臣は，許可割賦販売業者が次の各号の一に該当するときは，当該許可割賦販売業者に対し，3月以内の期間を定めて前払式割賦販売の契約を締結してはならない旨を命じ，又はその許可を取り消すことができる★3。
　一　第16条第3項（第18条第2項において準用する場合を含む。）の規定に違反して営業を開始したとき。
　二　第18条の3第1項の規定に違反して新たに前払式割賦販売の契約を締結したとき。
　三　第19条第3項の規定による命令に違反したとき。
　四　第20条の2第1項の規定による命令に違反したとき。
　五　第22条第1項の規定による供託をしないとき。

第2編　割賦販売法の解説　　第3章　前払式割賦販売

> 六　第22条第2項の規定による前受金保全措置を講じないとき。
> 3　経済産業大臣は，許可割賦販売業者が前項第4号の命令（当該許可割賦販売業者の前払式割賦販売に係る業務の運営が第20条の2第1項第3号に該当する場合におけるものに限る。次項及び第40条第2項において同じ。）に違反した場合において，前項の規定による処分をしようとするときは，あらかじめ，内閣総理大臣に協議しなければならない★4。
> 4　内閣総理大臣は，許可割賦販売業者が第2項第4号の命令に違反した場合において，購入者の利益を保護するため必要があると認めるときは，経済産業大臣に対し，同項の規定による処分に関し，必要な意見を述べることができる★5。
> 5　経済産業大臣は，第1項又は第2項の規定により許可を取り消したときは，遅滞なく，その理由を示して，その旨を当該許可割賦販売業者であった者に通知しなければならない★6。

★1　23条1項は，各号のいずれかに該当する場合には，「その許可を取り消さなければならない」とし，許可の必要的取消しを規定したものである。また，23条1項による取消事由も，同項4号を除き，客観的な事由によりその該当性を判断できるから，基本的には，23条1項による許可の取消しについては，行政の裁量はほとんど認められないものと考えられる。

　23条1項により許可が取り消された場合には，割賦販売法27条の法定解除権が発生し，また，同法28条により認められる範囲以外では前払式割賦販売を業として行うことができなくなる。

★2　「不正の手段」の内容は必ずしも明らかではないが，例えば，申請書に虚偽の記載をし，あるいは添付書類を偽造した場合などが考えられる。他にも，経済産業局長に対する贈賄や強迫等により許可を取得した場合も「不正な手段により……許可を受けた」に該当すると考えらえる。

　逆に，申請書の記載ミスや添付書類の漏れなどの事務手続上のミスは「不正な手段」に当たらないことはいうまでもない。

★3(1)　23条2項は，3ヵ月以内の期間を定めての契約締結禁止命令と許可の取消しとを規定しているが，いずれの処分も任意的なものであり，同項各号のいずれかに該当したからといって，これらの処分のいずれかがされなければならないものではない。

　また，23条2項による処分をするとしても，契約の締結禁止命令と許可

第5節　行政による監督　〔2〕　条文解説

取消しのいずれを選択するかは行政の裁量に委ねられており，その意味で，23条2項は行政に広い裁量を認めるものである。なお，同項による許可の取消しについては，「同項各号のいずれかに該当し，かつ，重大性又は悪質性が相当程度に認められ，業務を維持させるのが適当でないと認められること」が審査基準とされている（割賦審査基準「第2の1.(5)」）。

(2)　23条2項に基づく処分のうち，新規契約締結の禁止命令は，一般的な行政処分における事業停止命令に該当するものであるが，前払式割賦販売に係る事業全体を停止すると，商品の引渡しや前受金の返金等も行うことができず，購入者に不利益を及ぼす事態が想定されるため，新規契約の締結禁止に留めたものである。

(3)　許可取消しの効果については，前掲★1参照。

★4　23条3項は，同条2項により，改善命令違反を理由として契約の締結禁止命令又は許可取消しを行う場合につき，処分に先立って内閣総理大臣と協議しなければならないこととしたものである。

ただし，内閣総理大臣との協議を要するのは，「許可割賦販売業者の……業務の運営が第20条の2第1項第3号に該当する場合」の改善命令に違反した場合のみである。具体的には，割賦販売法施行規則22条3項5号～13号に該当したために発せられた改善命令に違反した場合である。

これは，改善命令の発出に際しても内閣総理大臣との協議が必要であることから（20条の2第3項），これと平仄を合わせる趣旨である。

★5　23条4項は，一定の場合において，内閣総理大臣が経済産業大臣に対し，意見を述べ，23条2項による処分を促すことを認めるものである。

意見を述べられる場合については，前掲★4参照。

★6　23条5項は，23条1項又は2項により前払式割賦販売の許可を取り消した場合に，遅滞なく，その理由を示した上で，その旨を通知しなければならないことを規定したものであり，許可割賦販売業者であった者が，許可取消しに対して不服申立てをするための便宜を図る趣旨である。

なお，23条5項による通知を要するのは許可取消しの場合のみであるが，同条2項による契約の締結禁止命令も，権利の制限として不利益処分（行手2条4号）に該当するため，行政手続法14条1項により処分理由の提示は必要である。

第2編 割賦販売法の解説 第3章 前払式割賦販売

(処分の公示)
第24条 経済産業大臣は,第20条第1項の規定による命令をし,若しくは同条第2項の規定によりこれを取り消したとき,又は前条第1項若しくは第2項の規定により許可を取り消したときは,経済産業省令で定めるところにより,その旨を公示しなければならない[★1]。

★1 24条は,①新規契約禁止命令(20条1項),②その取消し(同条2項),③許可の取消し(23条1項・2項)をした場合に,その旨(当該処分をしたこと)を公示すべきことを規定したものである。また,上記①〜③のほかにも,割賦販売法26条により,許可割賦販売業者が営業を廃止しその旨の届出をした場合(つまり,許可が失効した場合)にも,公示が必要である。

なお,24条の公示は,割賦販売法27条1項による法定解除権の発生を購入者に知らしめることを目的としたものであり,具体的には,官報への掲載により行われる(割賦則25条)。

(許可の失効)
第25条 許可割賦販売業者が前払式割賦販売の営業を廃止したときは[★1],許可は,その効力を失う[★2]。

★1 25条は,許可割賦販売業者が前払式割賦販売の営業を廃止した場合に,許可が失効することを規定したものである。

「営業の廃止」とは,その事業から撤退し,当該営業を行わなくなることを指すが,ここでいう「廃止」は,許可割賦販売業者の経営方針として,それ以降前払式割賦販売に係る契約を締結しないことを決定することを指すと解される。このことは,割賦販売法28条が取引が結了するまでは許可割賦販売業者とみなすとし,許可の失効後,すなわち営業廃止後も既に締結された前払式割賦販売契約に係る事務が行われることが念頭に置かれていることからも明らかである。

なお,事業譲渡や会社分割等により,前払式割賦販売に係る事業を第三者に承継し,譲渡会社等は前払式割賦販売に係る営業を行わなくなったような場合が「廃止」に含まれるかは解釈の余地があるが,この場合には,前払式割賦販売の事業承継に附随して許可も移転するから(18条の6),事業承継も「廃

第5節 行政による監督 〔2〕 条文解説

止」に含まれるとすると，移転するはずの許可が25条により失効することとなり，条文上矛盾を生じることになる。そのため，事業譲渡等により前払式割賦販売に係る営業（事業）を承継させる場合は「廃止」に含まれないと解される。
★2　一般に，許可の「失効」と「取消し」とは，前者は遡及効がなく，後者は遡及効がある（初めからなかったことになる）という点で異なるとされる。
　　もっとも，割賦販売法23条1項・2項により許可が取り消された場合であっても，遡及的に許可が無効となり過去の営業が無許可営業となるものではないから，許可の失効及び取消しは，「許可の効力がなくなる」というその効果において差はないと考えてよい。

（廃止の届出）
第26条　許可割賦販売業者は，前払式割賦販売の営業を廃止したときは，遅滞なく，その旨を経済産業大臣に届け出なければならない★1。
2　第24条の規定は，前項の規定による届出があつた場合に準用する★2。

★1(1)　「営業を廃止」の意味・内容については，割賦販売法25条の解説★1を参照。
　(2)　26条1項により届出をすべき義務を負うのは，許可割賦販売業者が単に営業を廃止した場合にはその代表者，法人が解散した場合には清算人，破産した場合には破産管財人である。
　(3)　26条1項による届出は，様式第13によることとされている（割賦則26条）。
★2　26条2項が割賦販売法24条を準用しているため，営業廃止の届出がされた場合にもその旨の公示がされることとなる。
　　公示の趣旨・方法については，割賦販売法24条の解説を参照。

（許可の取消し等に伴う取引の結了等）
第28条　許可割賦販売業者が第23条第1項若しくは第2項の規定により許可を取り消されたとき，又は第25条の規定により許可が効力を失つたときは，当該許可割賦販売業者であつた者又はその一般承継人は★1，当該許可割賦販売業者が締結した前払式割賦販売の契約に基づく取引を結了する目的の範囲内においては，なお許可割賦販売業者とみなす★2。

223

★1　「一般承継人」としては，会社合併や会社分割による承継人がこれに当たるが，他にも，前払式割賦販売に係る事業の全部を譲り受けたような場合の譲受人も含まれると解される。
　これに対し，前払式割賦販売に係る前受金債権を個別に譲り受けた者などは一般承継人に含まれない。

★2(1)　「取引を結了する目的の範囲」としては，既存の前払式割賦販売契約に基づく商品の引渡しや前受金の受領などがこれに当たる。
　また，既に引き渡した商品に瑕疵があった場合の瑕疵担保責任の履行なども，「取引を結了する目的の範囲」に含まれよう。ただし，瑕疵担保責任や不良品の場合の債務不履行責任などは，当該責任が発生する可能性がゼロになることはなく，抽象的な意味で「損害賠償義務や瑕疵修補義務が発生する可能性がある」にすぎないような場合も「取引を結了する目的の範囲」に含まれるとすると，永久に（あるいは，不法行為責任の消滅時効の20年（民724条）が経過するまで）は，取引が結了しないこととなってしまう。そのため，瑕疵担保責任や債務不履行に係る債務の履行については，許可の失効時点で未発生のものについては「取引を結了する目的の範囲」には含まれないと解される。

(2)　28条により，許可割賦販売業者とみなされることにより，許可の取消後又は失効後であっても，既存契約に関してのみではあるが，前払式割賦販売に係る事業を営むことが許され，無許可営業とはならない。
　その反面，許可割賦販売業者と同様の行政による監督にも服することとなり，報告義務（40条）や立入検査（41条）などの適用も受けることになる。

第6節　適用除外（8条）

　前払式割賦販売も割賦販売の一類型にすぎず，割賦販売（2条1項1号）であることに違いはないため，前払式割賦販売にも割賦販売法8条が適用され，同条各号に該当する取引については，前述の各規定が適用されない。
　適用除外となる各類型については，当該箇所を参照されたい。

第4章　ローン提携販売（2条2項・29条の2～29条の4）

　ローン提携販売は，販売業者が，金融機関（ローンの提供事業者）と提携して商品を販売する取引形態であり，販売業者，金融機関及び購入者等の三者間でなされる取引である。

　ローン提携販売は，割賦販売法の制定当初は規制対象となっておらず，昭和47年改正に際して追加された取引類型であるが，今日ではほとんど行われていない上，平成20年改正により個別方式が定義から除外されたこともあり，その規制範囲は，現実的にも条文上も非常に狭いものとなっている。

　また，ローン提携販売に関する規制は，割賦販売法第2章の2に定められているが，条文としては3ヵ条（29条の2～29条の4）しか定められておらず，その内容も，①取引条件の表示，②広告に係る表示，③書面交付義務，及び，④他の取引類型に関する規定（書面交付に代わる電磁的方法による提供，適用除外，抗弁権の接続）の準用の4点となっており，規制内容としても少々寂しいものとなっている。

　なお，ローン提携販売については，その実例の少なさもあり，経済産業省によるガイドライン（監督の基本方針）も，日本クレジット協会（JCA）による自主規制も定められていない。そのため，ローン提携販売の規制に係る法源としては，純粋に割賦販売法及び割賦販売法施行令，同施行規則のみである。

第1節　ローン提携販売の意義（2条2項）

〔1〕　概　　説

(1)　ローン提携販売の概要

　ローン提携販売とは，購入者等が販売業者と提携した金融機関から指定商品

【図表13】 ローン提携販売（四者間取引）

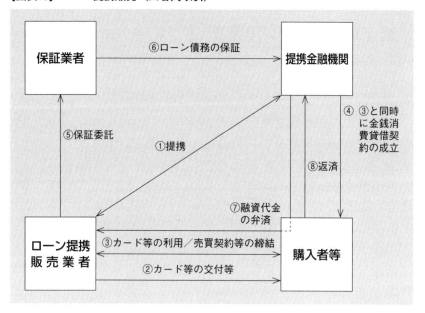

等の購入等代金を借り入れ，この購入者等の金融機関に対する貸金返還債務について，当該販売業者が保証した上で商品等の販売等をするという取引形態を指す（2条2項）。あくまでも，このような形式を備えた商品の販売等が「ローン提携販売」であり，金融機関からの融資（借入れ）は，ローン提携販売の要件ではあるものの，ローン提携販売そのものではない。

　その要件は複数あり，多くの点で割賦販売（2条1項）とは異なるが，最大の相違点は，販売業者及び購入者等に加え，金融機関が当事者として取引に関与する点である。すなわち，割賦販売は，割賦取引の一種ではあるものの，その本質は単なる売買（又は役務提供）契約でしかなく，単なる二者間取引であった。これに対し，ローン提携販売は，販売業者から購入者等に対する商品・権利の販売又は役務提供に加え，金融機関から購入者等に対する融資及び販売業者による保証が加えられた三者間取引である。さらに，販売業者が保証を委託した保証業者が関与することもあり，場合によっては四者間取引となる（**【図表13】**参照）。このように，多数の当事者の間で，商品売買（役務提供）とその代金

第1節　ローン提携販売の意義　〔1〕概説

の弁済という以外に，複数の法律関係が生じることが，ローン提携販売の特徴である。

以下では，ローン提携販売の各要件につき概説していくが，ローン提携販売の方法により商品の販売等を行うものを「ローン提携販売業者」，これと提携して融資を行う金融機関を「提携金融機関」，ローン提携販売の方法により商品・権利を購入し又は役務の提供を受ける者を「購入者等」，ローン提携販売に係るカード等の交付等を受けた者を「利用者」と呼ぶ。

(2) ローン提携販売に対する規制の趣旨

何か商品を購入する際に，金融機関から融資を受け，それを弁済資金に充てるということは，事業者・消費者を問わず広く行われており，例えば，不動産を購入する場合の住宅ローンなどはその典型であろう。商品の購入資金に充てるための融資は，貸主が銀行であれば銀行法により，貸主が貸金業者であれば貸金業法による規制を受けるのであるから，このような融資に関連して，「割賦取引の一種」として割賦販売法による規制を加えるべき必要性は高くないとも考えられる。

しかし，貸金業法などが規制を加えるのは，あくまでも融資についてのみであり，その融資金を利用して行われる商品の売買等についてまでは，貸金業法や銀行法は何ら手当てをしていない。

とはいえ，ローン提携販売業者が，金融機関と提携し，自らが貸金返還債務を保証することを手段として，販売促進を行うというのがローン提携販売の実態であるし，また，購入者等からも見ても，提携金融機関に対する返済は，結局のところ商品の代金を分割して支払うのと変わらないというのが実際であろう。さらに，購入者等が提携金融機関に対する返済を怠れば，保証人たるローン提携販売業者が保証履行することになり，結局は，ローン提携販売業者・購入者等の間で清算されることになるのであって，実質的には，割賦販売と同様の機能・効能を営むことになるといえる。

そこで，割賦販売法は，ローン提携販売のこのような機能ないし実態に着目し，ローン提携販売業者が関与する部分について，規制を加えることとしたものである。

(3) カード等の交付等

(a) **個別方式の除外**

ローン提携販売においては、カード等の交付等が要件とされており（2条2項1号・2号）、カード等が交付等されない、つまり個別方式のものはローン提携販売に当たらないこととされている。ローン提携販売におけるカード等は、割賦販売におけるカード等と同内容である（2条1項2号参照）。

元々は、割賦販売と同様に、分割払方式（個別方式及び包括方式）とリボルビング方式の両方について規定されていたが、平成20年改正に際して、個別方式のローン提携販売は定義（2条2項1号）から除外された。これは、個別方式のローン提携販売においては、後述の個別信用購入あっせん（2条4項）に該当するケースが多く、個別信用購入あっせん業者（ローン提携販売における提携金融機関に該当）に対してより厳格な規制（参入規制、行為規制、民事ルール等）が課されるため、販売業者に対してまでローン提携販売に係る規制を加える必要性がないと考えられたためである。

(b) **カード等の発行主体**

ローン提携販売においては、カード等は、提携金融機関からの包括的な与信証明としてだけでなく、個々の取引に際して、クレジットカードのように利用することが想定されている。すなわち、個々の取引に際して、利用者は、カード等を利用することで、個別の審査なしに自動で提携金融機関から融資を受けられる。つまり、カード等の利用により、個別の手続なしに、自動で提携金融機関・購入者等の間で金銭消費貸借契約が締結されることになるのである。

そのため、ローン提携販売におけるカード等は、機能としては、金融機関が発行するローン用のカードと同様の機能を営むものであり、本来的には提携金融機関が発行すべきものであることになる。

しかし、ローン提携販売においては、ローン提携販売業者と提携金融機関とが提携の上でこのような販売方式を採用しているため、カード等は、提携金融機関ではなく、ローン提携販売業者が利用者に対して発行・交付等することとされている。このため、カード等の交付等に際しての取引条件の表示等も、貸主である提携金融機関ではなく、ローン提携販売業者に対して義務付けられている。

なお、貸金業者が債務者に融資するに際しては貸金業法上の書面交付義務が

課されているから（貸金業16条の2・17条），提携金融機関が貸金業者である場合には，割賦販売法に基づきローン提携販売業者が交付する書面とは別に，貸金業法に基づく書面の交付等を要すると解される。割賦販売法は，ローン提携販売という「販売方式」を規制するにすぎず，提携金融機関から利用者又は購入者等に対する融資については，抗弁権の接続を除き何らの規制を加えるものではないからである。

(4) **支払方式の限定**

包括方式のローン提携販売は，借入金の返済を2ヵ月以上かつ3回以上に分割して行うこととされているため，マンスリークリア方式のほか，2ヵ月未満又は2回以下での分割払い（ボーナス払い等）は，その定義から除外される。この点は，割賦販売と同様である。

(5) **提携金融機関からの借入れ**

ローン提携販売においては，購入者等による提携金融機関からの借入れが要件とされており，一次的には提携金融機関が購入者に対して与信する点がローン提携販売の最大の特徴である。この借入れは，いわゆる「目的ローン」のことを指すが，「無目的ローン（フリーローン）」の場合は，他の要件が充足されていたとしても，ローン提携販売における「借入れ」には該当しないものと考えられる。

これに対し，融資金による弁済の方法は特に問われていない。したがって，提携金融機関から，購入者等に対し融資金が貸し渡され，それをもって弁済するのでもよいし，提携金融機関からローン提携販売業者に直接入金される形でもかまわない。

(6) **ローン提携販売業者による保証**

ローン提携販売においては，提携金融機関から融資を受けて商品等の代金を弁済することとされているが，これに加えて，当該借入れに係る返済債務をローン提携販売業者が保証することも要件とされている。この保証がなければ，提携金融機関から購入者等への融資は，単なる「提携ローン」でしかなく，言い換えれば，ただの「融資」でしかないことになる。

この保証は，ローン提携販売業者が購入者等からの保証委託を受けて保証人となるのが原則であるが，ローン提携販売業者が保証を業とする者に保証を委

託し，当該保証委託を受けた者が借入金の返済につき保証する形も認められている。いわゆる「信用保証会社」がその典型であろうが，貸金業者が保証することなども十分に考えられる。これは，ローン提携販売業者が委託したのであれば，少なくとも購入者等から見る限り，外観上も機能的にも，ローン提携販売業者が保証する場合と異ならないからである（ただし，保証履行後の清算の関係から，購入者等からも保証委託を受けるのが通常であろう）。

なお，ローン提携販売業者又は保証業者による保証に当たっては，有償であるか無償であるかは要件とされていないため，購入者等から保証料を徴収するような形でもそれ自体としては問題ないが，保証料についても取引条件における表示事項とされている（29条の3第1項1号等）。

(7) **指定商品等制度の採用**

ローン提携販売については，指定商品制，指定権利制及び指定役務制の全部が採用されている。したがって，指定商品又は指定権利以外を目的とした売買若しくは指定役務以外を目的とした役務提供契約は，ローン提携販売に当たらず，割賦販売法の規制対象外である。

〔2〕 条 文 解 説

> (定義)
> 第2条 （略）
> 2 この法律において「ローン提携販売」とは，次に掲げるものをいう。
> 一 カード等を利用者に交付し又は付与し★1，当該利用者がそのカード等を提示し若しくは通知して，又はそれと引換えに購入した商品若しくは権利の代金又は提供を受ける役務の対価に充てるためにする金銭の借入れで，2月以上の期間にわたり，かつ，3回以上に分割して返還することを条件とするもの★2に係る購入者又は役務の提供を受ける者の債務の保証（業として保証を行う者に当該債務の保証を委託することを含む。）をして★3，指定商品若しくは指定権利を販売し，又は指定役務を提供すること★4。
> 二 カード等を利用者に交付し又は付与し★5，当該利用者がそのカード等

を提示し若しくは通知して、又はそれと引換えに購入した商品若しくは権利の代金又は提供を受ける役務の対価に充てるためにする金銭の借入れで、あらかじめ定められた時期ごとに、その借入金の合計額を基礎としてあらかじめ定められた方法により算定して得た金額を返済することを条件とするもの★6に係る当該利用者の債務の保証（業として保証を行う者に当該債務の保証を委託することを含む。）をして★7、そのカード等の提示若しくは通知を受けて、又はそれと引換えに指定商品若しくは指定権利を販売し又は指定役務を提供すること★8。

3～6（略）

★1　2条2項は、ローン提携販売の定義を定めたものであり、1号が分割払方式のローン提携販売について、2号がリボルビング方式のローン提携販売について規定したものである。

「カード等」とは、「カードその他の物又は番号、記号その他の符号」のことであり（2条1項2号）、包括契約の一環として交付等され、個別の与信なしに利用できるものを指す。したがって、単なる身分証としての機能しか有しないものや、利用の都度個別の与信審査を要するようなものは「カード等」に含まれない。詳細は、割賦販売法2条1項の解説★6を参照。

また、2条2項1号及び2号のいずれにおいてもカード等の交付又は付与が要件となっているため、カード等を利用しない方式、すなわち個別方式はローン提携販売に当たらない。したがって、割賦販売と異なり、ローン提携販売においては、分割払方式＝包括方式である。

★2　ローン提携販売においては、「金銭の借入れ」が要件とされている。
(1)　この「金銭の借入れ」の貸主については特に規定されていない。したがって、貸主たる提携金融機関は必ずしも銀行や貸金業者である必要はない。ただし、カード等を利用しての反復継続した融資が予定されていることから、融資を業として行うことが認められている必要がある。また、法人・個人の別も要件とされていないため、（現実的ではないが）「個人の貸金業者」などから融資を受ける場合でも、ローン提携販売に当たることになる。

ただし、「金銭の借入れ」は、「購入した商品若しくは権利の代金又は提供を受ける役務の対価に充てるため」のものでなければならないため、いわゆる「目的ローン」であることを要する。無目的ローン（フリーローン）

は，結果的に，商品等の代金の弁済に充てられたとしても，融資契約時点で，代金の弁済に充てられることが契約条件として定められていないため「代金又は……対価に充てるため」の「借入れ」とはいえず，ローン提携販売の要件を満たさないと解されるからである。

　また，借入金は，商品等の代金の全額である必要はないため，代金の全額について融資を受けた場合はもちろん，その一部に充てるために融資を受けたような場合であってもローン提携販売に当たる。

(2)　「金銭の借入れ」は「2月以上の期間にわたり，かつ，3回以上に分割して返還することを条件とするもの」（2条2項1号）又は「あらかじめ定められた時期ごとに，その借入金の合計額を基礎としてあらかじめ定められた方法により算定して得た金額を返済することを条件とするもの」（2条2項2号）でなければならない。つまり，分割払方式又はリボルビング方式でなければならないのであり，マンスリークリア方式やボーナス払いでの返済を条件とする場合には，ローン提携販売に当たらないことになる。

★3　ローン提携販売においては提携金融機関からの借入れに加え，ローン提携販売業者による保証又は「業として保証を行う者」への保証委託が要件となっている。

(1)　ローン提携販売業者による保証については，保証に係る条件等は規定されていないため保証料の徴収の有無は問わず，また，通常の保証だけでなく連帯保証であってもかまわない。

　さらに，ローン提携販売業者以外の者を保証人として付けることも特に禁止されていないため，ローン提携販売業者以外の者も保証し，それと合わせてローン提携販売業者が保証するような「二次保証」の形式でもローン提携販売の要件を満たすと解される。

　なお，ローン提携販売業者による保証に当たっては，購入者等からの保証委託を受けるのが通常であるが，委託を受けないで行われる保証（いわゆる「勝手保証」）であっても，「保証」に当たる。

(2)　ローン提携販売業者自らが保証する代わりに，保証を業とする者に保証を委託することでもローン提携販売の要件を満たす。例えば，目的である商品のメーカーや，貸金業者や信用保証業者（保証協会等）に保証を委託する場合である。

　ただし，保証の委託は，ローン提携販売業者が行う必要があるため，購入者等のみが保証を委託する場合には，単なる融資とその保証でしかな

く，ローン提携販売には当たらないことになる。

また，委託先が保証を「業と」しているか否かは，反復性・営利性等の有無を客観的な事情から判断することになる。

なお，条文上は，「保証を委託することを含む」とされているだけで，実際に，保証委託を受けた者が保証したか否かまでは問われていないが，保証委託を受けた者が，何らかの事情により提携金融機関と保証契約を締結するに至らず，あるいは締結した保証契約が効力を生じなかったような場合にはローン提携販売の要件を満たさないものと解される。

★4 「債務の保証……をして……指定商品若しくは指定権利を販売し，又は指定役務を提供すること」とは，ローン提携販売業者が，自己が取り扱う指定商品，指定権利又は指定役務の販売促進活動の一環として提携金融機関と提携し，提携金融機関からの借入金について保証し，商品等の代金にあてるための借入れをあっせんして指定商品の販売等を行うことを意味する。条文上は，このような事情が要件となっているわけではなく，単に融資金について保証（又はその委託）をすれば足りることになるが，実際上の問題としては，上記のようなローン提携販売業者と提携金融機関との提携関係なしに，ローン提携販売ないしそのシステムが成立することはあり得ない。

なお，ローン提携販売は，指定商品，指定権利の販売又は指定役務の提供に限定されているため，これら以外の商品，役務等を目的とした取引は，ローン提携販売に該当しない。指定商品等の具体的な内容については，割賦販売法2条5項の解説を参照。

★5 前掲★1参照。
★6 前掲★2参照。
★7 前掲★3参照。
★8 前掲★4参照。

第2節　参入規制──自由参入制

ローン提携販売については，割賦販売と同様に参入規制は加えられておらず，割賦販売法第2章の2による行為規制が加えられるにとどめられている。これは，ローン提携販売が，割賦販売と同様の機能を営むことから割賦販売法

による規制対象に加えられたという経緯もあり，割賦販売と平仄を合わせる趣旨と解される。

 さらに踏み込んでいえば，個別方式が排除され，必ずカード等が交付等される現行法においては，提携金融機関が融資を反復継続して，つまり業として行っていることは明らかであり，金銭の貸付けを業として営むためには，銀行法や貸金業法などによる参入規制及び行為規制が加えられることとなっている。そのため，「金銭の借入れ」及び「その返済」というローン提携販売の主要部分は他の法律により規制されていることとなる。このことも，ローン提携販売に参入規制が課されない理由の1つと思われる。

 いずれにせよ，ローン提携販売については自由参入制が採用されており，これを開始するに当たっての登録等は不要であり，また，原則として，事業途中での行政による監督を受けることもない。

第3節　行為規制（29条の2～29条の4）

　割賦販売法第2章の2は，「ローン提携販売」と題して，ローン提携販売に対する規制を加えているが，同章は，29条の2～29条の4までの3ヵ条しか定められておらず，しかも29条の4が準用規定であるため，ローン提携販売に加えられる規制は，実質的には，取引条件の表示及び広告に係る規制（29条の2）及び取引時の書面交付義務（29条の3）のみである。

第1款　取引条件の表示（29条の2第1項・2項）

〔1〕概　説

(1) 趣旨・目的

　割賦販売法29条の2第1項及び2項は，割賦販売についての割賦販売法3条2項及び3項に該当する規定であり，その趣旨等も同様である。すなわち，割賦販売法29条の2第1項及び2項は，ローン提携販売業者に対し，利用者にカード等を交付等する際に取引条件に係る一定の事項を記載した書面の交付

を義務付け，これにより利用者の契約条件の理解の一助とする趣旨である。1項が分割払方式のローン提携販売について，2項がリボルビング方式のローン提携販売について規定している。

なお，割賦販売法29条1項及び2項は，「書面の交付」を義務付けるものであるが，後述のように，割賦販売法29条の4が，ローン提携販売について割賦販売法4条の2を準用しているため，購入者等の承諾等を要件に，書面の交付に代えて電磁的方法により提供することが認められる。

(2) 罰　　則

割賦販売法29条の2第1項・2項に違反して書面を交付しなかった者は，50万円以下の罰金が科される（53条3号）。

〔2〕 条 文 解 説

（ローン提携販売条件の表示）
第29条の2　ローン提携販売を業とする者（以下「ローン提携販売業者」という。）★1は，第2条第2項第1号に規定するローン提携販売の方法★2により指定商品若しくは指定権利を販売するため又は指定役務を提供するためカード等を利用者に交付し又は付与するときは★3，経済産業省令・内閣府令で定めるところにより★4，当該ローン提携販売をする場合における商品若しくは権利の販売条件又は役務の提供条件に関する次の事項を記載した書面を当該利用者に交付しなければならない★5。
　一　ローン提携販売に係る借入金の返還（利息の支払を含む。）の期間及び回数★6
　二　経済産業省令・内閣府令で定める方法★7により算定したローン提携販売に係る借入金の利息その他の手数料の料率★8
　三　前2号に掲げるもののほか，経済産業省令・内閣府令で定める事項★9
2　ローン提携販売業者は，第2条第2項第2号に規定するローン提携販売の方法★10により，指定商品若しくは指定権利を販売するため又は指定役務を提供するため，カード等を利用者に交付し又は付与するときは★11，経済産業省令・内閣府令で定めるところにより★12，当該ローン提携販売をする

第2編　割賦販売法の解説　　第4章　ローン提携販売

> 場合における商品若しくは権利の販売条件又は役務の提供条件に関する次の事項を記載した書面を当該利用者に交付しなければならない★13。
>   一　利用者が弁済をすべき時期及び当該時期ごとの弁済金の額の算定方法★14
>   二　経済産業省令・内閣府令で定める方法★15により算定したローン提携販売に係る借入金の利息その他の手数料の料率★16
>   三　前2号に掲げるもののほか，経済産業省令・内閣府令で定める事項★17
> 3　（略）

★1　割賦販売法による規制を受ける「ローン提携販売業者」を定義したものであり，ローン提携販売を業としなければ「ローン提携販売業者」に当たらず，29条の2以下の規制を受けないことになる。

　「業とする」とは，ローン提携販売の方法による商品の販売等を営利目的で反復継続することを意味する。詳細は第2編第2章第4節第1款〔1〕(3)の解説を参照。ただし，ローン提携販売においては，カード等が必ず交付等されるのであり，このことを前提にすれば，ローン提携販売を業としない（営利目的でないか又は反復継続性を欠く）と認められることは，現実には，まずあり得ないと考えてよい。

★2　29条の2第1項は分割払方式のローン提携販売について，同条2項はリボルビング方式のローン提携販売について規定したものである。

★3　29条の2第1項の書面は，カード等を交付等「するとき」に交付される必要がある。したがって，カード等を交付等した後の事後交付は許されないが，必ずしも事前である必要はなく，カード等の交付等と同時に交付されることで足りる。

★4　これを受けて，割賦販売法施行規則27条1項は，包括方式ローン提携販売のカード等の交付時書面の記載方法（表示方法）につき，次のように定めている。
　① 利用者が読みやすく，理解しやすいような用語により，正確に記載すること。
　② 日本工業規格Z8305に規定する8ポイント以上の大きさの文字及び数字を用いること。
　③ 借入金の利息その他の手数料の料率を年利建てで0.1％単位で示し，かつ，当該料率以外の料率を示さないこと。
　なお，ローン提携販売については，日本クレジット協会（JCA）による自

第3節 行為規制　　第1款 取引条件の表示　　〔2〕条文解説

主規則は策定されておらず，その詳細な表示方法や記載例は特に定められていない。したがって，上記①～③のルールに妥当する限りは，具体的な表示方法等はローン提携販売業者の裁量に委ねられることになる。とはいえ，記載事項やその趣旨は，基本的には割賦販売の場合と同様であるから，割賦販売自主規則及び割賦販売自主細則を参考にすれば足り，また，そうするのが無難であろう。

★5　「交付」とは，書面を手交又は郵送することを指し，PDFやファクシミリの送信は含まれない。

　　なお，ローン提携販売においては，ローン提携販売業者及び購入者等の間でローン提携販売に係る契約が成立するほか，提携金融機関と購入者等との間で金銭消費貸借契約が成立することになる。そのため，返済の回数や期間（29条の2第1項1号），利率・手数料率（同条1項2号・2項2号）等については，ローン提携販売業者ではなく，提携金融機関から書面を交付させるべきとも考えられる。しかし，販売条件については，販売を促進し，実際に販売行為を行うローン提携販売業者に表示させるのが適切と考えられることから，29条の2第1項は，提携金融機関ではなくローン提携販売業者に対して取引条件の表示義務を課したものである。

★6　カード等の交付等の段階では，具体的な返済期間及び回数は決定しないから，選択可能な分割回数やその場合の具体例を記載することで足りるものと解される。具体的な記載方法については，割賦販売法3条2項の解説★14を参照。

★7　経済産業省令・内閣府令で定める計算方法は，原則，割賦販売法施行規則別表第1の1号に定められた計算方法である（割賦則27条2項）。ただし，分割返済金の返済間隔が次の(1)に，返済額が次の(2)に該当する場合以外の場合には，同別表第1の2号の計算方法によることができる（同項ただし書）。

(1) 返済間隔が次の①又は②のいずれかに該当する場合
　① 返済期間における分割返済金の返済が月1回で，かつ，等間隔である場合
　② ①を除き，契約締結日から第1回の分割返済金の返済日の前日までの期間が2ヵ月未満であり，第1回の返済から完済までの各返済が月1回，等間隔である場合

(2) 返済額が次の①～③のいずれかに該当する場合
　① 分割返済金の額が均等である場合

② 任意の１回の分割返済金を除く他の分割返済金の額が均等であり，当該均等な分割返済金の額とお異なる１回の分割返済金の額が他の均等な分割返済金の額の1.5倍に相当する額以下の額である場合
③ 返済期間のうちに，６月，７月，８月，12月若しくは１月が含まれている場合（返済期間が１年未満の場合に限る）であって，返済期間において当該６月，７月，８月，12月若しくは１月のうちの一の月のみにおける分割返済金（特定月の分割返済金）以外の分割返済金について上記①又は②に該当し，かつ，特定月の分割返済金の額が他の分割返済金の額を超えている場合又は返済期間のうちに６月，７月若しくは８月と12月若しくは１月が含まれている場合であって，返済期間において当該６月，７月若しくは８月のうちの一の月と12月若しくは１月のうちの一の月の分割返済金（特定の２月の分割返済金）以外の分割返済金について上記①又は②に該当しており，かつ，特定の２月の分割返済金の額が同額で他の分割返済金の額を超えている場合

★８　29条の２第１項２号の手数料の料率を表示するに当たっては，借入金の利息，保証料，信用調査費，事務管理費その他何らの名義をもってするを問わずローン提携販売に係る手数料としてローン提携販売業者（又は委託を受けて保証する者）又は提携金融機関が購入者等に対し支払わせるものの総額の料率を年利建てで少なくとも0.1％単位まで表示し，かつ，他の料率を示してはならない（割賦則27条１項３号）。

　ただし，登記手数料をローン提携販売に係る手数料に含めない旨が明示されている場合には，当該登記等手数料を控除することが認められる。

★９　経済産業省令・内閣府令で定める事項は，次の事項である（割賦則27条３項）。
① 支払総額の具体的算定例
② 極度額（ローン提携販売により指定商品若しくは指定権利を購入し，又は指定役務を受領することができる額の上限であって，あらかじめ定められたもの）について定めがあるときは，その金額
③ その他カード等の利用に関する特約があるときは，その内容
　上記③の内容としては，カード等の保管管理に係る善管注意義務や第三者に不正利用された場合の条項などが考えられる。あくまでも，ローン提携販売自体ではなく，カード等の利用に関する特約であるから，例えば，売買の解除や瑕疵担保責任等については，③には含まれない。

第3節　行為規制　　第1款　取引条件の表示　　〔2〕　条文解説

①～③の記載方法や内容については，分割払方式割賦販売に係る割賦販売法3条2項の解説★16を参照。
★10　前掲★2参照。
★11　前掲★3参照。
★12　取引条件の表示（記載）に当たっては，次のとおりとしなければならない（割賦則28条1項）。
　①　利用者が読みやすく，理解しやすいような用語により，正確に記載すること。
　②　日本工業規格Z8305に規定する8ポイント以上の大きさの文字及び数字を用いること。
　③　借入金の利息その他の手数料の料率を年利建てで0.1％単位で示し，かつ，当該料率以外の料率を示さないこと。
　　具体的な記載内容や記載例については，割賦販売法3条3項の解説を参照。
★13　前掲★5参照。
★14　割賦販売の場合と同様に，リボルビング方式の弁済期は，個別の支払回数及び支払期間が定まらないため，弁済金の算定方法が記載事項とされたものである。様式は定められていないため，「弁済金の算定方法」が通常の（特別な知識のない）利用者に理解できるものであれば，その記載方法（事項・内容等）はローン提携販売業者の裁量に委ねられている。
★15　経済産業省令・内閣府令で定める方法は，割賦販売法施行規則別表第1の3号に定める方法である（割賦則28条2項）。
★16　包括方式の場合と同様に，手数料には，借入利息のほか，名義を問わずローン提携販売業者若しくは保証業者又は提携金融機関が徴収する金額全部が含まれる。ただし，登記等手数料については，明示していれば控除することができる（割賦則27条1項3号）。このような融資手数料の料率を，少なくとも年利建てで0.1％単位で表示しなければならない（割賦則28条1項3号）。
★17　経済産業省令・内閣府令で定める事項は，次の事項である（割賦則28条3項）。
　①　弁済金の額の具体的算定例
　②　極度額について定めがあるときは，その金額
　③　その他カード等の利用に関する特約があるときは，その内容
　　上記①～③については，リボルビング方式割賦販売に係る割賦販売法3条3項の解説★24を参照。

239

第2款　取引条件の広告（29条の2第3項）

〔1〕　概　　説

　割賦販売法29条の2第3項は，ローン提携販売業者に対し，ローン提携販売に係る指定商品・指定権利の販売条件又は指定役務の提供条件について広告する場合に，一定の事項を表示すべきことを義務付けている。取引条件につき，消費者に誤解を与えず，これを正しく認識させるための措置である。

　表示すべき事項は，包括方式に係る広告については割賦販売法29条の2第1項各号，リボルビング方式に係る広告については同条2項各号の事項である。交付等するカード等が，包括方式とリボルビング方式の両方に利用することができる場合には，当然，同条1項及び2項の両方の事項の表示が必要となる。

　割賦販売法29条の2第3項に違反して　法定事項の表示を怠った者は，50万円以下の罰金が科される（53条2号）。

〔2〕　条文解説

（ローン提携販売条件の表示）
第29条の2　（略）
2　（略）
3　ローン提携販売業者は，第1項又は前項のローン提携販売の方法により指定商品若しくは指定権利を販売する場合の販売条件又は指定役務を提供する場合の提供条件について広告をするとき★1は，経済産業省令・内閣府令で定めるところにより，当該広告に，それぞれ第1項各号又は前項各号の事項を表示しなければならない★2。

★1(1)　割賦販売法上「広告」の定義はされていないが，割賦販売における「広告」と別段に解すべき理由もないから，割賦販売の場合と同様に，不特定の顧客を誘引するための表示を指すと解される。例えば，マスメディアを

媒体するもの（テレビCMやラジオCM、新聞広告等）のほか、チラシやポスターによるものも含まれる。
　(2)　29条の2第3項により規制の対象となる広告は、「販売条件又は……提供条件について」の広告であるから、単に、ローン提携販売を扱っていることを表示しただけのものや、ローン提携販売の対象となる商品や役務等の内容・性能等についてのみの広告などは、29条の2第3項の規制対象に含まれない。
　　　逆に、29条の2第1項又は2項各号の事項が1つでも表示されていれば、販売条件又は提供条件の広告をしたことになるから、同条3項により、同条1項又は2項の記載事項全部の表示が必要となる。
★2　29条の2第1項及び2項の場合とほとんど同様であるが、同条3項の広告に当たっては、次のとおりに各事項を表示しなければならない（割賦則29条）。
　①　利用者が読みやすく、理解しやすいような用語により、正確に表示すること。
　②　書面により広告を行う場合にあっては、日本工業規格Z8305に規定する8ポイント以上の大きさの文字及び数字を用いること。
　③　返済金又は弁済金の手数料の料率については、名義を問わず利用者が徴収されるすべての費用の総額（ただし、明示された登記等手数料を除く）について、年利建てで少なくとも0.1％単位で表示し、かつ、他の料率を表示しないこと。

第3款　書面交付（29条の3）

〔1〕　概　　説

(1)　趣旨・目的
　割賦販売法29条の3は、ローン提携販売業者に対し、ローン提携販売契約を締結した際の書面交付を義務付けるものであり（以下「締結時書面」）、1項が分割払方式のローン提携販売について、2項がリボルビング方式のローン提携販売について規定している。その趣旨は割賦販売の契約締結時書面と同様であり、ローン提携販売に係る各契約の内容・条件を明らかにすることで、購入者

等の理解を深め，もって購入者等を保護する趣旨である。

なお，提携金融機関への融資金の返済期間・回数や手数料率等については，貸主である提携金融機関に書面を交付させることも考えられないではないが，取引を誘引し，個別の条件について交渉等するのがローン提携販売業者であることから，提携金融機関ではなく，ローン提携販売業者に書面交付が義務付けられたものである。

(2) 書面の記載事項

割賦販売法29条の3第1項及び2項は，それぞれ割賦販売法4条2項及び3項に対応しており，割賦販売法29条の3に基づく書面の基本的な記載事項等は割賦販売の場合と同様である。

ただし，遅延損害金や期限の利益喪失等の提携金融機関に対する返済金に関する条件は締結時書面の記載事項となっていない。これは，借入金の返済に関する部分については，提携金融機関と購入者等との間で成立する金銭消費貸借契約により定められるものであるから，提携金融機関が購入者等に対して周知すべき事項であり，必ずしも，ローン提携販売業者が書面に記載すべき「販売条件」には当たらないと考えられたためと解される。

また，ローン提携販売においては，購入者等からローン提携販売業者又は保証業者に対して保証委託されることも多いと思われるが，これらの者が保証履行した場合の求償金に関する事項，例えば，求償金に対する遅延損害金率等も書面の記載事項とはされていない。これは，保証委託がされないケースもあることや，厳密な意味での「販売条件」とは性質を異にすることなどが理由と思われる。

(3) 請求時書面の位置付け

割賦販売法29条の3は，割賦販売の場合と異なり，リボルビング方式に係る弁済金を請求する際の書面交付義務について規定していない。購入者等がリボルビング方式による弁済金を支払う相手はローン提携販売業者ではなく提携金融機関であり，当然，弁済金を請求するのもローン提携販売業者ではなく提携金融機関であるから，弁済金に係る請求時書面（4条4項参照）をローン提携販売業者に交付させるのは妥当ではないと考えられるためと解される。

また，提携金融機関は，融資時点，弁済金の請求時あるいは弁済金の受領時

に，一定の書面の交付を義務付けられていることも多く，このような事情も併せ考えれば，ローン提携販売業者に対し弁済金請求時の書面交付義務を課さなくても消費者保護に問題が生じないと判断されたものであろう。

(4) **書面交付に代わる電磁的方法による提供**

割賦販売法29条の3に基づく書面については，その交付に代えて，電磁的方法により提供することが認められる（29条の4による4条の2の準用）。

(5) **罰　則**

割賦販売法29条の3に違反して書面を交付しなかった者は，50万円以下の罰金が科される（53条3号）。

〔2〕　条 文 解 説

（書面の交付）
第29条の3　ローン提携販売業者は，第2条第2項第1号に規定するローン提携販売の方法により指定商品若しくは指定権利を販売する契約又は指定役務を提供する契約を締結したときは，遅滞なく★1，経済産業省令・内閣府令で定めるところにより★2，次の事項について契約の内容を明らかにする書面を購入者又は役務の提供を受ける者に交付しなければならない★3。
一　購入者又は役務の提供を受ける者の支払総額（ローン提携販売の方法により商品若しくは権利を販売し又は役務を提供する場合の価格（保証料その他の手数料を含む。）及びローン提携販売に係る借入金の利息の合計額をいう。）★4
二　分割返済金（ローン提携販売に係る各回ごとの借入金の返還分（利息の支払分を含む。）をいう。以下同じ。）の額★5
三　分割返済金の返済の時期及び方法★6
四　商品の引渡時期若しくは権利の移転時期又は役務の提供時期★7
五　契約の解除に関する事項★8
六　所有権の移転に関する定めがあるときは，その内容★9
七　前各号に掲げるもののほか，経済産業省令・内閣府令で定める事項★10
2　ローン提携販売業者は，第2条第2項第2号に規定するローン提携販売

の方法により指定商品若しくは指定権利を販売する契約又は指定役務を提供する契約を締結したときは、遅滞なく★11、経済産業省令・内閣府令で定めるところにより★12、次の事項について契約の内容を明らかにする書面を購入者又は役務の提供を受ける者に交付しなければならない★13。

一　購入者又は役務の提供を受ける者の当該ローン提携販売の契約に係る借入金の額★14
二　弁済金の返済の方法★15
三　商品の引渡時期若しくは権利の移転時期又は役務の提供時期★16
四　契約の解除に関する事項★17
五　所有権の移転に関する定めがあるときは、その内容★18
六　前各号に掲げるもののほか、経済産業省令・内閣府令で定める事項★19

★1　29条の3第1項は分割払方式のローン提携販売について、同条2項はリボルビング方式のローン提携販売について規定したものである。

　29条の3第1項による書面は、ローン提携販売による商品の販売等の契約を「締結した」ときに「遅滞なく」交付されなければならない。まず、「締結した」とあるのは、同項の書面が、ローン提携販売契約の締結に先駆けて、あるいはこれと同時に交付する必要はなく、事後的な交付で足りることを意味している。

　「遅滞なく」については、合理的な範囲であれば、必ずしも、契約締結の直後に交付される必要はない。

★2　29条の3第1項の書面の記載については、次のとおり定められている（割賦則31条）。

(1)　購入者等が読みやすく、理解しやすいような用語により、正確に記載すること。
(2)　契約の解除に関する事項（29条の3第1項5号）について一定の基準に合致していること。
　　　上記の基準については、後掲★8を参照。
(3)　抗弁権の接続に関する事項については、ローン提携販売業者に対して生じている事由をもって、分割返済金の返済の請求をする提携金融機関に対抗できる旨が定められていること。
(4)①　所有権の移転に関する事項、商品に隠れた瑕疵がある場合の責任に関する事項以外の特約については、法令に違反する特約が定められていな

第3節　行為規制　　第3款　書面交付　　〔2〕　条文解説

いこと。
② 所有権の移転に関する事項，商品に隠れた瑕疵がある場合の責任に関する事項については，一定の基準に合致すること。
上記②の基準については，それぞれ後掲★9及び後掲★10を参照。
(5) 日本工業規格Z8305に規定する8ポイント以上の大きさの文字及び数字を用いること。
　　割賦販売と異なり，日本クレジット協会（JCA）による自主規則が定められていないため，上記(1)〜(5)以外に遵守すべきルールはないが，ローン提携販売が，元々割賦販売に準じるものとして割賦販売法の規制を受けていることに鑑みれば，ローン提携販売についても，割賦販売自主規則及び割賦販売自主細則に定められた内容に従うべきであるし，これに準じた記載をしていれば，違法となることは，まずない。

★3　「交付」とは，手交又は郵送を指し，割賦販売法29条の4により準用される同法4条の2による電磁的方法による提供に該当しない限りは，これら以外の方法を用いることはできない。
　　また，29条の3に基づく書面は1通である必要はなく，複数の書面に分割することも許されると解される。

★4　「支払総額」とは，割賦販売における割賦販売価格又は割賦提供価格（3条1項2号）に相当するものであり，購入者が負担するすべての金額を意味する。
　　ローン提携販売においては，全額を提携金融機関から借り入れるとは限らず，購入者の自己資金により頭金を支払い，その残額について借り入れるというケースもあり得るところである。また，借入金に対する返済としても，元金の返済に加えて，利息の支払も要するのであり，加えて，保証料，信用調査費等の費用についても購入者が負担するのが通常である。このように，ローン提携販売においては，購入者は，①自己資金による購入代金，②借入金の返済（元利金），③保証料その他の手数料を支払うこととなるため，これらをまとめた「支払総額」を法定の記載事項としたものである。

★5　分割返済金の額とは，各回の支払金額（元利合計金額）のことである。例えば，ボーナス併用払いや，端数が初回又は最終回に支払うこととされているケースのように，各回の支払額に差が生じる場合には，その全部を記載することを要する。
　　逆に，各回の支払額が均一であれば，「毎回〇〇円」のような記載も許され

よう。

★6 「分割返済金の返済の時期」とは，具体的な返済日のことを指し，包括方式割賦販売の場合と同様に記載すれば足りる。すなわち，①すべての返済日を記載する，②返済期間及び毎月の支払日を記載する（平成○年○月～平成×年×月の毎月△日）のいずれかによることになろう。

分割返済金又は弁済金の「返済の方法」とは，持参払い，銀行振込，口座引落し等の別のことであり，いずれの方法によるのかを記載することを要する。

★7 引渡時期，移転時期及び提供時期については，日付をもって確定している場合にはその日付を，一定の日付により確定しない場合には，一定の期間によることも許されると解される。

また，指定役務が数回にわたり提供されるような場合には，「平成○年○月～平成×年×月」といった期間の表示が許されることはいうまでもない。

★8 契約の解除に関する事項については，以下の基準に合致することを要する（割賦則31条2号・33条2号）。

(1) 購入者等からの解除ができない旨が定められていないこと。

(2) 契約締結前に，ローン提携販売業者が見本，カタログ等により購入者等に対し提示した当該契約の内容と当該購入者等が受領した商品若しくは権利又は提供を受ける役務が相違している場合には，購入者等が当該契約を解除することができる旨定められていること。

(3) ローン提携販売業者の責に帰すべき事由により契約が解除された場合におけるローン提供販売業者の義務に関し，民法545条よりも購入者等に不利な特約が定められていないこと。

上記(3)は，例えば，ローン提携販売業者が原状回復義務（代金の返還義務）を負わない旨の特約などが考えられる。

また，ローン提携販売においては，信用購入あっせんのように，カード会社や信販会社が立替払いをするのではなく，代金は，購入者が提携金融機関から借り入れて，これをもってローン提携販売業者に弁済している（現実には，提携金融機関からローン提携販売業者に直接入金されることが多いであろう）。したがって，仮にローン提携販売契約が解除されれば，返還された金銭を提携金融機関に対する返済にあてるか否かは別の問題として，少なくとも，ローン提携販売においては，購入代金は，提携金融機関ではなく，購入者等に返還されることになる。そのため，例えば，ローン提携販

第3節　行為規制　　第3款　書面交付　　〔2〕　条文解説

売契約が解除された場合に，ローン提携販売業者が受領した代金を購入者等ではなく提携金融機関に返還するような特約があれば，それは，上記(3)の基準に反することになろう。

★9　所有権の移転に関する事項については，次の基準に合致するものでなければならない（割賦則31条4号表1号・33条4号表1号）。
(1) 商品の所有権の移転時期が明示されていること。
　　ただし，あくまでも「時期」であるから，日付をもって確定することまでは要しない。例えば，「提携金融機関に対する返済が終了した時点」などの表現も許されると解される。
(2) 商品の所有権の移転前においては，購入者は，当該商品を担保に供し，譲渡し又は転売できない旨が定められていること。
　　上記(2)は，購入者による商品等の処分を禁止するものであり，上記(1)と合わせて所有権留保（と同様の内容・効果の）特約について，締結時書面への記載を求めるものである。割賦販売と異なり，ローン提携販売においては所有権留保の推定規定がないため，所有権の留保（移転時期）に関する特約がない限り，民法上の原則に従い，契約締結時点で商品の所有権が購入者に移転することとなる。そのため，ローン提携販売においても所有権留保について特約するのが通常であるが，そのような特約をした場合には，「所有権の移転に関する定め」として締結時書面への記載が必要となる。

★10　経済産業省令・内閣府令で定める事項は，次の事項である（割賦則30条）。
(1) ローン提携販売業者の名称及び住所又は電話番号
(2) 契約年月日
(3) 商品若しくは権利又は役務の種類
(4) 商品の数量（権利又は役務の場合は，契約上権利を行使し得る回数若しくは期間又は役務の提供を受けることができる回数若しくは期間）
(5) 返還回数
(6) ローン提携販売契約について購入者等が問合わせ，相談等を行うことができる機関の名称及び住所又は電話番号
(7) 抗弁権の接続に関する事項
(8) 役務の提供が指定商品又は指定権利の販売条件となっているときは，当該役務の内容，提供時期その他当該役務に関する事項
(9) 商品の販売が指定権利の販売又は指定役務の提供の条件となっていると

きは，当該商品の内容，引渡時期その他当該商品に関する事項
- (10) 権利の販売が指定商品の販売又は指定役務の提供の条件となっているときは，当該権利の内容，移転時期その他当該権利に関する事項
- (11) 商品に隠れた瑕疵がある場合の責任についての定めがあるときは，その内容

    この事項については，商品に隠れた瑕疵がある場合に，ローン提携販売業者が当該瑕疵について責任を負わない旨が定められていないことを要する（割賦則31条4号表2号）。
- (12) その他の特約があるときは，その内容

    記載内容の基準については，前掲★3(4)①を参照。
- (13) ローン提携販売契約が連鎖販売個人契約又は業務提供誘引販売個人契約であるときは，その旨

    なお，2種類以上の指定商品を販売するローン提携販売契約においては，現金販売価格が3000円未満かつもっとも高額な商品以外の商品については，(3)及び(4)の事項（商品の種類及び数量）の記載を省略することができる（割賦則30条柱書ただし書）。

★11　前掲★1参照。

★12　経済産業省令・内閣府令で定めている内容は，次のとおりである（割賦則33条）。
- (1) 購入者等が読みやすく，理解しやすいような用語により，正確に記載すること。
- (2) 契約の解除に関する事項（29条の3第2項4号）について一定の基準に合致していること。

    上記の基準については，前掲★8を参照。
- (3) 抗弁権の接続に関する事項については，ローン提携販売業者に対して生じている事由をもって，分割返済金の返済の請求をする提携金融機関に対抗できる旨が定められていること。
- (4)① 所有権の移転に関する事項，商品に隠れた瑕疵がある場合の責任に関する事項以外の特約については，法令に違反する特約が定められていないこと。
  - ② 所有権の移転に関する事項，商品に隠れた瑕疵がある場合の責任に関する事項については，一定の基準に合致すること。

    上記②の基準については，それぞれ前掲★9及び後掲★19を参照。

(5) 日本工業規格Z8305に規定する8ポイント以上の大きさの文字及び数字を用いること。
★13　前掲★3参照。
★14　リボルビング方式の場合には，支払総額ではなく，提携金融機関からの借入金額を記載すれば足りる。
　　これは，リボルビング方式においては，契約締結時点において，支払総額，特に，借入金に関して生じた利息を算定することが困難であることから，借入金額のみを記載事項としたものである。
★15　前掲★6参照。
★16　前掲★7参照。
★17　前掲★8参照。
★18　前掲★9参照。
★19　経済産業省令・内閣府令で定める事項は，以下の事項である（割賦則32条）。
　(1) ローン提携販売業者の名称及び住所又は電話番号
　(2) 契約年月日
　(3) 商品若しくは権利又は役務の種類
　(4) 商品の数量（権利又は役務の場合は，契約上権利を行使し得る回数若しくは期間又は役務の提供を受けることができる回数若しくは期間）
　(5) ローン提携販売の契約について購入者等が問合わせ，相談等を行うことができる機関の名称及び住所又は電話番号
　(6) 抗弁権の接続に関する事項
　(7) 役務の提供が指定商品又は指定権利の販売の条件となっているときは，当該役務の内容，提供時期その他当該役務に関する事項
　(8) 商品の販売が指定権利の販売又は指定役務の提供の条件となっているときは，当該商品の内容，引渡時期その他当該商品に関する事項
　(9) 権利の販売が指定商品の販売又は指定役務の提供の条件となっているときは，当該権利の内容，移転時期その他当該権利に関する事項
　(10) 商品に隠れた瑕疵がある場合の責任についての定めがあるときは，その内容
　　この項目の記載については，商品に隠れた瑕疵がある場合にローン提携販売業者が当該瑕疵について責任を負わない旨が定められていないことを要する（割賦則33条4号表2号）。
　(11) その他の特約があるときは，その内容

⑿　ローン提携販売の契約が連鎖販売個人契約又は業務提供誘引販売個人契約であるときは，その旨

　なお，包括方式の場合と同様に，2種類以上の指定商品を販売するローン提携販売契約においては，現金販売価格が3000円未満，かつ，最も高額な商品以外の商品については，上記(3)及び(4)の事項（商品の種類及び数量）の記載を省略することができる（割賦則32条柱書ただし書）。

第4節　各規定の準用（29条の4）

〔1〕　概　　説

　割賦販売法29条の4は，割賦販売に関する規定のうち，書面の交付に代わる電磁的方法による提供（4条の2）及び適用除外（8条。同条6号を除く），包括信用購入あっせんに係る規定のうち，抗弁権の接続に関する規定（30条の4・30条の5）を，ローン提携販売について準用するものである。

　その結果，ローン提携販売においても，①書面の交付に代えて電磁的方法により提供することが認められ，また，②事業者間取引等については適用除外となり，さらに，③購入者等は，ローン提携販売業者に対して生じた事由（商品の不具合等）を提携金融機関に対抗し，提携金融機関に対する返済を拒むことが認められる。

〔2〕　条文解説

（準用規定）
第29条の4　第4条の2の規定★1はローン提携販売業者に，第8条（第6号を除く。）の規定★2はローン提携販売に準用する。この場合において，第4条の2中「第3条第2項若しくは第3項又は前条各項」とあるのは，「第29条の2第1項若しくは第2項又は第29条の3各項」と読み替えるものとする★3。

第4節　各規定の準用　〔2〕　条文解説

2　第30条の4の規定★4は，第2条第2項第1号に規定するローン提携販売に係る分割返済金の返済についてローン提携販売業者に対して生じている事由をもつてローン提供業者（同号に規定する債務の保証を受けてローン提携販売に係る購入者又は役務の提供を受ける者に対して同号に規定する金銭の貸付けを業として行う者をいう。）に対抗する場合に準用する。この場合において，第30条の4第1項中「商品」とあるのは「指定商品」と，「役務に」とあるのは「指定役務に」と，「第30条の2の3第1項第2号の支払分」とあるのは「第29条の3第1項第2号の分割返済金」と，「当該役務」とあるのは「当該指定役務」と，同条第4項中「支払分」とあるのは「分割返済金」と読み替えるものとする★5。

3　第30条の5の規定★6は，第2条第2項第2号に規定するローン提携販売に係る弁済金の返済について準用する。この場合において，第30条の5第1項中「前条」とあるのは，「第29条の4第2項において準用する前条」とするほか，必要な技術的読替えは，政令で定める★7。

★1　書面の電磁的方法による提供を認める条項である。割賦販売法4条の2が準用される結果，割賦販売法29条の2及び29条の3の各書面を電磁的方法により提供することが認められる。

　　また，割賦販売法4条の2の準用に合わせて，割賦販売法施行令2条もローン提携販売について準用されている（割賦令17条）。そのため，事前に承諾を得なければならない点や承諾を得る方法等は，割賦販売において電磁的方法により提供する場合と同様である。

　　さらに，利用することができる電磁的方法は，割賦販売法施行規則34条により規定されているが，これも割賦販売の場合（割賦則10条）と同様である。

★2　割賦販売法の適用除外に関する規定であり，割賦販売法8条が準用される結果，同条1号〜5号に該当する取引については，割賦販売法第2章の2の各規定が適用されないことになる。ただし，割賦販売法8条6号が準用されていないため，無尽に該当する取引については適用除外とならない。これは，その性質上，ローン提携販売による無尽が成立し得ないためである。

　　適用除外事由については，割賦販売法8条の解説を参照。

★3　割賦販売法4条の2の準用に際しての読替えを定めたものである。当該読替えも含め，割賦販売法29条の4第1項により準用された条文は，次のとおり読み替えることになる（下線は読替部分）。

251

第2編　割賦販売法の解説　　　第4章　ローン提携販売

〔29条の4第1項が準用する割賦販売法4条の2〕

　　　<u>ローン提携販売業者</u>は，第29条の2第1項若しくは第2項又は第29条の3各項の規定による書面の交付に代えて，政令で定めるところにより，当該利用者又は購入者若しくは役務の提供を受ける者の承諾を得て，当該書面に記載すべき事項を電子情報処理組織を使用する方法その他の情報通信の技術を利用する方法であつて経済産業省令・内閣府令で定めるもの（以下「電磁的方法」という。）により提供することができる。この場合において，<u>当該ローン提携販売業者</u>は，当該書面を交付したものとみなす。

〔割賦販売法施行令17条が準用する同施行令2条〕

　　　<u>ローン提携販売業者</u>は，<u>法第29条の4第1項において準用する法第4条の2</u>の規定により同条に規定する事項を提供しようとするときは，経済産業省令・内閣府令で定めるところにより，あらかじめ，当該利用者又は購入者若しくは役務の提供を受ける者に対し，その用いる同条前段に規定する方法（以下この条及び第25条において「電磁的方法」という。）の種類及び内容を示し，書面又は電磁的方法による承諾を得なければならない。

2　前項の規定による承諾を得た<u>ローン提携販売業者</u>は，当該利用者又は購入者若しくは役務の提供を受ける者から書面又は電磁的方法により電磁的方法による提供を受けない旨の申出があつたときは，当該利用者又は購入者若しくは役務の提供を受ける者に対し，<u>法第29条の4第1項において準用する法第4条の2に規定する事項の提供を電磁的方法によつてしてはならない</u>。ただし，当該利用者又は購入者若しくは役務の提供を受ける者が再び前項の規定による承諾をした場合は，この限りでない。

〔29条の4第1項が準用する割賦販売法8条1号～5号〕

　　　この章の規定は，次の<u>ローン提携販売については</u>，適用しない。
　一　指定商品若しくは指定権利を販売する契約又は指定役務を提供する契約（次に掲げるものを除く。）であつて，当該契約の申込みをした者が営業のために若しくは営業として締結するもの又は購入者若しくは役務の提供を受ける者が営業のために若しくは営業として締結するものに係る<u>ローン提携販売</u>
　　イ　連鎖販売業（特定商取引に関する法律第33条第1項に規定する連鎖販売業をいう。以下同じ。）に係る連鎖販売取引（同項に規定する連鎖販売取引をいう。以下同じ。）についての契約（当該契約以外の契約であつてその連鎖

第4節　各規定の準用　〔2〕　条文解説

　　　販売業に係る商品若しくは権利の販売又は役務の提供に係るもの（以下「特定商品販売等契約」という。）を含む。）のうち，その連鎖販売業に係る商品若しくは権利の販売又は役務の提供を店舗その他これに類似する設備によらないで行う個人との契約（以下「連鎖販売個人契約」という。）
　　ロ　業務提供誘引販売業（特定商取引に関する法律第51条第1項に規定する業務提供誘引販売業をいう。以下同じ。）に係る業務提供誘引販売取引（同項に規定する業務提供誘引販売取引をいう。以下同じ。）についての契約のうち，その業務提供誘引販売業に関して提供され，又はあつせんされる業務を事業所その他これに類似する施設によらないで行う個人との契約（以下「業務提供誘引販売個人契約」という。）
　二　本邦外に在る者に対して行う<u>ローン提携販売</u>
　三　国又は地方公共団体が行う<u>ローン提携販売</u>
　四　次の団体がその直接又は間接の構成員に対して行う<u>ローン提携販売</u>（当該団体が構成員以外の者にその事業又は施設を利用させることができる場合には，これらの者に対して行う<u>ローン提携販売</u>を含む。）
　　イ　特別の法律に基づいて設立された組合並びにその連合会及び中央会
　　ロ　国家公務員法（昭和22年法律第120号）第108条の2又は地方公務員法（昭和25年法律第261号）第52条の団体
　　ハ　労働組合
　五　事業者がその従業者に対して行う<u>ローン提携販売</u>

★4　包括方式（分割払方式）の包括信用購入あっせんについて，抗弁権の接続を認める規定である。抗弁権の接続規定が準用される結果，分割払方式のローン提携販売においても，抗弁権の接続が認められる。すなわち，ローン提携販売業者に対して生じた事由をもって，提携金融機関に対する返済を拒むことが認められる。
　　なお，包括方式ローン提携販売に関しては，支払総額が4万円に満たないものについては，抗弁権の接続が適用されない（割賦令18条1項）。

★5　割賦販売法30条の4の準用における読替えを規定したものである。読替えの結果については，後掲★7を参照。

★6　リボルビング方式の包括信用購入あっせんについて，割賦販売法30条の4を準用する規定である。同条は，包括方式の包括信用購入あっせんについて抗弁権の接続を認める規定であり，割賦販売法30条の5が同法30条の4を準用することでリボルビング方式の包括信用購入あっせんについても抗弁権の

253

第2編 割賦販売法の解説　　第4章　ローン提携販売

接続が認められることになる。

　29条の4第3項は，割賦販売法30条の4を準用している同法30条の5を準用するものであり，その結果として，リボルビング方式ローン提携販売にも抗弁権の接続が認められることになる。

　なお，リボルビング方式ローン提携販売については，借入金額が3万8000円未満の場合には，抗弁権の接続が適用されない（割賦令18条2項）。

★7　29条の4第3項による割賦販売法30条の5の読替えについては割賦販売法施行令20条が定めており，また，リボルビング方式の包括信用購入あっせんに係る充当の順序等について定める割賦販売法施行令22条については，同施行令19条が準用している。

　29条の4第2項及び29条の4第3項により準用された条文は，次のとおりとなる（下線は読替部分）。

〔29条の4第2項が準用する割賦販売法30条の4〕

　　購入者又は役務の提供を受ける者は，<u>第2条第2項第1号に規定するローン提携販売</u>に係る購入又は受領の方法により購入した<u>指定商品若しくは指定権利</u>又は受領する<u>指定役務</u>に係る<u>第29条の3第1項第2号の分割返済金の返済</u>の請求を受けたときは，当該<u>指定商品若しくは当該指定権利</u>の販売につきそれを販売した<u>ローン提携販売業者</u>又は当該<u>指定役務</u>の提供につきそれを提供する<u>ローン提携販売業者</u>に対して生じている事由をもって，当該<u>返済</u>の請求をする<u>ローン提供業者</u>に対抗することができる。

2　前項の規定に反する特約であつて購入者又は役務の提供を受ける者に不利なものは，無効とする。

3　第1項の規定による対抗をする購入者又は役務の提供を受ける者は，その対抗を受けた<u>ローン提供業者</u>からその対抗に係る同項の事由の内容を記載した書面の提出を求められたときは，その書面を提出するよう努めなければならない。

4　前3項の規定は，第1項の<u>分割返済金の返済</u>であって政令で定める金額に満たない支払総額に係るものについては，適用しない。

〔29条の4第3項が準用する割賦販売法30条の5〕

　　<u>第2条第2項第2号に規定するローン提携販売</u>に係る弁済金の<u>返済</u>については，当該弁済金の<u>返済</u>が，その<u>返済</u>の時期ごとに，次の各号に規定するところにより当該各号に掲げる当該<u>ローン提携販売</u>に係る債務に充当されたものとみ

第4節　各規定の準用　〔2〕条文解説

なして、第29条の4第2項において準用する前条の規定を準用する。この場合において、同条第1項中「第29条の3第1項第2号の分割返済金」とあるのは「第29条の3第2項第2号の弁済金」と、同条第4項中「分割返済金」とあるのは「弁済金」と、「支払総額」とあるのは「第29条の3第2項第1号の借入金」と読み替えるものとする。
一　遅延損害金があるときは、それを優先し、次に、当該ローン提携販売に係る借入金の利息その他の手数料、これら以外の債務の順で、それぞれに充当する。
二　前号の遅延損害金については、その発生が早いものから順次に充当する。
三　第1号の手数料については、その支払うべき時期が早いものから順次に充当する。
四　遅延損害金及びローン提携販売に係る借入金の利息その他の手数料以外の債務については、そのローン提携販売に係る借入金の利息その他の手数料の料率が高いものから順次に充当し、その充当の順位が等しいものについては、その債務が発生した時期が早いものから順次に充当する。
2　前項に定めるもののほか、第2条第2項第2号に規定するローン提携販売に係る弁済金の返済に関し第29条の4第2項において準用する前条の規定を準用するために弁済金の充当について必要な事項は、政令で定める。

〔29条の4第3項が準用する割賦販売法30条の5第1項が準用する同法30条の4〕

　　購入者又は役務の提供を受ける者は、第2条第2項第1号に規定するローン提携販売に係る購入又は受領の方法により購入した指定商品若しくは指定権利又は受領する指定役務に係る第29条の3第2項第2号の弁済金の返済の請求を受けたときは、当該指定商品若しくは当該指定権利の販売につきそれを販売したローン提携販売業者又は当該指定役務の提供につきそれを提供するローン提携販売業者に対して生じている事由をもって、当該返済の請求をするローン提供業者に対抗することができる。
2　前項の規定に反する特約であつて購入者又は役務の提供を受ける者に不利なものは、無効とする。
3　第1項の規定による対抗をする購入者又は役務の提供を受ける者は、その対抗を受けたローン提供業者から、その対抗に係る同項の事由の内容を記載した書面の提出を求められたときは、その書面を提出するよう努めなければならない。
4　前3項の規定は、第1項の弁済金の返済であつて政令で定める金額に満たな

255

第2編　割賦販売法の解説　　第4章　ローン提携販売

い第29条の3第2項第1号の借入金に係るものについては，適用しない。

〔割賦販売法施行令19条が準用する同施行令22条〕

　　法第30条の5第1項の規定により法第2条第2項第2号に規定するローン提携販売に係る弁済金の返済に関し法第30条の4の規定を準用する場合には，同項に規定するもののほか，当該弁済金の返済が，その返済の時期ごとに，次の各号に規定するところにより当該各号に掲げる当該ローン提携販売に係る債務に充当されたものとみなす。

一　遅延損害金で一の時期に発生するものについては，ローン提携販売に係る借入金の利息その他の手数料（以下この条において単に「手数料」という。）の返済の遅延により発生するもの（以下「手数料に係る遅延損害金部分」という。）を優先し，次に，遅延損害金及び手数料以外の債務（以下「元本債務」という。）の履行の遅延により発生するもの（以下「元本債務に係る遅延損害金部分」という。）に充当する。

二　手数料に係る遅延損害金部分については，第4号に規定する手数料構成要素の返済の遅延により発生するもの（以下この号において「損害金構成要素」という。）のうち，当該損害金構成要素に係る元本債務が発生した時期が早い損害金構成要素から，順次に充当し，その充当の順位が等しい損害金構成要素については，その金額に応じたあん分により充当する。

三　元本債務に係る遅延損害金部分については，各元本債務の履行の遅延により発生するもの（以下この号において「損害金構成要素」という。）のうち，当該損害金構成要素に係る元本債務が発生した時期が早い損害金構成要素から，順次に充当し，その充当の順位が等しい損害金構成要素については，その金額に応じたあん分により充当する。

四　手数料で一の時期をその返済すべき時期とするものについては，各元本債務に係るもの（以下「手数料構成要素」という。）のうち，当該手数料構成要素に係る元本債務が発生した時期が早い手数料構成要素から，順次に充当し，その充当の順位が等しい手数料構成要素については，その金額に応じたあん分により充当する。

五　元本債務で法第29条の4第3項において準用する法第30条の5第1項第4号の規定による充当の順位が等しいものについては，その金額に応じたあん分により充当する。

第5章 包括信用購入あっせん
（2条3項・30条～35条の3・35条の3の60第1項）

　包括信用購入あっせんは，典型的にはクレジットカードを用いた取引であり，カード等の交付等を受けた者（以下「利用者」）が加盟店でカード等を利用して商品の購入等をし（以下，加盟店で商品購入等をした利用者を「購入者等」），カード等の発行者（以下「包括信用購入あっせん業者」）が加盟店に対し売買等の代金を立替払い等した上で，利用者からカード等の利用代金（以下「カード代金」）の支払を受けるという流れを経る取引類型である。割賦販売法は，その第3章第1節で包括信用購入あっせんに対する規制を定めている。

　包括信用購入あっせんにおいては，加盟店が利用者に対して直接与信するのではなく，包括信用購入あっせん業者が利用者に与信し，カード等の利用後にその利用代金の支払を受けることになり，その形式面だけを見ればローン提携販売に類似した取引類型であるといえる。しかし，包括信用購入あっせんに関して，「包括信用購入あっせん業者」として規制を受けるのは，あくまでもカード等を交付等し，利用者からカード代金を受領する包括信用購入あっせん業者（≒カード会社）であり，基本的には，加盟店（販売業者・役務提供事業者）は包括信用購入あっせんに関する規制を受けない点で大きく異なる（ただし，書面交付やクレジットカード番号等の管理など，一部の規制は加盟店にも適用される）。

　また，包括信用購入あっせんのうち，オフアス取引においては，①包括信用購入あっせん業者，②加盟店管理会社（アクワイアラー），③オフアス加盟店，及び④利用者の四者間で行われる（現実には，国際ブランドも関与しているため，最大で五者間取引となる）点でも，ローン提携販売とは異なる特徴を有するものである。

　包括信用購入あっせんは，元々は，「割賦購入あっせん」の名称で規制されており，登録制及び営業保証金の供託以外の規制は課されていなかったが，昭和59年改正に際して具体的な行為規制が課されることとなり，現在では，参

入規制(登録制)並びに過剰融資の禁止及び取引条件の表示・書面交付等の行為規制，さらには，契約の解除及び期限の利益喪失の制限，損害賠償の予定の制限等の民事ルールが適用されることとなっている。

さらに，割賦販売法は，クレジットカード番号等の管理及びクレジットカード番号取扱契約(アクワイアリング)に関しては，その第3章の4という独立した章を設けて規制を加えており，これらの包括信用購入あっせん(クレジットカード)に関する規制が割賦販売法の中心となっているといっても過言ではない。

なお，包括信用購入あっせんについては，上記の割賦販売法による規制に加え，経済産業省による後払基本方針及び日本クレジット協会(JCA)による包括自主規則・細則が定められているため，これらについても随時参照する。

第1節　包括信用購入あっせんの意義 (2条3項)

〔1〕　概　　説

(1) 包括信用購入あっせんの概要

包括信用購入あっせんとは，①包括信用購入あっせん業者(カード会社)が利用者にカード等を発行する，②利用者は，交付等されたカード等を利用して加盟店から商品の購入等を行う，③包括信用購入あっせん業者が加盟店に代金相当額を交付(立替払い)する，④利用者は分割払方式又はリボルビング方式によりカード代金を支払う，という流れで行われる取引であり(2条3項)，要するに，クレジットカードを利用した取引のことである。ただし，包括信用購入あっせんの定義上，「クレジットカード」という用語は使われていないため，クレジットカード以外の決済手段を利用した取引であっても，その定義に該当する限りは包括信用購入あっせんに当たることとなる。

「クレジットカード以外の包括信用購入あっせん」としては，例えば，現在では見ることは少なくなったが，従来利用されていたチケットやクーポンなどが考えらえる。また，本書執筆時点では，分割払方式やリボルビング方式に対応しているものはほとんど見当たらないが，QRコード決済等のクレジットカ

ードと紐付かないモバイル決済の類も，支払方式によっては包括信用購入あっせんに当たり得る。

(2) 包括信用購入あっせんの要件

包括信用購入あっせんの要件は，以下のように整理することができる。

(a) **カード等の交付等**

包括信用購入あっせんは，その名称から明らかなように，包括信用購入あっせん業者と利用者との間の「包括的な与信契約」の存在が前提になっている。定義上もカード等の交付等が要件とされており，個別の取引の都度与信審査を行うような個別方式のものは包括信用購入あっせんには含まれない。

従前は，割賦販売のように，個別方式の取引も「割賦購入あっせん」としてひと括りにされていたが，現在では，包括方式のものは包括信用購入あっせんとして，個別方式のものは個別信用購入あっせん（2条4項）として，別個の取引類型として定義・規定されている。

(b) **牽連関係**

包括信用購入あっせんにおけるカード等は，「特定の」販売業者又は役務提供事業者（＝加盟店）においてのみ利用できるものでなければならない。これは，基本的には，オンアス加盟店又はオフアス加盟店でカード等が利用できるということを指す。

したがって，（現実には存在しないが）およそいかなる事業者との取引においても利用できるカードなどは，包括信用購入あっせんには当たらず，割賦販売法の適用範囲外であることになる。

(c) **加盟店への支払**

加盟店においてカード等が利用された場合，当該カード等の利用に係る取引（商品の売買等）の代金は，包括信用購入あっせん業者が加盟店に対し支払うことになる（以下「立替払い」，加盟店に支払われる金銭を「立替金」。ただし，後述のとおり，必ずしもその法的性質は立替払いとは限らないため，あくまで便宜上の呼称である）。

包括信用購入あっせん業者から加盟店に対してなされる支払の法形式は定められていないため，立替払い，代金債権を譲り受けてその代金として加盟店に支払うなどの構成が考えられる。また，現実には多くないが，包括信用購入あっせん業者が利用者に融資する形で金銭を交付し，当該金銭をもって利用者が

加盟店に代金を支払うような形式であっても包括信用購入あっせんに当たり得る。割賦販売法2条3項1号が「当該販売業者又は当該役務提供事業者以外の者を通じた当該販売業者又は当該役務提供事業者への交付を含む」と規定しているのは，このような利用者を通じて加盟店に立替金が支払われる場合も含む趣旨である。

この包括信用購入あっせん業者から加盟店への支払の法的構成については，後述する。

　(d)　**支払方式**

　包括信用購入あっせんの支払方式としては，分割払方式（包括方式）（2条3項1号）とリボルビング方式（同項2号）とがある。リボルビング方式については，割賦販売及びローン提携販売におけるリボルビング方式と同様であるが，分割払方式については，若干内容が異なっている。

　すなわち，後述するように，分割払方式の包括信用購入あっせんからは，「契約を締結した時から2月を超えない範囲内」にカード等の利用代金が支払われる場合，すなわちマンスリークリア方式が除外されているが（2条3項1号の最後のカッコ書），この点を除けば，割賦販売法2条3項1号は，「2月以上かつ3回以上」のような支払期間及び回数を定めていない。したがって，上記のマンスリークリア方式に該当しない限りは，分割払方式として包括信用購入あっせんに該当することになる。例えば，ボーナス一括払いのように，数ヵ月先に1回だけ弁済するようなケースは，割賦販売やローン提携販売には当たらないが，包括信用購入あっせんには該当することになる。

　このように，包括信用購入あっせんにおいては，分割払方式（2条3項1号）といっても，必ずしも「分割払い」とされていることは要件とはなっていない。

　(e)　**指定商品等制度の不採用**

　包括信用購入あっせんにおいては，指定商品等制度のいずれも採用されていない。したがって，指定商品以外の商品，指定権利以外の権利，指定役務以外の役務を目的とした取引であっても包括信用購入あっせんに当たることになる。

　ただし，包括信用購入あっせんに関する行為規制においては，指定権利を目

的とした包括信用購入あっせんに限り適用されるものもあるため（30条の2の3・30条の4等），指定権利制を採用していないといっても，あらゆる権利の売買について割賦販売法が適用されるというわけではない。

(3) マンスリークリア方式の取扱い

(a) マンスリークリア方式の除外

包括信用購入あっせんからは，カード代金の弁済期が「商品若しくは権利を購入する契約を締結し，又は……役務の提供を受ける契約を締結した時から2月を超えない範囲内」である場合，すなわち，マンスリークリア方式での取引が除外されている（2条3項1号最後のカッコ書）。

これは，マンスリークリア方式は，「翌月1回払い」とも呼ばれていることから明らかなように，与信期間が短く，現金による支払と同視できることや，マンスリークリア方式においてはほとんどの包括信用購入あっせん業者（カード会社）が手数料を徴収しておらず，収益性に乏しい取引類型であることなどから，割賦販売法による規制が不要ないし不適切と考えられたためである。

逆に，ボーナス一括払いのように，支払回数自体は1回であっても，カード等の利用から代金の支払までが2ヵ月を超えるのが通常であるケースは，結果としてカード利用から2ヵ月以内に弁済されたとしても，ここでいう「2月を超えない」には含まれず，包括信用購入あっせんに該当することになる。

なお，包括信用購入あっせんに該当するか否かの基準が2ヵ月とされているのは，マンスリークリア方式の場合，カード等の利用日から締日までで1ヵ月，締日から支払日までで1ヵ月かかることがあり，カード等の利用から支払まで最長で2ヵ月となり得るためである。ただし，あくまでも通常の支払日がカード等の利用から2ヵ月を超えなければよいため，祝祭日の関係で支払日が多少遅れたり，あるいは，カード会員がカード利用代金の支払を遅滞した等の事情により，カード等の利用から現実の支払日までが2ヵ月を超えた場合であっても，通常の支払スケジュールを基準として2ヵ月を超えていなければ包括信用購入あっせんには該当しないことになる。

(b) 支払方式を選択できるカード等の取扱い

アメリカなどでは支払方式としてリボルビング方式しか選択できないクレジットカードも普及しているようだが，わが国ではマンスリークリア方式，分割

払い及びリボルビング方式から支払方式を任意に選択できるクレジットカードが大半である。

このようなクレジットカードは，割賦販売法2条3項1号の分割払方式における「カード等」であるとともに，同項2号のリボルビング方式における「カード等」でもあることになる。そのため，カード等の利用に際して，その支払方式としてマンスリークリア方式を選択できるクレジットカードであっても，結局は，包括信用購入あっせんにおける「カード等」に該当し，その発行や利用に際しては，取引条件の表示（30条）等の包括信用購入あっせんに関する規制に服することになる。分割払方式とリボルビング方式の両方に関する規制が課されることはいうまでもない。

もっとも，個別の取引に適用される規定（個別取引の際の書面交付義務や抗弁権の接続等）は，包括信用購入あっせん（分割払方式又はリボルビング方式でのカード等利用）にのみ適用され，マンスリークリア方式でのカード等利用には適用されない。マンスリークリア方式での取引（カード等の利用）は，包括信用購入あっせんではないからである。

(c) 2月払購入あっせんとマンスリークリア方式

上述のとおり，マンスリークリア方式（での取引）は包括信用購入あっせんに該当せず，包括信用購入あっせんに関する規定が適用されないことになる。

しかし，割賦販売法は，包括信用購入あっせんとは別に，「2月払購入あっせん」（35条の16第2項）という取引類型を定義しており，クレジットカード番号等の管理などの一部の規定は，包括信用購入あっせんだけでなく2月払購入あっせんにも適用することとしている（同条1項）。

「2月払購入あっせん」とは，カード等の利用代金を「契約を締結した時から2月を超えない範囲内においてあらかじめ定められた時期までに受領する」取引を指す（35条の16第2項）。つまり，割賦販売法2条3項1号のカッコ書により分割払方式の包括信用購入あっせんから除外された取引，すなわち，マンスリークリア方式での取引が2月払購入あっせんである。

したがって，マンスリークリア方式の取引は，包括信用購入あっせんに係る規制の適用はないものの，割賦販売法による規制を全く受けないわけではなく，2月払購入あっせんとしてクレジットカード番号等の管理に係る規制など

【図表14】包括信用購入あっせんにおける権利義務

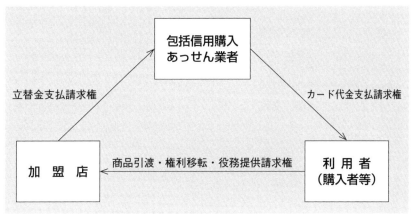

が適用される。

(4) **包括信用購入あっせんにおける法律関係**

包括信用購入あっせんにおいては、①包括信用購入あっせん業者、②加盟店及び③利用者の三者が取引に関与することになり、各当事者間で一定の権利義務が発生することになる（**【図表14】**参照）。

そして、**【図表14】**のような権利義務関係が各当事者間で発生する原因（法律関係）については、以下のように考えることができる。

(a) **立替払方式**

包括信用購入あっせん業者が、加盟店に対して商品購入等の代金を「立替払い」するという方式ないし構成（次頁の**【図表15】**参照）であるが、その法的構成としては、さらに、以下のように分けられる。

(イ) **委任契約構成**　まず、包括信用購入あっせん業者から加盟店に対する立替払いは、利用者からの、加盟店に対する立替払いの委託に基づくとする考え方である。

この考え方に立つと、包括信用購入あっせん業者から加盟店に対する立替払いは委任事務の履行であることになる。

また、包括信用購入あっせん業者の利用者に対するカード代金（立替金部分）の支払請求権は、委任事務処理費用の償還請求権（民650条１項）であり、手数

第2編　割賦販売法の解説　　第5章　包括信用購入あっせん

【図表15】包括信用購入あっせん（立替払方式）

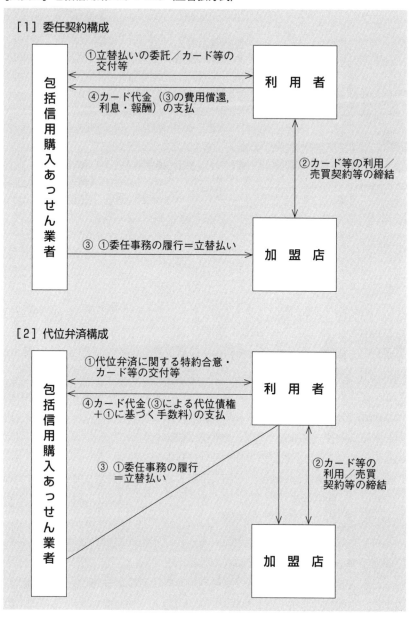

料部分は利息（民650条1項）又は委任に係る報酬（民648条）と考えることになる。また，その前提として，包括信用購入あっせん業者及び利用者間の包括契約は，立替払いの委任に関する包括契約であることになる。

　㈹　代位弁済構成　　包括信用購入あっせん業者と利用者との包括契約は，包括信用購入あっせん業者が利用者に代わって加盟店に対して代位弁済する旨の特約であるとする考え方である。この考え方では，包括信用購入あっせん業者及び加盟店間の加盟店契約は，包括信用購入あっせん業者が加盟店に代位する旨の包括的な承諾（民499条1項）と位置付けられよう。

　また，この考え方に従えば，包括信用購入あっせん業者から加盟店に対する立替払いは特約に基づく代位弁済（民474条）であり，包括信用購入あっせん業者の利用者に対するカード代金の支払請求権は，商品購入等に係る代金債権を代位して取得したものであることになる。

　この代位弁済形式の場合，手数料やカード代金の支払方式・支払時期等については，上記の「代位弁済の特約」に付随する特則・特約と整理される。

　(b)　**債権譲渡方式**

　包括信用購入あっせん業者が，加盟店から，利用者に対する売買契約又は役務提供契約に基づく代金債権を譲り受け，債権譲渡の代金として加盟店に商品購入等の代金相当額を支払うとする構成である（次頁の【図表16】参照）。

　この構成によれば，包括信用購入あっせん業者の利用者に対するカード代金の支払請求権は，加盟店から譲り受けた商品購入等の代金債権そのものであり，包括信用購入あっせん業者から加盟店に対する支払は債権の譲渡代金であることになる。

　(c)　**その他の方式**

　その他の方式としては，法的には次のような構成が考えられる。

　㈵　包括信用購入あっせん業者が，加盟店と購入者等との間の取引における加盟店の地位の譲渡を受けるとする構成

　㈹　包括信用購入あっせん業者は，利用者から保証委託を受け，加盟店のカード会員に対する代金債権を保証し，その保証履行として加盟店に支払うとする構成（この構成において包括信用購入あっせん業者が購入者から徴収する手数料は保証料と整理される）

265

【図表16】包括信用購入あっせん（債権譲渡方式）

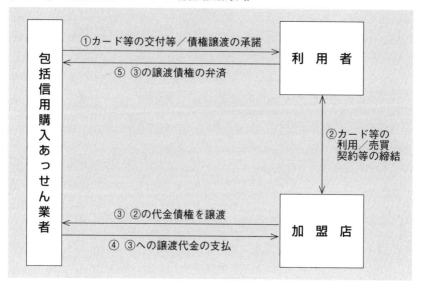

(ハ) 包括信用購入あっせん業者は、利用者から保証委託を受け、受託事務の履行として加盟店に支払い、また、その委任事務処理費用の償還請求としてカード会員に請求するとする構成（神戸地社支判昭51・9・8判時849号113頁）。

(d) **無名契約説**

　上記のように、包括信用購入あっせんにおける包括信用購入あっせん業者から加盟店に対する支払の法的構成については、立替払い又は債権譲渡に係る代金の支払と考えるのが従来からの通説的な考え方であり、また、多くのカード会社も、そのカード規約において加盟店に立替払いする旨又は加盟店から代金債権の譲渡を受ける旨を定めている。その意味では、包括信用購入あっせん業者から加盟店に対して支払われた金銭の法的性質としては、立替金又は譲受債権の代金と考えることになろう。

　もっとも、立替金の法的性質をそのように解したからといって、包括信用購入あっせん業者及び利用者間の包括契約を、立替払いの委任や、債権譲渡に係る契約等として、民法上の典型契約にあてはめて考える必要はない。

　現在では、包括信用購入あっせん（クレジットカード）は相当に普及しており、

その包括契約の条項（カード規約）の内容も，かなり一般化・定型化されている。また，クレジットカード契約の内容は，複雑で多岐に亘っており，特定の典型契約にあてはめられるほどシンプルなものでもない。

そのため，包括信用購入あっせん業者から加盟店への支払の法的性質とは別に，利用者との包括契約自体は，包括信用購入あっせん契約（クレジットカード契約）とでもいうべき無名契約の一種と解すべきである。特に，クレジットカードに関していえば，その利用方法やカード規約の内容等は，カード会社間で多少の差異はあるものの，ある程度定型化されており，無理やりに典型契約にあてはめるよりも，「クレジットカード契約」という（無名）契約として捉えた方が，実体により即したものであるし，当事者の意思，ひいては社会通念にも適うものと解される。

東京地判昭63・8・29判タ691号191頁も，クレジットカードに関し，「カード利用代金の法律関係は，債権譲渡あるいは保証契約や債務引受による立替払等と言った民法上の典型的な取引関係そのものではなく端的にクレジット会社の約款を内容とするクレジットカード利用契約と言う無名契約に基づくものであ……る。」としている。

(e) **加盟店・利用者間の法律関係**

加盟店と利用者の間では，商品又は権利の売買契約若しくは役務提供契約（準委任又は請負の場合が多いと思われる）が成立し，その契約に基づく権利義務が発生することになる。このことは，上記の包括信用購入あっせんの法的性質ないし法的構成をどのように解するかとは無関係である。

したがって，加盟店は，商品又は権利の売買であれば，利用者に対して商品・権利の引渡義務を負い，役務提供契約であれば役務を提供すべき義務を負うことになる。

これに対し，利用者は，加盟店に対し代金の支払義務を負うことになるが，カード等を利用することにより，その支払を免れることになる。加盟店から購入者に対する代金債権が，カード等の利用により消滅するのか，支払が猶予されているだけなのかは，包括信用購入あっせんの法的構成にもよるが，基本的には前者と解すべき場合が多いものと思われる。

確かに，立替金の法的構成によっては，加盟店の利用者に対する代金債権が

残存すると考えることになる場合もある。例えば，包括契約及びカード等の利用を，加盟店の代金債権の保証ないしその委託であると解した場合には，包括信用購入あっせん業者が加盟店に立替払いするまでは，加盟店の利用者に対する代金債権が残存していなければならないことになる（附従性の問題から，代金債権が消滅したのでは，保証が成立し得ない）。

しかし，代金債権が残存するとした場合には，何らかの事情により，加盟店が包括信用購入あっせん業者からの支払を受けられなかった場合には，残存している代金債権に基づき，加盟店が利用者に対してその弁済を請求でき，弁済を受けられない場合には債務不履行として利用者との売買契約等を解除できることになってしまうが，このような結論が不当であることはいうまでもない。包括信用購入あっせん，特にクレジットカード取引においては，利用者（カード会員）は，包括信用購入あっせん業者に対してカード代金の支払義務を負いこそすれ，加盟店に対しては代金を支払わなくてよい（代わりに，包括信用購入あっせん業者が払ってくれる）というのが，共通の認識であり，「包括信用購入あっせん業者が払わなかった場合には，自分が払う」というのは，当事者の意思から著しく乖離することになる。

もちろん，このような点は，一次的には包括契約や包括信用購入あっせん業者及び加盟店間の加盟店契約の内容・条項の解釈の問題ではあるが，一般的に想定される認識からかけ離れた結論は，それ自体として不当であろう。

(5) 包括信用購入あっせんの取引類型

前述のように，クレジットカード取引はオンアス取引とオフアス取引とに分けることができるが，より詳細に類型化すると，以下のように分類することができる。

(a) オンアス取引

包括信用あっせん業者と加盟店とが直接加盟店契約を締結した場合の取引であり，包括信用購入あっせん業者，オンアス加盟店及び利用者の三者間での取引となる（前掲【図表4】参照）。

(b) オフアス取引（直接提携）

加盟店が，包括信用購入あっせん業者とは別のアクワイアラーと加盟店契約を締結している場合であり，さらに，包括信用購入あっせん業者とアクワイア

【図表17】オフアス取引（国際ブランド介在）

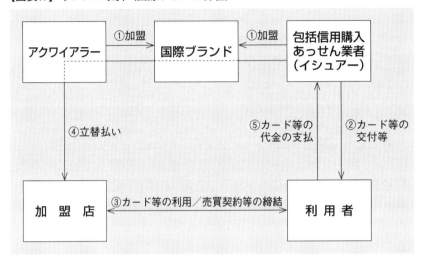

ラーとの間で直接の提携関係があり，オフアス加盟店及び利用者を加えた四者間での取引となる場合（前掲【図表5】参照）と，包括信用購入あっせん業者とアクワイアラーとが国際ブランド（ビザ，マスターカード，JCB 等）を通じて提携している場合の五者間取引になる場合（【図表17】）とがあり得る。

　なお，国際ブランドとは，主にクレジットカードに関して，国際的な決済ネットワークの構築及び維持を主たる業務とする企業・団体であり，カード会社は，国際ブランドに加入することで，当該ブランドが付されたクレジットカードを発行することができ，当該ブランドに加入した他のカード会社の加盟店（オフアス加盟店）においても，自社のクレジットカードを利用することができるようになる。

(c) **PSP の介在**

(イ) PSP の業務　PSP とは，Payment Service Provider の略であり，決済代行業者とも呼ばれる存在である。主にクレジットカードに関して，カード会社と加盟店の間に入り，文字どおり決済を代行する事業者である。PSP の機能や問題点等は後述するが，ここでは，PSP が介在する取引の類型について簡潔に説明しておく。なお，以下では，オフアス取引を前提として説明する

【図表18】包括加盟方式

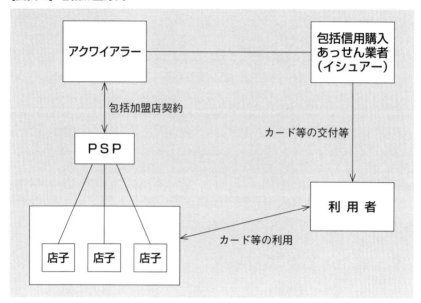

が，オンアス取引においてPSPが介在するケースもある。

　(ロ)　包括加盟方式　　**【図表18】**のように，PSP自身が，アクワイアラーと加盟店契約を締結し，その加盟店となり，その下に複数の店子を抱える方式である。包括加盟方式においては，実際にカード等が利用されるのはPSPの下の店子であるが，あくまでも，アクワイアラーと加盟店契約を締結して加盟店となるのはPSPである（そのため，利用明細等においても，利用先として表示されるのはPSPである）。

　元々は，百貨店やショッピングモールなどが加盟店となり，そのテナントが店子となるような形式が多かったが，現在では，PSPが何ら関係のない店子を募集して，その決済を代行するような形式が増加している。

　店子に対しては包括信用購入あっせん業者及びアクワイアラー（クレジットカード番号等取扱契約締結事業者，35条の17の2）の監督が行き届きにくく，悪質商法等の温床ともなりやすい取引形態である。中には，国際ブランドのルール上禁止されているクロスボーダー取引（海外アクワイアラーの加盟店となること）を行う

【図表19】 包括代理方式

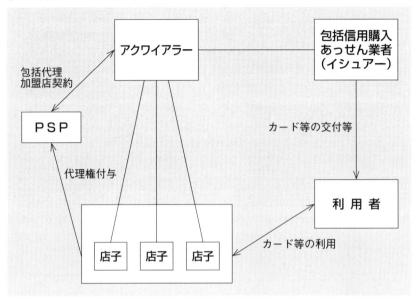

PSP や，海外の PSP と契約し，その店子となるような事業者もおり問題となっている。

　(ハ)　包括代理方式　　包括代理方式とは，PSP が複数の店子から代理権を授与され，当該複数の店子の代理人として，アクワイアラーと包括代理加盟店契約を締結する方式である（**【図表19】**）。包括代理方式においては，PSP はあくまでも代理人として契約を締結するにすぎないから，アクワイアラーとの加盟店契約は本人たる店子に帰属し，店子が加盟店となる。ただし，この方式においても，アクワイアラーからの金銭の支払は，PSP を経由することが多いようである。

　(ニ)　取次方式　　文字どおり，PSP が，アクワイアラーと加盟店になろうとする店舗・事業者との間の加盟店契約を取り次ぎ，あるいは，店舗・事業者をアクワイアラーに紹介するような方式である（次頁の**【図表20】**）。

　この方式においては，当然のことながら，加盟店契約は，アクワイアラーと店舗・事業者との間で直接成立し，当該店舗・事業者が加盟店となる。

【図表20】取次方式

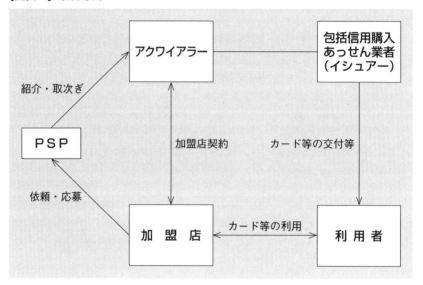

〔2〕 条文解説

(定義)
第2条
1～2 (略)
3 この法律において「包括信用購入あつせん」とは、次に掲げるものをいう。
一 それを提示し若しくは通知して、又はそれと引換えに、特定の販売業者から商品若しくは権利を購入し、又は特定の役務提供事業者から有償で役務の提供を受けることができるカードその他の物又は番号、記号その他の符号（以下この項及び次項、第30条から第30条の2の3まで、第34条、第35条の3並びに第35条の16において「カード等」という。）★1 をこれにより商品若しくは権利を購入しようとする者又は役務の提供を受けようとする者（以下この項、第30条から第30条の2の3まで、第30条の5の2、第30条

の5の3，第30条の6において準用する第4条の2，第33条の2，第34条の2，第35条の3の43，第35条の3の46，第35条の3の57，第35条の3の59，第35条の16，第35条の17の2，第35条の17の8，第35条の17の15，第41条及び第41条の2において「利用者」という。）に交付し又は付与し★2，当該利用者がそのカード等を提示し若しくは通知して，又はそれと引換えに★3特定の販売業者から商品若しくは権利を購入し，又は特定の役務提供事業者から役務の提供を受けるときは，当該販売業者又は当該役務提供事業者に当該商品若しくは当該権利の代金又は当該役務の対価に相当する額の交付（当該販売業者又は当該役務提供事業者以外の者を通じた当該販売業者又は当該役務提供事業者への交付を含む。）★4をするとともに，当該利用者から当該代金又は当該対価に相当する額をあらかじめ定められた時期までに受領すること★5（当該利用者が当該販売業者から商品若しくは権利を購入する契約を締結し，又は当該役務提供事業者から役務の提供を受ける契約を締結した時から2月を超えない範囲内においてあらかじめ定められた時期までに受領することを除く。）★6。

二　カード等を利用者に交付し又は付与し，当該利用者がそのカード等を提示し若しくは通知して，又はそれと引換えに特定の販売業者から商品若しくは権利を購入し，又は特定の役務提供事業者から役務の提供を受けるときは，当該販売業者又は当該役務提供事業者に当該商品若しくは当該権利の代金又は当該役務の対価に相当する額の交付（当該販売業者又は当該役務提供事業者以外の者を通じた当該販売業者又は当該役務提供事業者への交付を含む。）をするとともに★7，当該利用者からあらかじめ定められた時期ごとに当該商品若しくは当該権利の代金又は当該役務の対価の合計額を基礎としてあらかじめ定められた方法により算定して得た金額を受領すること★8。

4～6　（略）

★1(1)　包括信用購入あっせんの要件である「カード等」の定義を定めたものである。割賦販売やローン提携販売におけるカード等と同様に，包括契約に基づき発行される，すなわち，包括的な与信の証として発行されるのがカード等であり，単なる身分証のような機能しかなく，取引の都度，個別の与信審査を要するようなものは「カード等」に含まれない。

　「カード」は，典型的にはクレジットカードのことである。「その他の

物」としては、チケットやクーポンの類がこれに当たる。

「番号，記号その他の符号」とは、典型的にはいわゆる「バーチャルカード」として付与されるカード番号や暗証番号その他のパスワードのことである。カード番号等のみが発行され、有体物は発行・交付されない場合には、「カードその他の物」の「交付」に当たらないため、包括信用購入あっせんの範囲を拡大する趣旨で、平成12年改正に際して追加されたものである。

なお、クレジットカードの発行に際しては、種々のID、パスワード等が発行されるが、これらのうち、加盟店における商品購入等に利用できないもの（例えば、会員サイトのログインID・パスワード等）は、「番号、記号その他の符号」には当たらない。

(2)「カード等」は、「特定の」販売業者又は役務提供事業者でのみ利用できることを要する。不特定の販売業者等において利用できるものは、現実に存在するかは別にして、少なくとも、その定義上包括信用購入あっせんには該当しないことになる（それは、もはや「通貨」といってよいだろう）。例えば、オンアス加盟店でのみ利用可能であるケース、包括信用購入あっせん業者と提携契約を締結した特定のアクワイアラーのオフアス加盟店でのみ利用できるケース、国際ブランドを通じ他のアクワイアラーのオフアス加盟店で利用できるケースなどは、「特定の」に該当する。

問題になるのは、PSPが介在した場合、特に包括加盟方式の場合であるが、少なくとも、このような場合であってもおよそいかなる店子においてもカード等が利用できるわけでなく、アクワイアラー及びPSPを通じて、特定の国際ブランドが付されたクレジットカードのみが利用できるのが通常であるから、基本的には「特定の」の要件に該当するものと解される。

★2 「交付」は「カードその他の物」に、「付与」は「番号、記号その他の符号」に対応した言葉であり、要するに、利用者にカード等を発行することを指す。

なお、カード等を交付又は付与する主体、すなわちカード等の発行主体は、包括信用購入あっせんの定義に含まれていない（要件となっていない）。割賦販売法の各規定は、包括信用購入あっせん「業者」に対して課されるものではあるが、少なくとも、包括信用購入あっせんに該当するか否かのレベルにおいては、発行主体の事業性は問題とならない。

★3 「提示」とは、「カードその他の物」に対応する言葉である。提示という言葉の意味からすれば、対面取引において加盟店（従業員）にカードを見せる

第1節　包括信用購入あっせんの意義　〔2〕　条文解説

ことを意味するように思われるが，少なくとも，決済端末でスワイプ等するようなケースも「提示」に含まれる。

「通知」は，非対面取引において，「番号，記号その他の符号」を加盟店に通知することを指す。典型的には，電話注文でカード番号を読み上げたり，あるいはメール・ファクシミリに記載して送信する方法を指すが，インターネット上の入力フォームにカード番号やパスワードを入力して送信するような場合も「通知」に含まれる。バーチャルカードのように有体物の交付を伴わない場合だけでなく，カードの交付自体はされているが，非対面取引においてそのカード番号等のみを利用する場合も含まれる。

「引換えに」は，チケットやクーポンと交換で商品の購入等をする場合である。

★4(1)　この「交付」は，包括信用購入あっせん業者が加盟店に対して，カード等の利用に係る代金を支払うことを指しており，その法的性質ないし契約形態については特に規定されていない。これは，前述のように様々な法的構成があり得るところ，特定の法的構成のみを採用したのでは，容易に脱法ないし法の潜脱が可能となるからである。

なお，包括信用購入あっせん業者から加盟店に交付されるのは，商品若しくは権利の代金又は役務の対価に「相当する額」とされているが，実際には，いわゆる「加盟店手数料」を控除した金額が支払われており，カード等の利用に係る全額が支払われているわけではない。例えば，加盟店契約において，カード等の利用額から3％の加盟店手数料を控除した金額を交付することとされているような場合である。このような場合であっても，商品等の代金又は役務の対価に相当する額が支払金額算定の基準となっている限り，「当該商品若しくは当該権利の代金又は当該役務の対価に相当する額の交付」に当たり，包括信用購入あっせんの要件は満たすと解される。

(2)　このカッコ書は，包括信用購入あっせん業者が利用者に金銭を交付し，利用者が加盟店に対して支払うようなケースを含む趣旨である。

もっとも，条文上は，利用者を通じて交付する場合に限定されていないため，例えば，PSPを通じて加盟店に支払われるような場合も，当該カッコ書に含まれると解される。

★5　2条3項1号の包括信用購入あっせんにおいては，カード代金は「あらかじめ定められた時期までに」弁済・受領されることとされている。これは，カード等の利用後，包括契約（カード規約等）において定められた日にカード

275

代金が弁済されることを意味するにすぎず，必ずしも分割払いであることは求められていない。そのため，後掲★6で除外されるマンスリークリア方式に該当しない限りは，支払回数が1回であっても包括信用購入あっせんに該当することになる（ボーナス1回払い等）。また，元々は分割払いとされていたが，繰上弁済をし，カード等の利用から2ヵ月以内に完済したような場合も，「2月を超えない範囲内においてあらかじめ定められた」とはいえないから，当該カッコ書には当たらず，包括信用購入あっせんに該当することになる。

★6　このカッコ書により，分割払方式の包括信用購入あっせんからマンスリークリア方式が除外されている。

「2月を超えない範囲内」に当たるか否かは，標準的な支払スケジュールを基準として判断され，システム障害や，カード等の利用日・締日・支払日の関係やカード等の利用に係る売上データの到着の遅れ等により，結果として2ヵ月を超えたとしても，当該カッコ書に当たらず，包括信用購入あっせんに該当することになるわけではない。

★7　後掲★8以外の要件については，前掲★1～★6参照。

★8　「あらかじめ定められた時期ごとに……対価の合計額を基礎としてあらかじめ定められた方法により算定して得た金額を受領する」とは，リボルビング方式によりカード代金を算定，弁済するという意味である。リボルビング方式の性質上当然であるが，2条3項2号では，「2月を超えない範囲内において……受領すること」が除かれていないため，利用額が低額であったために，カード等の利用から2ヵ月以内に支払が終了した場合であっても，それがリボルビング方式に基づいた結果である限りは，包括信用購入あっせんに該当する。

第2節　参入規制──登録制（31条～33条の4）

〔1〕　概　　説

(1)　**登録義務**

(a)　**趣旨・目的**

包括信用購入あっせんについては登録制が採用されており，経済産業省に備

える包括信用購入あっせん業者登録簿に登録を受けた法人以外は，包括信用購入あっせんを業として営むことができない（31条）。

包括信用購入あっせんについて登録制が採用されているのは，加盟店の保護及び消費者保護の両方の目的からである。すなわち，包括信用購入あっせんにおいてカード等が利用された場合には，加盟店は，包括信用購入あっせん業者から立替払いを受けるのは後日（通常，利用日の1～2ヵ月後）となる一方で，利用者に対しては商品・権利を引き渡し又は役務を提供しなければならない。そのため，包括信用購入あっせん業者に信用不安が生じた場合や倒産した場合などには，代金（立替金）の支払を受けられない（見込みが高い）にもかかわらず，商品の引渡し等はしなければならないという事態も生じ得ることとなる。そこで，資力及び信用の両面につき行政が審査し，適切な事業者のみを登録して包括信用購入あっせんを業として営むことを認め，もって加盟店が負うべきリスクを減少させて，その保護を図ることが，登録制の第一次的な趣旨である。

また，平成20年改正に際しては，包括支払可能見込額の調査（30条の2第1項）やクレジットカード番号等の適切な管理（35条の16第1項）等の措置を実施するための体制が整っていることも登録要件とされ（33の2第1項11号），消費者保護を目的とした規定を遵守できることが登録の要件とされている。そのため，登録制の趣旨として，消費者保護も追加されたものと解することができる。

なお，従前は，加盟店の保護を目的として，包括信用購入あっせん業者にも営業保証金の供託義務が課されていたが，平成28年改正により廃止されている。これは，金額が低額であり担保価値に乏しい上，還付手続が行われた実例がないにもかかわらず，包括信用購入あっせん業者に供託という手続的・事務的コストを強いることになっていたため，廃止されたものである。

(b) 「業として営む」の意味

「業として営む」とは，営利の意思で，反復継続して取引を行うことを意味する。

営利意思の有無は，会社法のように構成員に利益配当や剰余財産の分配を行うか否かではなく，単に営利目的か否かによって判断される。要するに，利益をあげるつもりであるのか，慈善事業なのかということである。しかし，包括

信用購入あっせん（クレジットカード）においては，利用者からカード代金に係る手数料やカード等の発行に係る年会費を徴収し，さらには加盟店からも加盟店手数料を徴収しているのが通常であり，一方でこれらの費用を徴収しておきながら，他方で営利目的がないと立証することはほぼ不可能であろう。加えて，「株式会社」がクレジットカード業を行っていれば，商行為に該当することから（会5条），営利性が否定されることはまずないといえる。また，基準が営利目的の有無であるので，例えば，公益法人等の構成員に利益を分配しない法人であっても，包括信用購入あっせんにより利益をあげる目的さえあれば，営利性は肯定される。

次に，反復継続の点であるが，包括信用購入あっせんは，カード等の発行（基本契約の締結）で終わるのではなく，発行されたクレジットカードが繰り返し利用され，そのカード利用代金の支払を受けることを予定したものである。したがって，カード等を発行しさえすれば，反復継続の要件も必然的に満たすことになる。

(c) 「法人」であること

包括信用購入あっせんの登録は，法人にしか認められておらず，任意の団体（組合等）及び自然人は登録を受けることができない。財産要件や遵守すべき義務（特にクレジットカード番号等の管理等）が高い技術水準を求めるものであることから，任意団体や自然人に包括信用購入あっせんを業として営ませることが高リスクであるためと解される。

なお，理屈としては，業としてではなく純粋な慈善目的でクレジットカードを発行するような場合には，営利性が否定され，「業として」ではないことになるので，自然人及び法人以外の団体が包括信用購入あっせんを営むことが可能である（ただし，極めて非現実的である）。

(d) 登録義務の適用除外

以上のとおり，包括信用購入あっせんを業として営むことができるのは「登録を受けた法人」のみであるが，例外的に，割賦販売法35条の3の60第1項4号の団体は，登録を受けずに，かつ法人でなくても，包括信用購入あっせんを業として営むことが認められる（31条ただし書）。この例外に該当するのは，特別の法律に基づいて設立された組合並びにその連合会及び中央会，国家公務

員法108条の2又は地方公務員法52条の団体，労働組合である（35条の3の60第1項4号）。

　登録義務が免除されているのは，これらの団体については，それぞれの主務大臣が業務，経理について監督権を有しており，登録制とした趣旨（業務及び財政に関する行政による監督）が既に満たされており，包括信用購入あっせん業者としても登録させ，重ねて行政による監督を行う必要に乏しいと考えられるためである。

　なお，これらの団体が，団体構成員等に対してクレジットカード決済又は商品販売等を行う場合にはそもそも割賦販売法が適用されないが（35条の3の60第1項4号による適用除外），団体構成員等以外の者に対してカード等を発行して包括信用購入あっせんを業として行う場合には，登録義務が課されないだけで割賦販売法上の規定の適用を受け，それらを遵守することが必要となる。

(e) **罰　　則**

　割賦販売法31条に違反して，無登録で包括信用購入あっせんを業として営んだ者は，3年以下の懲役若しくは300万円以下の罰金が処され又はこれらが併科される（49条2号）。

(2) **登録申請手続**

(a) **申請書及び添付書類の提出**

　包括信用購入あっせんの登録を受けるためには，割賦販売法施行規則様式第14による申請書（割賦則63条1項）及び一定の添付書類を経済産業大臣宛てに提出しなければならない（32条1項・2項）。

　また，添付書類のうち，定款が電磁的記録（電子的方式，磁気的方式その他人の知覚によっては認識することができない方式で作られる記録であって，電子計算機による情報処理の用に供されるもの。12条3項）により作成されている場合には，書面の提出に代えて，行政機関等の使用に係る電子計算機から入手され記録されたものを添付することが認められる（32条3項，割賦則63条3項・12条3項）。

(b) **申請書の提出先**

　法文上，登録申請書及び添付書類は経済産業大臣宛てに提出するとなっているが，実際に登録事務を取り扱っているのは各地域の経済産業局長であるから（割賦令34条4号），実際には，本店所在地を管轄する経済産業局長に提出するこ

279

とになる。

(3) 登録及び登録拒否

(a) 概　　要

登録が申請された場合，経済産業大臣は，割賦販売法法33条の2第1項の規定により登録を拒否する場合を除いて，当該申請者を登録しなければならない (33条1項)。登録は，許可と同様に，一般的禁止を解除する行政行為であるが，許可において行政に一定の裁量が認められるのに対し，登録に関しては，要件に該当する限りは登録をしなければならず，登録の可否について行政に裁量は認められないのが原則である。割賦販売法33条1項が登録拒否事由に該当しない限り「登録しなければならない」としているのは，このような登録の性質を反映したものである。

ただし，包括信用購入あっせんに係る登録についても審査基準が定められており (割賦審査基準「第1の1.(3)」)，実際には，審査の過程で行政に一定の裁量の余地が残されている。

なお，登録簿に登録された場合には登録された旨が，登録拒否の場合には登録拒否された旨及びその理由が申請者に通知される (33条2項・33条の2第2項・15条3項)。

(b) 登録の拒否

経済産業大臣は，登録の申請を受けた場合に，申請者が登録拒否事由に該当する場合には申請者の登録を拒否しなければならない (33条の2第1項)。

登録拒否事由は，基本的には前払式割賦販売の不許可事由と同様であり，①法人でないこと，②財政面に関する要件，③約款 (カード規約) の内容に関する要件，④法人自身及び役員の経歴・素行に関する要件などがあるが，これらに加えて，⑤暴力団員等 (反社会的勢力) との関係の排除も登録拒否要件となっている。これは，前払式割賦販売と異なり，包括信用購入あっせんは金融的な要素が強く，マネーロンダリング等のおそれもあるため，包括信用購入あっせんが犯罪に利用されるのを防止する趣旨である。そのため，⑤の登録拒否要件に関し警察庁長官へ意見聴取することとされている (39条の2第1項・39条の3)。なお，登録拒否事由とはされていないが，⑤に関連して，反社会的勢力の排除 (関係遮断) 及びそのための措置を講じることも必要である (包括自主規則5条の2～5条の5)。

また、登録拒否事由の一部（33条の2第1項2号・3号・6号～10号）は、登録の必要的取消事由となっているため（34条の2第1項）、登録申請時には該当しなくても、登録後にこれらの事由に該当することとなった場合には、登録が必ず取り消されることとなる。

(c) **その他の手続**

経済産業大臣は、登録拒否事由が認められない限り申請者を登録し（33条1項）、かつ、その旨を登録した申請者に通知しなければならないが（同条2項）、登録に際しては、申請者の役員が暴力団員又は暴力団員等ではないか（33条の2第1項7号ホ）、暴力団員に事業を支配されていないか（同項8号）、暴力団員を使用していないか（同項9号）、の3点について、警察庁長官の意見を聴かなければならない（39条の2第1項）。割賦販売法39条の2第1項の条文上は「聴くものとする」となっており、「聴かなければならない」と規定されているわけではないが、同条2項が「聴くことができる」としていることとの対比からすれば、警察庁長官への意見聴取は必要的であると考えられる。

また、登録を拒否する場合には、公開による意見聴取手続が行われる（42条1項）。

(4) **変更登録（33条の3）**

(a) **申請義務**

包括信用購入あっせん業者は、包括信用購入あっせん業者登録簿に登録されている事項（32条1項各号）に変更が生じた場合には、遅滞なく、変更が生じた事項を記載した変更登録の申請書（様式第15, 割賦則67条1項）を、経済産業大臣に提出しなければならない（33条の3第1項）。

また、当該申請に際しては、定款、登記事項証明書及び当該変更に係る事項を証する書類が添付されなければならない（33条の3第2項・32条2項、割賦則67条2項1号）。さらに、当該変更が新たに就任した役員に係るものである場合には、同人の履歴書及び割賦販売法33条の2第1項7号に該当しない旨の誓約書も添付されなければならない（割賦則67条2項2号）。

なお、平成28年改正以前は、変更登録について割賦販売法33条の2第1項が準用されていたため、登録拒否事由が認められる場合には、変更登録が拒否されることとなっていたが、現在では、変更登録の申請を受けた場合には登録

しなければならないこととなっている（33条の3第2項）。

(b) 罰　　則

割賦販売法33条の3第1項に違反して変更登録の申請書を提出せず又は虚偽の申請をした者は、30万円以下の罰金が科される（53条の2第1号）。

(5) 登録簿閲覧供用義務

経済産業大臣は、包括信用購入あっせん業者登録簿を一般の閲覧に供しなければならない（33条の4）。これは、登録簿を一般の閲覧に供することにより、包括信用購入あっせん（クレジットカード）を申し込もうとする者が、当該業者が登録を受けている事業者であるのかを確認できるようにするためである。

登録簿とは、紙媒体での登録簿のことを指し、経済産業省がインターネット上で公開している「登録包括信用購入あっせん事業者一覧」（http://www.meti.go.jp/policy/economy/consumer/credit/pdf/160923tourokuhoukatsu.pdf）とは別のものである。

なお、閲覧供用について、実際に事務を担っているのは、各地の経済産業局である（割賦令34条4号）。そのため、経済産業局において所定の申請手続をすることで、紙媒体での登録簿を閲覧することができる。ただし、あくまでも閲覧に供することが義務付けられているにすぎないため、謄写することまでが認められるわけではない。

〔2〕　条 文 解 説

（包括信用購入あつせん業者の登録）
第31条　包括信用購入あつせんは、経済産業省に備える包括信用購入あつせん業者登録簿に登録を受けた法人（以下「登録包括信用購入あつせん業者」という。）でなければ★1、業として営んではならない★2。ただし、第35条の3の60第1項第4号の団体については、この限りでない★3。

★1　前述のとおり、包括信用購入あっせんに係る登録を受けられるのは「法人」のみとなっている。ただし、法人であれば足り、必ずしも株式会社であることまでは求められていない。そのため、一般社団法人などであっても、

第2節　参入規制——登録制　〔2〕　条文解説

登録を受けることは可能である。
★2　営利目的（利益追求目的）かつ反復継続することである。その意味内容については，前記〔1〕(1)(b)を参照。
★3　31条ただし書は，割賦販売法35条の3の60第1項4号の団体については，登録義務を免除しており，これらの団体は，登録を受けずとも包括信用購入あっせんを業として営むことができる。
　　31条ただし書により，包括信用購入あっせんの登録が不要となるのは，具体的には，次の団体である。
　①　特別の法律に基づいて設立された組合並びにその連合会及び中央会
　②　国家公務員法108条の2又は地方公務員法52条の団体
　③　労働組合

（登録の申請）
第32条　前条の登録を受けようとする者は，次の事項を記載した申請書を経済産業大臣に提出しなければならない★1。
　一　名称★2
　二　本店その他の営業所（外国法人にあつては，本店及び国内における主たる営業所その他の営業所）の名称及び所在地
　三　資本金又は出資の額★3
　四　役員（業務を執行する社員，取締役若しくは執行役又はこれらに準ずる者をいい，いかなる名称を有する者であるかを問わず，法人に対し，これらの者と同等以上の支配力を有するものと認められる者として経済産業省令で定めるものを含む。以下この節，次節及び第3章の4第2節において同じ。）の氏名★4
2　前項の申請書には，定款，登記事項証明書その他経済産業省令で定める書類を添付しなければならない★5。ただし，経済産業省令で定める場合は，登記事項証明書の添付を省略することができる★6。
3　前項の場合において，定款が電磁的記録で作られているときは，書面に代えて電磁的記録（経済産業省令で定めるものに限る。）を添付することができる★7。

★1　32条1項の申請書は，様式第14による（割賦則63条1項）。また，申請先（申請書の提出先）は，本店所在地を管轄する経済産業局長である（割賦令34条4

号)。

★2 「名称」とは団体の名前のことであり,自然人の「氏名」に対応する用語である。「氏名」が記載事項となっていないのは,自然人は包括信用購入あっせんの登録を受けられないためである。

★3 「資本」は株式会社に,「出資の額」は持分会社に対応する用語であり,発行済みの株式総額ないし拠出された財産の総額を指す。

★4 32条1項4号は,役員の氏名が申請書の記載事項であることを規定するとともに,「役員」の範囲を規定するものである。割賦販売法第3章第1節,第2節(個別信用購入あっせん)及び第3章の4第2節(クレジットカード番号等取扱契約)において用いられる「役員」は,すべて32条1項4号により定義された「役員」である。

「役員」とは,業務執行社員,取締役若しくは執行役又はこれらに準ずる者をいい,会社法上の役員(会329条1項)とは範囲が異なっている上,さらに,「これらの者と同等以上の支配力を有するものと認められる者として経済産業省令で定めるもの」が含まれる。「経済産業省令で定めるもの」とは,以下のいずれかに該当する者のことである(割賦則64条1項)。

(1) 当該法人の総株主等の議決権(総株主,総社員又は総出資者の議決権をいう。以下同様)の25%を超える議決権に係る株式又は出資(以下「株式等」)を自己又は他人の名義をもって所有している個人

登録を申請した法人が株式会社である場合は,「議決権」から議決権制限株式に係る議決権が除かれ,会社法879条3項の規定により議決権を有するものとみなされる株式についての議決権が含まれる。

また,株式を他人名義で所有している場合とは,いわゆる名義貸しを受けた場合のことである。したがって,名義貸しにより株式を所有している場合には,名義人(仮設人)ではなく,名義借人が「役員」に含まれることになる。

なお,この議決権には,「社債,株式等の振替に関する法律」の147条1項又は148条1項(同法228条1項,235条1項,239条1項及び276条により準用する場合を含む)により発行者に対抗することができない株式等に係る議決権が含まれる(割賦則64条2項)。

(2) 登録を申請した法人の親会社の総株主等の議決権の50%を超える議決権に係る株式等を自己又は他人の名義をもって所有している個人

親会社の支配株主のことである。上記(1)と同様に,名義貸しが行われて

いる場合には，名義人ではなく名義借人が「役員」に当たる。

なお，上記(1)と同様に，社債，株式等の振替に関する法律により発行者に対抗することができない株式等に係る議決権も含まれる（割賦則64条2項）。
(3) 登録を申請した法人の業務を執行する社員又はこれに準ずる者が法人である場合におけるその職務を行うべき者

業務執行社員が法人である場合の，実際に職務を行う個人（会598条1項）のことである。
(4) 登録を申請した法人の役員又は上記(1)〜(3)の者が未成年者である場合におけるその法定代理人（法定代理人が法人である場合においては，その役員を含む）

上記(4)の役員は，会社法上の役員（会329条1項）のことではなく，32条1項4号カッコ書の「業務を執行する社員，取締役若しくは執行役又はこれらに準ずる者」である。

★5 「経済産業省令で定める書類」とは，以下の書類である（割賦則63条2項）。
(1) 登録申請書提出日前1ヵ月以内の一定の日の時点において様式第2により作成した財産に関する調書並びに登録申請書提出日の直前事業年度の貸借対照表，損益計算書及び株主資本等変動計算書（いずれも関連する注記を含む）又はこれらに代わる書面。ただし，登録の申請日を含む事業年度に設立された法人については，会社法435条1項又は617条1項により成立の時に作成する貸借対照表（関連する注記を含む）又はこれに代わる書面
(2) 兼営事業がある場合には，その種類及び概要を記載した書面
(3) 役員（32条1項4号に規定する役員。前掲★4参照）の履歴書（役員が法人であるときは，当該役員の沿革を記載した書面）
(4) 株主若しくは社員の名簿及び親会社（会社法2条4号に規定する親会社をいう）の株主若しくは社員の名簿又はこれらに代わる書面
(5) 加入指定信用情報機関の商号又は名称を記載した書面

加入指定信用情報機関とは，特定信用情報提供契約を締結した指定信用情報機関をいう（35条の3の56第2項）。詳細は後述するが，割賦販売法上の指定信用情報機関は，㈱シー・アイ・シー（CIC）のみであるから，同社のことである。
(6) 特定信用情報提供契約を締結している特定信用情報提供等業務を行う者（加入指定信用情報機関を除く）の商号又は名称を記載した書面

第2編　割賦販売法の解説　　第5章　包括信用購入あっせん

指定信用情報機関＝CIC以外の信用情報機関のことであり，㈱日本信用情報機構（JICC）がこれに該当することが多いと思われる。
(7)　包括信用購入あっせんに係る業務に関する社内規則等（包括信用購入あっせん業者又はその役員（業務を執行する社員，取締役若しくは執行役又はこれらに準ずる者をいう），使用人その他の従業者が遵守すべき規則その他これに準ずるものであって包括信用購入あっせん業者が作成するものをいう）
(8)　包括信用購入あっせんに係る業務に関する組織図
(9)　割賦販売法33条の2第1項5号から11号までの規定に該当しないことを誓約する書面

★6　32条2項ただし書の「経済産業省令」に対応する割賦販売法施行規則は定められていない。したがって，登記事項証明書の添付は，常に必須である。

★7　割賦販売法施行規則63条3項により，同法施行規則12条3項が準用されているため，32条3項カッコ書の「経済産業省令で定めるもの」は，行政手続等における情報通信の技術の利用に関する法律3条1項に定める行政機関等の使用に係る電子計算機から入手され記録されたもののことである。

（登録及びその通知）
第33条　経済産業大臣は，前条第1項の規定による登録の申請があつたときは，次条第1項の規定により登録を拒否する場合を除くほか，前条第1項各号に掲げる事項及び登録年月日を包括信用購入あつせん業者登録簿に登録しなければならない★1。
2　経済産業大臣は，第31条の登録をしたときは，遅滞なく，その旨を申請者に通知しなければならない★2。

★1　法文上，割賦販売法33条の2第1項により登録を拒否する場合を除き，「登録しなければならない」とされているため，登録拒否事由に該当しない限り，必ず登録しなければならず，行政に裁量が認められないこととなっている。これは，「登録」という行政行為の性質によるものと解される。
　なお，包括信用購入あっせんの登録に際しても，審査基準が設けられているが（割賦審査基準「第1の1.(3)」），これは，各登録拒否事由の該当性の判断に際しては一定の裁量により審査することとしているにすぎず，審査の結果，登録拒否事由が認められない場合について，なお登録するかしないかの

第2節 参入規制——登録制 〔2〕 条文解説

裁量を認めるものではない。
★2 　33条2項による登録の通知は，元々は，登録包括信用購入あっせん業者には営業保証金の供託義務が課されていたため，営業保証金の供託義務の発生時期を明確にする趣旨であったが，平成28年改正により営業保証金の供託義務が削除されたため，現行法においては，申請者に対してユーザーフレンドリーであるということ以上の意味はないと思われる。

（登録の拒否）
第33条の2　経済産業大臣は，第32条第1項の申請書を提出した者が次の各号のいずれかに該当するとき，又は当該申請書若しくはその添付書類のうちに重要な事項について虚偽の記載があり，若しくは重要な事実の記載が欠けているときは★1，その登録を拒否しなければならない★2。
　一　法人でない者★3
　二　外国法人である場合には，国内に営業所を有しない者★4
　三　資本金又は出資の額が包括信用購入あつせん関係販売業者又は包括信用購入あつせん関係役務提供事業者を保護するため必要かつ適当であると認められる金額で政令で定めるものに満たない法人★5
　四　資産の合計額から負債の合計額を控除した額が資本金又は出資の額の100分の90に相当する額に満たない法人
　五　第34条の2第1項又は第2項の規定により登録を取り消され，その取消しの日から5年を経過しない法人
　六　この法律又は貸金業法（昭和58年法律第32号）の規定により罰金の刑に処せられ，その刑の執行を終わり，又は執行を受けることがなくなつた日から5年を経過しない法人★6
　七　役員★7のうちに次のいずれかに該当する者のある法人
　　イ　破産手続開始の決定を受けて復権を得ない者
　　ロ　禁錮以上の刑に処せられ，その刑の執行を終わり，又は執行を受けることがなくなつた日から5年を経過しない者
　　ハ　この法律，貸金業法若しくは暴力団員による不当な行為の防止等に関する法律（平成3年法律第77号）の規定（同法第32条の3第7項及び第32条の11第1項の規定を除く。）に違反し，又は刑法（明治40年法律第45号）若しくは暴力行為等処罰に関する法律（大正15年法律第60号）の罪

を犯し，罰金の刑に処せられ，その刑の執行を終わり，又は執行を受けることがなくなつた日から5年を経過しない者
　　二　登録包括信用購入あつせん業者が第34条の2第1項又は第2項の規定により登録を取り消された場合において，その処分のあつた日前30日以内にその登録包括信用購入あつせん業者の役員であつた者で，その処分のあつた日から5年を経過しないもの
　ホ　暴力団員による不当な行為の防止等に関する法律第2条第6号に規定する暴力団員（以下この号において「暴力団員」という。）又は暴力団員でなくなつた日から5年を経過しない者（以下「暴力団員等」という。）★8
八　暴力団員等がその事業活動を支配する法人★9
九　暴力団員等をその業務に従事させ，又はその業務の補助者として使用するおそれのある法人★10
十　包括信用購入あつせんに係る業務に関し不正又は不誠実な行為をするおそれがあると認めるに足りる相当の理由がある法人として経済産業省令で定めるもの★11
十一　第30条の2第1項本文に規定する調査，第35条の16第1項及び第3項に規定する措置その他この法律に定める措置の円滑な実施を確保するために必要な体制★12，利用者又は購入者若しくは役務の提供を受ける者の苦情を適切かつ迅速に処理するために必要な体制その他の包括信用購入あつせんの公正かつ適確な実施を確保するために必要なものとして経済産業省令で定める体制が整備されていると認められない法人★13
2　第15条第2項及び第3項の規定は，第32条第1項の規定による登録の申請があつた場合に準用する★14。

★1　33条の2第1項は，同項各号に該当する場合だけでなく，「重要な事項」についての虚偽記載又は「重要な事実」の記載の欠缺があった場合を登録拒否事由としている。

　いかなる事項が「重要な事項」で，どのような事実が「重要な事実」かについては法文上明らかにされていないため，虚偽記載又は記載の欠缺があった場合に，それが「重要な」事項又は事実に関するものであるか否かの判断については行政に裁量が認められている。

　割賦審査基準は，「『重要な事項について虚偽の記載があり，若しくは重要

な事実の記載が欠けているとき』については，資本の額，純資産の額，役員が禁錮以上の刑に処せられた事実，体制整備に係る社内規則等について，実際と異なる記載をし，あるいはその記載をしないこと等に関して，消費者保護等の観点から総合的に勘案するものとする」としている（割賦審査基準「第1の1.(3)」）。

　結局，「重要な」に該当するか否かの判断基準は明らかではないが，包括信用購入あっせんに登録制が採用されている趣旨が加盟店及び消費者の保護にあることからすれば，例えば，資本金額や苦情処理に係る社内規則等，加盟店又は消費者に不利益を及ぼす可能性があるか否かにより，「重要」であるか否かが判断されるものと解される。

　なお，申請書等の虚偽記載又は事実の隠ぺい等の不正の手段により登録を受けた後にそのことが発覚した場合には，登録が取り消されることとなる（34条の2第1項4号）。

★2　経済産業大臣は，33条の2第1項各号に該当し，又は重要な事項の虚偽記載若しくは重要な事実についての記載漏れがある場合には，「登録を拒否しなければならない」とされており，これは，必要的登録拒否を定めるものである。

　登録拒否事由に該当するか否かの判断については行政による裁量に委ねられている部分もあるが，登録拒否事由があると判断された場合には，行政に裁量の余地は認められないことになる。

★3　ここでいう「法人」には，法人に準じる団体（権利能力なき社団等）は含まれないと解される。一定の団体は適用除外の対象となっている上（35条の3の60第1項4号），登録義務が免除されているのであるから（31条ただし書），これらの団体が33条の2第1項1号の「法人」に含まれると解すべき必要はないし，これら以外の団体が「法人」に含まれると解すべき根拠・手がかりは，法文上見当たらない。加盟店及び消費者保護という登録制の趣旨からしても，登録対象を拡大解釈すべきではなく，法人格を有しない団体は，「法人」には含まれないと解するのが妥当である。

★4　33条の2第1項2号は，平成28年改正に際して追加された登録拒否事由である。国内に営業所を有しない外国法人については，行政による監督が困難（実質不可能）であることから定められたものと解される。

★5　33条の2第1項3号の政令で定める金額は，2000万円である（割賦令5条2項）。

★6⑴　貸金業法違反による罰金刑が登録拒否事由に追加されたのは，貸金業も兼業する包括信用購入あっせん業者が多く（カード会社，信販会社等），割賦販売法違反だけでなく，貸金業法に違反した者も，包括信用購入あっせんの登録を受けるのに適当とは考えられないためである。33条の2第1項7号ハも同旨である。

⑵　「執行を受けることがなくなつた日」とは，仮釈放（刑28条）の場合の残刑期が経過した日又は刑の時効の完成した日（刑31条）を指す。

　　執行猶予の場合は，期間満了により刑の言渡しが失効するため（刑27条），ここでいう「執行を受けることがなくなつた日」に該当せず，期間満了日の翌日から拒否事由に該当しないことになる。大赦及び特赦の場合も同様である（恩赦3条1号・5条）。

　　逆に，刑の執行の免除（恩赦8条）の場合は，「執行を受けることがなくなつた日」に該当する。

★7　33条の2第1項7号の「役員」とは，割賦販売法32条1項4号により定義された「役員」である。その範囲については，同号の条文解説を参照。

★8　「暴力団員」とは，暴力団の構成員を指し（暴力団2条6号），日常用語としての暴力団員と同義である。また，「暴力団員でなくなつた日から5年間を経過しない」ことが登録拒否事由となっているのは，暴力団員による不当な行為の防止等に関する法律においても5年間が基準となっており，これと平仄を合わせる趣旨である。

★9　暴力団員等が「支配する」の意味は法文上明らかになっていないが，貸金業に係る登録拒否要件を定める貸金業法6条1項11号も33条の2第1項8号と同様の規定をしており，金融庁が定める「貸金業者向けの総合的な監督指針」の「Ⅲ-3-1⑵②」は，次のとおり定めている。

　　「法第6条第1項第11号の『暴力団員等がその事業活動を支配する者』は，暴力団員等が自己又は他人の名義で多額の出資をし，これを背景として事業活動に相当の影響力を及ぼしている法人のほか，例えば，融資関係，人的派遣関係又は取引関係等を通じて，結果的に暴力団員等が事業活動に相当程度の影響力を有するに至っているものが含まれ，具体的には，次の事由を有する者がこれに該当すると考えられる。

　　イ．暴力団員等の親族（事実上の婚姻関係にある者を含む。）又は暴力団若しくは暴力団員と密接な関係を有する者が，登録申請者（法人の役員を含む。）又は重要な使用人であることのほか，多額の出資又は融資を行い，事業活

動に相当程度の影響力を有していること。
　ロ．暴力団員等が，事業活動への相当程度の影響力を背景にして，名目のいかんを問わず，多額の金品その他財産上の利益供与を受けていること又は売買，請負，委任その他の多額の有償契約を締結していること。」
　　貸金業法は，業種こそ違うが，包括信用購入あっせんと密接に関連する貸金業について規定した法律であること，規定文言が一致していること，貸金業を兼業する包括信用購入あっせん業者も多く，上記の監督指針は多くの包括信用購入あっせん業者に適用されるものであること等からすれば，33条の2第1項8号の解釈についても，上記監督指針の定めを参考にすべきであり，当該定めにあるような意味合いと解すべきである。

★10　具体的にどのような場合に，暴力団員を業務に従事させ，業務補助者として使用する「おそれ」があるのかは不明確であるが，33条の2第1項8号には当たらないが，暴力団員等と何らかの関係を有する場合を指すと解される。例えば，暴力団員等と業務委託等の取引関係を有する場合や，33条の2第1項7号の「役員」には当たらない者（監査役等の役員その他の従業員）が暴力団員等である場合などが考えられる。いずれにせよ，「おそれがある」とは，抽象的な意味での可能性があるだけではなく，合理的な疑いがある場合を指すものと解され，また，既に，暴力団員等を業務に従事させ，業務補助者として使用している法人も，33条の2第1項9号に該当するものとして登録が拒否されることになると解される。

★11　33条の2第1項10号の「経済産業省令で定めるもの」とは，以下の法人である（割賦則65条）。
　(1)　割賦販売法34条の2第1項各号又は2項各号のいずれかに該当するとして登録の取消しの処分に係る行政手続法15条の規定による通知があった日から当該処分をする日又は処分をしないことの決定をする日までの期間内に割賦販売法35条の規定による届出をした法人（包括信用購入あっせんの営業の廃止について相当の理由のある法人を除く。以下同様）で，当該届出の日から5年を経過しない法人
　(2)　上記(1)の期間内に割賦販売法35条の規定による届出をした法人の業務を執行する社員又はこれに準ずる者であった者であって，上記(1)に規定する通知があった日前30日に当たる日から当該法人の廃止の日までの間にその地位にあったもの（法人に限る）で，当該届出の日から5年を経過しない法人
　(3)　役員のうちに，上記(1)の期間内に割賦販売法35条の規定による届出をし

た法人の役員であった者であって上記(1)に規定する通知があった日前30日に当たる日から当該法人の廃止の日までの間にその地位にあったもので当該届出の日から5年を経過しない者のある法人

33条の2第1項10号は，基本的には，同項7号ニと同様の趣旨・内容であるが，重複を回避すべく，取消しに係る通知を基準としたものである。

★12 「第30条の2第1項本文に規定する調査」とは，包括支払可能見込額の調査のことであり，「第35条の16第1項及び第3項に規定する措置」とは，クレジットカード番号等の適切な管理に係る措置のことである。

また，「その他この法律に定める措置」とは，割賦販売法に定められた義務を広く含むものであり，例えば，取引条件の表示（30条）や書面交付（30条の2の3），さらには，業務運営に関する措置（30条の5の2）のうち，個人情報の管理や業務委託における委託業務の適確な遂行等が含まれる。利用者からの苦情処理については，「経済産業省令で定める体制」（後掲★13参照）に含まれているため，「その他この法律に定める措置」には該当しないものと解される。

★13 「経済産業省令で定める体制」とは，次の3点の体制を指す（割賦則66条1項）。
(1) 利用者又は購入者等の苦情を適切かつ迅速に処理するために必要な体制
(2) 包括信用購入あっせんの公正かつ適確な実施を確保するため十分な社内規則等を定めていること。

この「社内規則等」は，包括信用購入あっせんに係る業務に関する責任体制を明確化する規定を含むものでなければならない（割賦則66条2項）。
(3) 割賦販売法若しくは同法の規定に基づく命令又は社内規則等を遵守するために必要な体制

抽象的な内容となっているが，その分範囲は広く，割賦販売法以外にも会社法等各種の法律の遵守が求められる。

なお，33条の2第1項11号の審査に関しては，「割賦販売法第33条の2第1項第10号及び第35条の3の26第1項第9号に定める体制整備に係る社内規則等の審査基準」を参照することとされている（割賦審査基準「第1の1.(3)なお書」）。

各審査基準の内容の引用まではしないが，細かく審査基準が設けられており，各ガイドライン（後払基本方針や信用分野ガイドライン等）に基づく体制整備が求められることになる。

★14　33条の２第２項により，割賦販売法15条２項が準用されているため，33条の２第１項４号の資産の合計額及び負債の合計額は，割賦販売法施行令６条に従って計算しなければならない。

　　また，割賦販売法15条３項の準用により，33条の２第１項により登録を拒否する場合には，経済産業大臣は，その旨及び理由を申請者に通知しなければならない。

（変更の届出）

第33条の３　登録包括信用購入あつせん業者は，第32条第１項各号に掲げる事項について変更があつたときは★１，遅滞なく，その旨を経済産業大臣に届け出なければならない★２。

２　経済産業大臣は，前項の規定による変更の届出を受理したときは，その届出があつた事項を包括信用購入あつせん業者登録簿に登録しなければならない★３。

３　第32条第２項の規定は，第１項の規定による変更の届出をする場合に準用する★４。

★１　33条の３第１項は，登録包括信用購入あつせん業者に対し，「第32条第１項各号に掲げる事項」に変更があった場合に，その旨の届出義務を課すものである。「第32条第１項各号に掲げる事項」とは登録申請書の記載事項であり，具体的には，次の事項である。
　① 名称
　② 本店その他の営業所の名称及び所在地
　③ 資本金又は出資の額
　④ 役員の氏名

★２　33条の３第１項による届出は，様式第15による（割賦則67条１項）。また，提出先は，登録申請の場合と同様に，本店所在地を管轄する経済産業局長である（割賦令34条４号）。

★３　法文上，経済産業大臣は，33条の３第１項の届出を受理した場合には変更事項を「登録しなければならない」となっており，行政に裁量の余地は認められていない。

　　割賦審査基準は，「変更登録に係る審査基準は，法第33条第１項の規定によ

る包括信用購入あっせん業者の登録に係る審査基準を準用する」としているが（割賦審査基準「第1の1.(4)」），届出の不受理が原則許されないこと，受理した場合には登録「しなければならない」こと等からすれば，行政による審査権は形式審査にとどまり，その内容についての実質的な審査は認められないと解される。このように解しても，虚偽の届出が任意的登録取消事由となっているから（34条の2第2項2号），行政による監督には何ら支障は生じない。

★4　33条の3第3項により割賦販売法32条2項が準用される結果，33条の3第1項による変更登録の届出には，次の書類の添付を要する（割賦則67条2項）。
① 変更に係る事項を証する書類
② 変更が新たに就任した役員に係るものであるときは，当該役員の履歴書及び割賦販売法33条の2第1項7号に該当しないことの誓約書

（登録簿の閲覧）
第33条の4　経済産業大臣は，包括信用購入あつせん業者登録簿を一般の閲覧に供しなければならない★1。

★1　33条の4による登録簿の閲覧業務を担っているのは，各地の経済産業局である（割賦令34条4号）。
　33条の4が規定しているのは「閲覧」であり，閲覧とは，一応，特定の者が特定の目的でのみ見ることができることを指すが，閲覧に供する相手方は「一般」であるから，実際には，所定の手続により，誰でも登録簿を閲覧することが可能である。

第3節　参入規制――指定信用情報機関への加入義務

　包括信用購入あっせん業者は，登録に際して，指定信用情報機関への加入（特定信用情報提供契約の締結）が必須である。
　割賦販売法上，包括信用購入あっせん業者に対し，直接に指定信用情報機関への加入を義務付ける規定はないが，後述の包括支払可能見込額の調査に際して指定信用情報機関が有する特定信用情報の利用が義務付けられていること

(30条の2第3項)や、登録申請に際して「加入指定信用情報機関の商号又は名称を記載した書面」の添付が必要であること（割賦則63条2項5号）、与信調査に関する体制の整備が登録要件となっていること（33条の2第1項11号）などから、包括信用購入あっせん業者が登録を受けてその業務を行うためには、指定信用情報機関への加入が事実上義務付けられていることになる。

包括信用購入あっせん業者の指定信用情報機関への加入を含めて、指定信用情報機関に関する規制については第2編第8章で詳述する。

第4節　過剰与信の防止（30条の2・30条の2の2）

第1款　包括支払可能見込額の調査（30条の2第1項・3項・4項）

〔1〕概　　説

(1) 趣旨・目的

包括信用購入あっせん業者は、カード等を発行し又は発行したカード等の限度額を増額する際には、包括支払可能見込額を算定するための調査を行わなければならず（30条の2）、また、調査の結果、算定された包括支払可能見込額（に一定率を乗じた金額）を超える極度額（いわゆる「限度額」のことである）を設定してはならない（30条の2の2）。

割賦販売法がこれらの義務を課したのは、いうまでもなく過剰与信を防止する趣旨である。元々は、過剰与信の防止に関しては「当該購入者の支払能力を超えると認められる……割賦購入あっせんを行わないよう努めなければならない」とされ、努力義務にとどまっていたが、割賦販売法の平成20年改正において、指定信用情報機関制度の採用とともに、明確な義務として規定されることとなった。

割賦販売法の平成28年改正に際しては、割賦販売法の条文自体に変更は加えられていないが、具体的な手続・手法を定める割賦販売法施行規則は大幅に改正されている。

なお、割賦販売法30条の2により調査義務が課されるのは、個人を相手と

してカード等を交付等する場合のみであり、法人に対してカード等を交付等する場合には調査は不要である。これは、過剰与信防止の最終的な目的が消費者の保護にあり、法人（＝事業者）の保護までその目的としたものではないからである。

(2) **調査の概要**

包括支払可能見込額の調査は、収入や資産等のプラスの財産と、信用購入あっせんに係る債務や借入金等のマイナスの財産の両方について、基本的には利用者から申告を受ける方法により行われる（割賦則39条・40条）。ただし、利用者からカード等の申込みを受け、カード等を発行しようとする包括信用購入あっせん業者（以下「当該包括信用購入あっせん業者」）以外の信用購入あっせん業者に対する信用購入あっせんに係る債務については、指定信用情報機関が保有する特定信用情報を利用しなければならない（30条の2第3項）。

また、包括支払可能見込額の調査を行わなければならないのは、カード等を交付等しようとする場合又は既に交付等したカード等に係る極度額を増額しようとする場合であり、包括信用購入あっせん業者は、これらの場合において、カード等の交付等又は極度額の増額に先立って調査しなければならない（30条の2第1項）。したがって、カード等の交付等又は極度額の増額後の調査は許されず、カード等の交付等に先立って調査を終了させておく必要がある。仮に、調査項目に漏れがあったような場合には、調査未了にもかかわらずカード等を交付等したとして、割賦販売法30条の2第1項による調査義務違反になり得る。

(3) **調査項目**

包括信用購入あっせん業者が、包括支払可能見込額の調査において調査・確認しなければならないのは、次の5項目である（割賦則39条）。

① 年収
② 預貯金
③ 信用購入あっせんに係る債務の支払の状況
④ 借入れの状況
⑤ その他包括支払可能見込額の算定に必要な事項であって客観的に判断することができるもの

なお，法定の調査事項は上記の5項目であるが，(上記⑤との区別は難しいが)これら以外の事項について自主的に調査を行い，包括信用購入あっせん業者が，自主的に割賦販売法が求めている以上に厳しい与信調査を行うことは，何ら問題がない。

(4) **包括支払可能見込額の調査が必要となる場合**

　法文上は，「カード等を利用者……に交付し若しくは付与しようとする場合」と「利用者に交付し又は付与したカード等についてそれに係る極度額……を増額しようとする場合」に調査が必要とされている(30条の2第1項)。

(a) **カード等を交付等する場合**

　包括信用購入あっせん業者が，利用者に対してカード等を交付等する場合としては，次のケースがあり得る。

　(イ) 新規にカード等を発行する場合
　(ロ) 有効期限を更新したカード等（以下「更新カード等」）を交付等する場合
　(ハ) 利用者がカード等を紛失等したときに，カード等を再発行する場合
　(ニ) 新規にETCカード等のカード等に付随するカード等（以下「付随カード等」。割賦則41条1項）を発行する場合
　(ホ) 有効期限を更新した付随カード等を発行する場合
　(ヘ) 利用者が付随カード等を紛失等したときに再発行する場合

　これらのうち，調査が必要になるのは，(イ)(割賦則40条)及び(ロ)(割賦則41条)のみである。(ハ)については，割賦販売法施行規則43条1項5号により，(ニ)～(ヘ)については同項4号により，調査が不要であるとされている。

(b) **極度額を増額する場合**

　交付等済みのカード等について，極度額を増額する場合には，原則，包括支払可能見込額の調査が必要となる(割賦則42条)。ただし，30万円の範囲内での増額や一時的な増額については調査義務が課されないほか(割賦則43条1項1号・2号)，カード等に係る極度額の範囲内で付随カード等の極度額を増額する場合なども調査は不要である(同項4号)。

(5) **新規にカード等を交付等する場合の調査**

　包括信用購入あっせん業者は，新規にカード等を交付等する場合には，後述の適用除外に該当する場合(割賦則43条1項)を除き，以下の要領で包括支払可

能見込額に係る調査を行わなければならない。

　(a) 年　　収
　(イ) 調査方法　　年収の調査は，利用者本人からの申告その他適切な方法により行わなければならない（割賦則40条2項）。申告の方法としては，申込書への記載，インターネット上での入力等が一般であるが，申告を受ける方法まで規定されているわけではないので，カード会社は，合理的な範囲で申告方法を決定することができる。上記の方法のほか，本人確認を行った上での電話その他の口頭による方法も認められる（包括自主規則15条2項3号）。

　また，年収の調査においては，1万円以下の単位で確認しなければならない（包括自主規則16条）。

　なお，貸金業法の場合（貸金業13条3項）と異なり，源泉徴収票等の資力を明らかにする事項を記載した書面の交付までは要求されていないが，包括信用購入あっせんにおいてもこれらの書面の提出を求めることは当然問題ない。

　(ロ) 年収の合理的な推定　　平成28年改正前は，申告を受けられない場合には年齢や勤務先等から年収を合理的に推定することも認められていたが，平成28年改正においてこの部分は削除された。もっとも，平成28年改正以降も，合理的な推定によることも認められる（施行規則パブコメ13，包括自主細則25条の2第1号）。条文としては，「その他適切な方法」に含まれるものと解される。

　「申告を受けることができない場合」とは，例えば，顧客がどうしても申告しない場合や，申告した年収が明らかに虚偽又は誤記である場合等が考えられる（旧施行規則パブコメ4，包括自主細則26条1項）。

　「合理的な推定」とは，申告を受けた年齢，勤務先等の客観的な情報をもとに統計資料等を用いて算出すること等を指すが（旧施行規則パブコメ6），具体的な算定方法等をあらかじめ社内規則等に定めておく必要がある（包括自主細則26条2項）。また，あくまでも推定でしかないので，包括信用購入あっせん業者としては，年収を推定により算出する前に，本人に電話する等の方法により直接確認すべきであろう。

　(ハ) 年収の合算　　カード等を交付等する場合には，包括信用購入あっせん業者は利用者に与信をすることになるため，利用者自身の年収をベースに審査するのが原則である。とはいえ，専業主婦（夫）などの場合に，その者のみの

第4節　過剰与信の防止　第1款　包括支払可能見込額の調査　〔1〕　概説

年収を基準としたのでは，カード等の交付等が不可能又は低額な極度額しか設定できず，他方では，配偶者の収入により生活しているのであれば，当該配偶者の収入を与信の基準とすることにそこまで問題があるわけではない。そこで，割賦販売法施行規則において，年収の調査においては，一定の場合には，利用者とその配偶者等の年収を合算することが認められる（割賦則40条2項ただし書）。

　すなわち，①専ら他の者の収入により生計を維持している者，②利用者自身の収入及び他の者の収入の双方により生計を維持している者については，年収を合算して算定することが認められる。そして，①のうち，主として配偶者（内縁を含む）の収入により生計を維持している者（その収入が配偶者控除を受けることができる給与年収に相当する額以下の者に限る。包括自主細則27条の2。以下「特定配偶者」）にカード等を交付等する場合には，当該配偶者の同意を得ずに，それ以外の場合には，当該他の者の同意を得て，当該他の者からの申告その他の適切な方法により，利用者と当該他の者の年収を合算することが可能となる。

　この同意は，年収等を合算して包括支払可能見込額を算定することを告知した上で，書面その他の適切な方法により取得することとされている（包括自主規則21条の3，包括自主細則28条の2）。

　また，年収を合算する場合には，原則，当該他の者からの申告によることを要するが，その他の「適切な方法」によることも認められ，特に，特定配偶者の年収が103万円以下である場合には，利用者（特定配偶者）からの申告によることも認められる（施行規則パブコメ12，包括自主細則28条）。

(b)　預貯金

　預貯金も調査事項に含まれてはいるが，原則的には，預貯金の調査は不要であり，「利用者の利益の保護を図るため包括支払可能見込額の算定に必要な場合に限」り，その調査が義務付けられている（割賦則39条2号）。例えば，無収入者や年金生活者等の必ずしも年収は高くないが，不動産や株式等の資産を多く有する者などがこれに当たり（旧施行規則パブコメ9），逆に，申告を受けた年収（他の者と合算した場合を含む）のみで十分な与信が可能である利用者については，「利益の保護を図るため必要」はないと考えられる。

　また，預貯金については，預貯金の申告が任意であることを明示し，利用者

299

が支払可能見込額が不足するおそれがあると認めていることを前提に、カード等の申込時に利用者から申告を受けて調査することとなるが（包括自主細則26条の2）、年収の調査と同様に、その他の適切な方法によることも認められる。ただし、預貯金については、平成28年改正前から合理的な推定によることは認められていなかったため、現行法においても、推定によることは認められない（それ以前に、預貯金額を推定することは不可能であろう）。

　なお、利用者が特定配偶者である場合には当該他の者の同意を得ずに、それ以外の場合には当該他の者の同意を得ることで預貯金についても利用者と当該他の者の分を合算することができる（割賦則40条3項ただし書）。ただし、この預貯金の合算は義務的ではないから、年収を合算したからといって、必ずしも預貯金も合算しなければならないわけではない。

(c) 信用購入あっせんに係る債務の支払の状況

　包括信用購入あっせん業者は、申込者の信用購入あっせんに係る債務（ショッピングの残債務。包括・個別を問わない）の支払状況を確認しなければならない（割賦則40条4項）。

　割賦販売法施行規則39条3号の法文上、自社（カード等の申込みを受けた包括信用購入あっせん業者）に対する債務なのか、それとも他社に対する債務なのかは明示されていないが、信用購入あっせんに係る債務の調査方法を定める同法施行規則40条4項が「利用者の当該包括信用購入あっせんに対する債務の支払の状況」としていることから、同法施行規則39条3号の信用購入あっせんに係る債務は自社に対する債務のみを指すことが明らかである。ただし、他社に対する債務については、割賦販売法30条の2第3項により、指定信用情報機関の信用情報の利用により確認しなければならない。

　債務の支払状況とは、信用購入あっせんに係る年間請求予定額や債務残高、従前の支払状況（支払履歴及び遅延の有無）を指す（包括自主規則18条、包括自主細則27条1項・2項）。これは、いわゆるクレジットヒストリーのことである。

　確認方法については法定されていないため、自社に対する債務については自社の取引履歴を確認すれば足りる。

　なお、利用者と他の者の年収又は預貯金を合算して算定した場合には、信用購入あっせんに係る未払債務を合算しなければならない。預貯金の合算と異な

第4節　過剰与信の防止　第1款　包括支払可能見込額の調査　〔1〕　概説

り，この債務の合算は必要的である。他の者の信用購入あっせんに係る債務については，当該他の者から申告を受けるのが原則であるが，その同意を得た上で，指定信用情報機関に照会する方法により確認することも認められる。

(d)　借入れの状況

(イ)　調査内容等　　利用者の借入れの状況については，申込者の「当該包括信用購入あっせん業者からの借入れの状況その他の……借入れの状況を勘案して」調査しなければならない（割賦則40条5項）。したがって，自社からの借入れだけではなく，他社からの借入れも勘案しなければならない。ただし，借入れの状況については，(指定)信用情報機関の利用が義務付けられていないので，基本的には自社のキャッシングの残債務の調査と，申込者本人からの申告によることになる。

　もっとも，利用者に交付するカード等がキャッシングにも可能なものである場合には，キャッシングについて貸金業法により信用情報の利用が義務付けられているため（貸金業13条2項），キャッシングとの関係で借入れに関する信用情報を取得した場合には，当該情報も勘案しなければならない（旧施行規則パブコメ10）。

(ロ)　住宅ローンの取扱い　　居住用の住宅及びその敷地に関する住宅ローンは，基本的に勘案する必要はないと考えられる。居住用の住宅及びその敷地が，包括支払可能見込額算定の基礎から除外されていることや（30条の2第2項，割賦則44条），生活維持費の算定において住宅ローンが考慮されていることなどからすれば，住宅ローンを借入れとして勘案する必要性に乏しいからである。

　これに対し，居住用ではない建物及びその敷地（例えば別荘や賃貸用マンション等）については，包括支払可能見込額算定の基礎に含まれるので，その反射的効果として，別荘等に係る住宅ローンは，法定の調査事項である「借入れの状況」に含まれると解される。

(e)　その他の事項

　割賦販売法上，その他の包括支払可能見込額に影響を与える事項として特定の事項が想定されているわけではなく，包括信用購入あっせん業者は初期与信審査に際して様々な客観的事情（例えば年齢や職業等）を総合考慮して与信判断

301

しているという実際の運用を踏まえ，法定されていない事項についても考慮することを認める趣旨である。

関連事項の調査は，申告その他の適切な方法により行うこととされているが，例えば，指定信用情報機関から取得した信用情報に，関連事項に係る情報が含まれているような場合には，それを利用することも認められると解される。ただし，当該事項の調査方法については，社内規則等に予め定めておく必要がある（包括自主規則20条）。

(6) 更新カード等を交付等する場合の調査

包括信用購入あっせん業者は，利用者に更新カード等を交付等する場合（付随カード等の更新の場合を除く）にも，包括支払可能見込額の調査を行わなければならない（以下「更新時調査」）。

更新時調査の概要は，以下のとおりである（割賦則41条1項）。

(a) 申告事項の確認

包括信用購入あっせん業者は，カード会員の年収，預貯金，信用購入あっせんに係る債務の支払状況及びその他の関連事項として申告を受けた事項（変更があった場合には変更後のもの。以下，「申告事項」）等を確認しなければならない。

具体的には，特定信用情報の利用又は書面・電磁的方法・本人確認を行った上での口頭による申告の方法により，カード発行時に申告を受けた内容を再度確認し，当該事項につき変更があったのであれば，その変更後の内容を確認することになる（包括自主規則22条1項・23条）。変更があったことは把握しているが，具体的にどう変更があったのか不明である場合（勤務先が変わったことはわかっているが，新しい年収が不明であるような場合）には，具体的な変更後の内容について申告を受ける必要があると解される。

(b) 借入れの状況の勘案

借入れの状況については，基本的には，自社の記録の確認又は利用者から申告を受けて勘案することになるが（包括自主規則22条1項・23条），多くの包括信用購入あっせん業者（≒カード会社）は，貸金業を兼業しており，貸金業法により，定期的に信用情報を利用して与信調査を行うことが義務付けられており（貸金業13条の3第1項・2項），その過程で知った貸金（キャッシング）に係る情報を勘案することも許される。

第4節　過剰与信の防止　　第1款　包括支払可能見込額の調査　　〔1〕　概説

(c)　調査の時期

　更新時調査を行わなければならないのは，既発行のカード等の有効期限の末日の6ヵ月前から更新の日（＝有効期限の最終日）までの間で，その間に1回行うこととされている（割賦則41条2項）。

　もっとも，有効期限については，カード会社が恣意的に運用することとならないように，社内規則等で予め明確に定めておくことが必要となるが（旧施行規則パブコメ12・15，包括自主細則29条），ほとんどの包括信用購入あっせん業者は，有効期限月の末日を有効期限とする旨規約で定めているので，この点は，あまり問題にならない。

(7)　極度額を増額する場合の調査

　既に発行されたクレジットカードの限度額を増額する場合にも，包括支払可能見込額の調査が必要になるが，調査内容・方法等は更新時調査と同様である（割賦則42条，包括自主規則24条・25条）。

　ただし，更新カード等を交付等する場合と異なり，極度額を増額するタイミングを事前に把握できるわけではないため（多くの場合は，利用者から申告を受けて増額することになろう），調査時期については特に定められていない。そのため，極度額の増額に先立って適宜行われれば足りる。

(8)　調査義務の適用除外

　上記のとおり，カード等を交付等し又は極度額を増額する場合には包括支払可能見込額算定のための調査を行わなければならないが，以下の5類型については，調査義務が免除される（30条の2第1項ただし書，割賦則43条1項）。

① 30万円以下のカード等の交付等又は増額
② 極度額の一時的な増額
③ 少額利用カード等の更新
④ 付随カード等の交付等
⑤ カード等の再発行等

(a)　**30万円以下のカード等の交付等又は増額**

（イ）　概　要　　極度額が30万円以下のカード等（更新カードを含む）を交付等する場合及び既に発行されたカード等の極度額を30万円を上限として増額する場合には，後記(ロ)及び(ハ)の事由のいずれかに該当する場合を除いて，調査は

不要である（割賦則43条1項1号）。

　ただし，後記(ロ)及び(ハ)の例外事由に該当するか否かを確認するために指定信用情報機関の特定信用情報を利用しなければならないため，極度額が30万円以下だからといって，何も調査をしなくてよいわけではない。

　(ロ)　支払義務の不履行が認められる場合　　指定信用情報機関の信用情報を利用して確認した結果，カード等の発行又は極度額を増額しようとする時点において，利用者の支払義務が履行されないと認められる場合には，調査義務は免除されない（割賦則43条1項1号イ）。

　「支払の義務が履行されないと認められる」とは，取得した信用情報から判断して，カード等の交付等を行っても，その債務の弁済がされないと合理的に考えられる場合を指し，例えば，他社の支払債務を長期間弁済していない場合などが考えられる。逆に，遅れながらも一応弁済している場合には，支払義務が履行されないとまでは認められないと解される。

　(ハ)　一定額以上の債務負担　　利用者の当該包括信用購入あっせん業者に対する包括信用購入あっせんに係る残債務額が50万円を超える場合，又は指定信用情報機関の信用情報で確認した結果，利用者の支払時期が到来していない若しくは支払債務が履行されていない包括信用購入あっせんに係る残債務額が100万円を超える場合にも調査義務は免除されない（割賦則43条1項1号ロ）。後者の債務は，自社に対するものだけでなく他社に対するものも含まれる（旧施行規則パブコメ22，包括自主規則26条2項）。

　要するに，包括信用購入あっせんに関し，自社の債務が50万円を超えるか，自社及び他社に対する債務の合計額が100万円を超える場合には，包括支払可能見込額の調査が必要になるということである。自社に対する債務については，自社の取引履歴を確認することで把握できるから，これが50万円を超える場合には指定信用情報機関に照会するまでもなく調査が必要になる。これに対し，自社に対する債務が50万円以下である場合には，信用情報を利用して他社との合計額を確認しなければならない。

　なお，包括信用購入あっせん以外，すなわち，個別信用購入あっせん及び2月払い購入あっせんに係る残債務額を考慮する必要はない。

　(ニ)　複数枚のカード等が発行されている場合　　なお，複数枚のカード等が

第4節　過剰与信の防止　　第1款　包括支払可能見込額の調査　　〔1〕　概説

交付等されている場合で，割賦販売法施行規則43条1項1号に該当し，支払可能見込額の適用除外とするためには，それぞれのカード等の極度額の合計額が30万円以下となっているか，又は極度額が一体として設定され，トータルで30万円までしか使用できないようになっていなければならない（旧施行規則パブコメ20・21）。

(b) 極度額の一時的な増額

(イ)　概　要　　利用者が結婚式や葬式，海外旅行等のために極度額の一時的な増額を申し出た場合で，カード等の利用目的及び利用先である加盟店の名称等（業種や渡航国等。旧施行規則パブコメ26，包括自主細則30条2項）を，書面，電磁的方法又は本人確認を行った上での口頭による方法で事前に確認し（包括自主規則27条2項），かつ，下記(ロ)～(ニ)のいずれかの要件に該当する場合には，包括支払可能見込額の調査義務が免除される（割賦則43条1項2号）。利用者からの申出がなく，包括信用購入あっせん業者側が自主的に増額しようとする場合には，割賦販売法施行規則43条1項2号の適用除外には該当しない。

　この適用除外の趣旨は，実際に，結婚式や葬式等，一時的に多額の費用が必要となる場合には一時的に限度額を増額する包括信用購入あっせん業者も多かったことから，従来の運用を尊重し，これを阻害しない点にある。

(ロ)　増額期間が3ヵ月以内であること　　極度額を増額しようとする期間が3ヵ月以内，増額後の極度額が法定の極度額の上限（＝包括支払可能見込額の90％。30条の2の2）の2倍までで，かつ，増額後の極度額が利用目的に照らして相当と認められることである。例えば，海外旅行や鉄道定期券の購入，引越し，自動車購入用の頭金等の場合である（包括自主細則30条1項1号）。

　なお，正当な理由があって包括支払可能見込額の調査が行われていない場合には，増額前の既に設定されている極度額の2倍が上限となる。正当な理由がある場合とは，例えば，調査義務の適用除外に該当したために調査が行われていない場合などが考えられる。

(ハ)　短期収入の見込み　　利用者が臨時的かつ短期的な収入を得る見込みがあると認められ，かつ，増額後の限度額が当該臨時収入に照らして相当であることである。

　例えば，不動産の譲渡代金を受け取ることが見込まれている場合や，結婚式

305

のご祝儀や葬式の香典を受け取ることが見込まれるような場合である（包括自主細則30条1項2号）。宝くじに当選した場合（当選金の入金を待っている状態）なども該当すると考えられる。

なお，増額期間は明示されていないため，増額目的や臨時収入の受領時期等に応じて合理的な期間での増額は認められ得るが，上記(ロ)に準じて3ヵ月が一つの目途になる（旧施行規則パブコメ23）。

(ニ) **緊急医療費等** 利用者又は利用者と生計を一にする者の生命又は身体を保護するために緊急の必要があると認められる商品購入等をする場合で，かつ，当該目的に照らして増額後の限度額が相当と認められる場合であり，例えば，緊急の手術代や薬代などである。

増額期間については，上記(ハ)と同様に考えられる。

(c) **少額利用カード等の更新**

更新カード等を交付等する場合であって，更新時調査を行おうとする時点で当該包括信用購入あっせん業者に対する包括信用購入あっせんに係る残債務額が5万円未満のときには，更新時調査が不要となる（割賦則43条1項3号）。

このような少額利用のカード等や一切使われていないカード等（いわゆる「スリーピングカード」）については，更新時調査を行わなくても，利用者が多重債務に陥る可能性は低いことから，包括信用購入あっせん業者の調査コストを削減する趣旨で調査義務の適用除外とされたものである。

残債務算定の対象は「包括信用購入あっせん」に係るものであるから，2月払購入あっせんや個別信用購入あっせん，さらにはキャッシングに係る債務が5万円以上あっても，上記の条件に該当する。

また，有効期間の更新のために限度額が30万円以下のカード等を発行する場合（割賦則43条1項1号）で，更新時調査を行おうとする時点での当該包括信用購入あっせん業者に対する包括信用購入あっせんに係る債務残額が5万円未満であるときには，割賦販売法施行規則43条1項3号が優先して適用され，同法施行規則43条1項1号で要件とされている指定信用情報機関の利用も不要であることになる。

なお，利用者に対して複数のカード等を発行している場合には，割賦販売法施行規則43条1項1号の適用除外と平仄を合わせるため，すべてのカード等

第4節　過剰与信の防止　第1款　包括支払可能見込額の調査　〔1〕　概説

の残債務の合計が5万円以下であることが必要になると解される。

(d)　付随カード等の交付等

(イ)　概　要　　包括信用購入あっせん業者が，法定の極度額（包括支払可能見込額調査が行われていない場合には，交付等されたカード等の極度額）の範囲内で付随カード等を発行し又は付随カード等の限度額のみを増額する場合には，包括支払可能見込額調査は不要である（割賦則43条1項4号）。

　これは，付随カード等が既に発行されたカード等（以下「親カード」）と紐付けられ，親カードの極度額の範囲内で利用されることから，付随カード等の発行又は増額に際して，親カードと別個に包括支払可能見込額調査を行う必要性が低いことと考えられるためである。

　付随カード等としては，家族カード，ETCカード，後払方式による少額支払用ICカード等（いわゆる「ポストペイ型電子マネー」）のほか（包括自主細則31条2項），バーチャルカードなどもこれに当たる。付随カード等も「カード等」（2条3項1号）であるから，マンスリークリア方式専用のカードやプリペイドカード，ローン専用カードなどは，親カードに付随して発行されたとしても，ここでいう「付随カード等」には含まれない。

(ロ)　付随カード等の要件　　付随カード等とは，「利用者に交付し又は付与しているカード等に付随するカード等」（割賦則41条1項）としか定義されておらず，その要件等は定められていないが，「付随」という文言，付随カード等については更新時調査を含め包括支払可能見込額調査が原則不要であることなどからすれば，次の事項がその要件になる（包括自主細則31条1項）。

①　親カードの利用者を契約の相手方とすること

　例えば，家族カードなどは，券面に表示される名義は当該家族になるが，あくまでも契約の相手方は親カードの名義人であり，その債務を負担するのも親カードの名義人である。

②　親カードに対する附従性

　例えば，親カードの解約により付随カード等も解約されるなど，親カードの契約と連動している必要がある。

③　親カードに係る法定極度額（調査が行われていない場合は，親カードに実際に設定された限度額）の範囲内で極度額が設定されていること

307

親カードに係る法定極度額を超えて付随カード等の極度額を設定する場合には、改めて包括支払可能見込額の調査を要することは当然であって、包括支払可能見込額調査を不要とするためには、付随カード等についても、少なくともその極度額の法定の上限の範囲内で極度額が設定される必要があろう。

なお、実際にはほとんどないと思われるが、一応、親カードと別枠で付随カード等の極度額を設定することも可能である。例えば、法定極度額が50万円である場合に、親カードの極度額を30万円、付随カード等を20万円とするような場合である。この場合にも、法定の極度額≧（親カードの極度額＋付随カードの極度額）であれば、適用除外の対象となる「付随カード等」に当たると解される。

(e) **カード等の再発行**

上記(a)、(c)及び(d)以外の場合で、カード等を再発行する場合も包括支払可能見込額調査は不要である（割賦則43条1項5号）。

「再発行」とは、カード等の発行主体及び包括信用購入あっせんに係る機能を変更せずにカード等を利用者に改めて交付等することをいい（包括自主細則32条1項）、例えば、カードを紛失した場合の再発行や磁気不良等によりカードを再発行するような場合がこれに当たる（包括自主細則32条2項参照）。従前と同様の内容のカード等を発行する場合には、新たな与信を行ったものと評価できず、改めて調査を行う必要がないことから調査義務が免除されたものである。

このような趣旨からすれば、再発行に際して有効期限が延長される場合や、極度額が増額される場合等の新たな与信が行われたのと同視し得るケースにおいては、包括支払可能見込額の調査は必要であり、割賦販売法施行規則43条1項5号の対象にはならないと解される。もちろん、他の適用除外の規定に該当する場合には、包括支払可能見込額の調査は不要である。また、包括信用購入あっせんにのみ利用できるカード等に代えて、キャッシング（貸金）機能を付けたカード等を交付等するだけの場合も、包括信用購入あっせんに係る機能に変更がないため「再発行」として、割賦販売法上の支払能力調査は不要である。

(9) 調査に係る記録の保存

(a) **概　　要**

第4節 過剰与信の防止　第1款 包括支払可能見込額の調査　〔1〕概説

包括信用購入あっせん業者は，包括支払可能見込額の調査に関して記録を作成し，保存しなければならないが，この記録の作成・保存は，①カード等を発行等し調査を実施した場合（30条の2第4項），②割賦販売法30条の2第1項ただし書により調査を行わなかった場合（割賦則43条2項）の両方の場合に必要となる。

(b) **調査に関する記録の作成・保存**

記録すべき事項は，割賦販売法施行規則47条の2により定められているが，①カード等を新規に発行した場合及び限度額を増額した場合と，②有効期間の更新のためにカード等を発行した場合とでは記録すべき事項が異なっている。

また，この記録は，利用者ごとに，書面又は電磁的記録により作成・保存しなければならない（割賦則47条の2柱書）。

記録の保存期間は，その記録に係るカード等の有効期限の満了日まで又はそのカード等による包括信用購入あっせんに係る債務の最終の支払予定日（当該債務が弁済等により消滅した場合には，消滅した日）のいずれか遅い日までである。

なお，多くの規約においては，カード等の有効期間満了後であっても，残債務がある限り包括契約自体は存続し，規約が適用される旨定められている。そのため，カード等の有効期間満了後であっても，残債務の支払スケジュールはカード等の有効期間内と同様である。

(c) **調査義務を免除された場合の記録の作成・保存**

包括信用購入あっせん業者は，調査義務の適用除外に該当したために包括支払可能見込額の調査を行わなかった場合にも，法定事項の記録を作成し，保存しなければならない（割賦則43条2項）。記録すべき事項は，適用除外の類型ごとに異なっており，割賦販売法施行規則43条2項各号により定められている。

また，記録の作成・保存方法及び保存期間は，上記(b)の調査を行った場合の記録と同様である（割賦則43条2項柱書）。

(10) **包括支払可能見込額**

上記の調査は，年収や預貯金等を把握することを目的としたものではなく，それらの項目について調査することで，包括支払可能見込額（30条の2第2項）を算定することを目的としたものである。そして，算定された包括支払可能見込額の一定率を乗じた金額を上限とし，これを超える極度額の設定を禁ずるこ

とで（30条の2の2），過剰与信の防止を図る趣旨である。

このように，包括支払可能見込額の算定は過剰与信の防止の肝であるといってよく，その分多くの要素を考慮して算定され，複雑であるため，別途項目を設けて説明することとする。

(11) **違反に対する処分**

割賦販売法30条の2第1項，3項又は4項に違反した場合には，改善命令の対象となり（30条の5の3），改善命令に違反した場合には100万円以下の罰金が科される（51条の6第1号）。

また，割賦販売法30条の2第4項に違反して調査に関する記録を作成せず，若しくは虚偽の記録を作成し，又は記録を保存しなかった者は，50万円以下の罰金が科される（53条5号）。

〔2〕 条 文 解 説

（包括支払可能見込額の調査）
第30条の2 包括信用購入あっせん業者は，包括信用購入あっせんをするためカード等を利用者（個人である利用者に限る。以下この条，次条及び第3節において同じ。）に交付し若しくは付与しようとする場合[★1]又は利用者に交付し若しくは付与したカード等についてそれに係る極度額（包括信用購入あっせんに係る購入又は受領の方法により商品若しくは権利を購入し，又は役務を受領することができる額の上限であつて，あらかじめ定められたものをいう。以下同じ。）を増額しようとする場合には[★2]，その交付若しくは付与又はその増額に先立つて[★3]，経済産業省令・内閣府令で定めるところにより[★4]，年収，預貯金，信用購入あっせん（包括信用購入あっせん及び個別信用購入あっせんをいう。以下同じ。）に係る債務の支払の状況，借入れの状況その他の当該利用者の包括支払可能見込額を算定するために必要な事項として経済産業省令・内閣府令で定めるものを調査しなければならない[★5]。ただし，当該利用者の保護に支障を生ずることがない場合として経済産業省令・内閣府令で定める場合は[★6]，この限りでない[★7]。

2 （略）

第4節　過剰与信の防止　第1款　包括支払可能見込額の調査　〔2〕　条文解説

3　包括信用購入あつせん業者は，第1項本文の規定による調査を行うときは，第35条の3の36第1項の規定による指定を受けた者（以下「指定信用情報機関」という。）が保有する特定信用情報（利用者又は購入者（個人である購入者に限る。以下この項，第35条の3の3，第35条の3の4及び第3節において同じ。）若しくは役務の提供を受ける者（個人である役務の提供を受ける者に限る。以下この項，第35条の3の3，第35条の3の4及び第3節において同じ。）の包括支払可能見込額又は第35条の3の3第2項に規定する個別支払可能見込額に関する情報（当該利用者又は購入者若しくは役務の提供を受ける者を識別することができる情報を含む。）のうち，信用購入あつせんに係る債務の支払の状況その他経済産業省令・内閣府令で定めるものをいう。同条，第3節及び第50条において同じ。）を使用しなければならない★8。

4　包括信用購入あつせん業者は，包括信用購入あつせんをするためカード等を利用者に交付し若しくは付与した場合又は利用者に交付し若しくは付与したカード等についてそれに係る極度額を増額した場合には，経済産業省令・内閣府令で定めるところにより，第1項本文の規定による調査に関する記録を作成し，これを保存しなければならない★9。

★1(1)　30条の2第1項は包括支払可能見込額の調査を義務付けるものであるが，当該調査を要する場合として，まず，「包括信用購入あっせんをするため」のカード等を交付等する場合が規定されている。

(2)　「包括信用購入あっせんをするため」とは，包括信用購入あっせんに用いるためにカード等（2条3項1号）を交付等することを指す。

したがって，例えば，包括信用購入あっせん業者がマンスリークリア方式専用のカード等の申込みを受け，これを交付等するような場合には，30条の2第1項は適用されず，包括支払可能見込額の調査は不要である。

ただし，マンスリークリア方式専用であっても，カード等の利用後に支払方式をリボルビング方式に変更できるような場合（いわゆる「後リボ」が認められる場合）には，潜在的には「包括信用購入あっせんをするため」といえるから，30条の2第1項の対象となり，包括支払可能見込額調査を要すると解される。

(3)　また，包括支払可能見込額調査の対象となるのは，利用者が個人である場合のみである。したがって，法人に対してカード等を交付等する場合には，包括支払可能見込額調査は不要である。いわゆる「法人カード」を発

行するような場合である。

逆に、「〇〇組合理事長××」のように、個人が特定の団体のためにカード等の交付等を受ける場合には、利用者は自然人であるから、30条の2の対象となる。

★2(1) 前掲★1の包括信用購入あっせんのためのカード等を交付等する場合のほか、極度額を増額する場合にも包括支払可能見込額の調査が必要となる。

(2) 「極度額」とは、30条の2第1項の第2カッコ書にて定義されているが、包括信用購入あっせんにより購入等することができる上限額を指す。基本的には、いわゆる「限度額」と同義であるが、日常用語としての「限度額」には、2月払購入あっせんの利用上限額も含まれることが多く、その範囲は若干異なって用いられることが多い。

クレジットカードの場合、まず、カード会員に対するショッピング（包括信用購入あっせん及び2月払購入あっせん）とキャッシングとに分けて限度額が設定されており、ショッピングの中でも、2月払購入あっせん（マンスリークリア方式）と包括信用購入あっせん（分割払方式及びリボルビング方式）とに分けて限度額を設定するのが通常である。例えば、ショッピング全体で50万円、マンスリークリア方式についても50万円、分割払方式・リボルビング方式については30万円というような形であり、このうちの分割払方式及びリボルビング方式に係る限度額が、30条の2第1項の「極度額」である（【図表21】参照）。

【図表21】極度額と限度額

ショッピング限度額			50万円
	マンスリークリア方式（1回払い）		50万円
	包括信用購入あっせん		30万円
		分割払方式	30万円
		リボルビング方式	30万円

（分割払方式・リボルビング方式の行に「極度額」の括弧あり）

上記の例でいえば、分割払方式及びリボルビング方式では合計30万円までクレジットカードを利用することができ、マンスリークリア方式については合計で50万円まで、つまり残りの20万円分を利用することができる。逆に、マンスリークリア方式で50万円を利用した場合には、分割払方式・

第4節　過剰与信の防止　　第1款　包括支払可能見込額の調査　　〔2〕条文解説

リボルビング方式では1円も利用することができない。

★3　包括支払可能見込額の調査は，カード等の交付等又は極度額の増額に「先立つて」行われる（調査が完了している）必要がある。つまり，事前調査であり，事後調査は許されない。包括支払可能見込額調査の趣旨からすれば当然である。

★4　包括支払可能見込額調査の方法は，①カード等を新規に交付等する場合，②更新カード等を交付等する場合，③交付等したカード等の極度額を増額する場合に分けて，それぞれ割賦販売法施行規則40条～42条により定められている。

その具体的な調査方法は，前記〔1〕(5)～(7)で説明したとおりである。

★5　30条の2第1項により調査しなければならない「包括支払可能見込額を算定するために必要な事項として経済産業省令・内閣府令で定めるもの」は，以下の事項である（割賦則39条）。

(1)　年　　収

年収の定義ないし計算方法は明らかにされていないが，通常，1年間の収入の総額（手取りでなく額面）を指す。

(2)　預　貯　金

ただし，預貯金の調査を要するのは，利用者の利益の保護を図るため包括支払可能見込額の算定に必要な場合に限られる（割賦則39条2号カッコ書）。従前は，常に調査項目にはなることとされていたが，利用者のプライバシーに配慮した結果，平成28年改正に際して，包括支払可能見込額の算定に必要な場合にのみ調査項目となることとされたものである。

(3)　信用購入あっせんに係る債務の支払の状況

信用購入あっせんとは，包括・個別の信用購入あっせんの双方を指す（30条の2第1項カッコ書）。ただし，割賦販売法施行規則39条3号の「信用購入あっせんに係る債務」は，当該包括信用購入あっせん業者に対するもののみを指し，他の信用購入あっせん業者に対するものは含まれない（割賦則40条4項参照）。他社に対する信用購入あっせんに係る債務については，指定信用情報機関の特定信用情報を利用して調査しなければならない（30条の2第3項）。

(4)　借入れの状況

文字どおり，証書貸付やキャッシングによる借金のことを指す。上記(3)と異なり，当該包括信用購入あっせん業者からの借入れだけでなく，他

313

社，例えば銀行や他の信用購入あっせん業者（貸金業者）などからの借入れも含まれる。

ただし，住宅ローンなどは，割賦販売法施行規則39条4号の「借入れ」には含まれないと解される。

(5) その他包括支払可能見込額の算定に必要な事項であって客観的に判断することができるもの（5号）

例えば，年齢や職業等などである。

★6 包括支払可能見込額の調査義務が適用除外となる「経済産業省令・内閣府令で定める場合」は，割賦販売法施行規則43条1項各号により規定されており，その内容は前記〔1〕(8)に説明したとおりである。

★7 30条の2第1項ただし書に該当する場合には，包括支払可能見込額調査が不要となるが，利用者ごとに，適用除外の各類型に定める事項の記録を書面又は電磁的記録により作成し，保存する必要がある（割賦則43条2項）。保存期間は，カードの有効期間の満了日又は包括信用購入あっせんに係る債務の最終の弁済日（弁済その他の事由により債務が消滅したときにはあっては，当該消滅した日）のいずれか遅い日までである。また，記録すべき事項は，以下の事項である。

(1) 30万円以下のカード等の交付等又は増額の場合
   (a) 契約年月日（限度額を増額する場合には増額した年月日，更新カードを発行する場合には更新しようとする年月日及び特定信用情報を利用して調査を行った年月日）
   (b) カード等の極度額（増額した場合には，増額後の極度額）
   (c) 指定信用情報機関の特定信用情報を使用した調査の結果
   (d) 当該包括信用購入あっせん業者に対する包括信用購入あっせんに係る残債務額

(2) 極度額の一時的な増額の場合
   (a) 利用者から一時的な増額の求めがあった日及び極度額を増額した年月日

   「日」と「年月日」とで異なる文言があてられているが，内容としてはどちらも「年月日」のことと解される。厳密に「日」だけ記録しても，それがいつか特定できないからである。

   (b) 増額した期間
   (c) 増額後の極度額

第4節　過剰与信の防止　第1款　包括支払可能見込額の調査　〔2〕　条文解説

　　(d)　増額の目的
　　(e)　あらかじめ確認した加盟店の名称又はこれに相当するもの
　　(f)　増額期間中にカード等を利用した加盟店の名称又はこれに相当するもの
　　(g)　利用者が得る見込みがあると認められる臨時的・短期的な収入（割賦則43条1項2号ロに該当する場合に限る）
(3)　少額利用カード等の更新の場合
　　(a)　カード等の有効期限を更新しようとする年月日及び当該包括信用購入あっせん業者に対する包括信用購入あっせんに係る債務の額を調査した年月日
　　(b)　更新カード等の極度額
　　(c)　当該包括信用購入あっせん業者に対する包括信用購入あっせんに係る債務の額
(4)　付随カード等の交付等の場合
　　(a)　付随カード等に係る契約年月日（付随カード等の極度額を増額しようとする場合は，増額した年月日）
　　(b)　付随カード等の限度額（付随カード等の極度額を増額しようとする場合には，増額後の極度額）
(5)　カード等の再発行の場合
　　利用者にカード等を交付等しようとする年月日

★8(1)　30条の2第3項は，包括信用購入あっせん業者が同条1項による包括支払可能見込額の調査を行うに当たり，指定信用情報機関が保有する特定信用情報を利用すべきことを義務付けたものである。
(2)　「指定信用情報機関」とは，割賦販売法35条の3の36第1項による指定を受けた信用情報機関を指し，具体的には，CICがこれに当たる。
(3)　30条の2第3項により包括信用購入あっせん業者が参照すべき「特定信用情報」とは，「利用者又は購入者……若しくは役務の提供を受ける者……の包括支払可能見込額又は……個別支払可能見込額に関する情報……のうち，信用購入あっせんに係る債務の支払の状況その他経済産業省令・内閣府令で定めるもの」を指す。

　そして，経済産業省令・内閣府令で定めるものとは，「基礎特定信用情報（信用購入あっせんに係る債務の支払の状況を除く。）その他利用者又は購入者等の信用購入あっせんに係る支払能力に関する情報」を指す（割賦則47条）。

さらに、「基礎特定信用情報」とは、「特定信用情報のうち、包括信用購入あっせん関係受領契約又は個別信用購入あっせん関係受領契約に係る（割賦販売法）第35条の３の56第１項各号に掲げる事項に係る情報」を指す（35条の３の43第１項６号）。

そして、「第35条の３の56第１項各号に掲げる事項」とは、次の事項である。

(a) 当該購入者又は当該役務の提供を受ける者の氏名及び住所その他の当該購入者又は当該役務の提供を受ける者を識別することができる事項として経済産業省令（割賦則118条１項）で定めるもの
(b) 契約年月日
(c) 支払時期の到来していない又は支払の義務が履行されていない包括信用購入あっせん又は個別信用購入あっせんに係る債務の額
(d) その他経済産業省令（割賦則118条２項）で定める事項

このように、定義が入れ子状になっているため、極めてわかりにくいが、要するに、基礎特定信用情報とは割賦販売法35条の３の56第１項各号に定める上記(a)～(d)の事項についての情報を指し、これに信用購入あっせんに係る支払の状況を加えたものが「特定信用情報」である。

★９　30条の２第４項は、包括支払可能見込額調査を行った場合の記録の作成・保存を義務付けるものであり、その具体的な作成・記録方法等は割賦販売法施行規則47条の２により定められている。

記録は、書面又は電磁的方法により作成しなければならず、また、その保存期間は、カード等の有効期間満了日（更新カード等を交付等した場合には、更新カード等の有効期間満了日）又は包括信用購入あっせんに係る債務の最終の支払日（弁済その他の事由により消滅した場合には、当該消滅した日）のいずれか遅い方までである。

記録すべき事項は、次のとおりである。

(1) カード等を新規に発行する場合又は極度額を増額する場合
　① 契約年月日（極度額を増額した場合には、増額した年月日）
　② カード等の極度額（極度額を増額した場合には、増額後の極度額）
　③ 特定信用情報を利用した調査を含む調査の結果
　　上記③のうち、信用購入あっせんに係る債務の支払状況については、自社及び他社の双方についての信用購入あっせんに係る債務残高、年間請求予定額、支払履歴、さらに年収を推定した場合には申告を受けた勤

務先を記録しなければならない（包括自主細則34条）。
　④　年収又は預貯金の合算につき他の者の同意を取得した場合には，当該同意に係る事項
　⑤　その他包括支払可能見込額の調査に使用した書面又はその写し
(2)　有効期間を更新する場合
　①　有効期間を更新しようとする年月日及び調査を行った年月日
　②　利用者に交付等した更新カード等の極度額
　③　特定信用情報を利用した調査を含む調査結果
　④　年収又は預貯金の合算につき他の者の同意を取得した場合には，当該同意に関する事項
　⑤　その他包括支払可能見込額の調査に使用した書面又はその写し

第2款　過剰与信の禁止（30条の2第2項・30条の2の2）

〔1〕　概　　説

(1)　趣旨・目的
　包括信用購入あっせん業者は，割賦販売法30条の2第1項により個人である利用者の支払能力についての調査をしなければならないが，これは，包括支払可能見込額を調査・算定しさえすればよいというものではなく，さらに進んで，上記調査により得られた事項を基礎として算定された包括支払可能見込額に一定率を乗じた金額（以下「法定極度額」）を超える極度額のカード等を交付等し又は法定極度額を超えて極度額を増額することが禁止される（30条の2の2）。
　これは，いうまでもなく過剰与信を防止し，もって消費者を保護する趣旨である。割賦販売法32条の2の2に基づき適確に与信し，過剰与信を防止するためには，正しく包括支払可能見込額が算定されなければならず，逆にいえば，包括支払可能見込額の算定こそが過剰与信防止の肝であるといってよい。
　なお，実際には，多くの包括信用購入あっせん業者は，法定極度額よりも低く極度額を設定している。これは，包括信用購入あっせん業者による自主的な（未払いリスクの）リスクヘッジの一環として行われる措置であるが，このように，割賦販売法で定められた基準よりも厳格に限度額を設定することは，当

然，何ら問題もない。

(2) 包括支払可能見込額の定義

包括支払可能見込額とは，①「主として自己の居住の用に供する住宅その他の経済産業省令・内閣府令で定める資産を譲渡し，又は担保に供することなく」，かつ，②「生活維持費に充てるべき金銭を使用することなく」，③「利用者が包括信用購入あっせんに係る購入しようとする商品若しくは指定権利の代金又は受領しようとする役務の対価に相当する額の支払に充てることができると見込まれる1年間当たりの額」(30条の2第2項) で，④「調査により得られた事項を基礎として算定」される金額 (30条の2の2) をいう。

簡単にいえば，利用者が無理なく（居住用不動産等の重要な資産を処分せずに）支払うことができる1年当たりの金額のことである。年間の金額としたのは，職業によっては毎月の収入が安定せず，1年単位でのやりくりが行われる場合が想定され，また，わが国の生活においては1年単位で家計が運営されることが多いことが考慮されたものである。

(3) 包括支払可能見込額の算定方法

(a) 算定方法

包括支払可能見込額は，年収等の調査により明らかになった事項を「基礎として算定」される (30条の2の2)。

割賦販売法30条の2の2の趣旨が，過剰与信の防止にあることからも明らかなとおり，包括支払可能見込額については恣意的な算定が許されるものではなく，合理的な算定方法によって算出されなければならないが，かといって統一された計算方法があるわけではない。そのため，計算方法が合理的である限り，各包括信用購入あっせん業者それぞれの計算方法によることは認められる。

また，例えば，申込者等の虚偽の申告により実際よりも高く包括支払可能見込額を算定してしまったり，あるいは，算定した直後に失職等したために包括支払可能見込額が変動したりしたとしても，合理的な算定方法により包括支払可能見込額が算定されている限りは，これらの事情のみをもって，即違法となるわけではない。

ただし，日本クレジット協会（JCA）による包括自主規則31条が包括支払可能見込額の算定方法を定めているため，JCAに加入している包括信用購入あ

っせん業者は，当該算定方法による必要がある。

　(b)　**算定時期**

　包括支払可能見込額を算定しなければならないのは，割賦販売法30条の2第1項による包括支払可能見込額調査と同様のタイミング（カード等を交付等する時又は極度額を増額する時）である（というよりも，当該調査をし，これにより得た事項に基づいて包括支払可能見込額を算定しなければならない）。

　したがって，包括支払可能見込額算定のもととなった年収や預貯金に変動が生じたからといって，直ちに包括支払可能見込額を算定し直して極度額を変更しなければならないものではない。割賦販売法は，貸金業法13条の3のように定期調査を義務付けているわけではないから，包括支払可能見込額の調査が義務付けられている場合を除き，極度額の見直しをどのタイミングで行うかは各包括信用購入あっせん業者の判断に委ねられている。

　(4)　**包括支払可能見込額を超えるカード等の発行の禁止**

　(a)　**原　　則**

　包括信用購入あっせん業者は，カード等の発行又はその限度額の増額に際して，上記の方法により算定された包括支払可能見込額に0.9を乗じた金額（＝法定極度額）を超えて限度額を設定してはならない（30条の2の2，経済産業省令告示（平成21年7月14日236号））。

　また，複数枚のカード等が交付等されている場合には，各カード等の極度額の合計額が法定極度額を超過しないようにするか，各カード等の極度額を紐付けて，各カードの極度額＝法定極度額としつつも，実際には法定極度額を超えては利用できないようにするかのいずれかの措置をとる必要がある。

　(b)　**例　　外**

　ただし，利用者の保護に支障を生じることがない場合として経済産業省令・内閣府令で定める場合（＝包括支払可能見込額の調査義務の適用除外に該当する場合である。割賦則48条）には，法定極度額を超えてカード等を発行することが許される（30条の2の2ただし書）。

　(5)　**罰則等**

　割賦販売法30条の2の2に違反して法定極度額を超える極度額を設定したカード等を交付等し又は法定極度額を超えて増額した場合には改善命令の対

象となり（30条の5の3第1項），当該命令に反した者は，100万円以下の罰金が科される（51条の6第1号）。

〔2〕 条文解説

> （包括支払可能見込額の調査）
> 第30条の2　（略）
> 2　この節において「包括支払可能見込額」とは，主として自己の居住の用に供する住宅その他の経済産業省令・内閣府令で定める資産を譲渡し，又は担保に供することなく★1，かつ，生活維持費（最低限度の生活を維持するために必要な1年分の費用として経済産業省令・内閣府令で定める額をいう。第35条の3の3において同じ。）に充てるべき金銭を使用することなく★2，利用者が包括信用購入あっせんに係る購入又は受領の方法により購入しようとする商品若しくは指定権利の代金又は受領しようとする役務の対価に相当する額の支払に充てることができると見込まれる1年間当たりの額をいう★3。
> 3～4　（略）

★1 (1)　「自己の居住の用に供する住宅その他の経済産業省令・内閣府令で定める資産」とは，利用者が居住用に所有する建物又は土地若しくは当該土地に設定された地上権をいう（割賦則44条）。

　　ただし，居住の用に供する建物が2戸以上ある場合には，メインで居住している建物（本宅）のみを指し，それ以外の建物（別荘やセカンドハウス等）及びその土地，地上権は「経済産業省令・内閣府令で定める資産」に当たらない（割賦則44条カッコ書）。

(2)　上記(1)の資産を「譲渡し，又は担保に供することなく」とされているのは，包括支払可能見込額の算定に当たっては，これらの資産は算定根拠から除くとする趣旨である。これらの資産が除外される（すなわち，包括支払可能見込額の算定根拠とされない）のは，包括信用購入あっせんに係る債務の弁済のために，生活の本拠を失うというのは，まさしく過剰与信そのものだからである。

　　なお，土地建物又は地上権が，利用者の資産から除かれることの反射的

第4節　過剰与信の防止　　第2款　過剰与信の禁止　　〔2〕　条文解説

効果として，それらに係る住宅ローン等についても調査の対象外となり，「借入れ」（割賦則39条4号）には含まれないと解される。

★2　「生活維持費……に充てるべき金銭を使用することなく」とは，生活維持費を，包括支払可能見込額の算定根拠から除外する趣旨である。前掲★1の居住用資産と同様に，包括信用購入あっせんに係る債務の弁済のために生活費がままならないというのでは，過剰与信防止という趣旨に反するためである。

　生活維持費は，「最低限度の生活を維持するために必要な1年分の費用として経済産業省令・内閣府令で定める額」とされており，具体的には，割賦販売法施行規則45条1項及び同規則別表第2により定められており，同条2項以下で修正が加えられている。

(1)　原　　則
　(a)　別表第2
　　　生活維持費（割賦則別表第2）をまとめると次のとおりである。なお，同表における住宅ローンには，建物や土地のローンだけではなく，建物所有の場合の底地の賃料及び地上権の代金も含まれる。

利用者と生計を一にする者の合計数	1人	2人	3人	4人以上
住宅所有かつ住宅ローンなし	90万円	136万円	169万円	200万円
住宅不所有かつ賃料支払なし				
住宅所有かつ住宅ローンあり	116万円	177万円	209万円	240万円
住宅不所有かつ賃料支払あり				

　(b)　生計を一にする者の合計数
　　　「生計を一にする者」とは，基本的には利用者の同居の家族を意味する。利用者と生計を一にする者を基準に生活維持費を算定しているのは，利用者が主たる生計維持者であり，かつ，家族全員の生活費を負担している場合が念頭に置かれているからである。
　　　したがって，同居の家族であっても明らかに自己の収入や財産により生計を維持している者（2世帯住宅等）は生計を一にする者から除かれ，また，別居の家族であっても，利用者からの仕送りなどによって生計を維持している者（逆の言い方をすると，自分で自分の生計を維持していない者）は生計を一にする者に含まれる（包括自主規則別表3-2の※参照）。
　(c)　生計を一にする者の合計数の修正

321

ただし，常に生計を一にする者，つまり同居の家族を基準に生活維持費を算定するのでは，特定配偶者や被扶養者が配偶者や扶養者の年収を合算しないにもかかわらず，家族全員の生活費を負担することになり（つまり，消極財産については合算し，積極財産については合算しないこととなる），正当な包括支払可能見込額から乖離することとなる。

そこで，特定配偶者を含む他の者の収入により生計を維持している者に対する調査において，他の者と年収又は預貯金を合算しない場合には，一人世帯として生活維持費が算定されることになる（割賦則45条1項第2カッコ書）。

逆に，利用者と他の者の年収により生計を維持している者の場合は，当該利用者も家族の生計を維持している以上は，世帯人数を1人として包括支払可能見込額を算定することは妥当ではないため，年収や預貯金を合算しない場合であっても，生計を一にする者の人数は実際の人数に基づいて算定される。

(2) 利用者からの申告の有無等による修正

割賦販売法施行規則45条2項では，生活維持費の算定につき，次の修正が加えられている。

(a) 利用者と生計を一にする者の合計数及び住宅所有及び住宅ローン・賃料支払の有無等の区分の双方につき申告を受けることができない場合には，生活維持費は240万円とする（割賦則45条2項1号）。

(b) 利用者と生計を一にする者の合計数については申告を受けたが，住宅所有及び住宅ローン・賃料支払の有無について申告を受けられない場合は，生計を一にする者の合計数の区分に応じ，より高い方の金額（住宅ローン・賃料支払がある場合の金額）とする（割賦則45条2項2号）。

(c) 住宅所有及び住宅ローン・賃料支払の有無について申告を受けたが，利用者と生計を一にする者の合計数の申告を受けられない場合には，生計を一にする者の合計数を4人以上とみなして，住宅所有の有無等の区分に応じて生活維持費を算定する（割賦則45条2項3号）。

(d) 利用者と生計を一にする者の最低限度の生活を維持するために必要な費用の1年分の金額について，客観的かつ合理的な方法により把握した場合には，その金額を生活維持費とする（割賦則45条2項4号）。この場合においては，上記表の金額は，各区分における最低金額として留意しなければならない。

(3) 家族構成等による生活維持費の修正

割賦販売法施行規則45条3項では，生活維持費の算定につき以下の特例措置が設けられている。

(a) 他の者の収入により生計を維持している場合

他の者の収入により生計を維持している利用者にカード等を交付等し又は極度額を増額する場合で，利用者が当該他の者と同居しており，かつ，年収及び預貯金の合算をしないときには，生活維持費をゼロとすることが認められる（割賦則45条3項1号）。

これは，例えば，利用者が親族（配偶者）と同居し，当該親族の収入により生計を維持しているような場合には，当該申込者等は生活費を負担していないと考えられるため，このような場合には生活維持費をゼロとして考えることも合理性があるために認められた特例である。

逆に，これらの要件のいずれかを欠く場合（年収を合算する場合等）には，上記(1)及び(2)により生活維持費が算定される。

(b) 年収による按分

その収入及び他の者の収入により生計を維持している利用者にカード等を交付等し又は極度額を増額する場合で，年収及び預貯金の合算をしないときは，上記(1)及び(2)により算定された生活維持費を，利用者及び他の者の年収に応じて按分することができる（割賦則45条3項2号）。また，当該他の者から年収の申告を受けられず，かつ，合理的な推定により算出することもできない場合には，上記(1)及び(2)により算定された生活維持費の2分の1とすることができる（同号カッコ書）。

これは，生活費を夫婦の双方が按分して拠出・負担している場合があり，そのような場合には，生活維持費を按分して算定するのが合理的であることから認められた特例措置である。

(4) 居住地域による生活維持費の修正

もっとも，地域ごとに物価が異なることがあり，また，包括信用購入あっせん業者が地域ごとの実体に合わせた審査を行っているという実情もあるため，全国一律に生活維持費を定めることは，必ずしも妥当ではない。

そこで，利用者が，割賦販売法施行規則別表第3に掲げる地域に居住している場合には，その区分に従って，算出された生活維持費にさらに修正が加えられる（割賦則45条4項）。すなわち，同表において，第1区分の市町村に該当する場合には，上記(1)～(3)による生活維持費の90％の金額と

し，第２区分の市町村に該当する場合には85％の金額となる。

なお，市町村が他の市町村に編入された場合には編入先である当該他の市町村が基準となり（割賦則46条１項１号），配置分合により市町村が新たに設置された場合には，配置分合前に属していた市町村が基準となる（割賦則46条１項２号）。また，市町村の境界が変更された場合には，変更後の市町村が基準となる（同条２項）。

★３　包括支払可能見込額は，30条の２第１項の調査により得られた事項を基礎として算定されるが（30条の２の２），その具体的な算定方法は特に定められていない。したがって，少なくとも，「法律上」は，各包括信用購入あっせん業者が合理的と判断した算定方法により包括支払可能見込額を算定することができる。ただし，包括自主規則において，包括支払可能見込額の算定方法が定められているため，JCAに加入している限りは，当該自主規則により定められた方法により算定しなければならず，また，加入していない包括信用購入あっせん業者においても参照すべきものである。

具体的には，以下のように算定することとされている（包括自主規則31条）。

(1)　原則として，次の算定式により包括支払可能見込額を算定する。

包括支払可能見込額＝年収－年間請求予定額－生活維持費

(2)　「年収」は，包括支払可能見込額調査により算定した金額であり（包括自主規則31条２項１号），「生活維持費」は，割賦販売法施行規則45条（前掲★２参照）により算定した金額である（包括自主規則33条）。

(3)　「年間請求予定額」は，包括支払可能見込額調査をした当該包括信用購入あっせん業者に対する信用購入あっせんに係る債務の年間請求予定額に，指定信用情報機関の特定信用情報の使用により調査した他社に対する信用購入あっせんに係る債務の年間請求予定額を加えた額である（包括自主規則31条２項２号）。ただし，次の金額を控除することができる。

(a)　新規にカード等を交付等する場合は，既に交付等しているカード等に係る年間請求予定額

(b)　カード等の更新又は極度額の増額の場合は，更新又は増額しようとしているカード等を含め，既に交付等しているカード等に係る年間請求予定額

(4)　利用者の預貯金若しくはその他の関連事項又は信用購入あっせんの支払状履歴（遅延の有無を除く）について調査した場合には，その結果を加味することができる（包括自主規則32条１項）。

第4節 過剰与信の防止　第2款 過剰与信の禁止　〔2〕条文解説

　　ただし，これらの事項を加味する場合には，合理的な方法により包括支払可能見込額を算定するよう留意しなければならない。
(5) 包括支払可能見込額の算定に当たっては，①借入れの状況，②信用購入あっせんに係る債務残高，並びに③信用購入あっせんに係る支払履歴及び遅延の有無に係る確認結果を勘案しなければならない。

（包括支払可能見込額を超える場合のカード等の交付等の禁止）
第30条の2の2　包括信用購入あつせん業者は，包括信用購入あつせんをするためカード等を利用者に交付し若しくは付与しようとする場合又は利用者に交付し若しくは付与したカード等についてそれに係る極度額を増額しようとする場合において★1，当該利用者に交付し若しくは付与しようとするカード等に係る極度額又は当該増額された後の極度額が，前条第1項本文の規定による調査により得られた事項を基礎として算定した包括支払可能見込額★2に包括信用購入あつせんに係る購入又は受領の方法により購入される商品若しくは指定権利の代金又は受領される役務の対価に相当する額の受領に係る平均的な期間を勘案して経済産業大臣及び内閣総理大臣が定める割合★3を乗じて得た額を超えるときは，当該カード等を交付し若しくは付与し，又は極度額を増額してはならない。ただし，当該利用者の保護に支障を生ずることがない場合として経済産業省令・内閣府令で定める場合は，この限りでない★4。

★1　30条の2の2が適用されるのは，「包括信用購入あつせんをするため」にカード等を交付等し，又は交付等したカード等の極度額を増額しようとする場合である。
　　したがって，割賦販売法30条の2と同様に，30条の2の2は包括信用購入あっせんに係るカード等についてのみ適用され，マンスリークリア方式（2月払購入あっせん）専用のカード等については，法定極度額を超える極度額を設定することが許される。ただし，後リボが可能な場合には法定極度額の範囲内に収める必要があると解される。
★2　包括支払可能見込額の内容・算定方法等については，割賦販売法30条の2第2項の項を参照。
★3　30条の2の2により上限となる極度額（法定極度額）は，「包括支払可能見

325

込額に……経済産業大臣及び内閣総理大臣が定める割合を乗じて得た額」であり，包括支払可能見込額よりも低額とされている。

　この「経済産業大臣及び内閣総理大臣が定める割合」は，平成21年7月14日経済産業省告示第236号により，0.9とされている。

★4　30条の2の2ただし書は，「経済産業省令・内閣府令で定める場合」には，法定極度額を超える極度額のカード等を交付等し，又は法定極度額を超えて極度額を増額することが認められる。この適用除外が適用されるのは，包括支払可能見込額調査が不要となる場合（割賦則43条1項各号）であり（割賦則48条），具体的には，次の場合である。

① 　30万円以下の極度額を設定し又はこれを上限として増額する場合
② 　極度額を一時的に増額する場合
③ 　少額利用に係る更新カード等を交付等する場合
④ 　法定極度額の範囲内で付随カード等を交付等する場合
⑤ 　カード等を再発行する場合

第5節　行為規制（30条・30条の2の3）

第1款　取引条件の表示（30条）

〔1〕　概　　説

(1)　取引条件を記載した書面の交付（30条1項・2項）

(a)　趣旨・目的

　包括信用購入あっせん業者は，カード等を交付等するときは，取引条件を表示した書面（以下「交付時書面」）をカード会員に交付しなければならない（30条1項・2項）。割賦販売法30条1項及び2項は，割賦販売における同法3条1項～3項，ローン提携販売における同法29条の2第1項・2項に相当する規定であり，いうまでもなく，取引条件を事前に表示し，利用者に理解させ，もって消費者の保護を図る趣旨である。

　なお，割賦販売法30条1項及び2項は，新規にカード等を交付等する場合に限定されていないため，更新カード等を交付等する場合にも適用されると解

される。この場合には，新規にカード等を交付等する場合と同様の交付時書面の交付をすることとなる（包括自主規則10条）。

(b) **包括方式とリボルビング方式**

包括信用購入あっせんは，包括方式（2条3項1項）とリボルビング方式（同項2号）とがあるが，割賦販売法30条は，その1項が包括方式について，2項がリボルビング方式について定めており，交付等するカード等の支払方式に応じて表示事項に多少の相違がある。

もっとも，ほとんどのカード等は包括方式（分割払方式）とリボルビング方式の双方で利用できるため，カード等を利用者に交付する際には，両方の表示事項の表示が必要となるのが通常である。逆に，例えば，リボルビング方式専用のクレジットカードのように，どちらかの支払方式しか利用できないカード等を交付等する場合には，利用できる支払方式に対応する取引条件の表示のみで足りる。

また，割賦販売法30条1項及び2項は，包括信用購入あっせんのみを対象としているため，マンスリークリア方式専用のカードについては，交付時書面の交付は不要である。ただし，カード等の利用時はマンスリークリア方式しか選択できないが，後リボとすることが可能である場合には，潜在的にリボルビング方式の包括信用購入あっせんに該当するとして，交付時書面の交付を要すると解される。

(c) **事業性の必要性**

割賦販売法30条は，「包括信用購入あっせん業者」を対象としているところ，包括信用購入あっせん業者とは，「包括信用購入あっせんを業とする者」を指す（30条1項）。したがって，同条を含む各規制は包括信用購入あっせんを業として営む者に対してのみ適用され，業として営まない者に対しては適用されない。

「業とする」とは，営利目的かつ反復継続することを指し，客観的な事情から判断されることは，他の取引類型と同様である。

(d) **表示事項**

交付時書面の記載事項は，次のとおりであり，その詳細は，後記〔2〕の「条文解説」を参照。

第2編　割賦販売法の解説　　第5章　包括信用購入あっせん

包括方式（30条1項）	リボルビング方式（30条2項）
① 支払期間及び回数 ② 手数料率 ③ その他経済産業省令・内閣府令で定める事項 　イ　支払総額の具体的算定例 　ロ　極度額について定めがあるときは，その金額 　ハ　その他カード等に関する特約があるときは，その内容	① 弁済時期及び弁済金額の算定方法 ② 手数料率 ③ その他経済産業省令・内閣府令で定める事項 　イ　弁済金額の具体的算定例 　ロ　極度額について定めがあるときは，その金額 　ハ　その他カード等に関する特約があるときは，その内容

(e) **違反に対する処分**

割賦販売法30条1項又は2項に違反して交付時書面を交付しなかった者は，50万円以下の罰金が科される（53条2号）。

(2) **取引条件に係る広告の規制（30条3項）**

(a) **趣旨・目的**

割賦販売法30条の3項は，包括信用購入あっせん業者が包括信用購入あっせんの取引条件につき広告する場合において，当該広告に上記(1)の交付時書面と同様の事項を表示することを義務付けるものであり（以下「広告規制」），他の取引類型と同様に，消費者の誤認を防止する趣旨から出たものである。

(b) **取引条件についての広告**

広告規制は，「取引条件について」広告をする際に適用されるものである。したがって，例えば，単にクレジットカード自体の宣伝をするような場合には，広告規制は適用されず，当該広告には法定事項の記載は不要である。

これに対し，取引条件の一部でも広告に記載されることになれば，「取引条件について」広告したことになり，法定事項の記載が必要となる。

(c) **表示事項**

広告規制において，包括信用購入あっせん業者が表示しなければならないのは，包括方式又はリボルビング方式の別に応じて，割賦販売法30条1項又は2項に定める事項である。また，交付時書面と同様に，包括方式及びリボルビング方式の両方の支払方式が利用できるカード等の取引条件について広告する

場合には,同条1項及び2項の双方に定める事項を表示しなければならない。

(d) **罰　　則**

割賦販売法30条3項に違反して法定事項の表示をしなかった者は,50万円以下の罰金が科される(53条2号)。ただし,特に行政処分の対象とはされていない。

(3) 取引条件の事前開示

法文上は,特に要求されていないが,包括自主規則により,利用者がカード等の入会申込みに先立って,当該カード等に係る包括信用購入あっせんの取引条件を確認することができるように,入会申込書面への記載やホームページでの表示その他の方法により,取引条件を明示するよう努めなければならない(包括自主規則12条)。

具体的な方法としては,カード等の利用規約(いわゆるカード規約ないし会員規約)を表示すれば足り,複数の利用規約があるときは代表的なものを表示することとされている(包括自主細則23条1項・2項)。このように,規約の全部を表示することが望ましいことは間違いないが,事前表示が努力義務であることや,求められていることが「取引条件の明示」であることからすれば,必ずしも規約の全部を表示せずとも,重要な部分を表示することでも足りると解される。

なお,あくまでも自主規則上の義務にすぎず,しかも「努力義務」にすぎないことから,包括自主規則上の上記規定に反し,取引条件を事前に明示しなくても,何ら法令違反となるものではない。

〔2〕 条 文 解 説

(包括信用購入あつせんの取引条件の表示)
第30条　包括信用購入あつせんを業とする者(以下「包括信用購入あつせん業者」という。)は[★1],第2条第3項第1号に規定する包括信用購入あつせんをするためカード等を利用者に交付し又は付与するときは[★2],経済産業省令・内閣府令で定めるところにより[★3],当該包括信用購入あつせんをする

場合における取引条件に関する次の事項を記載した書面を当該利用者に交付しなければならない★4。
　一　包括信用購入あっせんに係る商品若しくは権利の代金又は役務の対価（包括信用購入あっせんの手数料を含む。）の支払の期間及び回数★5
　二　経済産業省令・内閣府令で定める方法により算定★6した包括信用あっせんの手数料の料率★7
　三　前２号に掲げるもののほか，経済産業省令・内閣府令で定める事項★8
２　包括信用購入あっせん業者は，第２条第３項第２号に規定する包括信用購入あっせんをするためカード等を利用者に交付し又は付与するときは★9，経済産業省令・内閣府令で定めるところにより★10，当該包括信用購入あっせんをする場合における取引条件に関する次の事項を記載した書面を当該利用者に交付しなければならない★11。
　一　利用者が弁済をすべき時期及び当該時期ごとの弁済金の額の算定方法★12
　二　経済産業省令・内閣府令で定める方法により算定した包括信用購入あっせんの手数料の料率★13
　三　前２号に掲げるもののほか，経済産業省令・内閣府令で定める事項★14
３　包括信用購入あっせん業者は，包括信用購入あっせんをする場合の取引条件について広告をするときは★15，経済産業省令・内閣府令で定めるところにより★16，当該広告に，それぞれ第１項各号又は前項各号の事項を表示しなければならない★17。

★１　30条１項を含め，割賦販売法による包括信用購入あっせんに係る行為規制の対象となるのは，「包括信用購入あっせん業者」＝「包括信用購入あっせんを業とする者」である。したがって，業としてではなく包括信用購入あっせんを行う者は，割賦販売法による規制を受けないこととなる。
　「業とする」とは，営利目的で，かつ，反復継続して包括信用購入あっせんを行うことを意味する。いずれの要件も客観的事情から判断される。営利目的とは，剰余金の配当等の会社法上の営利目的ではなく，日常用語としての営利目的，すなわち，利益を追求することを意味する。

★２(1)　30条１項は，「第２条第３項第１号に規定する包括信用購入あっせん」を行うためにカード等を交付等する場合に適用される。すなわち，包括方式（分割払方式）の包括信用購入あっせんに利用するカード等を交付等する場

第5節　行為規制　　第1款　取引条件の表示　　〔2〕　条文解説

　合に30条1項各号の事項を記載した交付時書面の交付が必要となる。
(2)　「カード等」とは，「それを提示し若しくは通知して，又はそれと引換えに，特定の販売業者から商品若しくは権利を購入し，又は特定の役務提供事業者から有償で役務の提供を受けることができるカードその他の物又は番号，記号その他の符号」（2条3項1号）のことである。

　したがって，カードその他の物という有体物を交付する場合に限らず，カード番号のみを付与するような場合にも，30条1項の交付時書面の交付は必要となる。

　反対に，包括信用購入あっせんに関係するものの，商品購入等には利用できない身分証や単なるID・パスワード等を発行するにすぎないような場合は，交付時書面の交付は不要である。
(3)　30条1項により交付時書面の交付が必要となるのは，カード等を利用者に「交付し又は付与するとき」である。したがって，交付時書面は，カード等を交付等する前又は遅くともカード等の交付等と同時に交付することが必要である。

　実際上も，クレジットカードを送付する際に，カードを貼付している台紙に極度額等を記載し，その他の取引条件についてはカード規約を同封して対応することとされており，カード等の交付等と同時に交付時書面が交付されることとなっているが，このような対応で何ら問題はない。

　なお，「カード等を……交付し又は付与するとき」は，カード等の初回交付に限られていないため，更新カード等を交付する場合やカード等を再発行する場合も含むものと解される。また，付随カード等は「カード等」の一種であるから，「カード等」に含まれることは間違いなく，したがって，付随カード等を交付等する場合にも30条1項（及び同条2項）が適用されると解される。

★3　30条1項による交付時書面の作成・交付については，次の方法等によることとされている（割賦則36条1項）。
(1)　利用者が読みやすく，理解しやすいような用語により，正確に記載すること。
(2)　日本工業規格Z8305に規定する8ポイント以上の大きさの文字及び数字を用いること。
(3)　包括信用購入あっせんの手数料の料率を年利建てで少なくとも0.1％単位まで示し，かつ，当該料率以外の料率を示さないこと。

331

なお，ここでいう「手数料」には，金利（純粋な意味での手数料），信用調査費，集金費，事務管理費，貸倒補塡費その他何らの名義をもってするかを問わず包括信用購入あっせんに係る手数料として包括信用購入あっせん業者が購入者等に対して支払わせるものの総額（ただし，登記等手数料を包括信用購入あっせんの手数料に含めない旨が明示されているときは，登記等手数料を控除した額）を含む。

また，これらのほかにも，交付時書面は，書面に使用する紙の厚さ，質，色及びインクの濃さ，色の選択に当たって利用者にとって読みやすいものとなるよう十分に留意する必要がある（包括自主規則7条3項）。

★4(1) 交付時書面は必ずしも1通（1枚）である必要はなく，複数枚に分割することも認められる。例えば，カード規約とカードを貼付する台紙に分けるような形でも問題ない。逆に，包括方式に係る30条1項の交付時書面と，リボルビング方式に係る同条2項の交付時書面を1通にまとめることも認められる。

なお，交付等するカード等が包括方式とリボルビング方式の両方に利用できる場合には，30条1項及び同条2項の両方の書面を交付する必要があるが，共通する内容（手数料率や極度額，特約等）については省略することが認められており，重ねて記載する必要はない（包括自主規則6条2項）。

(2) 「交付」とは，手交又は郵送することを指し，ファクシミリによる送信は「交付」として認められない。

ただし，割賦販売法30条の6が同法4条の2を準用しているため，利用者の承諾等の要件を満たした場合には，書面の交付に代えて電磁的方法により提供することが認められる。

★5 支払期間及び支払回数については，利用者が選択することができる条件を全部表示し，それぞれに支払期間に対応する実質年率を合わせて表示しなければならない（包括自主規則8条2号）。

ただし，後述のように，30条1項の交付時書面には支払総額の具体的算定例を表示する必要があるが（割賦則36条3項1号），ボーナス併用払いの場合には，例示した算定例における実質年率と異なることがある旨の記載をすれば足りる（包括自主規則8条2号ただし書）。

なお，支払期間及び支払回数の記載については包括自主規則・別紙記載例2（巻末資料10）を参照することとされている（包括自主規則8条1号）。

★6 手数料率は，次の方法により算定しなければならない（割賦則36条2項）。

第5節　行為規制　　第1款　取引条件の表示　　〔2〕　条文解説

(1) 包括方式の包括信用購入あっせんに係る実質年率は、割賦販売法施行規則別表第1第1号に定める方法（いわゆる「年金利廻法」）により算定する。
(2) ただし、支払間隔が次の(a)に該当せず、かつ、支払額が(b)に該当しない場合には、割賦販売法施行規則別表第1第2号に定める方法により算定することも認められる。
　(a) 包括信用購入あっせんの支払分の支払が、①月に1回で、等間隔である場合、又は②その他包括信用購入あっせん受領契約（＝カード等の利用）から第1回の支払日の前日までの期間が2ヵ月未満で、かつ、第1回の支払日から支払の終了までの支払が月1回で、等間隔である場合。
　(b) ①支払額が均等である場合、②任意の1回の支払分を除く他の支払分の額が均等であり、当該均等な支払分の額と異なる1回の支払分の額が他の均等な支払分の額の1.5倍に相当する額以下の額である場合、又は③支払期間のうちに6月、7月、8月、12月若しくは1月が含まれている場合（支払期間が1年未満の場合に限る）で、支払期間において当該6月、7月、8月、12月若しくは1月のうちの一の月のみにおける支払分（「特定月の支払分」）以外の支払分について①又は②に該当しており、かつ、特定月の支払分の額が他の支払分の額を超えている場合又は支払期間のうちに6月、7月若しくは8月と12月若しくは1月が含まれている場合であって、支払期間において当該6月、7月若しくは8月のうちの一の月と12月若しくは1月のうちの一の月の支払分（「特定の2月の支払分」）以外の支払分について①又は②に該当しており、かつ、特定の2月の支払分の額が同額で他の支払分の額を超えている場合
　　つまり、支払が規則的に行われる場合には年金利廻法により算定し、支払が不規則である場合には、それ以外の算定方法を許容することとされている。
★7　手数料率の表示に当たっては、原則として小数点第2位以下を四捨五入して表示するが、切上げ又は切捨てにより表示をすることもできる（包括自主細則20条）。また、手数料率又は手数料として実質年率以外の料率を示してはならないとされるが（割賦則36条1項3号、包括自主規則8条3号）、これに代えて、手数料の額の算出方法として一定の割合を示すことも認められる（包括自主規則8条4号）。この場合には、当該割合が手数料率算出のためのものであることを明示し、かつ、当該割合が手数料率であると誤認させるような表示又は実質年率よりも目立たせるような表示をしてはならない。

なお，手数料率の記載に当たっては，包括自主規則・別紙記載例2（巻末資料10）を参照のこと（包括自主規則8条1号）。

★8 「経済産業省令・内閣府令で定める事項」は，次の事項である（割賦則36条3項）。

(1) 支払総額の具体的算定例

具体的算定例の記載については，包括自主規則・別紙記載例2（巻末資料10）を参照のこと（包括自主規則8条1号）。

(2) 極度額について定めがあるときは，その金額

極度額について記載するときは，包括信用購入あっせん業者が極度額として定めた金額を極度額として表示しなければならない（包括自主規則8条5号）。

(3) カード等の利用に関する特約があるときは，その内容

例えば，カード盗難保険に関する事項，年会費に関する事項，カード等の保管・管理に関する事項（善管注意義務，カード等の貸与・譲渡の禁止等），カード等が第三者に利用された場合の利用者の責任に関する事項（免責のための手続内容や免責されない場合等），取引条件の変更に関する事項（規約の変更の手続等）などである（包括自主細則21条）。

★9 30条2項は，リボルビング方式の包括信用購入あっせんに関しカード等を交付等する場合に，交付時書面を交付すべきことを規定したものである。

「カード等」の意義及び交付時書面の交付時期については，前掲★2参照。

★10 30条2項の交付時書面は，次のとおりに作成・記載しなければならない（割賦則37条1項）。

① 利用者が読みやすく，理解しやすいような用語により，正確に記載すること。

② 日本工業規格Ｚ8305に規定する8ポイント以上の大きさの文字及び数字を用いること。

③ 手数料率を年利建てで少なくとも0.1％単位等まで示し，かつ，当該料率以外の料率を示さないこと。

なお，③の手数料に名義を問わず包括信用購入あっせん業者に支払うべき手数料が含まれること，紙の厚さや色等に留意しなければならないことは包括方式の交付時書面と同様である（前掲★3参照）。

★11 前掲★4参照。

★12 弁済時期及び弁済金の算定方法が表示事項とされたのは，リボルビング方

第5節 行為規制　第1款 取引条件の表示　〔2〕条文解説

式が「あらかじめ定められた時期ごとに……あらかじめ定められた方法により」算定された金額を弁済する方法であり、弁済時期及び算定方法がその要件（要素）となっているためである。

「弁済の時期」としては、例えば「毎月〇日」のように毎月の支払日を表示することになる。「算定方法」については、弁済金の算定基準となる債務額の集計日（締日）を明示した上で、弁済金額及び手数料額についてそれぞれ算定方法を表示することとされている（包括自主規則9条2号）。具体的にどのように表示すべきかは定められておらず、原則、包括信用購入あっせん業者の裁量に委ねられているが、弁済時期及び算定方法の記載に当たっては、包括自主規則・別紙記載例3（巻末資料11）を参照することとされている（包括自主規則9条1号）。

★13　前掲★6及び★7参照（割賦則37条1項2号・2項、包括自主規則9条3号）。
　なお、手数料率の記載については、包括自主規則・別紙記載例3（巻末資料11）を参照（包括自主規則9条1号）。

★14　「経済産業省令・内閣府令で定める事項」は、次の事項である（割賦則37条3項）。
① 弁済金の額の具体的算定例
　記載については、包括自主規則・別紙記載例3（巻末資料11）を参照（包括自主規則9条1号）。
② 極度額について定めがあるときは、その金額
③ その他カード等の利用に関する特約があるときは、その内容
　上記各事項の内容については、前掲★8参照。

★15　30条3項は、包括信用購入あっせんの取引条件について広告する場合の表示事項を規定したものである。

「広告」とは、一般（公衆）に広く世間に知らせることをいい、「宣伝」と同義である。割賦販売法上特に「広告」の定義はされていないが、割賦販売に係る同法3条4項と別の意味に解すべき理由もないから、同項の場合と同様の意味と考えれば足りる。包括自主細則でも、「広告とは、不特定の顧客を誘引するための表示をい」うとされている（包括自主細則24条1項）。

また、広告の媒体は限定されていないため、テレビ、インターネット、ラジオ、さらには紙媒体の広告（チラシ）も広告に含まれる。

なお、30条3項の広告は「取引条件について」のものであることを要するから、単に、包括信用購入あっせん業者自体やそのカード等の名称等を広告

335

するにとどまるときは、30条3項は適用されない（包括自主細則24条2項）。
★16　広告における取引条件の表示方法は、次のとおり定められている（割賦則38条）。
　①　表示事項について、利用者や読みやすく、理解しやすいような用語により、正確に表示すること。
　②　書面により広告を行う場合（チラシ、ポスター等）には、日本工業規格Ｚ8305に規定する8ポイント以上の大きさの文字及び数字を用いること。
　③　手数料率に関する事項は、交付時書面と同様の方法により計算し、年利建てで少なくとも0.1％単位まで表示し、かつ、当該料率以外の料率を示さないこと。
　これらの内容は、交付時書面と同内容であるため、詳細については、該当部分を参照されたい。
★17　30条3項により表示しなければならない事項は、交付時書面の記載事項と同様である。したがって、包括方式の包括信用購入あっせんについて広告する場合には同条1項各号の事項を、リボルビング方式の包括信用購入あっせんについて広告する場合には同条2項各号の事項の表示をしなければならない。
　表示事項の内容については、30条1項及び2項の該当項目を参照。

第2款　カード等利用時の書面交付（30条の2の3）

〔1〕　概　　説

(1)　趣旨・目的

　割賦販売法30条の2の3は、①カード等が加盟店で利用された際の包括信用購入あっせん業者の書面交付義務（30条の2の3第1項・2項。以下「利用時書面」）、②リボルビング方式に係る弁済金を請求する際の包括信用購入あっせん業者の書面交付義務（同条3項。以下「請求時書面」）、及び③カード等が加盟店で利用された場合の加盟店の書面交付義務（正確には、「情報を提供」すべき義務であるが、便宜上書面交付義務と呼ぶ。以下「加盟店利用時書面」。同条4項・5項）について規定している。

割賦販売法が上記①〜③の書面交付義務を課したのは，カード等を利用した場合の具体的な取引内容・条件を利用者に確認させ，また，リボルビング方式に係る弁済金の額はカード等の利用時点では必ずしも定まらないことから，請求に際してはその算定根拠等を確認させることにより，もって利用者＝消費者の保護を図る趣旨である。

(2) **交付主体**
(a) **利用時書面・請求時書面**
包括信用購入あっせん業者である。
(b) **加盟店利用時書面**
加盟店であるが，正確には「包括信用購入あっせん関係販売業者」及び「包括信用購入あっせん関係役務提供事業者」である。その定義及びこれらに該当する加盟店の範囲については，後記〔2〕の「条文解説」を参照。

(3) **書面交付の対象となる取引**
割賦販売法30条の2の3は，カード等が利用された場合及びリボルビング方式に係る弁済金を請求する際の書面交付義務を定めたものであるが，同条1項及び2項は，正確には，「包括信用購入あっせん関係受領契約」が締結された場合の書面交付義務を規定したものである。

「包括信用購入あっせん関係受領契約」とは，「包括信用購入あっせんに係る購入又は受領の方法により購入される商品若しくは指定権利の代金又は受領される役務の対価に相当する額の受領に係る契約」を指す（30条の2の3第1項）。つまり，カード等の利用に際して，包括信用購入あっせん業者及び購入者等との間で成立する立替払いに係る個別の契約が，包括信用購入あっせん関係受領契約である。その法的性質は，包括契約及び立替払いの法的構成による。

また，上記の定義から明らかなように，包括信用購入あっせん関係受領契約は，商品及び役務については指定商品・指定役務以外を目的とした取引も含むが，権利については指定権利を目的とした取引のみを含み，指定権利以外の権利を目的とした取引はその定義から除外されている。したがって，指定権利以外の権利の購入を目的とする取引（カード等の利用）は，包括信用購入あっせん関係受領契約には該当せず，このような取引に際しては，利用時書面の交付義務は課されないことになる。

また，請求時書面及び加盟店利用時書面も同様で，それぞれ「商品，指定権利又は役務に係る……弁済金の支払を請求するとき」，「包括信用購入あっせんに係る販売の方法により商品若しくは指定権利を販売する契約又は包括信用購入あっせんに係る提供の方法により役務を提供する契約を締結したとき」に交付義務が課されることとされているため，指定権利以外の権利に係る弁済金を請求する場合には，請求時書面及び加盟店利用時書面の交付は不要であることになる。

　ただし，カード等が利用された際に，包括信用購入あっせん業者がカード等の具体的な利用内容を把握・確認することはないから（購入者等から苦情の申出があったような場合を除き，通常の業務としてはそのような運用にはなっていない），カード等の利用内容が指定権利であるのかそれ以外の権利であるのかを把握することは現実的ではない。また，加盟店は販売した権利の内容を把握してはいるものの，それが指定権利に該当するか否かという法的な判断を逐一行うことも現実的ではない。さらに，請求時書面についても同様であり，包括信用購入あっせん業者は，請求する弁済金に係る利用内容が指定権利であるか否かを把握しておらず，また，多くの場合には，権利以外の商品・役務に係る弁済金も同時に請求することとなる。そのため，実際上の運用としては，包括信用購入あっせん業者及び加盟店は，取引内容が指定権利であるか否かにかかわらず，（加盟店）利用時書面及び請求時書面を交付することとなろう。

(4) 記載事項

　割賦販売法30条の2の3に基づく各書面の記載事項（提供事項）は，次のとおりである。

利用時書面 （包括方式）	利用時書面 （リボルビング方式）	請求時書面	加盟店利用時書面
① 支払総額 ② 各回の支払分の額並びに支払時期及び方法 ③ その他経済産業省令・内閣府令で定める事項 　イ 包括信用購入あ	① 現金販売（提供）価格 ② 支払方法 ③ その他経済産業省令・内閣府令で定める事項 　イ 包括信用購入あっせん業者の名称	① 弁済金の支払時期 ② ①の時期に支払う弁済金の額及び算定根拠	① 現金販売（提供）価格 ② 商品の引渡時期，権利の移転時期又は役務の提供時期 ③ 契約解除に関する事項 ④ その他経済産業省

第5節 行為規制　第2款 契約締結時の書面交付　〔1〕 概説

っせん業者の名称及び住所又は電話番号並びに加盟店の名称 ロ　契約年月日 ハ　支払回数 ニ　問合わせ又は相談先の名称及び住所又は電話番号 ホ　抗弁権の接続に関する事項 ヘ　契約解除に関する事項 ト　期限の利益喪失に関する事項 チ　損害賠償に関する事項 リ　その他の特約	及び住所又は電話番号並びに加盟店の名称 ロ　契約年月日 ハ　問合わせ・相談先の名称及び住所又は電話番号 ニ　抗弁権の接続に関する事項 ホ　契約解除に関する事項 ヘ　期限の利益喪失に関する事項 ト　損害賠償に関する事項 チ　その他の特約		令・内閣府令で定める事項 イ　加盟店の名称及び住所又は電話番号 ロ　契約年月日 ハ　商品・権利・役務の種類 ニ　商品の数量，権利の行使可能回数又は期間，役務の提供回数・期間 ホ　問合わせ・相談先の名称及び住所又は電話番号 ヘ　役務提供が商品又は指定権利の販売の条件となっている場合の当該役務に関する事項 ト　商品販売が指定権利の販売又は役務提供の条件となっている場合の当該商品に関する事項 チ　権利販売が商品販売又は役務提供の条件となっている場合の当該権利に関する事項 リ　瑕疵担保責任に関する事項 ヌ　その他の特約 ル　包括信用購入あっせん関係販売等契約が連鎖販売個人契約又は業務提供誘引販売個人契約であるときはその旨

なお，一定の場合には記載事項の省略も認められている。
具体的な記載事項及びその詳細は，後記〔2〕の「条文解説」を参照。

(5) 交付時期

割賦販売法30条の2の3に基づく書面の交付又は提供時期は，各書面によって異なる。

まず，利用時書面は，包括信用購入あっせん関係受領契約を締結したときに，遅滞なく交付することとされている（30条の2の3第1項・2項）。次に，請求時書面は，弁済金の支払を請求するときは，あらかじめ交付することとされている（同条3項）。さらに，加盟店利用時書面は，包括信用購入あっせんの方法による売買契約又は役務提供契約を締結したときに，遅滞なく情報提供し（同条4項），利用者から書面の交付を求められたときには遅滞なく書面を交付しなければならない（同条5項）。

つまり，利用時書面及び加盟店利用時書面は，カード等が利用された（又は利用者から書面の交付を求められた）後に交付するのに対し，請求時書面は，弁済金の請求に先立って交付する必要がある。

なお，利用者がマンスリークリア方式によりカード等を利用した場合には，割賦販売法30条の2の3に基づく書面交付義務は生じないが，「あとリボ」によって，支払方式をリボルビング方式に変更した場合には，包括信用購入あっせん業者及び購入者等間の（立替払）契約の内容が変更され，リボルビング方式の包括信用購入あっせん（包括信用購入あっせん関係受領契約）に該当することとなるため，割賦販売法30条の2の3が適用されることになる。この場合には，リボルビング方式に変更された時点から「遅滞なく」書面を交付する必要があると解される。ただし，支払方式の変更は，利用者と包括信用購入あっせん業者との間のみの問題であり，加盟店には全く無関係であるから（そもそも，システム上，加盟店が，支払方式が変更されたことを知ることはない），後リボにより支払方式が変更された場合であっても，加盟店は加盟店利用時書面の交付義務を負わないと解される。

(6) 電磁的方法による提供

利用時書面及び請求時書面については，利用者の同意等の要件を満たす場合には，電磁的方法により提供することが認められる（30条の6による4条の2の準用）。

これに対し，加盟店利用時書面は，元々，法定事項に係る情報を「提供」すれば足りる。これは，書面の交付だけでなく，電磁的方法等により提供するこ

第5節　行為規制　　第2款　契約締結時の書面交付　　〔2〕条文解説

とも認めるものである。したがって，加盟店は，利用者の同意を得るまでもなく電磁的方法により提供することができる。これは，インターネットの普及及び今後のフィンテックの発展を見据え，加盟店にとって便宜な方法により法定事項を提供することを認める趣旨である。とはいえ，購入者等から求められた場合には，書面の交付が必要となる（30条の2の3第5項）。

(7) 罰　　則

　割賦販売法30条の2の3各項に違反して利用時書面，請求時書面又は加盟店利用時書面を交付しなかった者は，50万円以下の罰則が科される（53条3号・4号）。

〔2〕条文解説

（書面の交付等）
第30条の2の3　包括信用購入あつせん業者は，包括信用購入あつせんに係る購入又は受領の方法により購入される商品若しくは指定権利の代金又は受領される役務の対価に相当する額の受領に係る契約（以下「包括信用購入あつせん関係受領契約」という。）であつて第2条第3項第1号に規定する包括信用購入あつせんに係るものを締結したときは★1，遅滞なく★2，経済産業省令・内閣府令で定めるところにより★3，当該契約に関する次の事項を記載した書面を購入者又は役務の提供を受ける者に交付しなければならない★4。
　一　購入者又は役務の提供を受ける者の支払総額（当該商品若しくは当該権利の現金販売価格又は当該役務の現金提供価格及び包括信用購入あつせんの手数料の合計額をいう。第30条の3及び第30条の4において同じ。）★5
　二　包括信用購入あつせんに係る各回ごとの商品若しくは権利の代金又は役務の対価（包括信用購入あつせんの手数料を含む。）の支払分の額並びにその支払の時期及び方法★6
　三　前2号に掲げるもののほか，経済産業省令・内閣府令で定める事項★7
　2　包括信用購入あつせん業者は，包括信用購入あつせん関係受領契約であつて第2条第3項第2号に規定する包括信用購入あつせんに係るものを締結したときは★8，遅滞なく，経済産業省令・内閣府令で定めるところによ

り★9，当該契約に関する次の事項を記載した書面を購入者又は役務の提供を受ける者に交付しなければならない★10。
　一　当該商品若しくは当該権利の現金販売価格又は当該役務の現金提供価格★11
　二　弁済金の支払の方法★12
　三　前2号に掲げるもののほか，経済産業省令・内閣府令で定める事項★13
3　包括信用購入あっせん業者は，商品，指定権利又は役務に係る第2条第3項第2号に規定する包括信用購入あっせんに係る弁済金の支払を請求するときは★14，あらかじめ★15，経済産業省令・内閣府令で定めるところにより★16，次の事項を記載した書面を購入者又は役務の提供を受ける者に交付しなければならない★17。
　一　弁済金を支払うべき時期★18
　二　前号の時期に支払われるべき弁済金の額及びその算定根拠★19
4　包括信用購入あっせん業者と包括信用購入あっせんに係る契約を締結した販売業者（特定の包括信用購入あっせん業者のために，利用者がカード等を提示し若しくは通知して，又はそれと引換えに販売業者から商品若しくは権利を購入し，又は役務提供事業者から役務の提供を受けるときは，自己の名をもつて当該販売業者又は当該役務提供事業者に包括信用購入あっせんに係る購入又は受領の方法により購入された商品若しくは権利の代金又は受領される役務の対価に相当する額の交付（当該販売業者又は当該役務提供事業者以外の者を通じた当該販売業者又は当該役務提供事業者への交付を含む。）をすること（以下「包括信用購入あっせん関係立替払取次ぎ」という。）を業とする者（以下「包括信用購入あっせん関係立替払取次業者」という。）と包括信用購入あっせん関係立替払取次ぎに係る契約を締結した販売業者を含む。以下「包括信用購入あっせん関係販売業者」という。）又は役務提供事業者（包括信用購入あっせん関係立替払取次業者と包括信用購入あっせん関係立替払取次ぎに係る契約を締結した役務提供事業者を含む。以下「包括信用購入あっせん関係役務提供事業者」という。）★20は，包括信用購入あっせんに係る販売の方法により商品若しくは指定権利を販売する契約又は包括信用購入あっせんに係る提供の方法により役務を提供する契約を締結したときは，遅滞なく★21，経済産業省令・内閣府令で定めるところにより★22，当該契約に関する次の事項に係る情報を購入者又は役務の提供を受ける者に提供しなければならない★23。
　一　商品若しくは権利の現金販売価格又は役務の現金提供価格★24

第5節　行為規制　　第2款　契約締結時の書面交付　〔2〕　条文解説

　二　契約の締結時において商品の引渡し若しくは権利の移転又は役務の提供をしないときは，当該商品の引渡時期若しくは当該権利の移転時期又は当該役務の提供時期★25
　三　契約の解除に関する定めがあるときは，その内容★26
　四　前3号に掲げるもののほか，経済産業省令・内閣府令で定める事項★27，★28
5　包括信用購入あっせん関係販売事業者又は包括信用購入あっせん役務提供事業者は，前項に規定する契約の締結時において購入者又は役務の提供を受ける者から同項各号の事項を記載した書面の交付を求められたときは，遅滞なく，経済産業省令・内閣府令で定めるところにより★29，当該書面を交付しなければならない★30。

★1(1)　30条の2の3第1項は，包括信用購入あっせん業者に対し，包括方式の包括信用購入あっせんに係る「包括信用購入あっせん関係受領契約」を利用者と締結した際に同項各号の事項を記載した書面（利用時書面）を利用者に交付すべきことを義務付けるものである。

　　　前述のとおり，「包括信用購入あっせん関係受領契約」とは，カード等の利用により包括信用購入あっせん業者と利用者との間に個別に成立する個別契約（立替払契約等）のことを指す。包括自主規則では「包括クレジット契約」という用語があてられているが，カード等の交付等に係る包括契約と紛らわしいため，混同しないよう注意を要する。

　(2)　30条の2の3第1項は，割賦販売法2条3項1号の包括信用購入あっせん，すなわち包括方式の包括信用購入あっせんに係る包括信用購入あっせん関係受領契約が締結された場合の書面交付義務を定めるものである。つまり，利用者が分割払方式を選択してカード等を利用等した場合について規定するものであり，リボルビング方式によりカード等を利用等した場合については，30条の2の3第2項により規律される。

★2　30条の2の3第1項の利用時書面は，包括信用購入あっせん関係受領契約を「締結したとき」に「遅滞なく」交付されなければならない。

　(1)　クレジットカードにおいては，カードの利用時に，カード会社（包括信用購入あっせん業者）とカード会員（利用者）とが接しないため，包括信用購入あっせん関係受領契約の締結時期が不明確である。

　　　包括信用購入あっせん関係受領契約の締結時期としては，いわゆる「オ

343

ーソリゼーション」(「オーソリ」ともいい，カードの利用時に加盟店からカード会社に対してなされる，カードの利用承認を求める手続である）において，カード会社がカードの利用を承認した時点と，その後加盟店からカード会社に対して，カード利用に係る売上データが送信された時点とが考えられるが，クレジットカードのシステム上，オーソリだけではカード会社は加盟店に立替払いせず，売上データが到着してはじめて立替払いを実行することになっている（オーソリはあくまでも，カードの利用を承認するだけで，必ずしも，その後実際にカードが利用されるとは限らない）。カード会員に対するカード代金の請求も同様で，オーソリされただけでカード会員にカード代金を請求することはなく，売上データが到着し，加盟店に立替払いした時点で，カード会社としてはカード会員にカード代金を請求することになる。このような実態を踏まえれば，包括信用購入あっせん関係受領契約の締結時期としては，カード会社がカード利用を承認した時点ではなく，加盟店からカード利用に係る売上データが到着した時点と考えることになろう。オーソリは，あくまでもカード利用の承認にすぎず，それ自体として，カード会社が加盟店に立替払いしたり，カード会員がカード会社にカード代金を支払ったりすることとなるわけではないからである。

　では，売上データはいつカード会社に到着するのかという点が問題となるが，これは，カード会社（又はアクワイアラー）と加盟店の加盟店契約により定められているため，一概にいつということはできないが，週締めや月締めで定められていること多い。もっとも，ルーズな加盟店の場合には，売上データの送信が遅くなることもあるほか，商品等の返品期間が経過した時点で売上データを送信する運用としている加盟店もある（売上データを送信した後に返品等が生じた場合，カード会社からの立替金についても別途清算しなければならず，手続が煩雑となるため，これを回避する趣旨である）。

(2)　「遅滞なく」となっているため，包括信用購入あっせん関係受領契約の締結後，遅れずに交付する必要があるが，「遅滞なく」という表現自体が（合理的な理由に基づく）時間的な幅を許す表現である上，カード等の利用に際して，包括信用購入あっせん業者と利用者とが直接接触するタイミングがあるわけでもないから，カード等の利用（包括信用購入あっせん関係受領契約の締結）後，合理的な期間内に交付すれば足りる。したがって，カード等の利用から締結時書面の交付までに一定の時間が経過したからといって，それだけで即違法となるものではない。

第5節 行為規制　第2款 契約締結時の書面交付　〔2〕 条文解説

　　包括自主細則でも，「『遅滞なく』書面を交付するときは，個々の包括クレジット契約に係る事務処理等の手続を遅れることなく行った上で交付することで足りることとする」とされている（包括自主細則35条1項）。
　　実際には，30条の2の3第3項の請求時書面と兼ねて，締日後の請求書ないし利用明細として，当該締日に係る利用についてまとめて書面を交付（又は電磁的方法の提供）する運用となっており，このような取扱いで何ら問題ない。
★3　30条の2の3第1項の締結時書面の作成・交付に当たっては，次のとおり行われなければならない（割賦則50条）。
　(1)　購入者等が読みやすく，理解しやすいような用語により，正確に記載すること。
　(2)　抗弁権の接続に関する事項については，その内容に，加盟店に対して生じている事由をもって，支払分の支払の請求をする包括信用購入あっせん業者に対抗できる旨が定められていること。
　(3)(a)　割賦販売法施行規則49条6号〜8号以外に，法令に違反する特約が定められていないこと。
　　(b)　包括信用購入あっせん関係受領契約の解除に関する事項，支払時期の到来していない支払分の支払の請求に関する事項，支払分の支払の義務が履行されない場合（包括信用購入あっせん関係受領契約が解除された場合を除く）の損害賠償額又は違約金に関する事項について，一定の基準に合致していること。
　　　　上記(b)の基準については，各事項の項で説明を加える。
　(4)　日本工業規格Z8305に規定する8ポイント以上の大きさの文字及び数字を用いること。
　　　　また，上記の定めに加えて，紙の厚さ，質，色及びインクの濃さ，色の選択は購入者等にとって読みやすいものとなるよう十分に留意しなければならない（包括自主規則43条3号）。
★4(1)　30条の2の3第1項の締結時書面には，「次の事項を記載」しなければならないのが原則であるが，個々の包括信用購入あっせん関係受領契約において記載内容が変わらないものについては，あらかじめ交付時書面（30条1項）と同時に利用者に交付しておくことで，締結時書面への記載を省略することができる（包括自主規則41条3項）。
　　　　主に30条の2の3第1項3号の経済産業省令・内閣府令で定める事項で

あるが，例えば，抗弁権の接続に関する事項（割賦則49条5号），包括信用購入あっせん関係受領契約の解除に関する事項（同条6号），期限の利益喪失に関する事項（同条7号）などは，個別のカード等の利用のたびに変更される事項ではなく，通常，交付時書面として交付されるカード等の規約に記載されている事項であるから，このような事項については，締結時書面への記載を省略することが認められることになる。

(2) また，1通の書面で30条の2の3第1項の包括方式に係る利用時書面と同条2項のリボルビング方式に係る利用時書面とを兼ねる場合には，共通する項目については記載を省略することができる（包括自主規則42条）。したがって，そのような事項については，1通の書面に1回記載すれば足りることになる。例えば，包括信用購入あっせん業者の名称等（割賦則49条1号）や相談機関の住所・電話番号（同条4号）などを2回記載する必要はない。

(3) なお，逆に，法定の記載事項以外の事項を記載することも当然認められる。例えば，利用者に交付等されたカード番号等や，支払方法が口座引落しである場合の引落先の銀行口座に係る情報等である。これらは，利用者の特定や支払金の支払に関して利用者の便宜を図るためのものであり，記載すること自体には何ら問題はないが，（個人）情報の漏えい防止等の観点から，一部伏せ字にする等の配慮は求められよう。

(4) 30条の2の3第1項は，利用時書面の「交付」を義務付けるものであるが，交付とは，手交又は郵送を指す。ただし，後述のように書面の交付に代えて，電磁的方法により提供することも認められる（30条の6による4条の2の準用）。

★5 「支払総額」とは，「現金販売価格」又は「現金提供価格」に手数料を加えた金額であり，まさしく購入者等が包括信用購入あっせん業者に支払うカード代金の総額を指す。

なお，現金販売価格及び現金提供価格は，現金で購入又は役務提供を受ける場合の金額を指し（3条1項1号），また，手数料は含まれないことが明示された登記等手数料以外の信用調査費，事務管理費等の手数料を含むと解される。なぜなら，割賦販売法30条1項2号の手数料にはそれらの名義を問わず，包括信用購入あっせん業者が徴収する一切の費用が含まれることとされており（割賦則36条1項3号），取引条件の表示書面においてそのような意味合いで「手数料」とされている以上は，締結時書面で異なる意味に解する必

第5節　行為規制　　第2款　契約締結時の書面交付　　〔2〕　条文解説

要性もないからである（包括自主規則別表2参照）。
★6　「支払の時期」については，①すべての支払期日を記載する，②支払期間及び毎月の支払日を記載するのいずれかにより記載する必要があり，また，「支払方法」については，持参払い，銀行振込，口座引落し等の支払金を支払う方法を具体的に記載することが必要である（包括自主規則44条1項1号）。
　　また，法文上も包括自主規則上も求められてはいないが，実際上の問題あるいは消費者保護的な観点からすれば，支払方法が銀行振込である場合には振込先の銀行口座についての記載も要し，また，口座引落しの場合には，引落先の銀行口座を表示する必要があろう。
★7　経済産業省令・内閣府令で定める事項は，以下の事項である（割賦則49条）。
　(1)　包括信用購入あっせん業者の名称及び住所又は電話番号並びにカード等が利用された加盟店の名称
　　　加盟店の名称については，どのレベルで記載しなければならないかが問題になる。例えば，コンビニエンスストアの「○○ストア××店」でカード等が利用された場合には，取引の内容を確認させるという30条の2の3の趣旨からすれば「○○ストア××店」と記載するのがベストであることは間違いない。しかし，包括信用購入あっせん，特にクレジットカード取引においては，カード等の利用先としてどのような名称が表示されるかは，決済端末を設置した時点で，加盟店側の申告により決定されており，特にオフアス取引においては，イシュアーは，アクワイアラーを通じて連携された加盟店の名称をそのまま表示するほかないという状態にある。
　　　このような実態を踏まえれば，上記の「加盟店の名称」は，必ずしも実際にカード等が利用された店舗名を正確に記載する必要はなく，カード等のシステムを通じて連携された名称を記載すれば足りると解される。
　(2)　契約年月日
　　　包括信用購入あっせん関係受領契約の締結年月日のことである。ただし，オフアス取引におけるイシュアーは，上記(1)と同様に，加盟店側から申告・連携された決済日を契約年月日として記載すれば足りる。
　(3)　支払分の支払回数
　(4)　包括信用購入あっせん関係受領契約について購入者等が問合わせ，相談等を行うことができる機関の名称及び住所又は電話番号
　　　「購入者等が問合わせ，相談等を行うことができる機関」とは，包括信用購入あっせん業者のコールセンターやカスタマーセンター等のことである。

(5) 包括信用購入あっせん業者に対する抗弁に関する事項

抗弁権の接続（30条の4）に関する事項を指す。当該事項については，前掲★3(2)にあるように，抗弁権が接続される（加盟店に対する抗弁事由を包括信用購入あっせん業者に対抗できる）旨が記載されている必要がある。記載に当たっては，包括自主規則・別紙記載例4（巻末資料12）を参照（包括自主規則44条1項2号）。

(6) 包括信用購入あっせん関係受領契約の解除に関する定めがあるときは，その内容

当該事項は，包括信用購入あっせん関係受領契約の解除に関するものであり，次の基準に合致するものでなければならない（割賦則50条3号表1号）。

 (a) 購入者等からの契約の解除ができない旨が定められていないこと。

 (b) 購入者等の支払義務の不履行により契約を解除することができる場合は，包括信用購入あっせん業者が定める一定期間にわたり義務の不履行があった場合であって，包括信用購入あっせん業者が20日以上の相当な期間を定めてその支払を書面で催告し，その義務が履行されない場合に限る旨が定められていること。

 (c) 購入者等の責めに帰すべき事由により契約が解除された場合の損害賠償等の額についての定めが割賦販売法30条の3第1項の規定に合致していること。

 (d) 包括信用購入あっせん業者の責めに帰すべき事由により契約が解除された場合における包括信用購入あっせん業者の義務に関し，民法545条に規定するものより購入者等に不利な特約が定められていないこと。

(7) 支払時期の到来していない支払分の支払を請求することについての定めがあるときは，その内容

カード代金の期限の利益喪失に関する事項であり，次の基準に合致している必要がある（割賦則50条3号表2号）。

 (a) 購入者等の支払義務の不履行により支払時期の到来していない支払分の支払を請求できる場合は，包括信用購入あっせん業者が定める一定期間にわたり義務の不履行があった場合であって，包括信用購入あっせん業者が20日以上の相当な期間を定めてその支払を書面で催告し，その期間内にその義務が履行されない場合に限る旨が定められていること。

 (b) 購入者等の支払義務の不履行以外の事由により支払時期が到来していない支払分の支払を請求できる場合として，購入者等の信用が著しく悪

第5節　行為規制　　第2款　契約締結時の書面交付　　〔2〕　条文解説

化した場合又は重要な契約条項違反があった場合以外の場合が定められていないこと。

　なお，当該事項の記載に当たっては，包括自主規則・別紙記載例5（巻末資料13）を参照（包括自主規則44条1項4号）。

(8)　支払分の支払の義務が履行されない場合（包括信用購入あっせん関係受領契約が解除された場合を除く）の損害賠償額の予定又は違約金の定めがあるときは，その内容

　この事項は，割賦販売法30条の2第2項に合致するものでなければならず（割賦則50条3号表3号），また，包括自主規則・別紙記載例6（巻末資料14）を参照して記載することとされている（包括自主規則44条1項5号）。

(9)　その他特約があるときは，その内容

　例えば，以下の(a)～(d)のような特約事項が想定されるが，それぞれに定める基準に合致するものでなければならず，包括自主規則別紙記載例7～10（巻末資料15～18）を参照して記載することとされている（包括自主規則44条2項）。

(a)　債務の弁済の受領に要する費用として手数料以外に購入者等から徴求する費用に関する事項

　印紙代，公正証書作成費用など契約締結に要する費用及び訪問集金費用，再振替手数料など債務の弁済の受領に要する費用として手数料以外に購入者等から徴求する費用について記載すること。

(b)　商品の所有権の留保に関する事項

　商品の所有権の移転時期及び商品の所有権が購入者に移転される前にあっては，購入者はその商品を担保に供し，譲渡し又は転売することができない旨を記載すること。

(c)　早期完済の特約に関する事項

　購入者等が支払期間の途中で一括弁済した場合，未経過期間についての金利相当分を割り引き，又は払い戻す旨を記載すること。

(d)　管轄裁判所に関する事項

　包括契約に係る訴えの属する裁判所の管轄について購入者等に著しく不利とならないよう記載すること。

　なお，上記(6)～(9)の事項は，割賦販売法施行規則50条3号の基準に合致する内容で交付時書面に記載されている場合には，利用時書面への記載を省略することができる（割賦則49条柱書ただし書）。

★8　30条の2の3第2項は、リボルビング方式の包括信用購入あっせん関係受領契約が締結された場合に、包括信用購入あっせん業者に対して利用時書面の交付義務を課すものである。

「包括信用購入あっせん関係受領契約」については前掲★1、利用時書面の交付時期については前掲★2を参照。

★9　経済産業省令・内閣府令で定められている内容は、包括方式の場合（前掲★3参照）とほとんど同様であるが（割賦則52条）、リボルビング方式包括信用購入あっせんに割賦販売法30条の3が適用されないため、損害賠償額の予定又は違約金の定めについて包括方式の場合よりも合致すべき基準が少なくなっている。

★10　前掲★4参照。

★11　リボルビング方式の締結時書面においては、支払総額ではなく現金販売（提供）価格を記載することとされているが、これは、リボルビング方式においては、包括信用購入あっせん関係受領契約の締結時点では各回の弁済金額が定まらず、これを記載することができないためである。

　なお、現金販売（提供）価格とは、現金で商品若しくは権利を購入し又は役務提供を受ける場合の金額を指す（3条1項1号）。

★12　前掲★6参照。

★13　経済産業省令・内閣府令で定めるのは、次の事項である（割賦則51条）。
　(1)　包括信用購入あっせん業者の名称及び住所又は電話番号並びに包括信用購入あっせん関係販売業者又は包括信用購入あっせん関係役務提供事業者の名称
　(2)　契約年月日
　(3)　包括信用購入あっせん関係受領契約について購入者等が問合わせ、相談等を行うことができる機関の名称及び住所又は電話番号
　(4)　包括信用購入あっせん業者に対する抗弁に関する事項
　　当該事項については、抗弁権の接続が認められる旨が定められていなければならず、包括自主規則・別紙記載例4（巻末資料12）を参考に記載することとされている（割賦則52条2号）。
　(5)　包括信用購入あっせん関係受領契約の解除に関する定めがあるときは、その内容
　　割賦販売法施行規則52条3号表1号の基準に合致していなければならない。基準の内容は、前掲★7(6)(a)、(b)及び(d)と同様である。

(6) 支払時期の到来していない弁済金の支払を請求することについての定めがあるときは、その内容

割賦販売法施行規則52条3号表2号の基準（前掲★7(7)参照）に合致するものでなければならず、また、包括自主規則・別紙記載例5（巻末資料13）を参考にして記載することとされている（包括自主規則45条1項4号）。

(7) 弁済金の支払の義務が履行されない場合（包括信用購入あっせん関係受領契約が解除された場合を除く）の損害賠償額の予定又は違約金の定めがあるときは、その内容

割賦販売法30条の3が適用されないことから、特に合致すべき基準は設けられていないが、少なくとも消費者との契約においては、消費者契約法9条2号により、14.6％が遅延損害金率の上限となっている。

(8) その他特約があるときは、その内容

前掲★7(9)を参照。

なお、包括方式の場合と異なり、リボルビング方式の包括信用購入あっせんに関しては、その他の特約として弁済金の充当方法に関する特約が考えられる（包括自主規則45条2項1号）。この場合には、割賦販売法30条の5及び同法施行令22条に反しないよう努めるとともに、包括自主規則・別紙記載例11（巻末資料19）を参考にして記載することとされている（包括自主規則44条2項1号）。

★14　30条の2の3第3項は、リボルビング方式に基づく弁済金の支払を請求する場合に、包括信用購入あっせん業者に対して請求時書面の交付を義務付けるものである。

請求時書面の交付義務がリボルビング方式の包括信用購入あっせんにのみ課されているのは、リボルビング方式においては各回の弁済金が、実際の弁済時期にならなければ定まらないため、請求に際して弁済金額を周知させ、これを利用者に認識させるためである。つまり、30条の2の3第2項の締結時書面において、各回の弁済金額が記載事項となっていないことの裏返しである。

なお、「包括信用購入あっせんに係る弁済金の支払を請求するとき」とは、包括契約（カード規約）で定められた時期（通常は毎月）に弁済金を請求することを指し、弁済金の支払が遅れた場合に、これを督促するような場合は含まれない。

★15　30条の2の3第3項の請求時書面は、「請求するときは、あらかじめ」交付

されなければならない。つまり，請求時書面は，弁済金の請求に先立って，事前に交付する必要がある。

「請求するときは，あらかじめ」という文言からすれば，請求時書面の交付→弁済金の請求→弁済という順序を踏まなければならないようにも読め，また，包括自主細則でも，「『あらかじめ』書面を交付するときは，各回の弁済金の支払時期及び支払額を，毎月の支払日前に交付する利用明細書に記載して交付するなど，現実に支払請求をする時点までに交付することで足りることとする」とされている（包括自主細則35条2項）。

しかし，30条の2の3第3項の趣旨が，弁済金額を利用者に認識させる点にあることからすれば，実際の弁済時期（支払日）よりも前に交付されれば足りるはずであり，また，「請求」行為をしなければ書面を交付する必要がないとするのも妥当ではないから，ここでいう請求とは弁済（の受領）とイコールであり，弁済金の支払を受けるより前に交付すれば足りるものと解される。

なお，請求時書面を交付した後，一部入金等の事情により，利用者が弁済すべき金額に変動が生じた場合であっても，請求時書面に記載した金額よりも弁済すべき金額が低くなる場合には，再交付までは不要と解される。逆に，金額が大きくなる場合には，30条の2の3第3項の趣旨からしても，再交付が必要になろう。

★16 請求時書面の作成基準は，次のとおりである（割賦則53条）。
① 購入者等が読みやすく，理解しやすいような用語により，正確に記載すること。
② 弁済金の算定根拠については，遅延損害金及び包括信用購入あっせんの手数料以外の債務のうち未払いとして残っている額，弁済金の内訳その他弁済金の額に必要な事項を記載すること。
　　この弁済金の算定根拠については，後掲★19を参照。
③ 日本工業規格Z8305に定める8ポイント以上の大きさの文字及び数字を用いること。

★17 請求時書面は，必ずしも，請求時書面単独で交付しなければならないわけではなく，包括自主細則35条2項に定められているように，利用時書面と併せて利用明細等として，1通にまとめて交付されるのが通常である。

また，請求時書面についても，その交付に代えて電磁的方法により提供することが認められる（30条の6による4条の2の準用）。現在では，電磁的方法による提供の方が主流であり，紙媒体の交付は有料とするカード会社も多い。

第5節　行為規制　　第2款　契約締結時の書面交付　　〔2〕　条文解説

★18　リボルビング方式においては弁済金を完済する時期が不明，つまり，いつまで弁済することになるのかが不明であるから，ここでいう「弁済金を支払うべき時期」の意味を，弁済金の全部の支払時期と解することはできない。したがって，30条の2の3第3項1号における「弁済金を支払うべき時期」とは，当該請求に係る弁済金の支払時期を指すと解すべきであり，結局は，当該請求（時書面）に係る弁済日を記載することとなり，これで足りると解される。

★19　「弁済金……の算定根拠」が何を意味し，具体的にどの程度の算定根拠を記載しなければならないかは必ずしも明らかではないが，「弁済金の額の算出に必要な事項を記載」しなければならないとされている（割賦則53条2号，包括自主規則46条）。

　　請求時書面も利用者の保護を目的としていることからすれば，「必要な事項」だけでなく，どのような計算によって弁済金額が算出されたのかという計算式も記載するのがより望ましいことは間違いないが，そこまでは求められていない。単純に，例えば，締日時点での残債務（残元金）額，利率，定額・定率の別，ウィズイン・ウィズアウトの別等の，弁済金の算定のもととなる項目・数字等を記載すれば，30条の2の3第3項の書面として要件は満たすものと解される。もちろん，必要以上に理解しにくいような記載・表現とすることは許されないが（割賦則53条1号），必ずしも計算式までの記載は不要と解される。

★20(1)　30条の2の3第4項は，カード等が利用された場合において，加盟店に対して加盟店利用時書面の交付を義務付けるものである。

(2)　30条の2の3第4項により，書面交付義務を課されるのは，「包括信用購入あっせん関係販売業者」及び「包括信用購入あっせん関係役務提供事業者」であるが，これらの事業者は，具体的には，次の者のことである。

① 「包括信用購入あっせん業者と包括信用購入あっせんに係る契約を締結した販売業者（役務提供事業者）」
　　オンアス加盟店のことである。

② 「包括信用購入あっせん関係立替払取次業者」と「包括信用購入あっせん関係立替払取次ぎに係る契約を締結した販売業者（役務提供事業者）」
　　「包括信用購入あっせん関係立替払取次業者」とは，「包括信用購入あっせん関係立替払取次ぎ」を業とする者を指し，「包括信用購入あっせん関係立替払取次ぎ」とは，「特定の包括信用購入あつせん業者のために，

利用者がカード等を提示し若しくは通知して、又はそれと引換えに販売業者から商品若しくは権利を購入し、又は役務提供事業者から役務の提供を受けるときは、自己の名をもつて当該販売業者又は当該役務提供事業者に包括信用購入あつせんに係る購入又は受領の方法により購入された商品若しくは権利の代金又は受領される役務の対価に相当する額の交付（当該販売業者又は当該役務提供事業者以外の者を通じた当該販売業者又は当該役務提供事業者への交付を含む。）をすること」を意味する。

　簡単にいえば、カード等が利用された場合に、自己の名をもって加盟店に対してカード等の利用に係る代金を支払うのが「包括信用購入あっせん関係立替払取次ぎ」であり、包括信用購入あっせん関係立替払取次業者とは、オフアス取引におけるアクワイアラーを指す（経産省・解説137頁）。

　したがって、上記②は、オフアス取引におけるオフアス加盟店のことである。

　なお、法文上は、「包括信用購入あっせんに係る契約」と「包括信用購入あっせん関係立替払取次ぎに係る契約」とが区別されているが、実際には、自社のカード等の受入れと、自社が提携する他の包括信用購入あっせん業者のカード等の受入れの双方の内容を含む一つの加盟店契約が締結されるにすぎないケースも多い。

(3)　ところで、この包括信用購入あっせん関係販売業者（役務提供事業者）は、①包括信用購入あっせん業者＝イシュアーと加盟店契約を締結したオンアス加盟店、②包括信用購入あっせん関係立替払取次業者＝アクワイアラーと加盟店契約を締結したオフアス加盟店を指していることは上述のとおりであるが、この定義と関連して問題になるのは、PSPが、包括加盟方式でイシュアー又はアクワイアラーと契約した場合のその店子の位置付けである。

　すなわち、包括加盟方式においては、PSPがイシュアー又はアクワイアラーと加盟店契約を締結しており、通常の取引における加盟店の位置に立っている。逆に、PSPの店子は、包括加盟方式においてはPSPと契約関係があるにすぎず、イシュアー又はアクワイアラーとは何ら契約関係にはない。そして、包括信用購入あっせん関係販売業者（役務提供事業者）が、イシュアー又はアクワイアラーと「契約を締結した販売業者（役務提供事業者）」と定義されているから、包括加盟手方式における店子はこれに当たら

第5節 行為規制　第2款 契約締結時の書面交付　〔2〕条文解説

ないことになる。

　もちろん，実際にカード等が利用されるのは店子であるが，30条の2の3第4項違反には罰則が科されている以上は（53条4号），罪刑法定主義（明確性の原則ないし類推解釈禁止）の要請から，明らかに定義上含まれていないPSPの店子が包括信用購入あっせん関係販売業者（役務提供事業者）に含まれると解釈することはできないと解される。

　もちろん，このような結論が，PSPの店子の管理という問題点及びこの点に関する消費者保護との関係で妥当性が認められるとまでは思わないが，条文（定義）の解釈としては，上記のように考えざるを得ない。この点は，明らかに割賦販売法の欠陥であるといえよう。次回の改正において，包括信用購入あっせん関係販売業者（役務提供事業者）の定義が適切に変更されることが望まれる。

★21　30条の2の3第4項の情報提供は，加盟店が利用者と売買契約等を締結した後「遅滞なく」なされなければならない。

　「遅滞なく」とは，正当ないし合理的な理由があれば遅れることが許される。具体的にどの程度の遅れが許されるのかは，加盟店のシステムやどのようなツールを用いるのか，どのような方法により提供するのかにもよるため，一概に基準を設定することは不可能であり，加盟店において，当該加盟店にとって合理的な期間内に提供されれば足りると解される。

　ただし，対面加盟店においては，基本的にカード等の利用と同時に提供（交付）されるのが通常であるから，それよりも遅れて提供することが許されるためには，高度に合理的な理由ないし事情が必要となろう。これに対し，非対面加盟店においては，カード等の利用等と同時に提供することは困難であるから，上述のとおり，そのシステムに則って合理性が認められれば足りると解される。

★22　経済産業省令・内閣府令では，30条の2の3第4項による加盟店利用時書面の交付（情報提供）の方法等について，次のとおり定めている（割賦則55条）。

(1)　購入者等が読みやすく，理解しやすいような用語により，正確に表示すること。

(2)　書面の交付又は電子情報処理組織を使用する方法その他の情報通信の技術を利用する方法により提供すること。

　書面の交付は文字どおりであり，「電子情報処理組織を使用する方法」とは，加盟店のコンピュータと利用者のPCとをインターネットで接続して

355

情報を提供する方法を指す（割賦則10条3項・34条3項・61条3項・95条3項参照）。「その他の情報通信の技術を利用する方法」とは，いわゆるフィンテックの発展に伴い，その時々の先端技術の利用を認める趣旨であり，具体的に特定の方法が想定されているわけではない。

　　提供方法の外縁については，後掲★23参照。
(3) 契約の解除に関する事項については，その内容が次の基準に合致していること。
　① 購入者等からの包括信用購入あっせん関係販売等契約の解除ができない旨が定められていないこと。
　② 包括信用購入あっせん関係販売等契約の締結の前に加盟店が見本，カタログ等により購入者等に対し提示した当該契約の内容と当該購入者等が受領した商品若しくは権利又は提供を受ける役務が相違している場合には，購入者等は，当該契約の解除をすることができる旨が定められていること。
　③ 加盟店の責めに帰すべき事由により包括信用購入あっせん関係販売等契約が解除された場合における加盟店の義務に関し，民法545条に規定するものより購入者等に不利な特約が定められていないこと。
(4) 加盟店の瑕疵担保責任に関する事項（割賦則54条1項9号）及びその他の特約（同項10号）に掲げる事項が一定の基準に合致していること。
　　当該基準については，後掲★27(9)参照。
(5) 日本工業規格Z8305に規定する8ポイント以上の大きさの文字及び数字を用いること。

★23　30条の2の3第4項が加盟店に課しているのは，各号に定める「情報を……提供」することであり，同条1項～3項と異なり「書面」を「交付」しなければならないとはなっていない。

　　これは，インターネット通信販売等の非対面で取引を行う事業者は当然として，技術発展，特にスマートフォンの普及が目ざましい現代においては，対面取引においても必ずしも書面を交付すべき合理性が必ずしも高くなく，他方で，書面を交付すること（及びその前提としての書面の出力）による加盟店のコスト，さらには当該コストがクレジットカードをはじめとするキャッシュレス取引への参入障壁となっていること等を勘案したものである。また，取引条件については，包括信用購入あっせん業者が交付時書面及び締結時書面を交付するため，重ねて加盟店が書面を交付する必要性が高くないこ

第5節　行為規制　　第2款　契約締結時の書面交付　　〔2〕　条文解説

ともその背景にあるものと思われる。

　30条の2の3第4項による情報提供は，書面交付以外に幅広い手段を認めるものであるが，書面交付を排除するものではないから，従前どおり，法定事項を記載した書面を交付することも認められる。また，書面以外の方法，つまり，インターネットを通じた方法等においては，包括信用購入あっせん業者が書面交付に代えて電磁的方法により提供する場合のような要件は特に定められていない（割賦則55条2号）。ただし，割賦販売小委員会による平成29年5月10日付報告書では，「加盟店からの情報提供手段については，記録保存の機能（再現可能性）を有するものである必要がある」「口頭での通知や店頭での表示等あらゆる手段が認められると解するべきではなく，書面による他は電子メール等のような情報通信技術を利用する電磁的方法に限るべき」とされている（同報告書第5節2.(2)）。

　30条の2の3第4項の改正は，現代社会においては必ずしも「書面」という物理的な媒体に限る必要性が高くない一方で，書面という有体物を作成・交付することが加盟店にとって負担であり，参入障壁となっていることから多様な手段を認める点にその目的があるのであって，紛争予防ないし消費者保護という元々の趣旨は維持されている以上は，当該趣旨に反しない方法による必要はあると解される。最低でも，購入者等の側で，事後的に確認できるような手法による必要があるものと思われる。

　もっとも，30条の2の3第4項違反が罰則の対象となっていることからすれば，加盟店において，具体的にどのような方法が「その他適切な方法」に当たるのかについての予測可能性を担保すべく，割賦販売法施行規則においてより踏み込んだ例示をするべきであろう。

★24　前掲★11参照。

★25　割賦販売に関する締結時書面（4条1項4号）の項を参照。

★26　商品・指定権利の販売契約又は役務提供契約につき，契約解除に関する定めがある場合には，当該定めの内容を記載しなければならない。その基準については，前掲★22(3)を参照。

　　　解除に関する定めがない場合には，記載は不要である。

★27　経済産業省令・内閣府令に定める事項は，次の事項である（割賦則54条1項）。

（1）　加盟店の名称及び住所又は電話番号

　　　包括信用購入あっせん業者の利用時書面の場合と異なり，正式な加盟店の名称がわからないという事態はあり得ないから，基本的には加盟店の正

式名称の記載・提供が必要である。ただし，ブランド名や屋号を使用しており，正式名称＝会社商号を記載することで却って利用者に混乱を来すような場合等に，正式名称ではなくブランド名や屋号その他の略称を記載・提供することも許されると解される。

(2) 契約年月日
(3) 商品若しくは権利又は役務の種類

   あくまでも「種類」であるから，商品名等を記載する必要はなく，その大まかな種類（例えば，冷蔵庫等）を記載すれば足りると解される。
(4) 商品の数量（権利又は役務の場合にあっては，契約上権利を行使し得る回数若しくは期間又は役務の提供を受けることができる回数若しくは期間）
(5) 包括信用購入あっせん関係販売等契約について購入者等が問合わせ，相談等を行うことができる機関の名称及び住所又は電話番号

   包括信用購入あっせん関係販売等契約とは，包括信用購入あっせんに係る販売の方法により商品若しくは指定権利を販売する契約又は包括信用購入あっせんに係る提供の方法により役務を提供する契約を指す。つまり，加盟店と利用者との間の売買契約等のことである。

   問合わせ，相談等を行うことができる機関とは，加盟店のコールセンター等のことである。
(6) 役務の提供が商品又は指定権利の販売の条件となっているときは，当該役務の内容，提供時期（当該役務を提供する契約の締結時において当該役務の提供するときを除く）その他当該役務に関する事項
(7) 商品の販売が指定権利の販売又は役務の提供の条件となっているときは，当該商品の内容，引渡時期（当該商品を販売する契約の締結時において当該商品の引渡しをするときを除く）その他当該商品に関する事項
(8) 権利の販売が商品の販売又は役務の提供の条件となっているときは，当該権利の内容，移転時期（当該権利を販売する契約の締結時において当該権利の移転をするときを除く）その他当該権利に関する事項

   上記(6)～(8)については，割賦自主規則17条１項８号が参考になる。30条の２の３第４項及び割賦販売法施行規則54条１項は，加盟店を義務者とする規定であり，加盟店には日本クレジット協会（JCA）の自主規則は適用されないが，同一の法律で同一の表現をしている以上は，同様に解するのが当然であるから，JCAの割賦自主規則を参照すること自体は何ら問題なく，むしろ推奨されるべきであろう。

(9) 商品に隠れた瑕疵がある場合の責任についての定めがあるときは、その内容

商品に隠れた瑕疵がある場合に、加盟店が瑕疵担保責任を負わない旨が定められていないことが必要である（割賦則55条4号表1号）。

(10) 前各号に掲げるもののほか特約があるときは、その内容

法令に違反する特約が定められていないことを要する（割賦則55条4号表2号）。

(11) 包括信用購入あっせん関係販売等契約が連鎖販売個人契約又は業務提供誘引販売個人契約であるときは、その旨

★28 前掲★27の経済産業省令・内閣府令で定める事項のうち、一部のものは、一定の場合には提供を省略することができる（割賦則54条1項柱書ただし書）。具体的には、以下のとおりである。

(1) 指定役務以外の役務を目的とした契約で、①役務の現金提供価格が1万円未満である場合、又は②カード等の利用後、直ちに役務の全部の履行が行われることが通例である役務が目的となっている場合

この場合には、前掲★27の(4)、(7)、(8)及び(10)の事項の提供を省略することができる。

カード等の利用後、直ちに役務の全部が提供されることが通例である役務とは、例えば、カラオケボックスの利用等である。これは、一過性の（一回的な）役務を意味するから、ほかにもタクシーのように後払いの（カード等の利用時点で、役務の全部が提供済みであることが通例である）取引も含まれる。

(2) 指定商品以外の商品を目的とした契約で、商品の現金販売価格が1万円未満である場合

この場合には、前掲★27の(4)、(6)、(8)及び(10)の事項の提供を省略することができる。

(3) 目的となる商品が2種類以上ある契約を締結した場合

現金販売価格が3000円未満の商品（最も高額である商品を除く）についての前掲★27の(3)及び(4)の事項の提供を省略することができる。

なお、上記(1)及び(2)については、利用者から省略可能な事項についての提供を求められた場合には、当該事項についての提供を省略することはできない。

また、利用者と加盟店とが対面することなく、かつ、勧誘を受けることなく機器にカード等を提示・通知等して商品若しくは指定権利を購入し、

又は役務の提供を受ける場合で，次の(4)又は(5)に該当する場合には，割賦販売法施行規則54条1項の事項を提供しないことができる（割賦則54条2項）。

(4) カード等の利用後，直ちに商品の引渡し又は指定権利の移転がされる場合

(5) カード等の利用後，直ちに役務の全部の履行が行われることが通例である場合

これは，自動販売機が念頭に置かれたものである。日本ではほとんど見ないが，例えばアメリカでは時間貸しの駐車場の決済にクレジットカードが利用可能であり，こういったものがわが国にも導入されれば，上記(5)に該当することになろう。なお，上記の場合に該当する場合に提供しないこととできるのは，割賦販売法施行規則54条1項の事項であるから，30条の2の3第4項1号～3号の提供は必要になる。

★29　30条の2の3第5項により書面を交付する場合には，割賦販売法施行規則54条及び55条が準用される（割賦則55条の2）。したがって，30条の2の3第5項の書面の記載事項及びその作成方法等は，加盟店による情報提供の場合（30条の2の3第4項）と同様である。

★30　30条の2の3第5項は，加盟店による（情報提供ではなく）加盟店利用時「書面」の交付を義務付ける場合であるが，その「交付」が必要となるのは，購入者等から「書面の交付を求められた」場合である。

30条の2の3第4項及び5項は，「情報の提供」を原則としつつ，利用者が書面の交付を求めた場合に，加盟店に対して書面の交付を義務付けるものである。

ただし，30条の2の3第5項により加盟店が書面交付義務を負うのは，「前項に規定する契約の締結時において……書面の交付を求められたとき」であるから，契約締結時には書面交付を求めず，後日に書面の交付を求められたような場合には，加盟店としてはこれに応じる義務はないことになる。あくまでも，契約締結時において，利用者が書面交付以外の情報提供と書面交付のどちらを希望するかを選択させるのが30条の2の3第5項である。

第3款　電磁的方法による提供（30条の6）

〔1〕　概　　説

(1)　趣旨・目的

　前述のとおり，包括信用購入あっせん業者は，①カード等の発行時，②カード等の利用時，及び③リボルビング方式に係る弁済金の請求時に，法定事項を記載した書面をカード会員に交付しなければならないが（30条1項・2項・30条の2の3第1項〜3項），割賦販売法30条の6により包括信用購入あっせん業者について同法4条の2が準用されているため，会員から事前の承諾等の要件を満たす場合には，物理的な書面の交付に代えて，法定事項を電磁的方法により提供することが認められる。

　根本的な趣旨ないし目的は，書面の作成・交付（送付）のコストを下げる点にあり，この点では他の取引類型と異なるが，包括信用購入あっせんにおいては，包括信用購入あっせん業者は利用者と対面すること自体は少なく，包括信用購入あっせん業者と利用者との取引（包括信用購入あっせん関係受領契約の締結）は，ほぼすべて電子商取引（インターネット等を通じた隔地者間の取引）であるといっても過言ではない。

　そのため，他の取引類型のように，対面取引の場合は書面で，非対面取引の場合は電磁的方法で，という棲み分けは想定し難い。そういう意味では，法文上は，原則書面，例外電磁的方法という建付けになっているが，実際には，原則電磁的方法，例外書面というのが実態となっている。そうであれば，包括信用購入あっせん業者の書面交付義務についても，加盟店と同様に，原則自由な方法により提供することができ，利用者から求めがあった場合に書面を交付するという建付けにすべきであろう。平成28年改正において，包括信用購入あっせん業者に関しては書面交付義務が維持されたのは，包括信用購入あっせんにおいては，包括信用購入あっせん業者と利用者との関係が継続することを前提に最初に包括契約を締結することから，その際に電磁的方法によることの同意を取得すれば足りるとか，あるいは，書面での交付を希望する利用者にその

都度書面での交付を求めさせることが，利用者＝消費者の負担となること等が考慮されたものと思われる。

(2) 適用対象の変更——加盟店の除外

従来は，加盟店も電磁的方法による提供の対象となっていたが，平成28年改正によりその対象から除外された。これは，当該改正により，加盟店利用時書面については「書面の交付」ではなく「情報の提供」で足りることとされたため，あえて割賦販売法30条の6により同法4条の2を準用し，電磁的方法による提供を認める必要に乏しいためである。

したがって，加盟店は，割賦販売法30条の6とは無関係に，すなわち，利用者の同意等を得ずとも電磁的方法その他の適切な方法により，法定事項に係る情報を提供することが認められる。

(3) 電磁的方法による提供の要件

割賦販売法30条の6による同法4条の2が，割賦販売法施行令23条が同施行令2条を準用しているため，その要件は割賦販売の場合と同様であり，電磁的方法の提供によるためには，事前の利用者からの承諾が必要である。

また，利用することができる電磁的方法の内容・方法も割賦販売と同様で，①電子メールでの送信，②インターネット上での表示，③CD-ROM等の送付となっている（割賦則61条1項）。

(4) 割賦販売法30条の6違反に対する処分

割賦販売法30条の6に反して利用者からの承諾を得ずに電磁的方法により提供した場合や，提供した項目に漏れや間違いがあった場合，さらには，そもそも電磁的方法による提供を怠ったような場合には，「書面を交付したものとみなす」という効果が生じず，「書面を交付したものとはみなされない」こととなるため，別途適切な時期に利用時書面又は請求時を交付していない限りは，書面交付を怠ったこととなり，罰則の対象となる（53条3号）。

〔2〕 条文解説

(準用規定)
第30条の6　第4条の2の規定★1は，包括信用購入あつせん業者に★2準用する★3。この場合において，同条中「第3条第2項若しくは第3項又は前条各項」とあるのは，「第30条第1項若しくは第2項又は第30条の2の3第1項から第3項まで」と読み替えるものとする★4。

★1　「第4条の2の規定」とは，割賦販売において，書面交付に代わり電磁的方法による提供を認める規定である。同条が準用される結果，包括信用購入あっせんにおいても，書面交付に代わり電磁的方法により提供することが認められる。

★2　割賦販売法4条の2が準用されるのは，包括信用購入あっせん業者に対してのみであり，加盟店には準用されない。これは，前述のとおり，同条を準用するまでもなく，「書面の交付又は電子情報処理組織を使用する方法その他の情報通信の技術を利用する方法」による情報提供が認められ（割賦則55条2号），割賦販売法4条の2を準用する必要がないためである。

★3　電磁的方法による提供に関しては，割賦販売法4条の2が準用されるほか，割賦販売法施行令2条も準用されている（割賦令23条）。また，電磁的方法の内容等を定めた割賦販売法施行規則10条及び11条は準用されていないものの，同法施行規則61条及び62条がほぼ同様の内容を規定している。

　これらの内容をまとめると，以下のとおりとなる。

(1)　電磁的方法による提供の要件

　電磁的方法による提供に先立って，①包括信用購入あっせん業者が利用する電磁的方法（つまり，どの方法を利用するのか）及びファイルへの記録の方式（ファイルの種類やデータの保存形式，あるいは読取りに利用するアプリケーションソフトの形式等）を示した上で，②利用者から書面又は電磁的方法による承諾を得なければならない（割賦令2条1項，割賦則62条）。

　①の電磁的方法を示す方法は法定されていないため，利用者を誤認させる等の弊害がない限りは，原則，包括信用購入あっせん業者にとって便宜な方法によることができる。

これに対し，②の承諾は，書面又は電磁的方法によらなければならない。
(2) 電磁的方法の内容

電磁的方法とは，「電子情報処理組織を使用する方法その他の情報通信の技術を利用する方法であつて経済産業省令・内閣府令で定めるもの」を指すが（4条の2），具体的には，次の方法によることが認められる（割賦則61条1項）．

(a) 電子情報処理組織（包括信用購入あっせん業者の使用に係る電子計算機と，利用者又は購入者等の使用に係る電子計算機とを電気通信回線で接続した電子情報処理組織を指す。つまり，インターネットのことである。割賦則61条3項）を使用する方法のうち，次のいずれかに該当するもの

(イ) 包括信用購入あっせん業者の使用に係る電子計算機と利用者又は購入者等の使用に係る電子計算機とを接続する電気通信回線を通じて送信し，受信者の使用に係る電子計算機に備えられたファイルに記録する方法

要するに，電子メールで送信する方法を指す。

(ロ) 包括信用購入あっせん業者の使用に係る電子計算機に備えられたファイルに記録された書面に記載すべき事項を電気通信回線を通じて利用者又は購入者等の閲覧に供し，当該利用者又は購入者等の使用に係る電子計算機に備えられたファイルに当該事項を記録する方法

ウェブ上で表示して，閲覧・記録させる方法である。

(b) 磁気ディスク，CD-ROM その他これらに準じる方法により一定の事項を確実に記録しておくことができる物をもって調製するファイルに書面に記載すべき事項を記録したものを交付する方法

また，電磁的方法は書面に出力することができるものでなければならないが（割賦則61条2項），上記の各方法は，いずれも通常であれば書面への印刷が可能であるので，特段気にする必要はないものと思われる。

なお，ファクシミリを利用する方法は，相手方のファクシミリに記録が保存され，受信者が好きなタイミングで印刷する方式であれば，上記(a)(イ)に該当するが，受信と同時に印刷する方式は電磁的方法に当たらないと解される。そして，利用者又は購入者等が，いずれの方式のファクシミリ機器を利用しているかは，包括信用購入あっせん業者にはわからないので，結局ファクシミリによることはできないと考えるべきであろ

第5節　行為規制　　第3款　電磁的方法による提供　　〔2〕　条文解説

う。
(3)　電磁的方法による提供の中止

　　利用者又は購入者等から，電磁的方法による提供を受けない旨を書面又は電磁的方法による申出があった場合には，包括信用購入あっせん業者は，それ以後，電磁的方法により提供することはできない（割賦令2条2項）。

　　この申出は，書面又は電磁的方法によらなければならないため，電話等の口頭で申出がなされた場合には，包括信用購入あっせん業者等としてはその申出に応じる義務はなく，電磁的方法による提供を継続することが認められるが，実際には，口頭での申出も受け付ける包括信用購入あっせん業者も多いように思われる。

　　また，電磁的方法による交付を受けない旨の申出がなされた後に，再度，電磁的方法による交付についての承諾を取得したときに，電磁的方法により交付することができるのは当然である（割賦令23条による割賦令2条2項ただし書の準用）。

★4　30条の6により準用される規定を読み替えると，次のとおりとなる（下線部は読替部分）。

〔30条の6が準用する割賦販売法4条の2〕

　　包括信用購入あつせん業者は，<u>第30条第1項若しくは第2項又は第30条の2の3第1項から第3項まで</u>の規定による書面の交付に代えて，政令で定めるところにより，当該利用者又は購入者若しくは役務の提供を受ける者の承諾を得て，当該書面に記載すべき事項を電子情報処理組織を使用する方法その他の情報通信の技術を利用する方法であつて経済産業省令・内閣府令で定めるもの（以下「電磁的方法」という。）により提供することができる。この場合において，当該包括信用購入あつせん業者は，当該書面を交付したものとみなす。

〔割賦販売法施行令23条が準用する割賦販売法施行令2条〕

　　包括信用購入あつせん業者は，<u>法第30条の6において準用する法第4条の2</u>の規定により同条に規定する事項を提供しようとするときは，経済産業省令・内閣府令で定めるところにより，あらかじめ，当該利用者又は購入者若しくは役務の提供を受ける者に対し，その用いる同条前段に規定する方法（以下この条及び第25条において「電磁的方法」という。）の種類及び内容を示し，書面又

は電磁的方法による承諾を得なければならない。
　2　前項の規定による承諾を得た包括信用購入あっせん業者は，当該利用者又は購入者若しくは役務の提供を受ける者から書面又は電磁的方法により電磁的方法による提供を受けない旨の申出があつたときは，当該利用者又は購入者若しくは役務の提供を受ける者に対し，法第30条の6において準用する法第4条の2に規定する事項の提供を電磁的方法によつてしてはならない。ただし，当該利用者又は購入者若しくは役務の提供を受ける者が再び前項の規定による承諾をした場合は，この限りでない。

第6節　業務運営に関する措置（30条の5の2）

〔1〕　概　　　説

(1)　**趣旨・目的**

　包括信用購入あっせん業者は，①包括信用購入あっせんの業務に関して取得した利用者又は購入者等に関する情報の適正な取扱い，②包括信用購入あっせんの業務を第三者に委託する場合の委託業務の適確な遂行，③利用者及び購入者等からの苦情の適切かつ迅速な処理のために必要な措置を講じなければならない（30条の5の2）。

　割賦販売法30条の5の2は，「利用者又は購入者若しくは役務の提供を受ける者の利益の保護を図るため」とされていることから明らかなように，包括信用購入あっせん業者に上記①～③に関する体制を整備させることで，もって消費者保護を図る趣旨である。

　なお，30条の5の2は「措置を講じ」ること（＝体制整備）を求めるにすぎないが，当該措置・体制に基づいて適法かつ適切に業務を運営しなければならないことはいうまでもない。

(2)　**利用者等の情報の取扱い**

(a)　**個人情報保護法との関係**

　割賦販売法30条の5の2は，「利用者又は購入者若しくは役務の提供を受け

る者に関する情報」の取扱いに関する措置を求めており，その対象となる情報の種類・内容は限定されていないが，基本的にはいわゆる「個人情報」(個人情報2条1項) が念頭に置かれている。そして，個人情報保護法は「個人情報取扱事業者」に適用されるものである。

個人情報保護法の詳細な解説はしないが，基本的には，包括信用購入あっせん業者は，「個人情報取扱事業者」に該当すると考えられるから，割賦販売法30条の5の2に基づく措置とは別に，個人情報保護法及びこれに附帯するガイドラインも遵守しなければならない。包括信用購入あっせん業者が遵守すべきガイドラインとしては，個人情報保護委員会による「個人情報の保護に関する法律についてのガイドライン」並びに個人情報保護委員会及び経済産業省による「信用分野における個人情報保護に関するガイドライン」がある (割賦審査基準・別紙2「1.(4)②」及び「2柱書」，後払基本方針Ⅱ-2-2-3-1参照)。

したがって，利用者等の情報の取扱いについては割賦販売法施行規則56条～58条により定められているものの，その詳細ないし水準は，上記のガイドライン等と同様のものであることが求められる。

(b) 利用者等の情報の安全管理等に関する措置

包括信用購入あっせん業者は，①取り扱う利用者の情報の安全管理，②従業員の監督，及び③当該情報の取扱いを委託する場合の委託先の監督について，当該情報の漏えい，滅失又は毀損の防止を図るために必要かつ適切な措置を講じなければならない (割賦則56条)。

これは，個人情報保護法20条～22条に対応するものであるから，その具体的な内容及び水準としては，通則ガイドライン3-3-2～4及び信用分野ガイドラインⅡ2.(4)2)～4)に定められたものと同内容・同水準の措置が求められる。

具体的には，基本方針の策定及び規律の整備を行った上で，組織的安全管理措置，人的安全管理措置，物理的安全管理措置及び技術的安全管理措置を設けて，情報の安全管理，従業員の監督及び (個人) 情報の取扱いの委託先の監督 (委託先の選定，安全管理措置を遵守させるための契約締結，委託業務の監視・監督) を行うことが求められる。

組織的安全管理措置とは，個人情報の取扱いに係る規定を含む組織体制の整

備，これに則った運用，取扱状況の確認手段の整備，漏えい事案に対する体制の整備，及び情報の取扱状況の把握・安全管理措置の見直しなどを指す。

　人的安全管理措置とは，雇用契約ないし委託契約に情報の安全管理措置に関する事項を含めることや，従業者の定期的な教育・訓練などを指す。

　物理的安全措置とは，情報の取扱区画の管理，デバイスの盗難防止，デバイスの物理的保護，さらには適切な手段による情報又は記録された媒体の廃棄などが含まれる。

　技術的安全管理措置としては，情報に対するアクセス制御・制限やアクセスの記録，外部からの不正アクセス防止のための手段，アクセス者の識別等の措置がこれに当たる。

　各措置の詳細は，ガイドラインの該当部分を参照。

　なお，割賦販売法施行規則56条の利用者等の情報の取扱いについての第三者に対する委託との問題になるのは，いわゆるクラウドサービスの位置付けである。つまり，クラウドサービスが，デジタル的な「場所」を提供したり，ネットワークの利用を目的としただけであれば，情報が記録された媒体を保管したり運搬するために倉庫やトラックを借りるのと同様と考えられ，情報の取扱いを委託しているわけではないため，同条の対象とはならず，信用分野ガイドライン等に定められた各措置は必要ないことになる。逆に，クラウド上において情報の記録・保存をしてもらっているということになれば，情報の取扱いを委託していることとなり，信用分野ガイドライン等に定められた措置が必要となる。このうちのいずれに当たるのかは，包括信用購入あっせん業者とクラウド事業者との間の契約内容，もっといえば契約の条項の内容によって決まる。情報管理や保存が委託内容に含まれていたり，その毀損・漏えいについてクラウド事業者が責任を負うような定めとなっていれば，情報の取扱いを委託していると考えざるを得ず，程度は別にしても，信用分野ガイドライン所定の措置が必要となる。これに対し，クラウド事業者が情報の管理等を行わない旨，あるいは毀損等につき責任を負わない旨が定められていれば，単にスペースを借りるのと同様に考えることになろう。

(c) **特定信用情報の目的外使用の禁止のための措置**

　包括信用購入あっせん業者は，特定信用情報提供等業務を行う者から提供を

受けた情報のうち，利用者等の支払能力に関するものについて，支払能力調査以外の目的に使用しないことを確保するための措置を講じなければならない（割賦則57条）。

　特定信用情報提供等業務とは，「特定信用情報の収集及び包括信用購入あっせん業者又は個別信用購入あっせん業者に対する特定信用情報の提供を行う業務」を指し（35条の3の36），これを行う者とは，割賦販売法上の指定を受けているか否かにかかわらず，いわゆる信用情報機関のことを指す。具体的には，CIC，JICC及び全銀協がこれに当たる。

　信用情報機関から取得した支払能力に関する情報は，目的外利用が禁止されており（35条の3の59），たとえ利用者等の同意を取得したとしても支払能力調査以外の目的での利用は許されないと解されている。そのため，他の情報よりも厳重な措置，例えば，規則の制定やモニタリング等の措置をとる必要がある。

(3) 利用者等の機微情報の目的外使用の禁止のための措置

　包括信用購入あっせん業者は，利用者等に関する人種，信条，門地，本籍地，保健医療又は犯罪経歴についての情報その他の特別な非公開情報（業務上知り得た公表されていない情報）を，適切な業務の運営の確保その他必要と認められる目的以外に使用しないことを確保するための措置を講じなければならない（割賦則58条）。

　これらの情報は，いわゆる「センシティブ情報」ないし「機微情報」と呼ばれるものであり，個人情報保護法上の「要配慮個人情報」（個人情報2条3項）とほぼ同様であるが，その外縁はやや異なっている（個人情報令2条参照）。

　割賦販売法施行規則58条は，あくまでも，一定の「目的以外に使用しないことを確保するための措置」の構築を求めているにすぎず，これらの情報を取得しないための措置の構築までは求められていない。したがって，少なくとも，割賦販売法上は，これらの情報の取得は許されていることになる。

　しかし，前述のとおり，包括信用購入あっせん業者は，基本的には個人情報保護法の適用を受けるため，原則として，要配慮個人情報を取得してはならないことになる（個人情報17条2項）。

　そもそも，包括信用購入あっせん業者が包括信用購入あっせんの業務過程に

おいて要配慮個人情報を取得すること自体が稀であるが，上記の個人情報保護法の規定を受けて，信用分野ガイドラインでは，要配慮個人情報並びに労働組合への加盟，門地，本籍地，保健医療及び性生活に関する情報（以下「機微情報」）について，次に掲げる場合以外には取得，利用又は第三者提供してはならないとされている（信用分野ガイドラインⅡ2.(2)1)）。

① 法令等に基づく場合
② 人の生命，身体又は財産の保護のために必要がある場合
③ 公衆衛生の向上又は児童の健全な育成の推進のため特に必要がある場合
④ 国の機関若しくは地方公共団体又はその委託を受けた者が法令の定める事務を遂行することに対して協力する必要がある場合
⑤ 機微情報が記載されている戸籍謄本その他の本人を特定できる書類を本人特定のために取得，利用又は保管する場合
⑥ 相続手続による権利義務の移転等の遂行に必要な限りにおいて，機微情報を取得，利用又は第三者提供する場合
⑦ 信用分野の事業の適切な業務運営を確保する必要性から，本人の同意に基づき業務遂行上必要な範囲で機微情報を取得，利用又は第三者提供する場合
⑧ 機微情報に該当する生体認証情報を本人の同意に基づき，本人確認に用いる場合

また，上記の事由に該当する場合において，機微情報を取得，利用又は第三者提供する場合には，上記の事由（取得等した理由・目的）から逸脱してはならず，かつ，機微情報を取得する場合には利用者から事前に同意を取得しなければならないこと（個人情報17条2項）等の法令遵守が必要となる（信用分野ガイドラインⅡ2.(2)3)）。

(4) 業務委託先に対する監督等

(a) 概　　要

包括信用購入あっせん業者が，包括信用購入あっせんの業務に関して，その一部又は全部を第三者に委託する場合には，委託先の監督に関して，①委託先の適切な選定，②受託者に対する適切な監督，③受託者に関する苦情の迅速・

適切な処理，④受託者が業務を行えない場合等の委託先の変更等，⑤委託契約の変更又は解除に関する措置を講じなければならない（割賦則59条）。

(b) **割賦販売法施行規則59条の対象となる業務**

割賦販売法施行規則59条の対象となるのは，「包括信用購入あっせんの業務」を委託する場合であり，例えば，カード等の発行業務の委託，与信管理やカード代金の受領・督促等に関して業務を委託する場合である。逆に，包括信用購入あっせん業者が営む包括信用購入あっせんと関係のない業務（貸金業やリース業等）や2月払購入あっせん（マンスリークリア方式）にのみ関する業務の委託については，割賦販売法施行規則59条の対象とはならない。包括信用購入あっせんはイシュイングを指すから，アクワイアリングに関する業務も含まれないと解される。

また，包括信用購入あっせんに関係するとしても，データの保存・管理（クラウドサービスの利用等）や一般的な従業員の研修を外部に委託したような場合も，包括信用購入あっせんの業務を委託したわけではないから，やはり割賦販売法施行規則59条の対象とはならない。

(c) **割賦販売法施行規則56条との関係**

割賦販売法施行規則59条は，包括信用購入あっせんの業務を委託する場合には，利用者の（個人）情報の取扱いを委託するか否かとは関係なく適用されるが，利用者の（個人）情報の取扱いを委託する場合には，同条だけでなく割賦販売法施行規則56条も重ねて適用されることになる。

この場合には，割賦販売法施行規則59条各号に定める措置に加え，同施行規則56条に規定する措置を講じることも必要となる。ただし，割賦販売法施行規則59条各号の措置と，割賦販売法施行規則56条のうち委託先の監督に関する措置（及び信用分野ガイドラインⅡ2.(4)4)）とで重複する部分も多い。

(d) **委託先の選定**

包括信用購入あっせん業者は，その包括信用購入あっせんの業務を第三者に委託する場合には，当該業務を適確に遂行することができる能力を有する者に委託するための措置を講じなければならない（割賦則59条1号）。

具体的には，受託者の選定基準や選定手続を社内規則等で定め，これに則った選定が行われる必要がある。

(e) 受託者に対する監督等

　包括信用購入あっせん業者は，委託先の業務の実施状況を，定期的に又は必要に応じて確認すること等により，受託者が当該業務を適確に遂行しているかを検証し，必要に応じ改善させる等，受託者に対する必要かつ適切な監督等を行う措置を講じなければならない（割賦則59条2号）。

　具体的には，委託先の業務状況を確認するための体制（例えば，法令等の遵守体制についての定期的な報告や，臨時の聴取及び検査等）が講じられており，確認の結果，問題がある場合には改善を指示する等の措置を講じる体制が整備されており，かつ，それらの体制が実践されていることが求められる（後払基本方針Ⅱ-2-2-4-1(2)）。

　また，受託者が違法行為に及んだ場合には，その旨の報告義務を課すとともに，是正について指示・命令することができるような委託契約になっているかも重要である。受託者が法令等に違反した場合には，委託契約を解除できるようにすること等も，監督の一環としても有効である。

(f) 受託者に関するカード会員からの苦情の適切・迅速な処理

　包括信用購入あっせん業者は，委託先の業務に関するカード会員からの苦情を適切かつ迅速に処理するための措置を講じなければならない（割賦則59条3号）。

　この点，後払基本方針では「自社の苦情と同様」に対応することを求めており（後払基本方針Ⅱ-2-2-4-1(3)），自社の業務だけではなく，受託者に対する苦情についても，社内規則又はマニュアル等を作成して対応することが求められる。

　苦情処理自体を第三者に委託することも考えられるが，そのような場合には，苦情があったことの報告が包括信用購入あっせん業者まであがってこないこともあり得るので，委託先の業務に関する苦情が，カード会員から自社に直接寄せられるような仕組みを作成することは有効であろう。

(g) 受託者が受託業務を行えない場合の代替措置

　包括信用購入あっせん業者は，委託先が受託業務を適切に行うことができない場合に，カード会員の利益保護に支障が生じないようにするための措置を講じなければならない（割賦則59条4号）。

委託先が業務を適切に行うことができない場合とは、受託者の倒産（法的整理だけではなく、事実上の倒産も含む）や、受託者の遵法意識の低下等である。

措置の内容として、条文上は他の適切な第三者に業務を速やかに委託することが挙げられているが、業務委託自体をとりやめ、自社で委託業務を行うことも差し支えない。

また、代替措置の前提として、受託者が受託業務を適切に遂行できないような場合には、委託契約の解除等、委託先を変更できるようにしておく必要がある。

(h) **業務委託契約の解除等**

包括信用購入あっせん業者は、委託先が受託業務を適確に遂行していない場合で、カード会員の利益保護を図るために必要があるときには、委託契約の変更又は解除をする等必要な措置を講じるための措置を講じなければならない（割賦則59条5号）。

条文上は、「遂行していない場合」となっているが、実際には、事前に、適確に遂行できないと認められる段階で、契約の解除や内容の変更ができるようにしておく必要がある（後払基本方針Ⅱ－2－2－4－1(6)参照）。

また、契約の変更や解除だけではなく、単に是正を求めることで足りるような場合には、是正を求めるにとどめたとしても問題ない。

包括信用購入あっせん業者が講じるべき措置としては、具体的には、受託者との間の委託契約で、解除や契約内容の変更ができる旨規定することが考えられる。

(5) **苦情の適切かつ迅速な処理**

(a) **概　　要**

包括信用購入あっせん業者は、利用者からの苦情の適切かつ迅速な処理のために必要な措置を講じなければならず、割賦販売法施行規則60条各号に定めるところに従って苦情を処理しなければならない。また、そのほかにも、後払基本方針Ⅱ－2－2－4－2に定める点に留意しなければならない。

(b) **原因の究明**

まず、包括信用購入あっせん業者は、利用者等から苦情を受けたときには、遅滞なく原因を究明し、当該苦情が包括信用購入あっせん業者と加盟店のいず

れによる利用者等の利益の保護に欠ける行為に起因するものであるかを判別しなければならない（割賦則60条1号）。

　ここでいう苦情には，事実上の「クレーム」だけではなく，抗弁権の接続（30条の4）の主張（同条に基づく支払の拒否の主張）も含まれる（割賦則60条柱書）。これに対し，苦情の内容が，法律解釈・適用を間違えている場合（マンスリークリア方式に対する抗弁権の接続の主張や，通信販売に対するクーリングオフ等）や，「苦情」の域を超えたクレーム（いわゆる「モンスタークレーマー」）であるような場合には，割賦販売法施行規則60条に規定する措置まで講じる必要はないと解されるが，加盟店情報交換制度（35条の20）との関係で，一応苦情処理情報の登録対象となり得る。

　原因究明の方法としては，利用者等からの聴き取り調査をベースとし，その結果判明した事情に基づいて自社の担当者や加盟店からの聴き取り調査をすることになる。この原因の究明により，苦情の原因は，①包括信用購入あっせん業者自身，②オンアス加盟店，③オフアス加盟店に分類することができ，各原因によってその後の対応が異なっている（【図表22】参照）。

(c) **オンアス加盟店が苦情の原因である場合**

　上記(b)の原因究明の結果，オンアス加盟店に苦情の原因があったことが判明した場合については，割賦販売法施行規則60条では特に定められていない。この場合には，包括信用購入あっせん業者は，オンアス加盟店の「クレジットカード番号等取扱契約締結事業者」（35条の17の2第1号）として，オンアス加盟店に対する随時調査（35条の17の8第3項）を行うことになる。その結果，必要と認められる場合には，包括信用購入あっせん業者は，オンアス加盟店との加盟店契約の解除等の所要の措置を講じなければならない（同条4項）。随時調査の内容及びその結果に対する対応については，該当箇所を参照。

(d) **オフアス加盟店が苦情の原因である場合**

　包括信用購入あっせん業者による原因究明及び認定割賦販売協会の保有する情報の確認その他の方法により，オフアス加盟店が苦情の原因であると判明し，次のいずれかに該当する場合には，包括信用購入あっせん業者は，当該オフアス加盟店のクレジットカード番号等取扱契約締結事業者（アクワイアラー）に苦情の内容を通知しなければならない（割賦則60条2号）。

【図表22】原因究明後の苦情処理

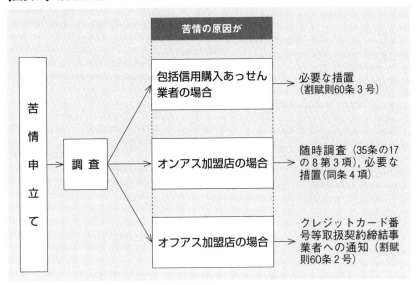

　(ｲ)　オフアス加盟店が，包括信用購入あっせん関係販売等契約に関し，禁止行為（35条の3の7各号）のいずれかに該当する行為をしたと認められるとき
　(ﾛ)　オフアス加盟店に係る業務に関する利用者等の利益の保護に欠ける行為に係る苦情の発生状況からみて，当該オフアス加盟店が包括信用購入あっせんに係る業務に関し利用者等の利益の保護に欠ける行為をしたと認められるとき
　(ｲ)の禁止行為に該当する行為とは，特定商取引法又は消費者契約法に反する行為であり，(ﾛ)の利用者等の利益保護に欠ける行為とは，(ｲ)以外の行為で，他の加盟店に比べて，苦情の内容が悪質であるか，あるいは苦情件数が多い場合を指す。

(e) **包括信用購入あっせん業者が苦情の原因である場合**

　包括信用購入あっせん業者による調査の結果，加盟店ではなく，包括信用購入あっせん業者が，包括信用購入あっせんに係る業務に関しカード会員の利益の保護に欠ける行為をしたことが苦情の原因となっている場合である。この場合にも，包括信用購入あっせん業者は，必要な調査を行わなければならない（割賦則60条3号）。具体的な苦情の原因や苦情の内容は一概にはいえないが，例

えば，カード代金の支払が反映されていない場合（二重に請求された場合）や，取消処理されたカード等の利用について，請求された場合等が考えられる。

　包括信用購入あっせん業者としては，そういった問題の原因が，システム上の問題であるのか，従業員の単なるミスであるのか等を確認し，必要があると認められる場合には，業務の改善その他所要の措置を講じなければならない（割賦則60条4号）。したがって，その苦情に対する個別の対応は当然として，例えば，同種の苦情が繰り返し発生しているような場合や，単発の苦情でも重大な問題であるような場合には，再発防止策の策定などが求められることになる。

〔2〕条文解説

> （業務の運営に関する措置）
> 第30条の5の2　包括信用購入あつせん業者は，利用者又は購入者若しくは役務の提供を受ける者の利益の保護を図るため，経済産業省令・内閣府令で定めるところにより，その包括信用購入あつせんの業務に関して取得した利用者又は購入者若しくは役務の提供を受ける者に関する情報の適正な取扱い，その包括信用購入あつせんの業務を第三者に委託する場合における当該業務の適確な遂行及びその利用者又は購入者若しくは役務の提供を受ける者からの苦情の適切かつ迅速な処理のために必要な措置を講じなければならない★1。

★1　30条の5の2は，①「包括信用購入あつせんの業務に関して取得した利用者又は購入者若しくは役務の提供を受ける者に関する情報の適正な取扱い」，②「包括信用購入あつせんの業務を第三者に委託する場合における当該業務の適確な遂行」，③「利用者又は購入者若しくは役務の提供を受ける者からの苦情の適切かつ迅速な処理」に係る措置を講じ，又は体制を整備することを求めるものであり，その内容ないし基準は割賦販売法施行規則56条～60条により定められている。具体的な内容については，前記〔1〕を参照。

第7節　民事ルール（30条の2の4～30条の5）

第1款　契約解除及び期限の利益喪失の制限（30条の2の4）

〔1〕　概　　説

(1)　趣旨・目的

　包括信用購入あっせん業者は，20日以上の相当な期間を定めてその支払を書面で催告し，その期間内にその支払が履行されない場合でなければ，カード代金の不払いを理由として，①包括信用購入あっせん関係受領契約を解除し，又は②支払時期の到来していない支払分若しくは弁済金の支払を請求することはできない（30条の2の4第1項）。②は，カード代金について期限の利益を喪失させることを指す。

　民法上は，「当事者の一方がその債務を履行しない場合において，相手方が相当の期間を定めてその履行の催告をし，その期間内に履行がないときは，相手方は，契約の解除をすることができる」（民541条）のであり，催告は口頭でもメール等でも許されるし，また，催告期間も「相当期間」（通常は，長くても1週間程度）であれば何日でもよく，20日以上置く必要はない。また，期限の利益喪失に至っては，公序良俗違反や消費者契約法等により無効にならない限り，どのような場合に期限の利益を喪失するかは，当事者間の自由な合意に委ねられている。

　それにもかかわらず，割賦販売法が債務不履行解除及び期限の利益喪失に関して，民法上の原則を修正し，上記のような規制を加えたのは，偏に消費者保護の観点からである。

(2)　必要な催告

　カード代金の不払いを理由としてカード契約を解除し，又は期限の利益を喪失させるためには，①「20日以上の相当な期間を定めて」，②「書面で催告」しなければならない。

　①は，最低でも20日という趣旨であり，必ずしも催告期間を20日に設定す

れば足りるとは限らない。極端な例だが，利用者が地震等の天災に遭ったようなケースであれば，（そもそも，そういう状態のカード会員に請求するのがどうかという点は置くとしても）催告期間は20日では足りないということになろう。この催告は，到達主義であるため，到達した時点から「相当期間」が経過した時点を，支払期限として設定する必要がある。

また，催告は書面でなされる必要がある。仮に，割賦販売法上の法定書面につき電磁的方法により提供することの同意を取得していても，解除・期限の利益喪失のための催告は，書面になされる必要がある。

(3) 解除の意思表示

通常，契約を解除する場合には，相手方に対する解除の意思表示が必要となる。これは，割賦販売法上も同様である。

したがって，20日以上の相当期間を定めて書面で催告→相当期間内に支払がなされない→解除の意思表示，という手順を経るのが原則である。

しかし，催告書面に「催告期間内に支払がない場合には，カード契約を解除する」旨が記載されていれば（いわゆる「停止条件付解除」又は「停止期限付解除」），相当期間経過後に再度解除の意思表示を行う必要はない。

(4) 強行規定性

割賦販売法30条の2の4第1項による解除及び期限の利益喪失の制限は，強行規定である（30条の2の4第2項）。したがって，例えば，「支払を1回遅滞すれば期限の利益を喪失する」，「2週間の催告で契約を解除できる」等の規定に反する合意（カード規約等）は無効である。

(5) その他の事由による解除・期限の利益喪失

(a) 期限の利益喪失事由の制限

割賦販売法30条の2の4第1項は，「支払分又は弁済金の支払の義務が履行されない場合」に「支払分又は弁済金の支払の遅滞を理由として」カード代金について期限の利益を喪失させるためには，20日以上の相当な期間を定めた書面の催告が必要であるとしている。逆にいえば，「支払分又は弁済金の支払の遅滞」以外を理由とする場合については何ら規定していない。したがって，支払遅滞以外の期限の利益喪失事由については，公序良俗違反等に該当しない限り，当事者間の合意により自由に設定できるのが原則である。

しかし，割賦販売法施行規則50条3号表2号ロ及び52条3号表2号ロは，利用時書面における期限の利益喪失に関する基準として，カード代金の期限の利益喪失につき，「支払義務の不履行以外の事由により支払時期の到来していない支払分（弁済金）の支払を請求することができる場合として，購入者等の信用が著しく悪化した場合又は重要な契約条項違反があった場合以外の場合が定められていないこと」を定めている。

したがって，割賦販売法30条の2の4第1項にかかわらず，カード代金の支払義務の不履行以外では，期限の利益喪失事由としては「信用の著しい悪化」及び「重大な契約条項違反」しか認められないことになる。前者は，銀行取引停止や支払停止等を意味し，後者としては，例えば，カード等を第三者に貸与したり，カードの現金化を行っていたような場合が該当すると考えられる。逆に，住所変更の届出漏れなどでは，期限の利益を喪失させることは認められない（経産省・解説139頁）。

なお，このような定めは，あくまでも，締結時書面において記載ないし定める際の「基準」を定めたものにすぎず，いわゆる「取締規定」として定められたものではないから，当該基準に反した期限の利益喪失事由が定められていたとしても，それだけで即無効となるものではないと解される。もちろん，期限の利益喪失が公序良俗又は信義則違反等との関係で問題になる場合には，公序良俗違反や信義則違反を肯定する方向に働く一つの事情にはなり得ることはいうまでもない。

(b) **解除事由の制限**

これに対し，包括信用購入あっせん関係受領契約の解除については，期限の利益喪失のような制限（基準）は設けられていない。したがって，支払義務の懈怠以外を理由としない場合において，どのような解除事由を定めるかは，割賦販売法上も，当事者間の合意により設定できることになる。

ただし，期限の利益喪失事由が信用の著しい悪化と重大な契約違反に限定されていることからすれば，あまりに軽微な事由で契約を解除することは，割賦販売法の趣旨に反することは明らかであり，やはり，公序良俗違反ないし信義則違反の方向に働く一事情にはなり得ると解される。

第2編　割賦販売法の解説　　第5章　包括信用購入あっせん

〔2〕　条文解説

> （契約の解除等の制限）
> 第30条の2の4　包括信用購入あつせん業者は，包括信用購入あつせん関係受領契約であつて次の各号に掲げる包括信用購入あつせんに係るものについて当該各号に定める支払分又は弁済金の支払の義務が履行されない場合において★1，20日以上の相当な期間を定めてその支払を書面で催告し，その期間内にその義務が履行されないときでなければ★2，支払分又は弁済金の支払の遅滞を理由として★3，契約を解除し★4，又は支払時期の到来していない支払分若しくは弁済金の支払を請求することができない★5。
> 一　第2条第3項第1号に規定する包括信用購入あつせん　前条第1項第2号の支払分
> 二　第2条第3項第2号に規定する包括信用購入あつせん　前条第3項第2号の弁済金
> 2　前項の規定に反する特約は，無効とする★6。

★1　30条の2の4第1項は，「支払分又は弁済金の支払の義務が履行されない場合」に適用されるが，「義務が履行されない」の具体的な内容は定められていない。したがって，例えば，未払いが1回だけであっても，あるいは，未払金額が当月の支払金額の全額でなく，その一部にすぎない場合であっても30条の2の4第1項が適用される。

★2(1)　「相当な期間」の起算点は，催告書面が利用者に到達した時点である（到達主義。民97条1項）。また，催告期間は「20日以上の相当な期間」でなければならないから，必ずしも20日で足りるわけではない。ただし，「相当」性の判断は客観的な事由によるから，利用者の主観的事情（病気や旅行等）は相当性に影響するものではない。

(2)　「催告」とは，相手方に対して一定の行為をするよう求めることを指し，30条の2の4第1項では，利用者に対して未払いとなっているカード代金の支払を求めることを意味する。この「催告」は，利用者が未払いとなった後にされなければならず，次回支払分の請求（30条の2の3第3項）をもって30条の2の4第1項の催告とし，弁済されなかった場合には，一定期

第7節　民事ルール　第1款　契約解除及び期限の利益喪失の制限　〔2〕　条文解説

間経過後に解除又は期限の利益を喪失する等と記載等しても，「催告」としての効力を有するものではない。

　また，30条の2の4第1項の催告は「書面」でされなければならない。したがって，口頭（電話），電子メール，ファクシミリ等による催告は，同項における「催告」には当たらない。

★3　30条の2の4第1項は，「支払分又は弁済金の支払の遅滞」を理由として包括信用購入あっせん関係受領契約を解除し又はカード代金の期限の利益を喪失させる場合について規定したものであるが，上記の理由以外によって解除・期限の利益を喪失させることまでを禁止したものではない。

　ただし，期限の利益喪失については，「20日以上の相当な期間を定めての書面での催告」以外には，「信用の著しい悪化」及び「重大な契約違反」を定めてはならないとされている（割賦則50条3号表2号ロ・52条3号表2号ロ）。これは，あくまでも締結時書面に記載する場合の基準を定めたものにすぎず，30条の2の4第2項のような実体法上の効力（＝規約の無効）まで有するものではないが，当然，当該規定ないしこれに基づく期限の利益喪失の効力を判断する際の一事由にはなる。

★4　ここでいう「契約」とは，包括信用購入あっせん関係受領契約を指す。つまり，個別のカード等利用をキャンセルすることを意味する。

　包括信用購入あっせん関係受領契約が解除された場合には，①包括信用購入あっせん業者は，加盟店に対する立替払いをせず，又は加盟店から立替金等の返還を受けることができ，②利用者は，包括信用購入あっせん業者に対してカード代金を支払う必要がなくなるが，③その反面，加盟店に対して商品等の代金を支払う必要が生じることになる。

　もっとも，カード代金の未払いが生じたからといって，包括信用購入あっせん業者が包括信用購入あっせん関係受領契約を解除することはほとんどないため，30条の2の4第1項のうち，解除に関する部分は実際にはあまり機能している条文ではない。

★5　「支払時期の到来していない支払分若しくは弁済金の支払を請求する」とは，カード代金について期限の利益を喪失させ，その全額について支払を請求することを意味する。

　包括信用購入あっせんに係るカード代金の支払方式は，分割払方式又はリボルビング方式であるから，利用者は，全額を一括で弁済する必要はなく，カード代金の支払について期限の利益を付与されていることになる。カード

381

代金の未払いというのは容易に起こり得る事情であり，このような事情に基づき安易に期限の利益を喪失させたのでは，利用者保護に悖ることから，期限の利益喪失につき制限を加えたものである。

★6 「前項の規定に反する特約」とは，「20日以上の相当な期間を定めてその支払を書面で催告し，その期間内にその義務が履行されないとき」でなくても，包括信用購入あっせん関係受領契約を解除し，又は，カード代金について期限の利益を喪失させることを認める特約のことを指す。「特約」とは，包括信用購入あっせん業者と利用者との「合意」全般を指し，必ずしも，特約や特則の類である必要はない。そのため，利用者全員に適用されるようなベーシックな規約において合意したような場合も，当然30条の2の4第2項が適用される。

第2款　損害賠償額の制限（30条の3）

〔1〕　概　　説

(1)　**趣旨・目的**

包括信用購入あっせん業者は，①包括方式の包括信用購入あっせん関係受領契約が解除された場合，②分割払方式に基づくカード代金が弁済されない場合における損害賠償又は違約金（遅延損害金）につき，法定利率を超えては請求することができない（30条の3）。

これは，元々，上記①，②のような場合において高額な損害賠償や違約金を設定する約款が利用されることが多かったため，このような請求を防止し，もって消費者保護を図る趣旨である。

(2)　**法定利率**

割賦販売法30条の3における法定利率とは，商事法定利率を指し，具体的には年6％である（商514条）。

もっとも，将来的には商事法定利率が廃止され，改正民法の変動利率に一本化されることが予定されている（民法の一部を改正する法律の施行に伴う関係法律の整備等に関する法律3条）。この場合において，割賦販売法上の遅延損害金率につい

てどのように取り扱うのかについては，まだ議論されていないため，全くの白紙状態となっている。割賦販売法30条の３においても，変動利率とすることは不適切である（その時々で，遅延損害金率を変動させることは，包括信用購入あっせん業者の業務運営ないしシステム設計上不可能と思われる）ため，同条において，直接的に何％と定める以外にはあり得ないと思われる。

(3) 割賦販売法30条の３とリボルビング方式

割賦販売法30条の３は，包括方式にのみ適用されるものであり，リボルビング方式の包括信用購入あっせんには適用されない。

その理由は，リボルビング方式においては，①手数料が毎月一定日における残高に対して発生するため，カード等の利用時点では手数料の総額が確定せず，カード利用が解除された場合の履行利益が明確にならないこと，②カード利用代金の支払遅滞が生じた場合であっても，別個にカード利用がされれば債務残高が変化し，請求の元本が確定しないことの２点である。

ただし，割賦販売法30条の３が適用されないからといって，リボルビング方式の包括信用購入あっせん（及び２月払購入あっせん）については，自由に損害賠償（遅延損害金）を請求できるわけではない。包括信用購入あっせん業者及び２月払購入あっせん業者は事業者であるから，消費者との取引には消費者契約法が適用されることになる。そして，同法９条により，損害賠償の上限が制限される。すなわち，包括信用購入あっせん関係受領契約が解除された場合には，「解除に伴い当該事業者に生ずべき平均的な損害の額を超える」金額を請求ないし徴求することはできず（消費契約９条１号），包括信用購入あっせん関係受領契約は解除せずに，未払いのカード代金について遅延損害金を請求する場合の遅延損害金率は，年率14.6％が上限となる（同条２号）。

もっとも上記の消費者契約法の規制は，消費者契約にのみ適用されるため，消費者以外の者，すなわち事業者との取引には適用されない。したがって，法人や個人事業者を対象とし，その事業の決済用に発行されるいわゆる法人カードやビジネスカードについては，消費者契約法は適用されない。

(4) 規制の具体的内容

(a) 包括信用購入あっせん関係契約が解除された場合

包括信用購入あっせん業者は，包括方式の包括信用購入あっせん関係受領契

約が解除された場合に，損害賠償額の予定又は違約金の定めがあるときにおいても，①当該カード等利用に係る支払総額に相当する額に，②これに対する法定利率（年6％）の遅延損害金の額を加算した金額を超える額を請求することができない（30条の3第1項）。

したがって，包括信用購入あっせん関係受領契約が解除された場合に，包括信用購入あっせん業者が利用者に対して請求できる損害賠償額の上限は，次のとおり算定される。

損害賠償額の上限＝支払総額＋支払総額×6％×日数÷365日

つまり，包括信用購入あっせん業者は，支払総額及び支払総額全額に対する解除日から支払日までの遅延損害金を請求することができることになる。既払いのカード代金が一切考慮されていないが，これは，包括信用購入あっせん関係受領契約の解除に伴う原状回復として，既払いのカード代金に年率6％の利息を付して利用者に返還しなければならず，現実には相殺処理されることが想定され，これにより包括信用購入あっせん業者と利用者とのバランスが保たれるためである。

なお，上記の計算による金額を超える損害賠償の予定や違約金の定めが包括契約において定められていたとしても，上記の計算による金額を超過する部分は無効となる。このことは，名目によって変わるものではなく，損害賠償や違約金以外にも，損失補償等の名目であっても同様である。

(b) **支払遅滞の場合**

包括信用購入あっせん業者は，包括方式でのカード利用代金の支払債務が履行されない場合（包括信用購入あっせん関係受領契約が解除された場合を除く）には，損害賠償額の予定又は違約金の定めがあるときにおいても，当該カード等の利用に係る支払総額に相当する額から既に支払われた額を控除した額に，これに対する法定利率による遅延損害金の額を加算した金額を超える額を請求してはならない（30条の3第2項）。

割賦販売法30条の3第1項が，包括信用購入あっせん関係受領契約が解除された場合の規制であるのに対し，同条2項は，カード代金の支払を遅滞した

場合の遅延損害金について規制するものである。

割賦販売法30条の3第2項に基づき，包括信用購入あっせん業者が利用者に対して請求できる損害賠償（遅延損害金）は，次の金額が上限である。

> 損害賠償額の上限＝（支払総額－既払額）×6％×遅延日数÷365日

割賦販売法30条の3第1項と異なり，あくまでも，遅滞したカード代金に対する遅延損害金であるから，既払いのカード代金に対する損害賠償（遅延損害金）を請求することは許されない。また，支払日（弁済期）が到来していない支払分について遅延損害金を請求することができないことはいうまでもない。

なお，上記の計算による金額を超える損害賠償額の予定又は違約金の定めが無効であること，名目の如何を問わないことは割賦販売法30条の3第1項と同様である。

〔2〕 条文解説

（契約の解除等に伴う損害賠償等の額の制限）
第30条の3　包括信用購入あっせん業者は，包括信用購入あっせん関係受領契約であつて第2条第3項第1号に規定する包括信用購入あっせんに係るものが解除された場合には★1，損害賠償額の予定又は違約金の定めがあるときにおいても，当該契約に係る支払総額に相当する額にこれに対する法定利率による遅延損害金の額を加算した金額を超える額の金銭の支払を購入者又は役務の提供を受ける者に対して請求することができない★2。
2　包括信用購入あっせん業者は，前項の契約について第30条の2の3第1項第2号の支払分の支払の義務が履行されない場合（契約が解除された場合を除く。）には★3，損害賠償額の予定又は違約金の定めがあるときにおいても，当該契約に係る支払総額に相当する額から既に支払われた同号の支払分の額を控除した額にこれに対する法定利率による遅延損害金の額を加算した金額を超える額の金銭の支払を購入者又は役務の提供を受ける者に対して請求することができない★4。

★1　30条の3第1項は、包括方式の包括信用購入あっせん関係受領契約が解除された場合にのみ適用される。
　包括方式の包括信用購入あっせんにおいて、包括信用購入あっせん関係受領契約が解除されない場合については30条の3第2項の対象となり、リボルビング方式の包括信用購入あっせんに係る損害賠償については、包括信用購入あっせん関係受領契約の解除の有無にかかわらず、割賦販売法は何ら規定していない。

★2　あくまでも、利用者に対して請求できる損害賠償額の上限を定めたにすぎず、30条の3第1項に定められた金額（計算方法）により請求することを義務付けるものではない。したがって、これよりも低額の損害賠償を請求することは当然可能である。
　また、明文では規定されていないが、30条の3第1項に定める金額を超えて「請求することができない」以上は、仮に、包括契約において上限額を超過する金額ないし計算方法が規定されていたとしても、当該超過部分は無効となる。

★3(1)　「前項の契約」とは、「包括信用購入あつせん関係受領契約であって第2条第3項第1号に規定する包括信用購入あつせんに係るもの」を指す。つまり、包括方式の包括信用購入あっせんにおける包括信用購入あっせん関係受領契約のことである。
　(2)　「第30条の2の3第1項第2号の支払分」とは、包括方式の包括信用購入あっせんにおけるカード代金のことである。30条の3第2項は、包括信用購入あっせん関係受領契約が解除された場合以外で、利用者が当該代金の支払を怠った場合の遅延損害金について規定するものである。

★4　「請求することができない」については、前掲★2参照。

第3款　抗弁権の接続（30条の4・30条の5）

〔1〕　概　　説

(1)　**趣旨・目的**

利用者は、包括信用購入あっせんに係るカード代金について、包括信用購入あっせん業者から請求を受けた場合には、加盟店に対して生じている事由をも

って，包括信用購入あっせん業者に対抗することができる（30条の4第1項・30条の5第1項）。これは，「抗弁（権）の接続」，「支払停止の抗弁」などと呼ばれるもので，加盟店に対する抗弁（同時履行の抗弁や取消しの抗弁等）を包括信用購入あっせん業者にも主張し，カード代金の支払を拒絶することを認めたものである。抗弁権の接続を直接的に規定しているのは割賦販売法30条の4であるが，同条は，包括方式の包括信用購入あっせんにおいて抗弁権が接続される旨を定めているにすぎず，リボルビング方式の包括信用購入あっせんについては，割賦販売法30条の5が同法30条の4を準用することにより抗弁権の接続が適用されることになる。

　包括信用購入あっせん取引（特にクレジットカード取引）においては，包括信用購入あっせん業者，利用者及び加盟店の三者が登場するため，従来から，包括信用購入あっせん業者・利用者間の法律関係と，加盟店・利用者間の法律関係の関係性が問題となっていた。例えば，加盟店で商品を購入したが，それが不良品であったような場合や，納期どおりに引き渡されない場合等加盟店との取引で問題が生じた場合であっても，利用者は，包括信用購入あっせん業者にカード代金をスケジュールどおりに支払わなければならないかという問題である。

　従来，割賦販売法には，このような場合に関する支払義務を拒めるか否かについて定める規定は存在せず，裁判例上も，支払の拒絶を認めるものと否定するものの両方があった。そこで，割賦販売法の昭和59年改正において，抗弁権の接続を認める規定が加えられ，上記の問題について，立法的な解決が図られたのである。

　その根拠は，概ね，包括信用購入あっせん業者と加盟店との関係性，すなわち，包括信用購入あっせん業者と加盟店とは，利用者への商品販売等につき密接な取引関係があり，また，包括信用購入あっせん業者が加盟店を監督することが可能である等の両者の牽連関係にあった。

　もっとも，これは，あくまでも「抗弁権の接続が認められる根拠」であり，その趣旨ないし目的が消費者保護にあることはいうまでもない。

(2) **割賦販売法30条の4施行以前の状況**

　上記(1)のとおり，割賦販売法上，抗弁権の接続が認められる以前は，抗弁権の接続を認める見解とこれを否定する見解（抗弁権の切断を認める見解）とがあっ

た。

　抗弁権の接続を認める見解は，実質的な根拠としては，加盟店と信用購入あっせん業者（特に個別信用購入あっせん業者）の密接な関係性や，加盟店との売買等がなければ信用購入あっせんが利用されることはなかったという取引としての牽連関係が挙げられ，法的根拠としては，信義則や権利濫用が用いられた。

　これに対して，抗弁権の接続を否定する，すなわち，抗弁権の切断を認める見解では，主に，加盟店との売買等とクレジット会社とのクレジット契約が法的に個別独立の関係にあることが根拠とされた。

　利用者・加盟店間の契約関係と，利用者・クレジット会社間の契約関係とが別個の法律関係であることは間違いなく，そうであれば，一方の契約関係について生じた事由が，他方の契約関係に影響を及ぼさないはずである。そのため，原則論としては，否定説が正当ではあろう。もっとも，加盟店との間でトラブルが生じたにもかかわらず，クレジット会社に対しては，契約で定められたとおりに支払分・弁済金を支払わなければならないというのは，利用者として腑に落ちないというのも，説得力のある説明である。そのため，抗弁権の接続の肯定説と否定説との対立は，結局のところは，理論上の問題ではなく，法的な原則論を優先するのか，それとも消費者保護を優先するのかという，価値観の問題であったといってよい。

　これらの見解は，学説としての対立を超えて，裁判例においても判断が分かれることとなり，両説の対立が長く続いていたが，このような対立は，割賦販売法の昭和59年改正により，立法的な解決が図られることとなった。

　その後，最〔3小〕判平2・2・20裁判集民事159号151頁は，個別信用購入あっせんに関する事案であるが，次のように述べて，抗弁権の接続に関する規定が創設的規定であり，割賦販売法とは無関係に認められるものではないとした。

　「個別購入あっせんは，法的には，別個の契約関係である購入者・あっせん業者間の立替払契約と購入者・販売業者間の売買契約を前提とするものであるから，両者が経済的，実質的に密接な関係にあることは否定し得ないとしても，購入者が売買契約上生じている事由をもって当然にあっせん業者に対抗することはできないというべきであり……改正後の割賦販売法30条の4第1項

の規定は，法が，購入者保護の観点から，購入者において売買契約上生じている事由をあっせん業者に対抗し得ることを新たに認めたものにほかならない。したがって，右改正前においては……あっせん業者において販売業者の右不履行に至るべき事情を知り若しくは知り得べきでありながら立替払いを実行したなど右不履行の結果をあっせん業者に帰せしめるのを信義則上相当とする特段の事情があるときでない限り，購入者が右合意解除をもってあっせん業者の履行請求を拒むことはできないものと解するのが相当である。」

 すなわち，当該判例は，①加盟店との売買等と，信用購入あっせん業者との信用購入あっせん関係受領契約が法的に別個の契約関係であること，②抗弁権の接続を規定する割賦販売法30条の4第1項は創設的規定であり，当該規定なしに，加盟店に対する抗弁事由を信用購入あっせん業者に当然に対抗できるわけではないこと，③抗弁権を接続する旨の合意か，又は，信用購入あっせん業者において，加盟店に対する抗弁事由を対抗されるのを信義則上相当とする特段の事情がない限り（割賦販売法30条の4が施行されていない当時においては）抗弁権は接続されない，と判示したものである。

 この最高裁判決によって，割賦販売法30条の4が施行される以前に行われた取引に関する抗弁権の接続の可否の問題は一応の決着を見たといってよく，また，同条が規定する抗弁権の接続の法的な性質・位置付けも明らかになったといえる。すなわち，抗弁権の接続は，本来的には認められないものを割賦販売法30条の4第1項が特別に（創設的に）認めたものにすぎず，したがって，その適用範囲及び効果としては，条文上認められた範囲を超えて認められるものではない，と考えることになる。

(3) **オフアス取引と抗弁権の接続**

 上記(1)及び(2)のとおり，割賦販売法が抗弁権の接続を認めた目的は偏に消費者保護の点にあり，また，抗弁権の接続が認められる根拠としては，信用購入あっせん業者と加盟店との密接な関係性がある。他にも，利用者が，抗弁権が接続されるだろうという期待を有していることや，損失の負担能力は消費者である利用者よりも信用購入あっせん業者の方が大きいこと等が挙げられることもあるが，これらは，利用者ではなく信用購入あっせん業者に損失や加盟店に対して請求するコストを負担させてもよいだろうという程度のものであって，

信用購入あっせん業者が損失を負担すべきという積極的な理由・根拠としては，やはり加盟店との関係性に帰着すると解される。

確かに，個別信用購入あっせんやオンアス取引の包括信用購入あっせんであれば，そのような趣旨・根拠は妥当する。信用購入あっせん業者と加盟店との間に，直接加盟店契約が締結されており，その中で加盟店に対する指導・監督に係る条項も含まれているのが通常だからである。

しかし，少なくとも包括信用購入あっせんに関しては，現在ではオフアス取引の方が主流となっている。そして，包括信用購入あっせん業者（イシュアー）とオフアス加盟店との間には何らの契約関係もなく，国際ブランドのレギュレーション上も，何らの指導・監督を行い得ることとはされていない。イシュアーとしては，アクワイアラーに対して（事実上の）苦情を申し立てる程度のことしかできないのが現状である。

そうであれば，包括信用購入あっせん業者と加盟店との密接な牽連関係はもはや存しないケースが大半であることになる。平成28年改正は，このような現状を前提にした改正であり，このような状況は割賦販売法自身も把握していると考えることになる。

そうであれば，抗弁権の接続が認められる根拠（趣旨や目的ではない）は，もはや存在しないも同然といってよい状況にある。そうなると，元々は，そのような事情を根拠に認められた制度であるとしても，少なくとも包括信用購入あっせんに限っていえば，消費者保護という目的のために，割賦販売法が立法政策的に認めた制度ないし利用者の権利と解するほかはない。オフアス取引における包括信用購入あっせん業者（イシュアー）からすれば，消費者保護という目的のために，特に根拠もなく法的な制限を受けるに等しく，加えて，割賦販売法が消費者保護だけでなく，割賦取引の発達も目的にしていることからすれば，無暗に適用範囲を広げるべきではなく，少なくとも条文上定められたこと以上の効果・範囲は認められず，謙抑的に解釈すべきであると解する。

(4) 抗弁権の接続の対象取引

まず，抗弁権の接続が認められるのは，包括信用購入あっせんである。したがって，マンスリークリア方式の2月払購入あっせんにおいては抗弁権の接続は認められない。もちろん，包括信用購入あっせん業者が，自主的にこれを認

め,あるいは利用者とマンスリークリア方式にも抗弁権の接続が認められる旨合意することは妨げられない。

また,抗弁権の接続の対象となる包括信用購入あっせん(カード利用)は,「購入した商品若しくは指定権利又は受領する役務」に関するものである。したがって,商品購入又は役務の受領の場合にはあるゆる商品・役務が対象となるが,権利の購入の場合には,指定権利の購入に限定され,指定権利以外の権利の購入の場合には抗弁権の接続の対象とならない。

(5) 抗弁事由

包括信用購入あっせん業者に対抗することができるのは,「当該商品若しくは当該指定権利の販売……又は当該役務の提供につき」「加盟店に対して生じている事由」である。

したがって,包括信用購入あっせん(カード利用)と無関係に加盟店に対して生じた事由,例えば,飲食店において店員と争いになり,暴行を受けたような場合に生じた損害賠償請求権等はここでいう「加盟店に生じている事由」には含まれず,包括信用購入あっせん業者に対して対抗することはできない。

また,「抗弁権の接続」という名称から誤解されがちであるが,ここでいう「加盟店に対して生じている事由」とは,必ずしも講学上の抗弁(権)である必要はない。抗弁とは,民事訴訟において,相手方の主張する事実と両立し,かつ,その法的効果を排斥する主張をいい,その抗弁を根拠付ける具体的な事実を抗弁事由という。例えば,原告からの売買代金の請求に対し,被告の同時履行(民533条)の主張や代金の弁済の主張などが抗弁に当たる。これらの主張は,「売買契約の締結」という事実は認めながら,当該事実から生じる代金の請求という法的効果を排斥するものであり,典型的な抗弁である。抗弁権の接続における「抗弁」は,このような講学上のあるいは狭義の抗弁(権)である必要はなく,より広い意味で,加盟店に対して主張できる事由であれば足りる。

具体的には,債務不履行や瑕疵担保責任に基づく損害賠償請求権等も,「加盟店に対して生じている事由」に当たり,包括信用購入あっせん業者に対抗することが認められる(経産省・解説143頁)。例えば,原告から売買代金の支払請求を受けた際に,受領した商品に瑕疵があったとして原告に対し損害賠償請求を

した場合，この損害賠償の請求は，売買代金の支払請求という効果自体を排斥するものではなく，原告に売買代金を支払わなければならないが，これと同様に考える必要はない。損害賠償の主張は，講学上の抗弁（事由）には当たらないが，抗弁権の接続においては，このような事由も加盟店に対して生じた事由として抗弁事由となる。

なお，抗弁権の接続における抗弁事由を強いて分類すれば，利用者・加盟店間の契約関係が消滅する場合と存続する場合とに分けることができる。

(a) **契約関係の解消**

例えば，利用者・加盟店間の売買契約等が解除されたり，取り消された場合であり，さらに，利用者の意思表示に瑕疵があったケースと，それ以外のケースとに分けることができる。

前者の意思表示の瑕疵としては，心裡留保（民93条），虚偽表示（民94条），錯誤無効（民95条），詐欺・強迫取消し（民96条）等や，消費者契約法又は特定商取引法に基づく契約（意思表示）の取消し（消費契約4条，特商9条の3・24条の4・40条の3・49条の2・58条の2）などが考えられる。また，未成年者等の制限行為能力を理由とする取消しも，意思表示の前提となる行為能力に問題があったのであるから，意思表示に瑕疵があったケースに準じるケースといえよう。

後者の意思表示の瑕疵以外のケースとしては，利用者・加盟店間の売買契約等が債務不履行解除（民541条・543条，改正民541条・542条）された場合や，クーリングオフ（特商9条・24条・40条・48条・58条）された場合などが考えられる。このほかにも，合意により解除された場合や，公序良俗違反（民90条）に反し無効であった場合などもあり得る。

いずれにせよ，これらのケースでは，「意思表示や行為能力に瑕疵があったこと」などの契約関係解消の原因となった事実そのものではなく「意思表示や行為能力に瑕疵があったために，契約関係が解消されたこと」が抗弁事由となる。そのため，例えば，利用者による契約の追認や解除権の放棄，クーリングオフ期間の経過等，加盟店との契約を解消することができなくなった後は，もはや抗弁権の接続を主張することは認められない。

逆に，契約取消し等の抗弁事由が一度生じてしまえば，その抗弁事由が解消することは基本的にあり得ないため，いわば「永続的な抗弁事由」ということ

第7節　民事ルール　　第3款　抗弁権の接続　　〔1〕　概説

ができよう。

(b)　契約関係が存続する場合の抗弁事由

例えば，加盟店との売買等に基づく商品や役務が引き渡されない（提供されない）場合である。この場合には，利用者は加盟店に対して同時履行の抗弁権（民533条）を主張することができ，これを包括信用購入あっせん業者にも対抗することができる。もっとも，前述のとおり，講学上の抗弁権でなくても抗弁権の接続における抗弁事由となるのであるから，同時履行の抗弁権以前の商品の引渡請求権や役務提供請求権それ自体が，抗弁権の接続における抗弁事由になり得ると解される。もちろん，商品の引渡日や役務の提供日が到来する前に抗弁事由となるものではない。

また，これと同様に，加盟店から引き渡された商品等が注文した物と異なっていたり，不良品であったりした場合の代物請求権，瑕疵修補請求権や損害賠償請求権等も，抗弁権の接続における抗弁事由となる。

ただし，上記の抗弁事由は，商品が引き渡されたり，瑕疵修補や損害賠償が履行されれば抗弁事由が解消することになるため，上記(a)と異なり，将来的に解消することが予定された「一時的な抗弁事由」であるといえる。

なお，加盟店が倒産したような場合で，商品や役務の引渡し・提供が未了であるときには，当然，商品の引渡請求権等をもって，包括信用購入あっせん業者に対抗することができるが，このような場合には，加盟店の倒産それ自体が抗弁事由となるわけではなく，あくまでも，商品の引渡しや役務提供が未了であることが抗弁事由になるにすぎない。もっとも，このようなケースでは，倒産した加盟店から商品や役務の引渡し・提供を受けられる見込みはないため，抗弁権の解消という事態は想定されず，上記(a)と同様に「永続的な抗弁事由」となる。

このほかにも，引越業者が家の壁を傷つけたケースなど，加盟店が契約に付随する義務（信義則上の義務）に違反した場合も，それが包括信用購入あっせんに関して生じたものである限りは抗弁事由となり得るが，実際上はほとんど目にすることはなく，講学事例と考えてよい。

(c)　カード等の不正利用

まれに，カード等が第三者に不正利用されたことを抗弁事由として抗弁権の

接続が主張されることがあるが,「第三者によるカード等の不正利用」は抗弁権の接続における抗弁事由となるものではない。

確かに,カード等が第三者に利用された場合には,利用者がカード代金の支払義務を負わないこともあるが,それは,「自分でカード等を利用していない」という事情に基づくものであって,加盟店に対して何らかの事由が生じたことを理由とするものではない。言い換えれば,「不正利用だからカード代金の支払義務を負わない」というだけの問題であって,抗弁権の接続の問題が生じるものではない。

(6) 抗弁権の接続と信義則

抗弁権の接続における抗弁事由となり得る事由は前記(5)のとおりであるが,これらの事由があれば,すべてのケースにおいて抗弁権の接続を主張し,カード代金の支払を拒絶することができるわけではなく,抗弁権の接続を主張することが却って信義則（民1条2項）に反する場合には,当然,抗弁権の接続を主張してカード代金の支払を拒絶することはできない（経産省・解説143頁）。

例えば,利用者が,包括信用購入あっせん業者が行う抗弁事由に関する調査への協力を理由なく拒んだような場合や,前記(5)(b)のようなケースで,本来抗弁事由が解消して然るべき期間を経過してもなお,利用者の怠慢を理由として抗弁事由が解消しないような場合である。このような場合には,利用者は,一方で抗弁権の接続を主張してカード代金の支払拒絶という利益を受けながら,他方で調査への協力や抗弁事由の解消という不利益を免れており,いわば「利益の二重取り」に等しい状況にあることになるから,これらの事由をもって信義則違反と判断される可能性がある。もちろん,実務上は,このような事情だけでなく,他の事情も併せて個別具体的に検討することを要することはいうまでもない。

(7) 抗弁権の接続の効果

抗弁権の接続により,カード会員は,加盟店に対して生じた事由をもって「支払の請求をする包括信用購入あつせん業者に対抗する」ことが認められる。

ここで「対抗」とは,加盟店に対して生じている事由に基づき,包括信用購入あっせん業者からのカード代金の支払請求を拒絶するという民事訴訟上の抗

弁に類似の効果を意味する。

　したがって，抗弁権が接続されたからといって，個別のカード利用（包括信用購入あっせん関係受領契約）自体を解除・解約できるものではなく，また，包括信用購入あっせん業者のカード利用代金の支払請求権が消滅するわけでもない。あくまでも，抗弁事由が存在する間，包括信用購入あっせん業者からの支払請求を拒絶することができるにすぎない。また，抗弁事由が，加盟店に対する損害賠償請求である場合に，包括信用購入あっせん業者に対して損害賠償を請求できるわけでもない。

　さらに，抗弁権の接続により，支払を拒絶できるのは，抗弁事由が存在する間に限られ，当該事由が消滅すれば，包括信用購入あっせん業者からの支払請求を拒絶することは認められず，当該請求に応じなければならない。例えば，加盟店に対する同時履行の抗弁権を主張している場合であれば，加盟店からの目的物の提供があったり，加盟店から損害賠償の支払がなされれば，加盟店に対する事由は消滅したのであるから，それ以降に抗弁権の接続を主張してカード代金の支払を拒むことはできない。

(8) 強行法規性

　抗弁権の接続は（片面的）強行法規であり，これに反する特約であってカード会員に不利なものは，無効となる（30条の4第2項）。

　逆に，カード会員に有利な特約であれば，無効とはならない。例えば，抗弁事由を割賦販売法が定める以上に拡張するようなケースや，マンスリークリア方式や指定権利以外の権利の販売についても抗弁権の接続を認めるような場合である。

(9) 一定額以下のカード等利用の除外

　包括方式の場合，「支払総額」（現金販売（提供）価格＋手数料）が4万円未満の場合には，抗弁権の接続は認められない（30条の4第4項，割賦令21条1項）。また，リボルビング方式の場合には，「現金販売（提供）価格」が3万8000円未満のときには，抗弁権の接続が適用されない（割賦令21条2項）。包括方式の場合が「支払総額」となっているのに対し，リボルビング方式の場合は「現金販売（提供）価格」となっているのは，リボルビング方式においては，個々のカード等の利用ごとではなく，カード等の利用額の合計額をもとに手数料が算出され

るため，個々のカード等の利用に対応する手数料が観念し得ないからである。

なお，この場合の支払総額（又は現金販売（提供）価格）は個別のカード等の利用ごとに判断される。例えば，2万円の商品を2個購入する場合，1回の決済で購入すれば抗弁権の接続の対象となるが，2回の決済に分けたとき（1個ずつ，2回購入したとき）には，各カード利用の現金販売価格は，2万円で支払総額が4万円未満（現金販売価格が3万8000円未満）となり，抗弁権の接続は認められない。もっとも，前者のケース（1回の決済で2万円の商品を2個購入した場合）で，例えば，商品が不良品であることを理由にカード利用代金の支払を拒絶するときであっても，不良品であるのが2個購入したうちの1個だけである場合には，支払を拒めるのはその分だけであり，問題のない商品に関する支払分については支払を拒むことはできないと解される。このようなケースで，カード会員としては問題のない商品についてまで支払を拒絶する必要性はないし，それを認める合理性もない。そもそも，加盟店に対して生じた事由も，不良品である1個の商品についてしか生じていない。さらに，もっと大量の商品を購入した場合（例えば100個）で，そのうちの1個だけ壊れていたようなときにまで，100個分全部のカード代金の支払を拒絶できるとするのは，さすがに不合理であるし，そのような主張は，さすがに信義則に反することになろう。したがって，複数の商品を購入した場合等，カード代金が，抗弁権が接続される部分とされない部分とに明確に分別できるような場合には，後者については支払を拒絶することが認められないと解される。

(10) リボルビング方式における弁済金の充当順位

リボルビング方式においては，包括方式のように個々のカード等の利用とカード代金とが明確に対応しているわけではなく，毎月の支払額は，その時点の債務総額を基準として決せられる。

そのため，リボルビング方式に関して抗弁権の接続を主張する場合には，抗弁事由が付着するカード等の利用に係るカード代金が残っていることを確認した上で，その範囲・額を明確にする必要がある。

そこで，リボルビング方式において抗弁権の接続を適用する際しては，カード代金の支払が，次の順に充当されることとしている（みなし充当。30条の5第1項，割賦令22条）。

順位	費目	各費目内での順序
1	遅延損害金	① 遅延損害金相互間では，発生の早い順に充当する（30条の5第1項2号） ② 同一時期に生じた遅延損害金相互間では，手数料から生じる遅延損害金が優先し，元本から生じる遅延損害金が劣後する（割賦令22条1号） ③ 手数料から生じる遅延損害金相互間では，元本の発生が早い順位に充当する（割賦令22条2号） ④ 元本から生じる遅延損害金相互間では，当該元本の発生が早い順に充当する（割賦令22条3号前段） ⑤ 元本の発生時期が同一の遅延損害金相互間では，金額に応じて按分して充当する（割賦令22条3号後段）
2	手数料	① 手数料相互間では，支払時期が早い順に充当する（30条の5第3号） ② 同一時期に生じた手数料相互間では，元本の発生が早い順に充当する（割賦令22条4号前段） ③ 元本の発生時期が同一の手数料相互間では，金額に応じて按分して充当する（割賦令22条4号後段）
3	元本	① 手数料率が高い順に充当する（30条の5第1項4号前段） ② 手数料率が同一の元本については，発生が早い順に充当する（30条の5第1項4号後段） ③ 同一時期に生じた元本相互間では，金額に応じて按分して充当する（割賦令22条5号）

(11) **抗弁権の接続の手続**

(a) **抗弁権の接続の主張**

　購入者等が抗弁権の接続を主張してカード代金の支払を拒絶する場合，その主張方法は特に定められていないため，口頭，書面，メール等自由な手段を選択することができる。もっとも，言った言わないの水掛け論を避けるためにも，書面やメール等の証拠化が図れる方法が望ましいことはいうまでもない。

　もっとも，抗弁権の接続を主張する購入者等が，包括信用購入あっせん業者から抗弁事由の内容を記載した書面の提出を求められた場合には，当該書面を提出するよう努めなければならない（30条の4第3項）。これは努力義務であるから，購入者等は，書面の提出を求められたからといって必ず提出しなければならないものではなく，書面を提出しなかったことをもって抗弁権の接続が認

められないものではないが、説明の拒否が信義則違反（の方向に働く一事由）にもなり得るため、購入者等としては、できる限り書面を提出するべきであろう。

(b) **包括信用購入あっせん業者の手続**

まず、包括信用購入あっせん業者は、購入者等から抗弁権の接続の主張を受けた場合で、上記(a)の書面（30条の4第3項）の提出を求める場合には、包括自主規則別紙記載例12を参考にして、購入者等に対して書面の提出を求めなければならない（包括自主規則49条1項1号）。

次に、包括信用購入あっせん業者は、抗弁権の接続の主張を受けた後は、抗弁事由に関する状況を確認するため、購入者等及び加盟店に対する調査を実施し、一見して明らかに抗弁事由に該当しない場合を除き、調査結果を購入者等に伝えるまでの間、当該購入者等に対するカード代金の請求を停止しなければならない（包括自主規則49条1項2号・3号）。この間に、抗弁権の接続に係る商品等についてのカード代金が口座引落しされた場合には、当該引落分を購入者等に返金しなければならない（包括自主細則38条）。もちろん、返金までに抗弁事由が解消した場合には、返金は不要である。

また、調査の結果、抗弁事由が認められると判断された場合には、抗弁事由が解消されるまでカード代金の請求を再開してはならず、抗弁事由が解消したと判断した場合には、支払方法、期間（支払日）、請求再開の理由を説明した上で、購入者等に対するカード代金の請求を再開することとされている（包括自主規則50条）。

調査の結果、抗弁事由が存しないと判断した場合には、原因事由の解消を待つまでもなく請求を再開することが認められるが、抗弁事由が解消した場合に準じて、支払方法や支払日、再開理由等を説明して請求を再開することが望ましい。

なお、包括信用購入あっせん業者は、抗弁権の接続による請求停止期間を遅延扱いとしてはならないため（包括自主規則50条2項なお書）、請求停止期間において、いわゆる延滞情報を信用情報機関に登録してはならない。

第7節　民事ルール　　第3款　抗弁権の接続　　〔2〕　条文解説

〔2〕　条文解説

(包括信用購入あつせん業者に対する抗弁)
第30条の4　購入者又は役務の提供を受ける者は，第2条第3項第1号に規定する包括信用購入あつせん★1に係る購入又は受領の方法により購入した商品若しくは指定権利★2又は受領する役務に係る第30条の2の3第1項第2号の支払分の支払の請求を受けたときは，当該商品若しくは当該指定権利の販売につきそれを販売した包括信用購入あつせん関係販売業者又は当該役務の提供につきそれを提供する包括信用購入あつせん関係役務提供事業者★3に対して生じている事由★4をもつて，当該支払の請求をする包括信用購入あつせん業者に対抗★5することができる。
2　前項の規定に反する特約であつて購入者又は役務の提供を受ける者に不利なものは，無効とする。
3　第1項の規定による対抗をする購入者又は役務の提供を受ける者は，その対抗を受けた包括信用購入あつせん業者からその対抗に係る同項の事由の内容を記載した書面の提出を求められたときは，その書面を提出するよう努めなければならない★6。
4　前3項の規定は，第1項の支払分の支払であつて政令で定める金額★7に満たない支払総額に係るものについては，適用しない。

★1　30条の4第1項は，包括方式の包括信用購入あっせんに適用される。リボルビング方式の包括信用購入あっせんについては，割賦販売法30条の5が30条の4を準用することで，抗弁権の接続が適用される。

　ここで問題になるのは，マンスリークリア方式への抗弁権の接続の可否(30条の4第1項の拡張解釈の可否)である。マンスリークリア方式は，包括信用購入あっせんから除外されており(2条3項1号の最後のカッコ書)，「2月払購入あっせん」(35条の16第2項)として，包括信用購入あっせんとは別の取引類型として明確に区別されている。

　そして，前述のように，抗弁権の接続が創設的規定であり，条文上認められた以上の適用範囲・効果を有するとは認められないこと，その条文の解釈適用においては謙抑的であるべきことからすれば，条文上規定された範囲を

超えて（拡張して）マンスリークリア方式の取引に抗弁権の接続は適用されると解することはできない。

また，割賦販売法の平成28年改正に向けた割賦販売小委員会による平成27年7月3日付「報告書～クレジットカード取引システムの健全な発展を通じた消費者利益の向上に向けて～」では，「マンスリークリア取引を抗弁接続等の民事ルールの適用対象とすることは適切ではない」と結論付けられている（同報告書「第2章第2節第1款2(4)」）。これは，イシュアーと（オフアス）加盟店に取引関係がないこと，マンスリークリア方式の収益性が厳しいことやマンスリークリア方式に関しては，分割払方式やリボルビング方式のように苦情件数が多くないことなどが考慮された結果であるが，当然，現状の割賦販売法においてはマンスリークリア方式には抗弁権の接続が適用されない（そのような解釈にはならない）ことが前提となっている。

このように，現状において，マンスリークリア方式に抗弁権の接続が適用される余地がないことは明らかであり，今後，立法的な解決がなされるならば当然それに従うべきであるが，少なくとも現行法を前提にする限り，マンスリークリア方式に抗弁権の接続が適用されるとする解釈は到底採用し得るものではない。

★2　権利の販売を目的とする包括信用購入あっせん関係受領契約のうち，抗弁権の接続の対象となるのは，指定権利（割賦令1条2項）を販売する場合のみであり，指定権利以外の権利の販売は抗弁権の接続の対象とはなっていない。

前掲★1のマンスリークリア方式の場合と同様に，指定権利以外の権利にも本項の適用を拡張するような解釈論は採用し得ない。

★3　抗弁権の接続における抗弁事由は，「包括信用購入あっせん関係販売業者」又は「包括信用購入あっせん関係役務提供事業者」に対して生じた事由であることを要する。

このこととの関係で問題になるのは，PSPが包括加盟方式で介在した取引においても，抗弁権の接続が認められるかという点である。

近年，詐欺等の悪質商法の決済にクレジットカードが利用されるケースが増大しているが，PSPが介在している取引において特にトラブルが多発しており，PSPが介在している取引に関して抗弁権の接続が主張されることが多い。多くのカード会社は，消費者保護の観点からも，PSPが介在した取引についての抗弁権の接続の主張を受け入れており，もちろんカード会社が消費者保護に努めること自体は問題ないし，むしろ好ましい事態である。しか

第7節 民事ルール　第3款 抗弁権の接続　〔2〕条文解説

し，厳密に考えると，決済代行業者が包括加盟方式で介在した取引については，抗弁権の接続の適用の可否を今一度検討する必要がある。

　上述のように，抗弁権の接続は，「包括信用購入あっせん関係販売業者」又は「包括信用購入あっせん関係役務提供事業者」に対する抗弁事由を，包括信用購入あっせん業者に対抗する制度である（30条の4第1項）。そして，「包括信用購入あっせん関係販売業者」，「包括信用購入あっせん役務提供事業者」とは，それぞれ，「包括信用購入あつせん業者と包括信用購入あっせんに係る契約を締結した販売業者（包括信用購入あつせん関係立替払取次業者と包括信用購入あつせん関係立替払取次ぎに係る契約を締結した販売業者を含む。）」，「包括信用購入あつせん業者と包括信用購入あっせんに係る契約を締結した役務提供事業者（包括信用購入あっせん関係立替払取次業者と包括信用購入あつせん立替払取次ぎに係る契約を締結した役務提供事業者を含む。）」を意味する（30条の2の3第4項）。

　つまり，「包括信用購入あっせん関係販売業者」及び「包括信用購入あっせん関係役務提供事業者」とは，①包括信用購入あっせん業者（イシュアー）と直接加盟店契約を締結したオンアス加盟店，②包括信用購入あっせん関係立替払取次業者（アクワイアラー）と契約したオフアス加盟店を指すのである。

　これに対し，PSPが包括加盟方式により介在する場合においては，包括信用購入あっせん業者（イシュアー）又は包括信用購入あっせん関係立替払取次業者（アクワイアラー）と契約をしているのは，あくまでもPSPであり，その店子である実際の販売店・役務提供事業者は，「包括信用購入あっせん業者又は包括信用購入あっせん関係立替払取次業者と契約した販売業者・役務提供事業者」ではなく，「包括信用購入あっせん業者又は包括信用購入あっせん関係立替払取次業者と契約したPSPと契約した販売業者・役務提供事業者」であるにすぎず，その定義上，「包括信用購入あっせん関係販売業者」，「包括信用購入あっせん関係役務提供事業者」には該当しないことになる。

　このように，包括加盟方式におけるPSPの店子は「包括信用購入あっせん関係販売業者」，「包括信用購入あっせん関係役務提供事業者」には該当しないから，条文上は，PSPの店子に生じた事由は，30条の4第1項に定める「事由」には該当せず，したがって，当該事由を包括信用購入あっせん業者に対抗することはできず，カード代金の支払を拒絶することはできないことになる。

　そして，抗弁権の接続に関する規定が創設的規定であり，条文の規定を超

えた効果が認められるものではないことからすれば，条文に該当しない以上は，加盟店となっている決済代行業者の店子との間で何らかのトラブルが生じても，それをもって包括信用購入あっせん業者に対抗することは認められないことになる。さらに，抗弁権の接続に関しては謙抑的な解釈論が求められることは前述のとおりであり，抗弁権の接続が，法文上の定義を超えて，PSPの店子に対して生じた抗弁事由にまで拡大して適用されるというような拡大解釈をすることはできない。

　この結論は，消費者保護の観点からすれば不当かもしれないが，少なくとも，法文の法的解釈としては，このように解さざるを得ないのであって，条文の解釈論ではなく，立法政策の問題として論じられるべき点である。

★4　前述のとおり，抗弁権の接続における抗弁事由は，加盟店に対して主張し得る事由を広く含むものであるから，基本的には，加盟店に対し何らかの法的な主張が成立すれば足りると解される。逆に，単なる事実上の主張（従業員の態度が悪い等）は，30条の4第1項の抗弁事由になるものではない。

　ここで問題になるのは，第三者詐欺における相手方の善意（民96条2項）や，錯誤無効における表意者の重過失（民95条ただし書）のように，意思表示に瑕疵はあったものの，法的な抗弁として成立するための要件を欠く（再抗弁が認められる）ような場合の取扱いである。これは，意思表示に瑕疵があるという事実上の事情があるから抗弁事由たり得ると考えるのか，それとも，相手方の善意や表意者に重過失があり，法的には契約の取消し・無効の主張ができない（抗弁が成立しない）以上は抗弁事由たり得ないと考えるべきか，という問題である。

　カード等が利用されず現金で決済された場合で，相手方が善意であったり表意者に重過失があったときには，表意者は取引の相手方（加盟店）に対して抗弁を主張することができず（再抗弁が認められる），代金の支払義務を免れず，あるいは，弁済した代金の返還を求めることはできないことになる。このように，本来「現金決済であれば，加盟店に主張できない事由」が，カード等が利用され30条の4第1項の適用対象となった途端に，抗弁権が接続され，カード代金の支払を拒絶できるとしたのではバランスが悪いし，包括信用購入あっせん業者にとってもいわば「とばっちり」であって，さすがに酷であろう。

　本来，抗弁権の接続は，カード等が利用されていなければ，加盟店に対して代金を支払う必要がなかったのだから，カード等が利用された場合も同様

第7節　民事ルール　第3款　抗弁権の接続　〔2〕　条文解説

に考えるべきというのが根本的な趣旨ないし考え方であるから，加盟店に対して主張し得ない事由をもって，包括信用購入あっせん業者にも主張できるとするのは，行き過ぎであって，妥当ではない。

また，そもそも，文理上も，加盟店に主張し得ない事由が「加盟店に対して生じている事由」に該当すると解するのは，困難であろう。

したがって，第三者詐欺において加盟店が善意である場合や，利用者に錯誤があったが重過失も認められるような場合には，当該詐欺ないし錯誤は「加盟店に対して生じている事由」には該当せず，包括信用購入あっせん業者に対抗できないと解される。

★5 「対抗」とは，包括信用購入あっせん業者からのカード代金の請求に対して，加盟店に対する抗弁事由を主張して，その支払を拒絶することを意味する。30条の4第1項が「第30条の2の3第1項第2号の支払分の支払の請求を受けたときは」としているのは，このような趣旨を表したものである（経産省・解説142頁）。

このような抗弁権の接続の効果と関連しては，以下の点が問題となる。

(1) 既払金の返還の可否

上述のとおり，「対抗」とは支払の拒絶を意味し，既払金の返還や信用購入あっせん受領契約の解除・解約までを含むものではない。そこで，30条の4第1項の解釈上，包括信用購入あっせん関係受領契約の解約や既に弁済したカード代金の返還までを求めることは認められるかという問題がある。

この点については，東京地判平6・11・14判時1496号103頁及び広島地判平8・5・29判タ928号248頁は，抗弁権の接続の効果につき，支払の拒絶のみを認め，既払金の返還やカード代金の支払義務の消滅といった効果についてはこれを明確に否定している。なお，抗弁権の接続の効果について直接明言したものではないが，信用購入あっせん業者に対して既払金の返還を認めた名古屋高判平21・2・19判時2047号122頁の上告審である最〔3小〕判平23・10・25民集65巻7号3114頁は，利用者と加盟店との販売契約が無効となっても，信用購入あっせん関係受領契約は原則無効とはならないと判断したものであり，実質的には，抗弁権の接続の効果が支払を拒絶できるにすぎないとしたものである。

したがって，抗弁権の接続を主張し，これが認められたとしても，既払金の返還までは請求することはできず，また，加盟店とのトラブルを解決

403

する等して加盟店に対する抗弁事由が消滅すれば，カード代金の支払を拒絶できず，残代金を支払わなければならないこととなる。

(2) 「対抗」の効力期間

　上述のとおり，抗弁権の接続の効果は，カード代金の支払を拒絶できるにとどまり，カード代金の支払債務を消滅させる効果まではない。しかし，逆にいえば，抗弁事由が存続する限り（抗弁事由が消滅するまで）包括信用購入あっせん業者に対して抗弁を対抗し，その支払を拒絶できるため，カード代金の消滅時効の完成まで（弁済期から5年間。商522条）抗弁事由が存在し続ければ，時効により支払責任を免れることが可能となる。

　とはいえ，包括信用購入あっせん業者にとっては，自身に何の落ち度がなくとも，抗弁事由が存在し続ける限り，最終的には時効完成という不利益まで享受しなければならないというのは，いささか酷でもある。

　抗弁事由が，カード会員・加盟店間の売買契約等の無効，取消し，解除，クーリングオフ等である場合には，カード利用の原因である法律関係が解消されたことを意味し，「抗弁事由の解消」という事態が想定し得ない以上は，半永久的に抗弁権の接続を主張し続けることができると考えられ，包括信用購入あっせん業者としてもそのような効力を甘受せざるを得ない。もちろん，当該加盟店やアクワイアラーに対して，立替金の返還や損害賠償等を請求できるか否かは別途の問題である。

　これに対し，加盟店に対する瑕疵修補や損害賠償請求，同時履行の抗弁権等の，近い将来に「抗弁事由の解消」が想定されるような場合にまで，抗弁事由の半永久的な存続を認め，それに基づく半永久的な支払の拒絶という効果を包括信用購入あっせん業者に甘受させるのは不公平であろう。逆にいえば，このような場合にまで，抗弁権の接続の効果を5年以上も認めたのでは，カード会員は，一方で包括信用購入あっせん業者に対するカード利用代金の支払義務を完全に免れ，他方では，加盟店からの完全な商品提供や損害賠償の支払という，いわば二重取りを認める結果となり，妥当ではない。

　少なくとも，ある程度の期間を待っても抗弁事由が解消されない場合で，解消しない原因がカード会員側にあるとき（加盟店と交渉せず，あるいは交渉が決裂したにもかかわらず，何の法的措置もとっていないような場合等）には，抗弁権の接続を主張することが信義則に反するとして，包括信用購入あっせん業者によるカード利用代金の支払請求が認められるべきであろ

第7節　民事ルール　　第3款　抗弁権の接続　　〔2〕　条文解説

う。
★6　書面の提出は，あくまでも努力義務にすぎず，抗弁権の接続の効力要件となっているわけでもないため，これを提出しなかったからといって，利用者に不利な取扱いをすることは許されない。

　もっとも，利用者と加盟店との関係については，包括信用購入あっせん業者が必ずしも把握できるわけではなく，また，抗弁権の接続の主張は，単なる苦情を超えて，民事実体法的な効力を有するものであることからすれば，包括信用購入あっせん業者が苦情処理を超えて，その事実関係を確認したいと考えることは当然であって，利用者としても，文字どおり，できる限り本項の書面を提出するよう努めるべきであろう。

　なお，30条の4第3項の書面については，日本クレジット協会（JCA）がひな形を作成し，公開している。

★7　政令で定める支払総額は，4万円とされている（割賦令21条1項）。

第30条の5　第2条第3項第2号に規定する包括信用購入あつせんに係る弁済金の支払★1については，当該弁済金の支払が，その支払の時期ごと★2に，次の各号に規定するところにより当該各号に掲げる当該包括信用購入あつせんに係る債務に充当されたものとみなして★3，前条の規定を準用する★4。この場合において，同条第1項中「第30条の2の3第1項第2号の支払分」とあるのは「第30条の2の3第3項第2号の弁済金」と，同条第4項中「支払分」とあるのは「弁済金」と，「支払総額」とあるのは「第30条の2の3第2項第1号の現金販売価格又は現金提供価格」と読み替えるものとする★5。

一　遅延損害金があるときは，それを優先し，次に，当該包括信用購入あつせんの手数料，これら以外の債務の順で，それぞれに充当する。

二　前号の遅延損害金については，その発生が早いものから順次に充当する。

三　第1号の手数料については，その支払うべき時期が早いものから順次に充当する。

四　遅延損害金及び包括信用購入あつせんの手数料以外の債務については，その包括信用購入あつせんの手数料の料率が高いものから順次に充当し，その充当の順位が等しいものについては，その債務が発生した時

第2編　割賦販売法の解説　　第5章　包括信用購入あっせん

> 期が早いものから順次に充当する。
> 2　前項に定めるもののほか，第2条第3項第2号に規定する包括信用購入あつせんに係る弁済金の支払に関し前条の規定を準用するために弁済金の充当について必要な事項は，政令で定める★6。

★1　30条の5第1項は，リボルビング方式の包括信用購入あっせんについて，抗弁権の接続について規定する割賦販売法30条の4を準用するものである。

★2　30条の5第1項は，「弁済金の支払が，その支払の時期ごと」にリボルビング方式のカード代金に充当されたものとみなすこととしている。
　　この「支払の時期」とは，実際に弁済された時期（年月日）を意味し，約定の支払日を指すものではない。

★3　個々のカード等の利用と弁済金の弁済とに個別の対応関係がないことから，抗弁権の接続の適用においては，抗弁事由が生じている取引（包括信用購入あっせん関係受領契約）に係る残債務額を確定する必要がある。その際の考え方としては，①充当順序について当事者の合意に委ねる，②法律で充当順序を定める，の2通りの考え方があり得るところであり，また，②についても，推定規定とみなし規定とが考えられる。このような中からみなし規定が選ばれたのは，①又は②のうちの推定規定の場合には，消費者に不利な合意がされることがあり得るため，これを防止するためである。
　　なお，充当の順序については，30条の5第1項各号で定められているほか，政令（割賦令22条）で定めることとされている（30条の5第2項）。これは，前者で骨格を定め，後者で詳細を定めることとしたものである。

★4　30条の5第1項により準用されるのは，「前条」，すなわち，割賦販売法30条の4第1項〜4項までの全部である。
　　したがって，リボルビング方式の包括信用購入あっせんについても，①片面的強行規定，②抗弁事由を記載した書面提出の努力義務，③最低適用金額が適用される。①及び②については割賦販売法30条の4と同様であるが，③については，現金販売価格又は現金提供価格が3万8000円未満の場合には，抗弁権の接続が適用されないこととされている（割賦令21条2項）。

★5　この読替規定を適用すると，次のとおりとなる（下線部は読替部分）。

> 第30条の4　購入者又は役務の提供を受ける者は，第2条第3項第2号に規定する包括信用購入あつせんに係る購入又は受領の方法により購入した商品若しく

は指定権利又は受領する役務に係る第30条の2の3第3項第2号の弁済金の支払の請求を受けたときは，当該商品若しくは当該指定権利の販売につきそれを販売した包括信用購入あっせん関係販売業者又は当該役務の提供につきそれを提供する包括信用購入あっせん関係役務提供事業者に対して生じている事由をもって，当該支払の請求をする包括信用購入あっせん業者に対抗することができる。

2 前項の規定に反する特約であつて購入者又は役務の提供を受ける者に不利なものは，無効とする。

3 第1項の規定による対抗をする購入者又は役務の提供を受ける者は，その対抗を受けた包括信用購入あっせん業者からその対抗に係る同項の事由の内容を記載した書面の提出を求められたときは，その書面を提出するよう努めなければならない。

4 前3項の規定は，第1項の弁済金の支払であつて政令で定める金額に満たない第30条の2の3第2項第1号の現金販売価格又は現金提供価格に係るものについては，適用しない。

★6 具体的には，割賦販売法施行令22条で定められており，30条の5第1項各号と合わせると，前記〔1〕(10)のようになる。

ただし，包括信用購入あっせん業者は，抗弁事由が生じている商品等の代金相当額をリボルビング方式に係る債務残高から控除した額をもとに算出した金額を請求することが認められる（包括自主細則39条）。逆にいえば，上記の充当順序のみなし規定にかかわらず，抗弁の対象となる包括信用購入あっせん関係受領契約の全額について支払を停止することも許されると解される。

第8節 行政による監督（30条の5の3・33条の5〜35条の3）

〔1〕 概　　説

(1) **改善命令**

(a) **趣旨・目的**

包括信用購入あっせん業者に一定の事由が生じた場合には，経済産業大臣は，必要な限度で，包括信用購入あっせん業者に対し，業務運営の改善に必要

な措置をとるべきことを命じることができる（30条の5の3第1項・33条の5）。

改善命令の根拠条文は2つあり、割賦販売法30条の5の3第1項は包括信用購入あっせん業者が割賦販売法が規定する各規制に違反したことを、同法33条の5は包括信用購入あっせん業者が登録拒否事由（33条の2第1項11号）に該当することとなったことを改善命令事由としている。

いうまでもなく、包括信用購入あっせん業者を監督し、割賦販売法に違反した場合等に、行政処分をもってその改善を命じることで、消費者の保護を図る趣旨である。

なお、包括信用購入あっせん業者が受け得る業務改善命令としては、上記の2つのほかにも、割賦販売法35条の17、35条の17の10などがある。それぞれ、クレジットカード番号等の取扱いに関する改善命令、クレジットカード番号等取扱契約に関する改善命令であり、該当箇所で説明する。

(b) **任意的処分**

法文上「経済産業大臣は……必要な措置をとるべきことを命ずることができる」となっていることから明らかなとおり、改善命令は任意的な処分であり、改善命令の事由に該当したからといって、必ずしも発せられるとは限らない。これは、改善命令が行政処分であり、その処分の重さを鑑みたものである。

法文が規定する改善命令事由に該当するが、改善命令を発するほどでもないという場合には、行政指導としての改善指導がなされることもある。

また、改善命令が発せられた場合には、その履行状況の確認のために、報告徴収命令も併せて発出されることとなる（後払基本方針Ⅱ-3-2-1-6(6)参照）。

(c) **処分基準**

上述のとおり、改善命令事由に該当し又は当該事由が生じたからといって必ずしも改善命令が発せられるわけではない。改善命令を含めて何らかの行政処分（登録取消し等）を発する場合には、以下の基準ないし項目に着眼するとされている（後払基本方針Ⅱ-3-2-1-2）。

(イ) 当該行為の重大性・悪質性

（ⅰ）購入者等被害の程度　広範囲にわたって多数の購入者等が被害を受けた又は被害を受ける可能性があるか。また、個々の事案における被害が深刻なものであるか。

(ⅱ)　行為自体の悪質性　　例えば，特定取引に係る加盟店の悪質な勧誘行為について，契約者から多数の苦情が寄せられているにもかかわらず，苦情の原因究明等を行わない上，当該加盟店から持ち込まれるクレジット契約を引き続き締結するなどの行為が見られるか。

　(ⅲ)　故意性の有無　　当該行為が故意に行われたのか，過失によるものか。

　(ⅳ)　組織性の有無　　当該行為が現場の個人の判断で行われたものか，あるいは担当管理職又は管理部門も関わっていたのか。さらに，経営陣の関与があったのか。

　(ⅴ)　隠蔽の有無　　問題を認識した後に隠蔽行為はなかったか。隠蔽がある場合には，それが組織的なものであったか。

　(ⅵ)　当該行為が行われた期間や反復性　　当該行為が長期間にわたって行われたのか，短期間のものだったのか。反復・継続して行われたものか，1回限りのものか。また，過去に同様の違反行為が行われたことがあるか。

　㈡　当該行為の背景となった経営管理体制及び業務運営体制の適切性

　(ⅰ)　代表取締役や取締役会の法令等遵守に関する認識や取組みは十分か。

　(ⅱ)　内部監査部門の体制は十分か，また適切に機能しているか。

　(ⅲ)　コンプライアンス部門やリスク管理部門の体制は十分か。また適切に機能しているか。

　(ⅳ)　職員の法令等遵守に関する認識は十分か。また，社内教育が十分なされているか。

　㈢　軽減事由　　上記㈠及び㈡のほかに，行政による対応に先行して，自主的に当該行為を経済産業省本省又は主管局に申し出ている，当該事業者自身が自主的に購入者等の保護のために所要の対応に取り組んでいる，といった処分内容の軽減あるいは猶予を考慮すべき事由があるか。

　そして，改善命令の要否の判断に際しては，割賦販売法が規定する改善命令事由の該当性を基本としつつ，上記の事項（以下「重大性又は悪質性の有無等」）の観点から，総合的に勘案して判断することとされている（後払基本方針Ⅱ－3－2－1－3(1)・(2)，割賦審査基準「第2の1.(7)・(8)」も同旨）。

　(d)　**改善命令事由**

(イ)　割賦販売法30条の5の3第1項　　同項による改善命令の原因事由は，包括信用購入あっせん業者が，次のいずれかの規定に違反していると認められることである。

- 包括支払可能見込額の調査義務（30条の2第1項本文）
- 包括支払可能見込額調査における特定信用情報の使用義務（30条の2第3項）
- 包括支払可能見込額調査に関する記録の作成・保存義務（30条の2第4項）
- 法定極度額を超えるカード等の交付等の禁止（30条の2の2本文）
- 業務運営に関する措置（30条の5の2）
- 加入指定信用情報機関に対する基礎特定信用情報の提供義務（35条の3の56）
- 加入指定信用情報機関への情報提供に係る利用者からの同意の取得義務（35条の3の57）
- 加入指定信用情報機関の商号等の公表義務（35条の3の58）
- 特定信用情報の目的外利用等の禁止（35条の3の59第1項）

　(ロ)　割賦販売法33条の5　　同条の改善命令の原因事由は，包括信用購入あっせん業者が，登録拒否事由のうち，包括支払可能見込額の調査その他包括信用購入あっせんの公正かつ適確な実施を確保するための体制等が整備されていない場合（33条の2第1項11号）に該当することとなったと認められることである。

　(e)　**改善命令の内容**

　改善命令は，特定の処分を指すものではなく，改善命令の原因となった事由の内容ないし態様に応じて異なるが，基本的には，当該原因事由（＝法令違反又は登録不許可事由の該当）を改善するために必要な措置をとるべきことを命じることになる。

　(f)　**内閣総理大臣との協議**

　割賦販売法30条の5の3第1項による改善命令を発する場合のうち，包括支払可能見込額の調査義務（30条の2第1項本文），包括支払可能見込額調査における特定信用情報の使用義務（30条の2第3項），包括支払可能見込額調査に関する記録の作成・保存義務（30条の2第4項），法定極度額を超えるカード等の

交付等の禁止（30条の2の2本文）又は業務運営に関する措置（30条の5の2）を原因とするときは，経済産業大臣は，事前に内閣総理大臣と協議しなければならない（30条の5の3第2項）。また，内閣総理大臣は，利用者の利益を保護するために必要があると認めるときは，経済産業大臣に対して必要な意見を述べることができる（同条3項）。

(g) 罰　　則

割賦販売法30条の5の3第1項の改善命令に違反した場合は，100万円以下の罰金が科され（51条の6第1号），また，同法33条の5による改善命令に違反する行為をした場合には，違反した登録包括信用購入あっせん業者の代表者，代理人，使用人その他の従業者は100万円以下の罰金が科される（51条の5第1号）。

(2) **カード等の交付等禁止命令**

(a) **趣旨・目的**

経済産業大臣は，登録包括信用購入あっせん業者の純資産が資本又は出資の額の9割を下回るようになった場合（33条の2第1項4号）で，加盟店（オンアス加盟店，オフアス加盟店の双方を含む）の保護のため必要があると認めるときは，当該登録包括信用購入あっせん業者に対し，カード等を交付し又は付与してはならない旨を命ずることができる（34条1項）。

これは，包括信用購入あっせん業者（＝イシュアー＝カード等の交付等が業務のメイン）にとっては，新規の営業を禁止するに等しく，極めて重い行政処分である。このような処分が定められたのは，包括信用購入あっせんについて割賦販売法が参入規制を課したのと同様に，財政面に不安のある包括信用購入あっせん業者が交付等したカード等が利用された場合には，加盟店は，包括信用購入あっせん業者から立替払いを受けられない可能性があるにもかかわらず，購入者等に商品・権利を引き渡し又は役務を提供する必要があるため，そのような事態を防止し，加盟店を保護するためである。

(b) **任意的処分**

上述のように，カード等の交付等禁止命令は，包括信用購入あっせん業者にとっては極めて重い処分であるため，必要的な処分とはされておらず，当該命令を発するか否かは，経済産業大臣の裁量に委ねられている。具体的には，割

賦販売法34条1「項に規定する禁止の基準に該当することを確認した上で，加盟店の保護の必要性の有無を勘案して判断する」とされている（後払基本方針Ⅱ-3-2-1-3(3)）。もっとも，「禁止の基準」＝純資産額要件に該当するか否かは数字の問題であって，該当性の判断に際して裁量の余地はないから，実質的には，加盟店保護の必要性のみが審査基準（裁量判断）であるといえる。そのため，割賦審査基準においては，処分基準は作成しないこととされている（割賦審査基準「第2の2.(3)」）。

(c) **命令の取消し**

カード等交付等禁止命令後6ヵ月以内に，資産状態が改善され，純資産額が資本金又は出資金の額の9割以上に回復した場合には，経済産業大臣は，当該命令を取り消さなければならない（34条2項による20条2項の準用）。この取消しは必要的である。

逆に，命令から6ヵ月以内に命令が取り消されない場合，包括信用購入あっせんの登録の必要的取消事由となる（34条の2第1項2号）。

(d) **命令違反に対する行政処分及び罰則**

カード等交付等禁止命令に違反してカード等を交付等した場合には，登録の必要的取消事由に該当する（34条の2第1項3号）。

また，カード等の交付等禁止命令に違反してカード等を交付等した登録包括信用購入あっせん業者の代表者，代理人，使用人その他の従業員は，2年以下の懲役若しくは300万円以下の罰金が科され，又はこれらが併科される（51条3号）。

(3) **登録の取消し（34条の2）**

(a) **趣旨・目的**

経済産業大臣は，包括信用購入あっせん業者に一定の事由が生じた場合には，その包括信用購入あっせんに係る登録を取り消さなければならず（必要的取消し。34条の2第1項），又は取り消すことができる（任意的取消し。同条2項）。後者の任意的取消しは，基本的には登録取消しに相当する事由をもって取消事由とされているが，変更登録の申請がやむを得ない事由により少し遅れただけである場合等，登録の取消しまですべき必要はないと考えられる場合もあり得ることから，任意的取消しとしたものである。そのため，考え方の方向性とし

ては,「取り消す場合もある」というよりは,「原則取消しだが,場合によっては取り消さないこともある」という方向と考えるべきであろう。

(b) 取消事由

(イ) 必要的取消し　割賦販売法34条の2第1項の必要的取消事由は,包括信用購入あっせん業者が次の事由のいずれかに該当することである。

① 割賦販売法33条の2第1項2号,3号又は6号〜10号までのいずれかに該当することとなったこと
② カード等交付等禁止命令（34条1項）が,命令の日から6ヵ月以内に取り消されないこと
③ カード等交付等禁止命令に違反して,カード等を交付等したこと
④ 不正の手段により,包括信用購入あっせん業者登録簿への登録を受けたこと

包括信用購入あっせん業者が,上記の事由のいずれかに該当する場合には,その登録は必ず取り消されなければならず,行政に裁量の余地はない。そのため,処分基準は作成されておらず（割賦審査基準「第2の2.(4)」),また,割賦販売法34条の2第1「項に規定する登録取消しの基準に該当することを確認した場合には,登録包括信用購入あっせん業者の登録を取り消すこととする」とされており,重大性又は悪質性の有無等は一切勘案されないこととなっている（後払基本方針Ⅱ-3-2-1-3(4)）。

(ロ) 任意的取消し　割賦販売法34条の2第2項の任意的取消しの事由は,次の事由のいずれかに該当することである。

① 改善命令（30条の5の3第1項・33条の5）に違反したこと
② 変更登録の届出（33条の3第1項）をせず,又は虚偽の届出をしたこと

従来は,営業保証金の供託義務違反等も任意的取消事由とされていたが,平成28年改正に際して当該義務が削除されたことに伴い,現在では,任意的取消事由は上記の2つだけとなっている。

このような,必要的な処分と任意的な処分という構図自体は,前払式割賦販売の場合（23条1項・2項）と同様であるが,包括信用購入あっせんにおいては,任意的な処分としては登録取消以外の処分を選択することはできず,新規の契約の締結禁止等を選択できない点で差異が設けられている。これは,新規

のカード等の交付等の禁止については割賦販売法34条1項が定めており，また，既に交付等したカード等に係る包括信用購入あっせん関係受領契約の締結の禁止は，利用者に対して不利益を与えるものであり，また，加盟店との契約の締結自体に必ずしも包括信用購入あっせん業者が関与せず，これを拒否することは現実的でない点などが考慮されたものと思われる。

　いずれにしても，割賦販売法34条の2第2項による取消しは任意的であり，処分の要否については，割賦販売法34条の2第2「項の規定を基本としつつ，重大性又は悪質性の有無等を勘案して総合的に判断する」とされている（後払基本方針Ⅱ－3－2－1－3⑸，割賦審査基準「第2の1.(9)」）。もっとも，「改善命令に違反したか否か」，「変更登録の届出を怠り又は虚偽の届出をしたか否か」は一義的に定まるのであり，取消事由の該当性については裁量の余地はない。したがって，行政が裁量に基づき判断するのは，そのような事由が生じたことを前提に，取消しをすべきか否かという点のみに限られる。

　(c)　**内閣総理大臣との協議**

　経済産業大臣は，包括信用購入あっせん業者が改善命令（原因事実が，割賦販売法30条の2第1項本文，同条3項若しくは4項，30条の2の2本文又は30条の5の2に違反した場合の改善命令に限る）に違反したことを理由として登録を取り消そうとする場合には，取消しに先立って内閣総理大臣と協議しなければならない（34条の2第3項）。また，この場合において，内閣総理大臣は，利用者の利益の保護のために必要があると認められるときは，経済産業大臣に対し意見を述べることができる（同条4項）。

　(d)　**取消理由の通知**

　経済産業大臣は，割賦販売法34条の2第1項又は2項により，包括信用購入あっせん業者の登録を取り消した場合には，当該包括信用購入あっせん業者に対して，遅滞なく，登録を取り消した旨及び登録取消しの理由を通知しなければならない（34条の2第5項）。

　後述のように，登録取消処分は公示されるが（34条の4），これに加えて取消理由等を通知させることとしたのは，登録包括信用購入あっせん業者であった者に対して，不服申立ての機会を与えるためである。

　(4)　**営業廃止の届出**

包括信用購入あっせん業者が，包括信用購入あっせんの営業を廃止したときは，遅滞なくその旨を経済産業大臣に届け出なければならず（35条），廃止の届出がなされると，その旨が公示される（34条の3第1項2号・34条の4）。

なお，割賦販売法35条による廃止の届出をせず，又は虚偽の届出をした者は，30万円以下の過料が科される（55条3号）。

(5) **登録の消除**

経済産業大臣は，次のいずれかの場合には，その包括信用購入あっせん業者を，登録簿から消除しなければならない（34条の3第1項）。

① 割賦販売法34条の2第1項又は2項により包括信用購入あっせん業者の登録が取り消された場合
② 営業廃止の届出（35条）がなされた場合その他営業を廃止していることが判明した場合

(6) **処分の公示**

経済産業大臣は，包括信用購入あっせん業者に対し一定の処分をした場合には，その旨を公示しなければならない（34条の4）。

その目的は，公示の対象となる処分が行われた場合には，加盟店に加盟店契約の解除権が生じるため（35条の2第1項），これを周知する点にある。

公示の対象となる処分は，次のとおりである。

① カード等交付等禁止命令（34条1項）
② カード等交付等禁止命令の取消し（34条2項）
③ 登録の取消し（34条の2第1項・2項）
④ 営業廃止を理由とした登録消除（34条の3第1項2号）

(7) **登録の取消し等に伴う取引の結了等**

登録包括信用購入あっせん業者が登録を取り消され又は登録簿から登録が消除された場合であっても，当該包括信用購入あっせん業者であった者又はその一般承継人は，交付等したカード等に係る取引を結了する目的の範囲内では，なお登録包括信用購入あっせん業者とみなされる（35条の3）。

包括信用購入あっせんを業として営むには登録が要件となっているので，登録が取り消し又は消除されれば，包括信用購入あっせんを業として営むことはできないのが原則だが，カード等に係る取引について一切行うことができない

としたのでは、登録中のカード等の利用につき、加盟店に対する立替払い等をし、あるいはカード代金をカード会員から受け取ることすらできないので、既に行われたカード等の利用に関する範囲に限定して、登録包括信用購入あっせん業者とみなすこととしたものである。

(8) 加盟店の加盟店契約解除権

登録包括信用購入あっせん業者が、カード等交付等禁止命令を発せられ、又は登録を取り消し若しくは消除された場合に、加盟店は、加盟店契約を将来に向かって解除することができる（35条の2第1項）。

包括信用購入あっせん業者がカード等の交付が禁止され、あるいは登録が取り消し又は消除されても、直ちに加盟店契約が無効となるものではないが、登録が取消し等された後に、カード等により決済を行っても、包括信用購入あっせん業者から立替金等を支払われないおそれがあることから、加盟店を保護するために、加盟店に解除権を認めたものである。

なお、割賦販売法35条の2第1項は強行規定であるから、加盟店契約又はこれに付随する契約において、登録取消し等の場合であっても加盟店契約を解除できない旨の合意・特約をしても、当該合意ないし特約は無効である（35条の2第2項）。

(9) 報告徴収命令・立入検査

経済産業大臣は、包括信用購入あっせん業者に対して、報告の徴収を命じ、また、立入検査をすることができる。

これらの処分により包括信用購入あっせん業者を監督するというよりも、これらの処分を通じて前述の各処分の原因事実を知ることが多く、各処分の端緒として位置付けられる。

報告徴収命令については割賦販売法40条3項が、立入検査については41条が規定しており、包括信用購入あっせん以外の取引類型についてもまとめて規定されていることから、本章でその解説を割愛し、第2編第10章にて説明を加えることとする。

(10) その他各処分の共通事項

上記の処分はいわゆる「不利益処分」（行手2条4号）に当たるため、各処分を発するに際しては、行政手続法により定められた所定の手続のほか、以下の

ような手続等を経ることとされている（後払基本方針Ⅱ-3-2-1-6）。

　(a)　**聴聞手続**（行手13条1項1号，割賦43条）

　(b)　**弁明の機会の付与**（行手13条1項2号）

　(c)　**行政処分通知書の交付**（行手14条，割賦34条の2第5項）

　(d)　**行政処分の公表**

　①事業者の名称，②代表者の氏名，③本社所在地，④処分の年月日，⑤処分の内容，及び⑥処分の理由を，主管局のホームページにおいて公表することとされている。割賦販売法34条の4が定める処分の公示（下記(e)）とは別に行われる事実上の手続である。

　(e)　**処分の公示**（34条の4）

　(f)　**処分の発効**

　①登録取消しは上記(c)の処分通知書の交付から概ね1ヵ月後から，②カード等交付等禁止命令は上記(c)の処分通知書の交付から概ね2週間後に発行させることとされている。これは，消費者その他の関係者への影響等を必要最小限に止めるためである。これに対し，③改善命令は，消費者保護の観点から命令内容に直ちに着手させる必要があるため，上記(c)の処分通知書の交付から直ちに発効させることとなっている。

　(g)　**改善命令の履行状況に係る報告徴収命令**

　改善命令の発出に当たっては，事後に改善命令の履行状況を確認するため，改善命令と併せて報告徴収命令を発出し，上記(c)の処分通知書の交付から原則1ヵ月後を期限として，①法令違反等の責任の所在及び責任者に対する措置，②法令違反等の原因（財務，組織，管理方法等のすべての原因），③改善命令に対して既に実施した改善措置並びに今後実施予定の改善措置及びその実施時期について報告を求めることとされている。

　また，報告の内容を検証した結果，改善措置が不十分と判断された場合には，報告書の修正や追加報告を求めることとされている。

　(h)　**標準処理期間の策定**

　行政処分に係る処理は，処分に先立って処分原因事由の有無を確認するために行われる立入検査後又は報告徴収命令に係る報告書の受領後，原則として，概ね3ヵ月以内（消費者庁との調整を要する場合には概ね4ヵ月以内）を目途に行うこ

ととされている（後払基本方針Ⅱ-3-2-1-6(7)）。ただし，聴聞手続や弁明の機会の付与等の手続は，この期間には含まれない。

〔2〕 条文解説

> （改善命令）
> 第30条の5の3　経済産業大臣は，包括信用購入あつせん業者が第30条の2第1項本文，第3項若しくは第4項，第30条の2の2本文，前条，第35条の3の56から第35条の3の58まで又は第35条の3の59第1項の規定に違反していると認めるときは★1，その必要の限度において，当該包括信用購入あつせん業者に対し，包括信用購入あつせんに係る業務の運営を改善するため必要な措置をとるべきことを命ずることができる★2。
> 2　経済産業大臣は，包括信用購入あつせん業者が第30条の2第1項本文，第3項若しくは第4項，第30条の2の2本文又は前条の規定に違反している場合において★3，前項の規定による命令をしようとするときは，あらかじめ，内閣総理大臣に協議しなければならない。
> 3　内閣総理大臣は，包括信用購入あつせん業者が第30条の2第1項本文，第3項若しくは第4項，第30条の2の2本文又は前条の規定に違反している場合において，利用者又は購入者若しくは役務の提供を受ける者の利益を保護するため必要があると認めるときは，経済産業大臣に対し，第1項の規定による命令に関し，必要な意見を述べることができる。

★1　30条の5の3第1項の改善命令は，包括信用購入あつせん業者が割賦販売法の一部の規定に「違反していると認められるとき」に発出されることとなっており，前払式割賦販売の場合（20条の2第1項）のように，原因事由に該当する場合で「購入者の利益を保護するために必要かつ適当と認めるとき」とはなっていない。

　これは，要件該当性判断の段階においては，行政の裁量が認められないことを表したものである。30条の5の3第1項の改善命令の要件，すなわち，包括信用購入あつせん業者が割賦販売法の規定に違反したか否かは，一義的に定まり，行政の裁量が入り込む余地がないためと解される。

★2　前掲★1のとおり，30条の5の3第1項の改善命令の要件該当性の判断に

第8節　行政による監督　〔2〕　条文解説

際しては裁量の余地はないが，「命ずることができる」とあることから明らかなように，要件に該当したからといって必ず改善命令を発出しなければならないわけではない。要件に該当する上で，改善命令の要否を判断する上では，重大性又は悪質性の有無等が考慮され，改善命令を要すると判断された場合に限り，改善命令が発出される。

また，命令の内容は法定されておらず，具体的にどのような内容を命じるかは行政の裁量に委ねられているが，「必要な限度において」，「必要な措置」を命じるものでなければならない。企業にとって行政処分が大きなインパクトを有するのはいうまでもないが，改善命令は，あくまでも消費者保護の観点から法令違反を是正するために発せられるものであり，懲罰を目的としたものではないため，悪質性や有責性の程度，さらには軽減事由の有無・程度にかかわらず，改善命令の内容は「必要な限度」で「必要な措置」を命じるものでなければならない。

★3　改善命令の原因事由が，割賦販売法30条の2第1項本文，3項若しくは4項，30条の2の2本文又は30条の5の2への違反である場合のことである。

逆にいえば，割賦販売法35条の3の56～35条の3の58又は35条の3の59第1項に違反した場合は，割賦販売法30条の5の3第2項の対象とならず，内閣総理大臣との協議は不要である。

（改善命令）
第33条の5　経済産業大臣は，登録包括信用購入あつせん業者が第33条の2第1項第11号の規定に該当することとなつたと認めるときは★1，その必要の限度において，当該登録包括信用購入あつせん業者に対し，包括信用購入あつせんに係る業務の運営を改善するため必要な措置をとるべきことを命ずることができる★2。

★1　33条の5の改善命令においても，割賦販売法30条の5の3第1項による改善命令と同様に，原因事由に該当するか否かは単純に財務上の数字の問題であるから，要件該当性の判断においては行政の裁量が入る余地はない。

★2　前掲★1にかかわらず，要件に該当する上で改善命令の要否，さらにはどのような内容を命じるかについては行政の裁量に委ねられているが，やはりその内容は「必要な限度において」，「必要な措置」を命じるものでなければ

ならず,効果の面では行政の裁量には一定の制限が設けられている。

> (カード等の交付等の禁止)
> 第34条　経済産業大臣は,登録包括信用購入あつせん業者が第33条の2第1項第4号の規定に該当することとなつた場合において★1,当該登録包括信用購入あつせん業者と包括信用購入あつせんに係る契約を締結した販売業者(当該登録包括信用購入あつせん業者のために包括信用購入あつせん関係立替払取次ぎを行う包括信用購入あつせん関係立替払取次業者と包括信用購入あつせん関係立替払取次ぎに係る契約を締結した販売業者を含む。第35条の2第1項において同じ。)又は役務提供事業者(当該登録包括信用購入あつせん業者のために包括信用購入あつせん関係立替払取次ぎを行う包括信用購入あつせん関係立替払取次業者と包括信用購入あつせん関係立替払取次ぎに係る契約を締結した役務提供事業者を含む。第35条の2第1項において同じ。)★2の保護のため必要があると認めるときは★3,当該登録包括信用購入あつせん業者に対し,カード等を交付し又は付与してはならない旨を命ずることができる★4。
> 2　第20条第2項の規定★5は,前項の規定による命令に準用する。

★1　割賦販売法33条の2第1項4号は「資産の合計額から負債の合計額を控除した額が資本金又は出資の額の100分の90に相当する額に満たない法人」と規定しており,34条1項は,純資産が資本金の額の9割を下回った場合に,カード等交付等禁止命令を発することとしている。この「資産の合計額」及び「負債の合計額」の計算方法については,割賦販売法15条2項及び同法施行令6条により定められている(33条の2第2項による準用)。

　法文上,いつの時点で純資産が資本金の9割を下回っていたら34条1項の対象となるのか定められていないため,資産及び負債の計算日は,いつであってもかまわない。実務上は,期末計算に基づく事業報告(割賦則136条1項表2号)により判断されることが多いと思われるが,期中であっても上記の要件に該当することが判明すれば,その時点の計算をもとにして34条1項の命令が発せられることとなる。

★2　34条1項における「販売業者」,「役務提供事業者」には,包括信用購入あっせん業者と包括信用購入あっせんに係る契約を締結した販売業者・役務提供事業者(=オンアス加盟店)に加え,包括信用購入あっせん関係立替払取次

業者と契約した販売業者・役務提供事業者（＝オフアス加盟店）が含まれる。

　ただし，割賦販売法30条の2の3第4項が「特定の包括信用購入あっせん業者のために……」としているのに対し，34条1項が「当該登録包括信用購入あっせん業者のために……」としていることから，同項におけるオフアス加盟店は，オフアス加盟店一般を指すものではなく，包括信用購入あっせん関係立替払取次業者が当該登録包括信用購入あっせん業者と個別に提携契約を締結するなど，特に「当該登録包括信用購入あっせん業者のために……」と認められるだけの事情を有する場合のオフアス加盟店に限られると解される。たしかに，カード等交付等禁止命令の趣旨（加盟店の保護）を考えれば，割賦販売法30条の2の3第4項のように特定のオフアス加盟店以外のオフアス加盟店も含まれると解すべきとも考えられるが，上記のように，割賦販売法30条の2の3第4項や35条の16第1項2号と異なる表現が用いられていること，34条1項の「販売業者」，「役務提供事業者」は加盟店の加盟店契約の解除権を定める割賦販売法35条の2第1項においても同様の意味内容とされているため，34条1項の加盟店をオンアス加盟店及びすべてのオフアス加盟店と解すると，イシュアーに問題が生じただけで，（アクワイアラーに何の落ち度もないのに）オフアス加盟店はアクワイアラーとの加盟店契約を解除できることになり妥当ではないことなどから，34条1項における加盟店は，①オンアス加盟店，及び②オフアス加盟店のうち，アクワイアラーとイシュアーとの間に，個別の提携関係等，特に「当該登録包括信用購入あっせん業者のために……」といえるだけの事情を有する場合のオフアス加盟店のみを指すと解すべきであろう。

★3　34条1項のカード等交付等禁止命令の発出の要否については，「加盟店の保護の必要性の有無を勘案して判断する」とされており（後払監督指針Ⅱ-3-2-1-3(3)），重大性又は悪質性の有無等は問題とされていない。これはカード等交付等禁止命令の要件である資産要件（前掲★1）は，悪質性や経営陣の有責性の問題ではなく，単純に事業成績の問題であるためと解される。

★4　「命ずることができる」とあるように，カード等交付等禁止命令は，①資産要件に該当し，②加盟店の保護の必要性が認められる場合であっても，必ず発出しなければならないものではない。

　実際上は想定し難いが，例えば，登録包括信用購入あっせん業者が近くに事業の廃止を予定しており，既に新規のカード等の交付等を中止しているような場合には，加盟店の保護の必要性があっても，34条1項のカード等交付

等禁止命令を発出すべき必要性はないと考えられる。
★5　割賦販売法20条2項は，許可割賦販売業者に対する新規契約締結の禁止命令の取消しに関する規定である。
　割賦販売法20条2項が準用されることにより，カード等交付等禁止命令の発出から6ヵ月以内に純資産額が回復し，資産要件に該当しないこととなった場合には，当該命令を取り消さなければならないこととなる。

> （登録の取消し）
> 第34条の2　経済産業大臣は，登録包括信用購入あつせん業者が次の各号のいずれかに該当するときは，その登録を取り消さなければならない★1。
> 　一　第33条の2第1項第2号，第3号又は第6号から第10号までのいずれかに該当することとなつたとき。
> 　二　前条第1項の規定による命令があつた場合において，その命令の日から6月以内に同条第2項において準用する第20条第2項の規定による取消しがされないとき。
> 　三　前条第1項の規定による命令に違反したとき。
> 　四　不正の手段により第31条の登録を受けたとき★2。
> 2　経済産業大臣は，登録包括信用購入あつせん業者が次の各号のいずれかに該当するときは，その登録を取り消すことができる★3。
> 　一　第30条の5の3第1項又は第33条の5の規定による命令に違反したとき。
> 　二　第33条の3第1項の規定による届出をせず，又は虚偽の届出をしたとき。
> 3　経済産業大臣は，登録包括信用購入あつせん業者が前項第1号の命令（当該登録包括信用購入あつせん業者が第30条の2第1項本文，第3項若しくは第4項，第30条の2の2本文又は第30条の5の2の規定に違反している場合におけるものに限る。次項及び第40条第4項において同じ。）に違反した場合において，前項の規定による処分をしようとするときは，あらかじめ，内閣総理大臣に協議しなければならない。
> 4　内閣総理大臣は，登録包括信用購入あつせん業者が第2項第1号の命令に違反した場合において，利用者又は購入者若しくは役務の提供を受ける者の利益を保護するため必要があると認めるときは，経済産業大臣に対し，

同項の規定による処分に関し，必要な意見を述べることができる。
　5　経済産業大臣は，第1項又は第2項の規定により登録を取り消したときは，遅滞なく，その理由を示して，その旨を当該登録包括信用購入あつせん業者であつた者に通知しなければならない★4。

★1　34条の2第1項の取消しは必要的であるから，登録包括信用購入あっせん業者が同項各号の事由に該当することとなった場合には，その登録は必ず取り消されなければならない。後払基本方針においても，「登録取消しの基準に該当することを確認した場合には，登録包括信用購入あっせん業者の登録を取り消すこととする」とされており（後払基本方針Ⅱ-3-2-1-3(4)），要件に該当することが確認された以上は，行政に裁量が認められていないことを示している。

　また，各号の必要的取消事由も，いずれも該当するか否かが一義的に定まるものとなっており，要件該当性の判断においても行政の裁量が認められる余地はない。

★2　「不正の手段」とは，例えば，登録申請書に虚偽の内容を記載したり，虚偽あるいは偽造した添付書類を添付したような場合を指す。ほかにも，現実には想定し難いが，登録申請に関し贈賄や強迫がなされたような場合も「不正の手段」に該当しよう。いずれにせよ，割賦販売法が定めた正規の方法以外の方法で登録申請がされ，それにより登録されたような場合は「不正の手段」があったものと考えてよい。

★3　34条の2第2項の取消しは任意的であるから，同項各号の取消事由に該当したからといって，必ず登録を取り消さなければならないわけではない。

　34条の2第2項の任意的取消しにおいては，取消事由に該当するか否かは一義的に判断され，取消しの要否について「重大性又は悪質性の有無等を勘案して総合的に判断」される（後払基本方針Ⅱ-3-2-1-3(5)）。

★4　34条の2第5項の通知は，行政手続法14条に定める不利益処分の理由の提示に当たるものであり，書面で行うこととされている（後払基本方針Ⅱ-3-2-1-6(2)）。

　なお，理由の提示の程度（どの程度詳細に記載しなければならないか）は，「当該処分の根拠法令の規定内容，当該処分に係る処分基準の存否及び内容並びに公表の有無，当該処分の性質及び内容，当該処分の原因となる事実関係の内容等を総合考慮して決定すべき」とされる（最〔小3〕判平23・6・7民集

65巻4号2081頁)。したがって，処分の理由として，どのような内容をどの程度詳細に記載しなければならないかについて，一概に基準を設けることは困難であるが，登録取消しという極めて重い処分であることからすれば，少なくとも，登録包括信用購入あっせん業者のどのような行為がどの規定に当たるのかは一見して判断可能なものである必要はあろう。

> **（登録の消除）**
> 第34条の3　経済産業大臣は，次の各号のいずれかに該当するときは，包括信用購入あっせん業者登録簿につき，その登録包括信用購入あっせん業者に関する登録を消除★1しなければならない。
> 一　前条第1項又は第2項の規定により登録を取り消したとき。
> 二　第35条の規定による届出があつたときその他包括信用購入あっせんの営業を廃止したことが判明したとき。
> 2　前条第5項の規定は，前項第2号の規定により登録を消除した場合に準用する★2。

★1　登録の「取消し」が登録という行政行為を取り消す行政処分であるのに対し，登録簿からの「消除」とは，登録簿から登録包括信用購入業者についての記載（登録）を物理的に削除することを意味する。

したがって，登録取消しその他の行政処分のように，聴聞手続等の行政手続法上の不利益処分に係る規定は適用されない。

★2　営業廃止を理由として登録簿から消除された場合については，割賦販売法34条の2第5項が準用されるため，登録簿からの消除した旨及びその理由を記載した書面が登録包括信用購入あっせん業者であった者に交付されることとなる。

登録が取り消された場合に割賦販売法34条の2第5項が準用されていないのは，取消しの時点で通知書が交付されるためである。

> **（処分の公示）**
> 第34条の4　経済産業大臣は，第34条第1項の規定による命令をし，若しくは同条第2項において準用する第20条第2項の規定によりこれを取り消し

第8節　行政による監督　〔2〕　条文解説

たとき，第34条の2第1項若しくは第2項の規定により登録を取り消したとき，又は前条第1項第2号の規定により登録を消除したときは，経済産業省令で定めるところにより，その旨を公示しなければならない★1。

★1　34条の4による公示は，官報に掲載して行うこととされている（割賦則68条）。そのため，行政によるウェブ上での公表は，34条の4の「公示」には当たらず，これとは別の事実上の手続である。

（廃止の届出）
第35条　登録包括信用購入あつせん業者は，包括信用購入あつせんの営業を廃止したとき★1は，遅滞なく，その旨を経済産業大臣に届け出なければならない★2。

★1　「営業を廃止したとき」とは，新規のカード等の交付等を中止し，加盟店への立替払いを行わなくなることを指す。営業を廃止した場合は，割賦販売法34条の3第1項2号により登録簿から消除されるが，同法35条の3により，なお取引を結了するまでは登録包括信用購入あっせん業者であるとみなされ，廃止前に行われたカード等利用については，加盟店に立替払いをし，利用者からカード代金を受領することが認められる。したがって，35条における「営業の廃止」を，過去のカード等の利用に係るものも含めて，包括信用購入あっせんに係る一切の業務を行わないことと解すると，割賦販売法35条の3の存在意義がなくなることになる。そのため，「廃止」とは，あくまでも新規のカード等の交付等及び加盟店への立替払いを行わなくなることを指すと解される。

　なお，35条の対象となる「営業」は，あくまでも包括信用購入あっせんに係るものであるから，アクワイアリング（クレジットカード番号等取扱契約締結に係る業務）のみを廃止し，イシュイングを継続するような場合は35条の対象外である。

★2　35条の届出は様式第13による（割賦則68条の2）。

第2編　割賦販売法の解説　　第5章　包括信用購入あっせん

> （販売業者等の契約の解除）
> 第35条の2　登録包括信用購入あっせん業者が第34条第1項の規定による命令を受け，第34条の2第1項若しくは第2項の規定により登録を取り消され，又は第34条の3第1項第2号の規定により登録を消除されたときは，当該登録包括信用購入あっせん業者と包括信用購入あっせんに係る契約を締結した販売業者又は役務提供事業者★1は，将来に向かつてその契約を解除することができる★2。
> 2　前項の規定に反する特約は，無効とする★3。

★1　35条の2第1項の「販売業者」，「役務提供事業者」には，①包括信用購入あっせん業者と包括信用購入あっせんに係る契約を締結した加盟店のほか，②「当該登録包括信用購入あっせん業者のために包括信用購入あっせん関係立替払取次ぎを行う包括信用購入あっせん関係立替払取次業者」と契約を締結した販売業者・役務提供事業者も含まれる（34条1項）。

　したがって，オンアス加盟店だけでなく，②に該当する一部のオフアス加盟店にも35条の2第1項による加盟店契約の解除権が認められる。

★2　「将来に向かつて……解除」とは，解除により生じるのは将来効のみであり，遡及効は生じないことを意味する。したがって，35条の2第1項により加盟店契約が解除された場合であっても，過去に行われた取引については，包括信用購入あっせん業者は加盟店に立替払い等をしなければならない。また，加盟店においても，35条の2第1項の解除を理由として過去に行われた取引について，利用者に対して商品の引渡し等を拒絶できるものではない。

　なお，前掲★1のとおり，35条の2第1項の解除権は一部のオフアス加盟店にも認められるが，当該オフアス加盟店は，包括信用購入あっせん業者と加盟店契約を締結しているわけではなく，あくまでも包括信用購入あっせん関係立替払取次業者と契約しているのであるから，オフアス加盟店が35条の2第1項により解除することができるのは，包括信用購入あっせん関係立替払取次業者との加盟店契約であることになる。そのため，「当該包括信用購入あっせん業者のために包括信用購入あっせん立替払取次ぎを行う包括信用購入あっせん関係立替払取次業者」（34条1項）としては，自己に何ら落ち度等がなくても当該解除を受け入れなければならないことになる。

★3　35条の2第1項が強行規定であることを示したものであり，したがって，

加盟店の契約解除権を認めないような合意・特約は無効となる。このことは，包括信用購入あっせん業者との加盟店契約だけでなく，包括信用購入あっせん関係立替払取次業者との加盟店契約においても同様であると解される。

（登録の取消しに伴う取引の結了等）
第35条の3 登録包括信用購入あっせん業者が第34条の2第1項若しくは第2項の規定により登録を取り消されたとき，又は第34条の3第1項第2号の規定により登録が消除されたときは，当該登録包括信用購入あっせん業者であつた者又はその一般承継人★1は，当該登録包括信用購入あっせん業者が交付し又は付与したカード等に係る取引を結了する目的の範囲内においては★2，なお登録包括信用購入あっせん業者とみなす★3。

★1　「一般承継人」とは，包括信用購入あっせん業者の権利義務を一括して承継した者を指す。包括信用購入あっせんを業として営むことができるのは法人のみであるから（31条），会社分割により包括信用購入あっせんに係る事業を承継した会社や，合併後の会社などがこれに当たる。

★2　ここでいう「取引」とは，過去に交付等したカード等を利用した取引（包括信用購入あっせん関係受領契約）を指し，「当該取引を結了する目的の範囲内」として，当該取引に関する①加盟店への立替払い，②利用者からのカード代金の受領・請求を行うことが認められる。

　もっとも，②については，すべてのカード代金を現実に回収するというのは残念ながら現実的ではなく，回収不能又は未払いも多数生じることが想定される。ところが，後掲★3のとおり，35条の3により登録包括信用購入あっせん業者とみなされることにより，当該包括信用購入あっせん業者であった者は割賦販売法に定められた義務を負うことになるため，上記①はともかくとして，②についてはカード代金の全額を回収しない限り，登録業者とみなされるとしたのでは登録包括信用購入あっせん業者であった者に酷である場面もあり得るのであって，35条の3のみなし規定から早く解放する必要がある。そのため，カード代金については，全額を回収するまで取引が結了しないと考えるべきではなく，回収又は償却（貸倒れ処理）した時点で，取引は結了したものと考えるべきであろう。

★3 35条の3により登録包括信用購入あっせん業者とみなされる結果，登録包括信用購入あっせん業者であった者は，営業を廃止等していても割賦販売法で定められた義務を負い，これを履践しなければならない。例えば，指定信用情報機関に対する基礎特定信用情報の変更に係る提供義務（35条の3の56第3項），苦情処理（30条の5の2，割賦則60条），事業報告書の提出（割賦則136条表2号）等である。

第9節　不服申立て

第8節の監督上の処分に対しては，包括信用購入あっせん業者は不服申立てをすることができる。もっとも，不服申立手続は，割賦販売法ではなく行政不服審査法及び行政事件訴訟法の範疇であるから，概説するにとどめる。

なお，以下の内容は，基本的には割賦販売法上の他の取引類型においても共通であるが，包括信用購入あっせんが割賦販売法の中心となる取引類型であるため，包括信用購入あっせんを例にとり説明する。

(1) **総　　論**

登録の拒否や登録取消し等の行政処分を争う場合には，①行政不服審査法に基づく不服申立てと，②行政事件訴訟法に基づく抗告訴訟（主に取消訴訟）とがあり得るが，行政事件訴訟法は上記①と②のいずれを選択してもよいという自由選択主義を原則としており（行訴8条1項本文），例外的に，個別法により上記①の不服申立てを経なければならないとされている場合にのみ，抗告訴訟の前に不服申立てを経由しなければならないとされている（審査請求前置主義。同項ただし書）。

割賦販売法は，審査請求前置主義を採用していないので，包括信用購入あっせんに関する同法に基づく行政処分については，②に先立って①の手続を利用することも，①を経ずに最初から②を利用することもできる。

(2) **行政不服審査法に基づく不服申立て**

(a) **不服申立ての種類**

行政不服審査法に基づく不服申立てには，審査請求，再調査請求及び再審査請求の3種類がある。従来は，不服申立ての手続として異議申立て（処分庁

に上級庁が存しない場合の不服申立手続）も規定されていたが，処分庁の上級庁の有無という国民と無関係な事情により不服申立て＝救済手続が異なるという不合理を解消すべく，現行法では異議申立ては廃止されている。

　(イ)　審査請求　　審査請求とは，行政庁（行審4条1号）による処分について，審査庁に対して行う不服申立てである。審査庁は，原則処分庁の最上級行政庁であり，処分庁に上級行政庁が存しない場合には当該行政庁が審査庁となる（行審4条各号）。

　(ロ)　再調査請求　　再調査の請求とは，処分庁自身に対して，簡易な手続により事実関係等の再調査をさせ，これにより処分を見直させるという不服申立手続である。審査請求をすることができる場合において，個別法に再調査請求をすることができる旨の定めがある場合にのみ許容される手続である（行審5条1項）。

　審査請求と再調査請求のいずれを選択するかは不服申立者の自由であるが，再調査を請求した後は，当該請求に係る決定を経た後でなければ審査請求をすることはできない（行審5条2項）。

　(ハ)　再審査請求　　再審査請求とは，審査請求に対する裁決に対してさらに行われる不服申立てで，個別法において特に許容されている場合にのみ認められる手続である（行審6条1項）。

(b)　割賦販売法上の処分に対する不服申立て

　包括信用購入あっせん業者に対する割賦販売法上の処分を挙げると，登録拒否処分，登録取消処分，改善命令，カード等交付等禁止命令等があるが，これらの処分権限は，経済産業局長に委任することが認められており（48条1項，割賦令34条3号・4号），実際にこれらの処分は経済産業局長が行っている。

　経済産業局は経済産業省の出先機関であるため，経済産業大臣が，行政庁としての経済産業局長の上級の行政庁になる。したがって，経済産業局長による処分に対しては，原則，経済産業大臣に対して審査請求をすることとなる（行審4条3号）。

　ただし，一定の権限については経済産業大臣が行うことを妨げないとされているため（割賦令34条柱書ただし書），経済産業大臣名で処分がされた場合には，経済産業大臣に対して審査請求をすることになる（行審4条1号）。

(c) **割賦販売法上の特則**

審査請求の手続及び審理については、行政不服審査法第2章（9条～53条）に定められており、これについて本書では特に解説しないが、割賦販売法は、不服申立ての手続につき、1点だけ特則を設けている。

すなわち、審査請求に対する裁決は、処分対象者に対し、相当な期間をおいて予告した上、公開による意見聴取を行った後にしなければならない（44条1項）。

これは、時間をおいて公開の意見聴取手続を行うことで、もっていっそうの国民の権利の保護を図る趣旨である。

(3) **行政事件訴訟法に基づく抗告訴訟**

(a) **概　　要**

抗告訴訟にはいくつか種類があるが、割賦販売法に基づく処分との関係で主に問題になるのは取消訴訟（行訴3条2項）であろう。取消訴訟とは、読んで字のごとく、行政庁がした処分の取消しを求める訴えを指す。

(b) **取消訴訟の要件**

割賦販売法上の登録取消し等の処分においては、処分性その他の要件が問題になることはまずないから、出訴期間（行訴14条1項）にのみ注意を要する。取消訴訟の出訴期間は、原則、処分がなされたことを知った日から6ヵ月を経過するまでである。

(c) **取消訴訟の相手方**

取消訴訟の相手方＝被告は、原則として、処分（又は裁決）をした行政庁が所属する行政主体（国又は公共団体）である（行訴11条1項）。従来は、処分庁自身が被告適格を有することとされていたが、行政事件訴訟法の平成16年改正に際して変更された。なお、ここでいう「所属する」とは、事務分配の問題ではなく、あくまでも組織法上の所属関係が基準となる。経済産業局長は、経済産業省の出先機関であるから、経済産業局長による処分に対しては、国を被告とすることになる。

第10節　適用除外（35条の3の60第1項）

〔1〕　概　　説

(1)　**趣旨・目的**

　割賦販売法35条の3の60は信用購入あっせんについての適用除外を定めている。同条は割賦販売法第3章第4節として規定されており，第1節の包括信用購入あっせん，第2節の個別信用購入あっせんの双方に適用される共通事項として位置付けられている。具体的には，割賦販売法35条の3の60第1項が包括信用購入あっせん及び包括信用購入あっせん業者に，同条2項～4項が個別信用購入あっせん及び個別信用購入あっせん業者に適用される。

　このような適用除外の趣旨は割賦販売に関する適用除外（8条）について説明したとおりであり，割賦販売法による後見的な規制を加えるよりも当事者間の私的自治・契約自由に委ねる方が割賦販売法の目的（1条1項）に適うと考えられる点にある。

　割賦販売法第3章は，包括信用購入あっせんに関して解説するものであるから，同法35条の3の60のうち，包括信用購入あっせんに関する1項につき説明し，2項～4項については個別信用購入あっせんに関する項にて説明する。

(2)　**適用が除外される規定**

　割賦販売法35条の3の60第1項により適用が除外されるのは，同法第3章の規定である。上述のとおり，同法第3章は，第1節にて包括信用購入あっせんについて，第2節にて個別信用購入あっせんに関して規定しているほか，第3節にて指定信用情報機関及びその加入業者に対して規制を加えている。つまり，指定信用情報機関制度に関する規制も，割賦販売法第3章に含まれており，同法35条の3の60第1項により適用除外となっている。

　逆に，割賦販売法第3章の4のクレジットカード番号等の適切な管理等に関する規制，具体的には，第1節のクレジットカード番号等の適切な管理に関する規制，及び第2節のクレジットカード番号等取扱契約に関する規制は割賦販売法35条の3の60第1項による適用除外の対象規制とはなっていない。後者

431

はアクワイアリングに関するものであるから，包括信用購入あっせんとは深い関係を有するものの，包括信用購入あっせん業者に対して何らかの規制を加えるものではない。これに対し，クレジットカード番号等の適切な管理等に関する規制は，包括信用購入あっせん業者に直接適用される規制である。そのため，割賦販売法第3章の4第1節のクレジットカード番号等の規制については，割賦販売法35条の3の60第1項の適用除外の適否にかかわらず，包括信用購入あっせん業者（及び2月払購入あっせん業者）に適用される点に留意する必要がある。

(3) 適用除外の対象取引

割賦販売法35条の3の60第1項により適用除外となる取引は，基本的には割賦販売の場合（8条）と同内容であるが，割賦販売法8条6号の無尽に該当する取引が除かれた代わりに，不動産に係る取引が追加されている（35条の3の60第1項6号）。

これは，包括信用購入あっせんの方法による無尽取引が想定し得ない反面，不動産に係る取引（売買又は役務提供）は指定商品・指定役務に含まれておらず，適用除外とするまでもなく割賦販売に関する規制の対象となっていなかったためである。

〔2〕 条文解説

第35条の3の60　この章の規定[1]は，次の包括信用購入あっせん及び包括信用購入あっせんに係る販売又は提供の方法による販売又は提供[2]については，適用しない。

一　商品若しくは指定権利を販売する契約又は役務を提供する契約（連鎖販売個人契約[3]及び業務提供誘引販売個人契約[4]に係るものを除く。）であつて，当該契約の申込みをした者が営業のために若しくは営業として[5]締結するもの又は購入者若しくは役務の提供を受ける者が営業のために若しくは営業として締結するものに係る包括信用購入あっせん及び包括信用購入あっせんに係る販売又は提供の方法による販売又は提供

二　本邦外に在る者[6]に対して行う包括信用購入あっせん及び包括信用購

入あつせんに係る販売又は提供の方法による販売又は提供
　三　国又は地方公共団体が行う包括信用購入あつせん及び包括信用購入あつせんに係る販売又は提供の方法による販売又は提供★7
　四　次の団体がその直接又は間接の構成員に対して行う包括信用購入あつせん及び包括信用購入あつせんに係る販売又は提供の方法による販売又は提供（当該団体が構成員以外の者にその事業又は施設を利用させることができる場合には、これらの者に対して行う包括信用購入あつせん及び包括信用購入あつせんに係る販売又は提供の方法による販売又は提供を含む。）
　　イ　特別の法律に基づいて設立された組合★8並びにその連合会及び中央会
　　ロ　国家公務員法第108条の2又は地方公務員法第52条の団体
　　ハ　労働組合
　五　事業者がその従業者に対して行う包括信用購入あつせん及び包括信用購入あつせんに係る販売又は提供の方法による販売又は提供
　六　不動産を販売する契約★9に係る包括信用購入あつせん及び包括信用購入あつせんに係る販売又は提供の方法による販売又は提供
2～4　（略）

★1　「この章の規定」とは、割賦販売法第3章の規定全部のことを指す。割賦販売法第3章は、「第1節　包括信用購入あつせん」、「第2節　個別信用購入あつせん」、「第3節　指定信用情報機関」及び「第4節　適用除外」から構成されている。このうち、包括信用購入あつせんに関する規定は第1節、第3節及び第4節であり、第4節とはすなわち割賦販売法35条の3の60のことであるから、結局、35条の3の60第1項における「この章の規定」とは、割賦販売法第3章第1節及び第3節の規定のことを意味する。

★2　35条の3の60の適用の有無は、割賦販売の場合（8条）と同様に、包括信用購入あつせん業者（ないし加盟店）単位ではなく、取引単位で判断される。すなわち、割賦販売法第3章の規定が適用されないのは「次の包括信用購入あつせん及び包括信用購入あつせんに係る販売又は提供の方法による販売又は提供」＝個別の取引のみであり、同一の包括信用購入あつせん業者による包括信用購入あつせんであっても、35条の3の60第1項各号に該当しない取引（包括信用購入あつせん関係受領契約）については、割賦販売法第3章が適用されることになる。

なお,「包括信用購入あっせん」だけでなく,「包括信用購入あつせんに係る……販売又は提供」も35条の3の60第1項の対象となっているのは,加盟店においても割賦販売法による規制が加えられているため（30条の2の3第4項・5項による書面交付義務),35条の3の60第1項の対象を包括信用購入あっせんのみとしたのでは,加盟店に対する義務が残ったままとなるためである。つまり,同項各号に該当する場合には,加盟店に対する当該規制も適用されず,加盟店は書面交付義務を負わないことになる。

★3 「連鎖販売個人契約」とは,特定商取引法33条1項に規定する連鎖販売業に係る連鎖販売取引についての契約のうち,商品等の販売・提供を店舗その他これに類似する設備によらないで行う個人との契約を指す（8条1号イ)。

これは,利用者が,形式的には連鎖販売取引に係る営業目的ではあるが,実質的には消費者である場合であることから,適用除外の例外（つまり,割賦販売法が適用される）として規定されたものである。

例えば,購入者が,購入した商品等を自宅等で販売等する場合を指す。

★4 「業務提供誘引販売個人契約」とは,特定商取引法51条1項に規定する業務提供誘引販売業に係る業務提供誘引販売取引についての契約のうち,当該業務提供誘引販売業に関して提供され又はあっせんされる業務を事務所その他これに類似する施設によらないで行う個人との契約を指す（8条1号ロ)。

これはモデル商法等のことであり,利用者が本来的には消費者であるものの,形式的には35条の3の60第1項1号柱書に該当してしまうことから,連鎖個人販売契約と同様に適用除外の例外として規定されたものである。

★5 「営業のため又は営業として」とは,包括信用購入あっせん及びこれに係る商品の購入等が,利用者から見て,営利目的で,かつ,事業のため又は事業の一環として行われることを指し,基本的には割賦販売法8条1項1号の「営業のために若しくは営業として」と同様に考えられる。

まず,会社の行為は商行為とみなされるから（会5条),法人（の従業員）によりカード等が利用された場合には,そのことのみをもって35条の3の60第1項1号に該当することになる。

これに対し,個人がカード等を利用した場合においては,「営業のため又は営業として」の該当性は取引ごとに判断されるのが原則であり,包括信用購入あっせん業者又は加盟店がどうやって事業性を把握するのかは別にしても,個人事業主が,事業の一環としてカード等を利用すれば35条の3の60第1項1号に該当し,同じカード等を利用した場合であってもプライベートの

目的（例えば，食料品の購入等）でカード等を利用した場合には35条の3の60第1項1号に該当しないこととなる。

　もっとも，個人事業主に対してのみ発行される法人カード・ビジネスカードについては，事業者向けのカード等であることが事前に明示され，かつ，カード等の規約において，①個人事業主としての事業以外の目的でカード等を利用することができないこと，②当該カード等及びこれを利用した取引については，割賦販売法が適用されないことが明示されていれば，取引の都度事業性要件を判断することなく，一括して35条の3の60第1項1号に該当するとして取り扱うことが許される（経産省・解説283頁）。

　なお，加盟店が，利用を受け入れたカード等が通常のカード等であるのか事業者用のカード等であるのかを逐一判別することは難しいから，加盟店においては，原則，割賦販売法30条の2の3第4項による情報提供が必須と考えるべきであろう。

★6　「本邦外に在る」とは，海外においてカード等を利用することを意味する。海外旅行中にカード等が利用された場合が典型であるが，海外にいる者が通信販売により日本国内の加盟店と取引するような場合も35条の3の60第1項2号に該当する。

　単純に，カード等の利用時点において，利用者が日本国内にいたのか国外にいたのかという問題である。

★7　国又は地方公共団体が包括信用購入あっせんを行うことは想定し得ず，また，国又は地方公共団体との取引においてカード等が利用されることも，まず想定し得ない。そのため，35条の3の60第1項3号は「念のため」ないし「一応」といった程度の規定であり，現実の適用を想定したものではない。

★8　例えば，農業協同組合，消費生活協同組合，中小企業等協同組合，国家公務員共済組合，市町村職員共済組合などがこれに当たる。

★9　35条の3の60第1項6号の趣旨としては，①不動産の購入に際しての包括信用購入あっせんに割賦販売法が適用され，同法による規制が加えられるとすると，日本国の経済全体に悪影響を及ぼす可能性があること，②割賦販売法が適用されることにより，低金利による不動産ローンの設定が困難となり，消費者に対し不利益を与えかねないこと，③通常，不動産の購入に際しては慎重に吟味・検討されることから，割賦販売法による規制を加えてまで消費者を保護する必要に乏しいことなどが挙げられる。

　このような趣旨からすれば，土地の販売や新築ないし中古の住宅の販売と

いった純粋な不動産の「販売」（売買）に限られず，注文住宅のような請負形式の契約についても，35条の3の60第1項6号が適用されるものと解される。請負は，その法的性質としては，商品又は権利の販売ではなく「役務の提供」であるが，不動産の注文住宅等に関していえば，「制作物供給契約」として請負と売買の両方の側面を有することから，このように解したとしても，「不動産の販売する契約」に該当すると解することができる。

　これに対し，不動産の修補やリフォーム等については，「不動産を販売する契約」とはいえず，純粋な役務提供そのものと考えられるため，35条の3の60第1項6号には該当しないと解される。

　　　　　　　　　　　　　　　　　　　　　　　　　　　　■

第6章 クレジットカード番号等の適切な管理等
（35条の16～35条の17の15）

　割賦販売法第3章の4は，「クレジットカード番号等の適切な管理等」と題し，①クレジットカード番号等の適切な管理（同章第1節），②クレジットカード番号等取扱契約（同章第2節）の2点について規制を加えている。

　前者の①は，割賦販売法の平成20年改正に際して追加された規定であり，平成28年改正において，加盟店が直接義務を課されることとなったほかは，割賦販売法（及び同法施行規則）上の条文自体に大きな変更は加えられていない。ただし，従前は，抽象的な基準をベースとして「適切な管理」を求めるにすぎなかったが，平成28年改正においては，実行計画において PCIDSS（Payment Card Industry Data Security Standard。カードビジネス関連事業者向けに，機密として扱うべきカード会員情報や取引情報の保護に関して，セキュリティ上の最低基準を確立するために策定された，国際的なクレジット産業向けのデータセキュリティ基準）への準拠やカード情報の非保持化（非通過）などの措置が明示されたことに伴い，実際上の運用としては，これらの措置を講じる必要があることとなり，割賦販売法35条の16の適用を受ける「クレジットカード番号等取扱業者」が講じるべき措置の内容は具体的かつ明確になったといえる。

　これに対し，後者の②は，割賦販売法の平成28年改正において追加された規定で，当該改正の目玉ともいうべき点である。当該改正前は，クレジットカードのイシュイングについては，包括信用購入あっせんとして規制されていたものの，アクワイアリングについては，割賦販売法上何らの規制も加えられていなかった。しかしながら，悪質加盟店の跋扈及びこれに起因する消費者被害，さらには，加盟店からの情報漏えいの続出を受け，平成28年改正において，アクワイアリングについても登録制を採用し，加盟店の管理義務（調査義務）を課し，調査の結果を踏まえ，一定の場合には加盟店契約の解除等の措置をとることを求めることとされたものである。このように，「クレジットカ

ード番号等取扱契約」に関する規制は、平成28年改正により導入されたものであり、さらに、クレジットカード番号等取扱契約締結事業者の登録義務が平成28年改正法の施行後6ヵ月間猶予されていることもあり、各カード会社は、登録に伴う義務の発生を遅らせるべく、登録をなるべく後にしようとしているのが現状である。そのため、平成28年改正法の施行後も、しばらくはクレジットカード番号等取扱契約に関する規制及びこれに基づく運用については様子見状態が続くこととなるが、これは、規制内容が従来からいわれていた「性能規定」からほど遠く、数万、数十万単位で加盟店を抱えている既存のアクワイアラーに対して、極めて重い義務を課している点が一因であることは間違いない。

第1節　クレジットカード番号等の適切な管理 (35条の16・35条の17)

〔1〕　概　　説

(1)　クレジットカード番号等の管理

(a)　趣旨・目的

　割賦販売法35条の16は、クレジットカード番号等取扱契約締結事業者に対して、クレジットカード番号等の管理のために必要な措置を講じ（35条の16第1項）、クレジットカード番号等取扱受託業者に対する指導その他の必要な措置を講じるべきこととしている（同条2項）。

　その趣旨は、いうまでもなく、クレジットカード番号等の漏えいを防止し、もって、通信販売等のクレジットカード番号等が利用される取引の安全を確立するとともに、クレジットカード番号の漏えい等による消費者被害（カードの不正利用）を防止する点にある。

　ハッキング等によるカード情報の漏えいの予防を主眼としたものであるが、例えば、クレジットカード番号等取扱業者の役職員がカード情報を不正に入手して、利用するようなケースや、加盟店が悪質商法によりカード情報を入手し（これもある意味では不正にカード情報を入手したといえよう）、クレジットカードにて決済するようなケースも念頭に置かれている。

(b) **クレジットカード番号等購入あっせん業者**

割賦販売法35条の16第1項・3項の適用を受ける「クレジットカード番号等取扱業者」とは、①クレジットカード等購入あっせん業者、②立替払取次業者、③クレジットカード等購入あっせん関係販売業者（役務提供事業者）を指す（35条の16第1項）。

①のクレジットカード等購入あっせん業者とは、包括信用購入あっせん業者及び2月払購入あっせん業者（35条の16第2項）を指し、要するに、カード会社（イシュアー）のことである。②立替払取次業者とは、包括信用購入あっせん関係立替払取次業者（30条の2の3第4項）と同様に、アクワイアラーを指すが、取次ぎの対象が包括信用購入あっせんに限られない点で、多少その外縁は異なっている。③は、要するに加盟店のことであるが、立替払取次ぎ業者と同様に、2月払購入あっせん（マンスリークリア方式）における加盟店も含まれる。

(c) **クレジットカード番号等**

上記(1)のクレジットカード番号等取扱業者が講じるべき適切な措置の対象となる「クレジットカード番号等」とは、クレジットカード等購入あっせん業者が利用者に付与する番号、記号その他の符号（2条3項1号）を意味する。

基本的には、カード番号のことであるが、有効期限や暗証番号、セキュリティコード、さらには、インターネット上でのクレジットカード決済において利用される本人認証システムである3Dセキュアのパスワード等も含まれ、また、有体物としてのカードを発行した場合におけるカード番号等も含まれる。

(d) **クレジットカード番号等取扱受託業者**

クレジットカード番号等取扱業者は、クレジットカード番号等取扱受託業者に対する指導その他の必要な措置を講じなければならない。

クレジットカード番号等取扱受託業者とは、クレジットカード番号等取扱業者からクレジットカード番号等の取扱いに関して委託（再委託、再々委託等を含む）を受けた受託者のことである。

(e) **講じるべき措置の内容**

クレジットカード番号等取扱業者は、①自社でのクレジットカード番号等の取扱いに関して、その漏えい、滅失又は毀損の防止その他のクレジットカード番号等の適切な管理のために必要が措置を講じなければならず（35条の16第1

項),②クレジットカード番号等の取扱いを委託する場合には,クレジットカード番号等取扱受託業者に対する必要な指導その他の措置を講じなければならない(同条3項)。

　これらの措置は,経済産業省令で定める基準に従うこととされており,これを受けて,割賦販売法施行規則132条及び133条が基準を定めている。

　経済産業省令で定める基準及びクレジットカード番号等取扱業者が講じるべき措置の内容については,後記〔2〕の「条文解説」を参照。

　(f) **罰　　則**

　割賦販売法35条の16違反に対する直接の罰則はないが,同条違反は割賦販売法35条の17による改善命令の対象となり,改善命令に違反した者は100万円以下の罰金が科される(51条の6第3号)。

　なお,割賦販売法35条の16違反とは異なるが,クレジットカード番号等取扱業者若しくはクレジットカード番号等取扱受託業者又はこれらの役職員若しくはこれらの職にあった者が,その業務に関して知り得たクレジットカード番号等を自己若しくは第三者の不正な利益を図る目的で,提供し又は盗用した場合は,3年以下の懲役又は50万円以下の罰金が科されることとなっている(49条の2第1項)。

　(2) **改善命令**

　クレジットカード等購入あっせん業者又は立替払取次業者が,割賦販売法35条の16第1項又は3項に基づき講じる措置が,同各項に規定する基準に適合していないと認められる場合には,経済産業大臣は,クレジットカード番号等取扱業者に対し改善命令を発することができる(35条の17)。

　この改善命令に違反した者は,100万円以下の罰金が科される(51条の6第3号)。

〔2〕　条 文 解 説

(クレジットカード番号等の適切な管理)
第35条の16　クレジットカード番号等取扱業者(次の各号のいずれかに該当す

第1節　クレジットカード番号等の適切な管理　〔2〕　条文解説

る者をいう。以下同じ。）は★1，経済産業省令で定める基準に従い★2，その取り扱うクレジットカード番号等（包括信用購入あつせん業者又は2月払購入あつせんを業とする者（以下「クレジットカード等購入あつせん業者」という。）が，その業務上利用者に付与する第2条第3項第1号の番号，記号その他の符号をいう。以下同じ。）★3の漏えい，滅失又は毀損の防止その他のクレジットカード番号等の適切な管理のために必要な措置を講じなければならない★4。

一　クレジットカード等購入あつせん業者★5
二　特定のクレジットカード等購入あつせん業者のために，利用者がカード等を提示し若しくは通知して，又はそれと引換えに特定の販売業者から商品若しくは権利を購入し，又は特定の役務提供事業者から役務の提供を受けるときは，自己の名をもつて当該販売業者又は当該役務提供事業者に包括信用購入あつせん又は2月払購入あつせん（次号及び第35条の17の2において「クレジットカード等購入あつせん」という。）に係る購入の方法により購入された商品若しくは権利の代金又は受領される役務の対価に相当する額の交付（当該販売業者又は当該役務提供事業者以外の者を通じた当該販売業者又は当該役務提供事業者への交付を含む。）をすることを業とする者（次条及び第35条の18第1項において「立替払取次業者」という。）★6
三　クレジットカード等購入あつせんに係る販売の方法により商品若しくは権利を販売する販売業者（以下「クレジットカード等購入あつせん関係販売業者」という。）又はクレジットカード等購入あつせんに係る提供の方法により役務を提供する役務提供事業者（以下「クレジットカード等購入あつせん関係役務提供事業者」という。）★7

2　前項の「2月払購入あつせん」とは，カード等を利用者に交付し又は付与し，当該利用者がそのカード等を提示し若しくは通知して，又はそれと引換えに特定の販売業者から商品若しくは権利を購入し，又は特定の役務提供事業者から役務の提供を受けるときは，当該販売業者又は当該役務提供事業者に当該商品若しくは当該権利の代金又は当該役務の対価に相当する額の交付（当該販売業者又は当該役務提供事業者以外の者を通じた当該販売業者又は当該役務提供事業者への交付を含む。）をするとともに，当該利用者から当該代金又は当該対価に相当する額を，当該利用者が当該販売業者から商品若しくは権利を購入する契約を締結し，又は当該役務提供事業者から

441

第2編　割賦販売法の解説　　第6章　クレジットカード番号等の適切な管理等

>　役務の提供を受ける契約を締結した時から2月を超えない範囲内において
> あらかじめ定められた時期までに受領することをいう★8。
>　3　クレジットカード番号等取扱業者は，クレジットカード番号等取扱受託
> 業者（当該クレジットカード番号等取扱業者からクレジットカード番号等の取扱
> いの全部若しくは一部の委託を受けた第三者又は当該第三者から委託（二以上の
> 段階にわたる委託を含む。）を受けた者をいう。以下同じ。）★9 の取り扱うクレ
> ジットカード番号等の適切な管理が図られるよう，経済産業省令で定める
> 基準に従い★10，クレジットカード番号等取扱受託業者に対する必要な指導
> その他の措置を講じなければならない★11。

★1　35条の16第1項は，クレジットカード番号等取扱業者に対し，クレジット
カード番号等の管理に関して適切な措置の構築を求めるものである。
　　クレジットカード番号等取扱業者とは，35条の16第1項各号の者の総称で
あるが，簡単にいえば，カード会社（イシュアー），カード会社（アクワイアラ
ー）及び加盟店の三者がクレジットカード番号等取扱業者に当たる（詳細は後
掲★5〜★7参照）。

★2(1)　「経済産業省令で定める基準」とは，以下のとおりである（割賦則132条）。
　(a)　クレジットカード番号等の漏えい，滅失，毀損その他のクレジットカ
ード番号等の管理に係る事故（以下「漏えい等の事故」）の発生を防止する
ため必要かつ適切な措置を講ずること。
　　　上記(a)の措置は，クレジットカード番号等に係るデータセキュリティ
の国際基準（PCIDSS）に準拠し又は割賦販売法施行規則に適合するもの
でなければならない（カード番号等自主細則1条）。
　(b)　クレジットカード番号等取扱業者において漏えい等の事故が発生し，
又は発生したおそれがあるときは，直ちに当該事故の状況を把握し，当
該事故の拡大を防止するとともに当該事故の状況に応じて速やかに，そ
の原因を究明するために必要な調査（当該事故に係るクレジットカード番号
等の特定を含む）を行うこと。
　　　上記(b)の措置（調査）に当たっては，関係部署への連絡及び経営陣へ
の報告，情報主体であるカード会員本人への情報提供，並びに行政・関
係機関への連絡に係る連絡体制を整備しておく必要がある（カード番号等
自主細則2条）。
　(c)　クレジットカード番号等取扱業者又はクレジットカード番号等取扱受

託業者において漏えい等の事故が発生し，又は発生したおそれがあるときは，当該事故に係るクレジットカード番号等を利用者に付与したクレジットカード等購入あっせん業者は当該利用者以外の者が当該クレジットカード番号等を通知して特定の販売業者から商品若しくは権利を購入し，又は特定の役務提供事業者から役務の提供を受けることを防止するために必要な措置を講ずること。

　　上記(c)の措置は，漏えい等の事故の態様に応じて，適切な不正利用防止措置をとることを指し（カード番号等自主細則3条1項），例えば，漏えい等の事故があったクレジットカード番号等に係るカード等の利用に関するモニタリング，当該カードの利用停止，クレジットカード番号等の再発行などの措置が考えられる（同条2項）。

(d)　クレジットカード番号等取扱業者において漏えい等の事故が発生し，又は発生したおそれがあるときは，当該クレジットカード番号等取扱業者は類似の漏えい等の事故の再発防止のために必要な措置を講ずること。

(e)　クレジットカード番号等をクレジットカード等購入あっせんに係る取引の健全な発達を阻害し，又は利用者若しくは購入者等の利益の保護に欠ける方法により取り扱わないこと。

(2)　また，上記の基準とは別に，後払基本方針において，クレジットカード番号等取扱業者のうち，クレジットカード等購入あっせん業者及び立替払取次業者については，次の体制の整備が求められている（後払基本方針Ⅱ-2-2-5-1(1)～(7)）。

(a)　クレジットカード番号等の管理に係る責任部署及び責任者を定めていること。

(b)　自社の役職員によるクレジットカード番号等の不正な取扱いを防止するめの措置を講じていること（管理者の限定等）。

(c)(イ)　実行計画の対象クレジットカード番号等については，実行計画に掲げられた措置又はこれと同等以上の措置を講じていること。また，実行計画に見直しを踏まえて，自社の漏えい等の事故の防止措置について見直すこととしていること。

　　(ロ)　実行計画の対象でないクレジットカード番号等については，不正利用等のリスクに応じた適切な漏えい等の事故の防止措置を定め，これを実施していること。

(d)(イ)　クレジットカード番号等の漏えい等の事故が生じ又はそのおそれがある場合の対応部署を定め，直ちに事故の状況を把握し，当該事故の発生状況に応じた事故の拡大防止措置を実施する体制を整備していること。

　　(ロ)　事故の対象となるクレジットカード番号等を速やかに特定し，事故原因を究明するための調査を速やかに実施するための体制を整備していること。

　　(ハ)　クレジットカード決済システムからの漏えい等の事故の発生又はそのおそれがある場合には，デジタルフォレンジック調査等の調査を実施する体制を整備していること。

　(e)　クレジットカード等購入あっせん業者は，自社が発行したクレジットカード番号等の漏えい等の事故が発生し又はそのおそれがある場合に，当該利用者以外の者による不正利用を防止するために不正利用検知モニタリングの実施やクレジットカード番号等の差替え等の必要な措置を実施する体制を整備していること。

　(f)　クレジットカード番号等の漏えい等の事故が発生し又はそのおそれがある場合に，類似の漏えい等の事故の再発を防止するための措置を検討し，実施する体制を整備していること。

(3)　クレジットカード番号等取扱業者のうち，加盟店については，上記(1)の基準の遵守のほか，次の体制の整備が求められている（後払基本方針Ⅱ-2-2-5-5）。

　(a)(イ)　実行計画の対象となるクレジットカード番号等については，実行計画に掲げられた漏えい等の事故の防止措置又はこれと同等以上の措置を講じていること。

　　(ロ)　実行計画の対象とならないクレジットカード番号等については，不正利用のリスク等に応じた必要かつ適切な漏えい等の事故の防止措置を実施していること。

　(b)　自社の役職員によるクレジットカード番号等の不正な取扱いを防止するための措置を講じていること（管理者の限定等）。

(4)　なお，上述のとおり，クレジットカード番号等の適正な管理については，基本的には実行計画に準拠することとなっているが，国際ブランドが付されたカードは，国際ブランドが付されていないカードに比べて不正利用のリスクが格段に高まることから，実行計画は，国際ブランドが付され

第1節　クレジットカード番号等の適切な管理　〔2〕　条文解説

たカードのみを対象としている。

　　したがって，基本的には，国際ブランドが付されたカード（後払基本方針における「実行計画の対象となるクレジットカード番号等」）については実行計画に準拠することが求められ，国際ブランドが付されていないカード（後払基本方針における「実行計画の対象とならないクレジットカード番号等」）については実行計画よりも低いセキュリティ水準での措置でもかまわないことになる。もちろん，国際ブランドが付されていないカードについても，国際ブランドが付されたカードと同等の取扱いをすることが望ましいことはいうまでもない。

★3　「クレジットカード番号等」とは，クレジットカード等購入あっせん業者（カード会社）が利用者に付与する割賦販売法2条3項1号の番号，記号その他の符号を指す。

　　基本的には，カード番号のことであるが，これに限られず，暗証番号やセキュリティコード，3Dセキュアのパスワードなども含まれる。

　　これに対し，インターネット上の会員サイトにログインするためのIDやパスワードなどは，それ自体として「通知して……商品若しくは権利を購入し，又は……役務の提供を受けることができる」わけではないから，上記の番号，記号その他の符号には当たらず，したがって，クレジットカード番号等に含まれない。

★4　35条の16第1項の「必要な措置」については，割賦販売法上，前掲★2の基準に従うことが求められているものの，これ以上にその内容を明らかにする規定はないが，後払基本方針において，「実行計画に掲げる措置又はそれと同等以上の措置を講じている場合には『必要かつ適切な措置』が講じられている者と認められる」とされている（後払基本方針Ⅱ-2-2-5-1）。

　　2018年実行計画では，クレジットカード情報の適切な保護に関する取組みとして，カード会社及びPSP（決済代行業者。Payment Service Provider）に対してはPCIDSSへの準拠を求めるとともに，加盟店に対しては，クレジットカード情報の非保持化を基本としつつ，保持する場合にはPCIDSSへの準拠を求めている。

　　したがって，35条の16第1項の「必要な措置」とは，クレジットカード番号等取扱業者のうち，クレジットカード等購入あっせん業者及び立替払取次業者についてはPCIDSSへの準拠を，加盟店においてはクレジットカード番号等の非保持化又はPCIDSSへの準拠を指すことになる。

★5 「クレジットカード等購入あっせん業者」とは，包括信用購入あっせん業者及び2月払購入あっせんを業とする者のことであり（35条の16第1項柱書），要するに，（イシュアーとしての）カード会社のことを指す。

　包括信用購入あっせん業者とは，包括信用購入あっせんを業とする者（30条1項）を指す。また，2月払購入あっせんについては35条の16第2項により定義されている。その内容・範囲については後掲★8参照。

★6 　35条の16第1項2号は，立替払取次業者がクレジットカード番号等取扱業者に当たることを定めたものである。

　「立替払取次業者」とは，特定のクレジットカード等購入あっせん業者のために，利用者がカード等を利用等した場合に，自己の名をもってカード等の利用額を加盟店に交付することを業とする者を意味し，要するに，カード会社（アクワイアラー）のことである。

　包括信用購入あっせん関係立替払取次業者（30条の2の3第4項）とは似たような定義となっており，いずれもアクワイアラーを指す言葉であるが，35条の16第1項2号の「立替払取次業者」が取り次ぐのは包括信用購入あっせんに限られず，2月払購入あっせんも含まれる点で，その範囲が若干異なっている。2月払購入あっせんを含む分，立替払取次業者の方が包括信用購入あっせん関係立替払取次業者よりも広い範囲を指す言葉である。

★7 　35条の16第1項3号は，クレジットカード等購入あっせん関係販売業者及びクレジットカード等購入あっせん関係役務提供事業者がクレジットカード番号等取扱業者に当たることを規定したものである。

　クレジットカード等購入あっせん関係販売業者（役務提供事業者）とは，クレジットカード取引における加盟店のことであり，包括信用購入あっせんだけでなく，2月払購入あっせんに係るカード等の利用も受け入れる点で，包括信用購入あっせん関係販売業者（役務提供事業者）（30条の2の3第4項）と異なる。また，包括信用購入あっせん関係販売業者（役務提供事業者）は，包括信用購入あっせん業者又は包括信用購入あっせん関係立替払取次業者との契約を前提にしているが，割賦販売法35条の16第1項3号はそのような限定をしていないため，カード会社でなくPSPと契約しているPSPの店子についても，クレジットカード等購入あっせん関係販売業者（役務提供事業者）に当たることになる。

★8 　35条の16第2項は，「2月払購入あっせん」について定義したものであり，割賦販売法2条3項1号の最後のカッコ書で除外される取引，すなわち，マ

第1節　クレジットカード番号等の適切な管理　〔2〕　条文解説

ンスリークリア方式でのクレジットカード取引が2月払購入あっせんに当たることを明らかにしたものである。

　包括信用購入あっせん（分割払方式及びリボルビング方式）しか取り扱わないカード会社はなく，包括信用購入あっせん及び2月払購入あっせんの両方を取り扱っているのが通常である。そのため，多くの（すべての，といっても差し支えない）カード会社は，包括信用購入あっせん業者兼2月払購入あっせん（を）業（とする）者である。

　逆に，いわゆるポストペイ型電子マネーのような決済手段は，マンスリークリア方式での利用のみを認めていることも多く，このような決済手段の提供者（携帯電話会社等）は，包括信用購入あっせん業者ではないが，35条の16第2項の2月払購入あっせんを業とする者として，35条の16第1項及び3項の義務を負うこととなる。

★9　35条の16第3項は，クレジットカード番号等取扱業者に対し，クレジットカード番号等取扱受託業者への指導その他の適切な措置を講じることを義務付けるものである。

　「クレジットカード番号等取扱受託業者」とは，クレジットカード番号等取扱業者からクレジットカード番号等の取扱いの全部又は一部の委託を受けた者及びその再委託先（再々委託先及びそれ以降の委託先を含む）を指す。例えば，PSPやクレジットカード番号等に係るデータ管理の委託先，オーソリゼーション（カード利用の承認手続）や不正利用の検知等のカード利用に係る処理を委託している委託先などがこれに当たる。

　これに対し，他社のクラウドサービスを利用し，当該クラウド上にクレジットカード番号等を保存・記録しているような場合で，単なるスペース借りと同視できるときには，当該クラウド事業者はクレジットカード番号等取扱受託業者には当たらないことになる。「クレジットカード番号等の取扱い」を委託していないからである。

★10(1)　「経済産業省令で定める基準」は，以下のとおり定められている（割賦則133条）。
　　(a)　クレジットカード番号等取扱業者は，あらかじめクレジットカード番号等取扱受託業者に，次に掲げる措置を講じさせるために必要な措置を講じなければならない。
　　　(イ)　クレジットカード番号等取扱受託業者において漏えい等の事故が発生し，又は発生したおそれがあるときは，直ちに当該事故の状況を把

447

握し，その状況を当該クレジットカード番号等取扱業者に対して連絡するとともに当該事故の拡大を防止すること。

(ロ) クレジットカード番号等取扱受託業者において漏えい等の事故が発生し，又は発生したおそれがあるときは，当該事故の状況に応じて速やかに，その原因を究明するために必要な調査（当該事故に係るクレジットカード番号等の特定を含む）を行い，当該調査の結果を当該クレジットカード番号等取扱業者に通知すること。

(ハ) クレジットカード番号等取扱受託業者において漏えい等の事故が発生し，又は発生したおそれがあるときは類似の漏えい等の事故の再発防止のために必要な措置。

(ニ) 上記(イ)～(ハ)のほか，クレジットカード番号等の適切な管理のために必要な措置。

(b) クレジットカード番号等取扱業者は，クレジットカード番号等取扱受託業者において漏えい等の事故が発生し，又は発生したおそれがあるときは，当該クレジットカード番号等取扱受託業者に対し，直ちに当該事故の状況を把握し，その状況を当該クレジットカード番号等取扱業者に対して連絡するとともに当該事故の拡大を防止することについて指導しなければならない。

(c) クレジットカード番号等取扱業者は，クレジットカード番号等取扱受託業者において漏えい等の事故が発生し，又は発生したおそれがあるときは，当該クレジットカード番号等取扱受託業者に対し，当該事故の状況に応じて速やかに，その原因を究明するために必要な調査（当該事故に係るクレジットカード番号等の特定を含む）を行い，当該調査の結果を当該クレジットカード番号等取扱業者に通知することについて指導しなければならない。

(d) クレジットカード番号等取扱業者は，漏えい等の事故を発生させたクレジットカード番号等取扱受託業者又はそのおそれがあるクレジットカード番号等取扱受託業者に対し，類似の漏えい等の事故の再発防止のために必要な措置を講ずることについて指導しなければならない。

(e) クレジットカード番号等取扱業者は，クレジットカード番号等取扱受託業者においてクレジットカード番号等の適切な管理が図られるよう，クレジットカード番号等取扱受託業者に対する指導その他の必要な措置を講じなければならない。

第1節　クレジットカード番号等の適切な管理　〔2〕　条文解説

(2)　また，カード会社（クレジットカード等購入あっせん業者）については，上記(1)の基準のほかに，次の体制も整備しなければならない（後払基本方針Ⅱ－2－2－5－1(8)〜(10)）。

- (a)(イ)　委託先との契約に当該委託先が実施するべきクレジットカード番号等の管理措置の内容，クレジットカード番号等の漏えい等の事故が発生し，又は発生したおそれがある場合の事故の状況把握及び自社への報告，事故の拡大防止，原因究明調査及び再発防止措置を実施することを定めていること。
  - (ロ)　上記(イ)の措置を適切に実施できないと認められた場合には，契約内容を変更することや契約を解除することを定めていること。
- (b)　委託先の監督の基準や手続を定め，日常業務の運営において実践していること。
- (c)　委託先においてクレジットカード番号等の漏えい等の事故が発生し，又はそのおそれがある場合の対応部署を明確化し，事故の状況把握及び自社への報告，事故の拡大防止，原因究明調査及び再発防止措置等の実施等を指導する体制を整備していること。

★11　35条の16第3項により，クレジットカード番号等取扱業者に課される義務は，クレジットカード番号等取扱受託業者に対する必要な指導その他の措置である。

「必要な指導」については，35条の16第3項の「経済産業省令で定める基準」（割賦則133条。前掲★10参照）に則った指導その他の措置を講じる必要があるが，後払基本方針のⅡ－2－2－5－1では，「クレジットカード番号等の取扱いを委託している委託先の事業者に対しても，自社が実施するクレジットカード番号等の適切な管理と同等の措置を講じるため指導等を実施することが求められる」としている。

クレジットカード番号等取扱受託業者がクレジットカード番号等の「非保持化」を達成することはあり得ないから，基本的には，クレジットカード番号等取扱業者は，クレジットカード番号等取扱受託業者に対して，PCIDSSに準拠するよう指導し，求めていく必要がある。

第2編　割賦販売法の解説　第6章　クレジットカード番号等の適切な管理等

> （改善命令）
> 第35条の17　経済産業大臣は、クレジットカード等購入あつせん業者又は立替払取次業者が講ずる前条第1項又は第3項に規定する措置がそれぞれ同条第1項又は第3項に規定する基準に適合していないと認めるときは[★1]、その必要の限度において、当該クレジットカード等購入あつせん業者又は当該立替払取次業者に対し、当該措置に係る業務の方法の変更その他必要な措置をとるべきことを命ずることができる[★2]。

★1(1)　35条の17は、クレジットカード等購入あつせん業者及び立替払取次業者に対する改善命令について規定したものであり、これらの事業者が講じる割賦販売法35条の16第1項又は3項の措置が、同条1項又は3項の基準に適合していないと認められる場合に、改善命令が発せられることとなっている。

(2)　「前条第1項又は第3項に規定する措置」とは、「クレジットカード番号等……の漏えい、滅失又は毀損の防止その他のクレジットカード番号等の適切な管理のために必要な措置」を指し、当該措置の基準は割賦販売法施行規則132条により定められている。

　　また、「前条……第3項に規定する措置」とは、「クレジットカード番号等の適切な管理が図られるよう……クレジットカード番号等取扱受託業者に対する必要な指導その他の措置」のことであり、適合すべき基準は、割賦販売法施行規則133条に規定されている。

　　これらの具体的な内容については、割賦販売法35条の16の項を参照。

(3)　なお、条文上規定されてはいないが、クレジットカード番号等取扱業者が講じた上記(2)の措置が法定の基準に適合していない場合だけでなく、そもそも当該措置を講じていない場合も、35条の17による改善命令の対象になることはいうまでもない。

★2　35条の17は、前掲★1の場合において、必要な措置を「命ずることができる」としている。そのため、35条の17の改善命令が任意的であり、本条の要件に該当するとしても、改善命令を発するか否かは行政の裁量に委ねられている。

　　35条の17の改善命令の処分基準は、「法第35条の16の規定に基づく経済産業省令で定める基準に適合していないと認められる場合において、重大性又は

悪質性の有無等の観点から総合的に勘案して判断するもの」となっている（割賦審査基準「第2の1.㉙」）。

第2節　クレジットカード番号等取扱契約の締結に係る規制
（35条の17の2～35条の17の15）

第1款　参入規制――登録制（35条の17の2～35条の17の7）

〔1〕　概　　説

(1)　趣旨・目的

　割賦販売法35条の17の2は，「クレジットカード番号等取扱契約締結事業者の登録」と題して，アクワイアリングを行う者について，登録義務を課している。

　これは，本書においても繰り返し述べてきたように，悪質加盟店による消費者被害や加盟店からのカード情報の漏えい等の事態を防止する必要がある一方で，加盟店について参入規制を課し，行政による監督を加えることは不可能であるから，その加盟店を管理すべき地位にあるアクワイアラーにおいて加盟店調査等を通じて加盟店を管理監督させるとともにアクワイアラーにつき登録制を採用し，行政による監督を行い，もって適正な加盟店管理を行わせる趣旨である。

　このように，アクワイアラーの登録制は，アクワイアラー自体の管理監督を目的としたものではなく，アクワイアラーの監督を通じて，当該アクワイアラーに紐付く加盟店の管理を実効たらしめることを目的としたものである。

　なお，「クレジットカード番号等取扱契約締結事業者」とは，割賦販売法35条の17の2の登録を受けた者を指し（35条の17の5第1項5号ニ），用語の定義ないし意味としては，登録を受けていないアクワイアラーは「クレジットカード番号等取扱契約締結事業者」に含まれないこととなる。もっとも，割賦販売法は，クレジットカード番号等取扱契約締結事業については，包括信用購入あっせんにおける「包括信用購入あっせん業者」（30条1項柱書）と「登録包括信用

451

購入あっせん業者」(31条)のように登録を受けた事業者と登録を受けていない事業者とを区別しているわけではない。そのため,クレジットカード番号等取扱契約締結事業者については,単純に,クレジットカード番号等取扱契約締結事業を営む者＝アクワイアラー＝クレジットカード番号等取扱契約締結事業者,と考えれば足りる。

(2) 登録義務者

割賦販売法35条の17の2により登録義務を負うのは,同条各号のいずれかに該当する者であるが,簡単に説明すれば,①オンアス取引におけるアクワイアラー(同条1号),②オフアス取引におけるアクワイアラー(PSPを含む。同条2号)である。

①のオンアス取引におけるアクワイアラーとは,つまりイシュアーでもあるから,包括信用購入あっせん業者(2月払購入あっせん業者)がアクワイアリングも行い,自社の直接の加盟店を獲得する場合には,包括信用購入あっせんに係る登録だけでなく,クレジットカード番号等取扱契約締結事業者としての登録が必要になる,ということである。もちろん,アクワイアリングを一切行わない包括信用購入あっせん業者は,クレジットカード番号等取扱契約締結事業者としての登録は不要である。

次に,②のオフアス取引のアクワイアラーとは,基本的には文字どおりの意味であり,自社の加盟店において他社のカード等の利用も受け入れるような場合には,②のクレジットカード番号等取扱契約締結事業者としての登録が必要となる。ただし,わが国においては,クレジットカードの発行を業務内容とするカード会社がアクワイアリングも行うことが多く,そのようなカード会社の加盟店は当該カード会社が発行したクレジットカードの利用も受け入れるのが通常であるから,当該カード会社は,②に当たる以前に①に当たることになる。そのため,②が意味を有するのは,国際ブランドに加入して独立にアクワイアラーとしての地位を有するアクワイアリング専業会社,オンアス取引におけるPSP及びオフアス取引におけるPSPの三者についてである。ただし,PSPが登録義務を負うのがいかなる場合であるのかは,極めてわかりにくく,次回改正時に登録要件を明確にすべきであろう。

なお,平成28年改正でクレジットカード番号等取扱契約締結事業者が割賦

販売法上の用語として規定されたことにより，イシュアー，アクワイアラー（及びPSP）を指し得る用語が複数規定されることとなっており，用語の棲み分けとして極めてわかりにくいものとなっている。

包括信用購入あっせん及びクレジットカード番号等取扱契約締結事業に関する用語の棲み分け・意味内容をまとめると，次頁の**図表23**のとおりとなる。

(3) 登録手続

クレジットカード番号等取扱契約締結事業者としての登録を受けようとする者は，経済産業大臣に対して，法定の書類を添付して所定の申請書を提出しなければならない（35条の17の3）。

経済産業大臣は，申請者が登録拒否事由に該当するために登録を拒否する場合を除き，当該申請者について登録した上で，その旨を申請者に通知しなければならない（35条の17の4）。

なお，他の取引類型と同様，登録事務を担っているのは，クレジットカード番号等取扱契約締結事業者の主たる営業所所在地を管轄する経済産業局長である（割賦令34条8号）。

(4) 登録拒否事由

経済産業大臣は，上記(3)の登録申請を受けた場合において，割賦販売法35条の17の5第1項各号の登録拒否事由が認められる場合には，登録を拒否しなければならない（35条の17の5第1項）。この登録拒否は必要的である。

登録拒否事由は，法人でないことや申請者・役員の素行の問題，暴力団員等との関係などとなっており，基本的には他の取引類型と同様であるが，クレジットカード番号等取扱契約締結事業者の業務内容は，クレジットカード等購入あっせんの取次ぎであり，必ずしも自己資産を要するわけでもないため，財産要件は課されていない。

なお，経済産業大臣は，登録を拒否する場合には，理由を付してその旨を申請者に通知しなければならない（35条の17の5第2項による15条3項の準用）。

(5) 変更の届出

クレジットカード番号等取扱契約締結事業者は，上記(3)の登録申請書に記載した事項（名称等）に変動が生じた場合には，遅滞なく，その旨を経済産業大臣に届け出なければならず（35条の17の6第1項），経済産業大臣は，当該届出を

図表23　イシュアー等に関する用語一覧

包括信用購入あっせん業者 （2条3項）		・オンアス取引のイシュアー ・オフアス取引のイシュアー
包括信用購入あっせん関係立替払取次業者 （30条の2の4第4項）		・オフアス取引のアクワイアラー
包括信用購入あっせん関係販売業者 包括信用購入あっせん関係役務提供事業者 （30条の2の4第4項）		・オンアス取引におけるイシュアーの加盟店 ・オフアス取引におけるアクワイアラーの加盟店
クレジットカード番号等取扱業者 （35条の16第1項）	クレジットカード番号等購入あっせん業者 （1号）	・オンアス取引におけるイシュアー ・オフアス取引におけるイシュアー
	立替払取次業者 （2号）	・オフアス取引におけるアクワイアラー
	クレジットカード番号等購入あっせん関係販売業者 クレジットカード番号等購入あっせん関係役務提供事業者 （3号）	・オンアス取引におけるイシュアーの加盟店 ・オフアス取引におけるアクワイアラーの加盟店 ・オンアス取引・オフアス取引におけるPSPの店子
クレジットカード番号等取扱受託業者 （35条の16第3項）		・PSP ・その他のクレジットカード番号等に関する受託者
クレジットカード番号等取扱契約締結事業者 （35条の17の2）	1号事業者	・オンアス取引におけるアクワイアラー（＝イシュアー）
	2号事業者	・オフアス取引におけるアクワイアラー ・オンアス取引・オフアス取引におけるPSP

受理した場合には，変更内容をクレジットカード番号等取扱契約締結事業者登録簿に登録し（同条2項），その旨を届出人たるクレジットカード番号等取扱契約締結事業者に通知しなければならない（同条3項）。

(6) **登録簿の閲覧**

経済産業大臣は，クレジットカード番号等取扱契約締結事業者登録簿を一般の閲覧に供しなければならない（35条の17の7）。

登録を受けたアクワイアラーを一般に周知することを目的としたものであるが，クレジットカード番号等取扱契約締結事業者がどの加盟店と加盟店契約を締結しているのか，逆にいえば，ある加盟店のアクワイアラーがどこかまでわかるわけではなく，また，そもそも消費者たる利用者がアクワイアラーを意識する場面は基本的にはない（割賦販売法上も苦情の申立てはイシュアーに対してすることが想定されている）ため，実際上の意味・意義はない。

(7) 罰則等

割賦販売法35条の17の2に違反して無登録でクレジットカード番号等取扱契約の締結を業として行った者は3年以下の懲役若しくは300万円以下の罰金が科され又はこれらが併科される（49条6号）。

また，割賦販売法35条の17の6第1項による変更の届出をせず又は虚偽の届出をした場合には，そのクレジットカード番号等取扱契約締結事業者の代表者，管理人，代理人，使用人その他の従業者は30万円以下の罰金が科される（53条の2第1号）。

〔2〕 条文解説

（クレジットカード番号等取扱契約締結事業者の登録）
第35条の17の2　次の各号のいずれかに該当する者は，経済産業省に備えるクレジットカード番号等取扱契約締結事業者登録簿に登録を受けなければならない★1。
　一　クレジットカード等購入あつせんに係る販売又は提供の方法により商品若しくは権利を販売し，又は役務を提供しようとする販売業者又は役務提供事業者に対して，自ら利用者に付与するクレジットカード番号等を取り扱うことを認める契約を当該販売業者又は当該役務提供事業者との間で締結することを業とするクレジットカード等購入あつせん業者★2
　二　特定のクレジットカード等購入あつせん業者のために，クレジットカード等購入あつせんに係る販売又は提供の方法により商品若しくは権利

> を販売し,又は役務を提供しようとする販売業者又は役務提供事業者に対して,当該クレジットカード等購入あっせん業者が利用者に付与するクレジットカード番号等を取り扱うことを認める契約を当該販売業者又は当該役務提供事業者との間で締結することを業とする者★3

★1(1) 35条の17の2は,包括信用購入あっせんにおける加盟店管理,すなわちアクワイアリング業務について,登録制を採用し参入規制を課すものである。また,包括信用購入あっせんに係る登録義務(31条)や個別信用購入あっせんに係る登録義務(35条の3の23)のように,登録義務が免除される例外となる事業者について規定されていない上,35条の17の2に関する適用除外規定も設けられていないため,同条各号に該当する者は,登録を受けなければ,例外なく無登録営業として罰則の対象となる(49条6号)。

　もっとも,35条の17の2は平成28年改正により追加された規定であるが,その施行(平成30年6月1日)時点において,既にアクワイアリング業務を行っているカード会社が大半であることから,基本的には新規に事業を開始する者よりも,既にアクワイアリング業務を行っている者による登録が大半であると思われる。そのため,平成28年改正法の附則8条により,施行日(平成30年6月1日)から6ヵ月を経過する(つまり11月31日)まで(当該期間内に割賦販売法35条の17の3第1項の申請書を提出した者については,当該申請につき登録又は登録拒否の処分がある日まで)は,35条の17の2は適用されないこととされている。したがって,平成28年改正による割賦販売法の施行日時点においてアクワイアリング業を行っているカード会社は,平成30年11月30日までに,クレジットカード番号等取扱契約締結事業者としての登録申請書を提出すれば足りることになる。

(2) 35条の17の2は,「次の各号のいずれかに該当する者は……登録を受けなければならない」とした上で,各号において,加盟店とクレジットカード番号等取扱契約を締結することを「業とする者」と規定しており,事業者自身に着目して登録義務の対象となる範囲を設定している。これに対し,例えば,割賦販売法31条は「包括信用購入あっせんは……登録を受けた法人……でなければ,業として営んではならない」としており,「包括信用購入あっせん」という取引類型を基準として登録義務の範囲を決しており,このような規定の差から,次のような差異が生じ得ると考えられる。

　まず,35条の17の2の適用においては,必ずしも現実にクレジットカー

第2節　クレジットカード番号等取扱契約の締結に係る規制　　第1款　参入規制——登録制　〔2〕　条文解説

ド番号等取扱契約を締結している必要はなく，当該契約の締結を業としていれば，そのことのみをもって35条の17の2の登録義務が課されることになる。詳細は後掲★2にて解説するが，例えば，定款の事業目的としてアクワイアリングを掲げていれば，アクワイアリングを業としていることとなり，現実には加盟店を獲得できていない場合であっても，35条の17の2各号に該当することとなると解される。これに対し，包括信用購入あっせん等他の取引類型においては，現実に当該取引を行わない限りは登録は不要（もちろん，登録しない限り，当該取引を行うことはできないが）である。そのため，各取引類型に関する参入規制よりも，35条の17の2による登録義務の方がその対象となる範囲は，より広範であると考えられる。

　次に，他の取引類型は，「○○の取引は，許可（登録）を受けた者でなければ業として営んではならない」としており，当該取引を行うためには，事前に許可又は登録を受けなければならないことが明確になっている。これに対し，35条の17の2は，アクワイアリングを業とする者は登録を受けなければならない，となっており，条文上は，事後登録も許容する余地が残されているように思われる。もちろん，35条の17の2が，アクワイアラーに登録制を採用し，加盟店調査義務を履行させ，かつ，行政による監督を通じて悪質加盟店を排除することを目的としたものであるから，事前登録を要する趣旨であることは間違いないが，少なくとも条文上は，単に登録を受けなければならないことを規定するにとどまり，事前登録を要するのか，事後登録でもかまわないのかが明確にされていないものと解される（つまり，事後的にでも登録を受ければ，登録前の営業も許容される余地があるのではないか，ということである）。したがって，この点については，次の改正において，明確に規定すべきであろう。

(3)　なお，35条の17の2による登録の対象となるのは基本的にはカード会社であるため，カード会社は，包括信用購入あっせん業者としての登録と35条の17の2によるクレジットカード番号等取扱契約締結事業者としての登録の双方を受けることとなる。カード会社，行政の双方にとって，事務処理コストの上昇を招くものであるため，包括信用購入あっせん業者兼クレジットカード番号等取扱契約締結事業者の登録事務の簡略化が今後の課題となろう。

★2(1)　35条の17の2第1号は，オンアス取引におけるアクワイアラー（つまりイシュアー）を登録義務の対象とするものである。

(2) 「クレジットカード等購入あっせん」とは、「包括信用購入あっせん又は2月払購入あっせん」のことであるから（35条の16第1項2号）、「販売業者又は役務提供事業者」とは、クレジットカード取引の加盟店となろうとする者を指す。

「自ら利用者に付与するクレジットカード番号等を取り扱うことを認める契約」とは、要するにオンアス取引における加盟店契約のことを指す。

また、35条の17の2第1号により登録義務が課されるのは、加盟店契約に基づく加盟店管理を業とする者ではなく、加盟店契約を「締結することを業とする」者である。したがって、加盟店の獲得（アクワイアリング）を事業の一環として行っていれば、例えば、加盟店営業に失敗し、加盟店を1件も獲得できていないような事業者であっても、「加盟店契約の締結」を業としていることとなり、35条の17の2の登録義務の対象となる。

(3) 上記(2)を踏まえると、35条の17の2第1号により、35条の17の2の登録義務を課される「クレジットカード等購入あっせん業者」とは、包括信用購入あっせん又は2月払購入あっせんを業としている上で、自らも販売業者等と加盟店契約を締結し、オンアス加盟店を保有することを業とする者、すなわち、オンアス取引におけるアクワイアラーであり、オフアス取引におけるアクワイアラーは含まれないことになる。

★3(1) 35条の17の2第2号により登録義務の対象となるのは、①オフアス取引におけるアクワイアラー、②オンアス取引において取引に介在するPSP、③オフアス取引に介在するPSPの三者である。

(2) 35条の17の2第2号が定める要件は、①特定のクレジットカード等購入あっせん業者のために、②販売業者等が、当該クレジットカード等購入あっせん業者が利用者に付与するカード番号等を取り扱うことを認める契約を、③当該販売業者等との間で締結することを業とすること、の3点である。

①は、クレジットカード番号等取扱契約により加盟店が受け入れるのが、当該クレジットカード番号等取扱契約締結事業者以外の特定のカード会社が発行したカード番号等のみであることを指す。したがって、自社が発行するカード番号の受入れを内容とする場合には、35条の17の2第1号に該当することとなる。また、特定のカード会社と直接契約している場合のほか、国際ブランドに加入し、当該国際ブランドに加入したカード会社（イシュアー）のカード番号を受け入れることとしているような場合であっ

第2節 クレジットカード番号等取扱契約の締結に係る規制　第1款　参入規制──登録制　〔2〕条文解説

ても,「特定のクレジットカード番号等購入あっせん業者のため」の要件に該当すると解される。

　②は,クレジットカード番号取扱契約の内容として,当該契約を締結した加盟店が,上記①のカード会社のカードを受け入れることを含むものでなければならないとしたものであるが,通常締結されている加盟店契約であれば,これに当たることは間違いない。

　③については,前掲★2(2)参照。

(3)　割賦販売法の平成28年改正に際しては,カード会社（アクワイアラー）は強制的な登録義務を,PSPには任意の登録義務を課すと説明されていたが,割賦販売法35条の17の2第2号においては,アクワイアラーとPSPとは特に区別されていない。また,上記(2)の要件に該当する限りは,登録義務を課されることとなるから,PSPであっても,強制的な登録義務が課されているようにも思われる。

　割賦販売法35条の17の2第2号は,一義的には,オフアス取引におけるアクワイアラーとなるカード会社が念頭に置かれているが,例えば,PSPがアクワイアラー（同条1号又は2号）から包括的な委託・授権を受け,加盟店契約の締結・解除についての決定権限をPSPが有しているような場合には,当該PSPは,加盟店「契約を当該販売業者又は当該役務提供事業者との間で締結することを業と」していることになり,35条の17の2第2号の事業者に該当することとなる。そして,すべての加盟店について,PSPに授権しており,アクワイアラーの手元には加盟店との加盟店契約締結及びその終了に係る権限が残っていないような場合には,当該アクワイアラーは,便宜上,アクワイアラーの位置付けにはなるものの,35条の17の2第2号に定める契約の締結を業としていないことになるから,同条による登録は不要であると解される。

　このように,PSPとしては,割賦販売法35条の17の2第2号に該当するような事業を行う場合,具体的にはアクワイアラーからの授権を受け,加盟店契約の締結権限を完全に有しているような場合には登録義務が課され,割賦販売法35条の17の2第2号に該当する事業以外の事業にとどまる場合には登録は不要となるのであり,そのような意味で「任意の登録制」であることになる。

　もっとも,このような趣旨・内容は,割賦販売法35条の17の2第2号の規定文言から一読して読み取ることは不可能である上,登録が必要となる

459

場合と不要である場合の境目は曖昧模糊としていることは間違いない。そのため，早急に，登録義務の範囲を明確化する（あるいは，PSPの登録制をそもそも廃止する）ような改正が望まれる。

(4) 割賦販売法35条の17の2第2号のクレジットカード番号等取扱契約締結事業者が，一義的にはカード会社（アクワイアラー）を指すことは上述のとおりであるが，割賦販売法上，アクワイアラーを指す文言としては，「包括信用購入あっせん関係立替払取次業者」（30条の2の3第4項），「立替払取次業者」（35条の16第1項2号）がある。これらの用語は，加盟店へのカード利用に係る代金の交付を軸とする定義内容となっており，加盟店契約（カードの受入れを内容とする契約）の締結という観点に基づくクレジットカード番号等取扱契約締結事業者とは，やや視点が異なる定義である。

また，「（包括信用購入あっせん関係）立替払取次業者」はアクワイアラーのことのみを指すのに対し，クレジットカード番号等取扱契約締結事業者は，場合によってはPSPも含み得る概念であり，その対象となる範囲も異なっている。

（登録の申請）
第35条の17の3　前条の登録を受けようとする者は，次の事項を記載した申請書を経済産業大臣に提出しなければならない★1。
　一　名称
　二　本店その他の営業所（外国法人にあつては，本店及び国内における主たる営業所その他の営業所）の名称及び所在地
　三　役員の氏名★2
2　前項の申請書には，定款，登記事項証明書その他経済産業省令で定める書類を添付しなければならない★3。ただし，経済産業省令で定める場合は，登記事項証明書の添付を省略することができる★4。
3　前項の場合において，定款が電磁的記録で作られているときは，書面に代えて電磁的記録（経済産業省令で定めるものに限る。）を添付することができる★5。

★1　35条の17の3は，クレジットカード番号等取扱契約締結事業に係る登録手続を規定したものであるが，当該登録の申請は，各号の事項を記載した様式第26の2の申請書を提出して行うこととされている（割賦則133条の2第1項）。

申請書の提出先は，主たる営業所を管轄する経済産業局長である（割賦令34条8号）。

★2　35条の17の3第1項3号の「役員」は，業務を執行する社員，取締役若しくは執行役又はこれらに準ずる者をいい，名称の如何に問わず，法人に対してこれらの者と同等以上の支配力を有する者として経済産業省令（割賦則64条）で定める者を含む（32条1項4号）。

★3　35条の17の3第2項は，1項の登録申請書に添付すべき書類を規定したものであるが，「経済産業省令で定める書類」とは，次の書類を指す（割賦則133条の2第2項）。

(1)　役員の履歴書
(2)　株主若しくは社員の名簿及び親会社の株主若しくは社員の名簿又はこれらに代わる書面
(3)　クレジットカード番号等取扱契約の締結に係る業務及び加盟店調査に関する社内規則等
　　なお，「社内規則等」とは，クレジットカード番号等取扱契約締結事業者又はその役員，使用人その他の従業者が遵守すべき規則その他これに準ずるものであってクレジットカード番号等取扱契約締結事業者が作成するものを指す（割賦則133条の2第2項3号カッコ書）。
(4)　クレジットカード番号等取扱契約の締結に係る業務及び加盟店調査に関する組織図
(5)　割賦販売法35条の17の5第1項3号～8号に該当しないことの誓約書
　　なお，上記(1)～(5)の書類のほかに，事実上の参考資料として，①会社概要，②業務計画書，③加盟店との契約書の提出も求められている（経済産業省商務・サービスグループ商取引監督課「割賦販売法に基づく信用購入あっせん業者及びクレジットカード番号等取扱計約締結事業者の登録手続について」（平成30年5月））。

★4　35条の17の3第2項ただし書の経済産業省令に対応する割賦販売法施行規則は定められていない。したがって，登記事項証明書の添付は常に必要である。

★5　「経済産業省令で定めるもの」とは，行政手続等における情報通信の技術の利用に関する法律3条1項に定める行政機関等の使用に係る電子計算機から入手され，記録された電磁的記録である（割賦則133条の2第3項による同規則12条3項の準用）。

> （登録及びその通知）
> 第35条の17の4　経済産業大臣は，前条第１項の規定による登録の申請があつたときは，次条第１項の規定により登録を拒否する場合を除くほか，前条第１項各号に掲げる事項及び登録年月日をクレジットカード番号等取扱契約締結事業者登録簿に登録しなければならない★1。
> 2　経済産業大臣は，第35条の17の2の登録をしたときは，遅滞なく，その旨を申請者に通知しなければならない★2。

★1　35条の17の4は，「次条第１項の規定により登録を拒否する場合を除くほか……登録しなければならない」としている。そのため，経済産業大臣は，35条の17の4第１項による登録申請がされた場合において，登録拒否事由（35条の17の5第１項各号）に該当しない限り，必ず登録しなければならない。もちろん，当該申請が適式かつ適法なものでなければならないことはいうまでもない。

　なお，申請に際しては，事前相談を受けた上で，原則，本申請の受付から2ヵ月以内に登録が完了する予定となっている（前掲「割賦販売法に基づく信用購入あっせん業者及びクレジットカード番号等取扱契約締結事業者の登録手続について」参照）。

★2　35条の17の4第2項は，同条1項の登録をした場合には，申請者に対して遅滞なく通知しなければならない旨を規定したものである。ただし，営業保証金の供託等の義務が課されているわけではないから，35条の17の4第2項の通知は，割賦販売法上の意義を有するものではない。

> （登録の拒否）
> 第35条の17の5　経済産業大臣は，第35条の17の3第１項の申請書を提出した者が次の各号のいずれかに該当するとき，又は当該申請書若しくはその添付書類のうちに重要な事項について虚偽の記載があり，若しくは重要な事実の記載が欠けているときは，その登録を拒否しなければならない★1。
> 一　法人でない者★2
> 二　外国法人である場合には，国内に営業所を有しない者
> 三　第35条の17の11第1項又は第2項の規定により登録を取り消され，そ

の取消しの日から5年を経過しない法人
　四　この法律の規定により罰金の刑に処せられ，その刑の執行を終わり，又は執行を受けることがなくなつた日から5年を経過しない法人★3
　五　役員のうちに次のいずれかに該当する者のある法人
　　イ　破産手続開始の決定を受けて復権を得ない者
　　ロ　禁錮以上の刑に処せられ，その刑の執行を終わり，又は執行を受けることがなくなつた日から5年を経過しない者
　　ハ　この法律若しくは暴力団員による不当な行為の防止等に関する法律の規定（同法第32条の3第7項及び第32条の11第1項の規定を除く。）に違反し，又は刑法若しくは暴力行為等処罰に関する法律の罪を犯し，罰金の刑に処せられ，その刑の執行を終わり，又は執行を受けることがなくなつた日から5年を経過しない者
　　ニ　クレジットカード番号等取扱契約締結事業者（第35条の17の2の登録を受けた者をいう。以下同じ。）が第35条の17の11第1項又は第2項の規定により登録を取り消された場合において，その処分のあつた日前30日以内にそのクレジットカード番号等取扱契約締結事業者の役員であつた者で，その処分のあつた日から5年を経過しないもの
　　ホ　暴力団員等★4
　六　暴力団員等がその事業活動を支配する法人★5
　七　暴力団員等をその業務に従事させ，又はその業務の補助者として使用するおそれのある法人
　八　クレジットカード番号等取扱契約（第35条の17の2各号に規定する契約をいう。以下同じ。）の締結に係る業務及び第35条の17の8第1項又は第3項の規定による調査の適確な実施を確保するために必要なものとして経済産業省令で定める体制が整備されていると認められない法人★6
2　第15条第3項の規定は，第35条の17の3第1項の規定による登録の申請があつた場合に準用する★7。

★1(1)　35条の17の5第1項は，クレジットカード番号等取扱契約締結事業に係る登録拒否事由を定めたものであるが,「各号のいずれかに該当するとき」又は「申請書若しくはその添付書類のうちに重要な事項について虚偽の記載があり，若しくは重要な事実の記載が欠けているとき」に登録を拒否することとなっている。

463

(2) 「重要な事項について虚偽の記載があり，若しくは重要な事実の記載が欠けている」か否かについては，「役員が禁固以上の刑に処せられた事実，体制整備に係る社内規則等について，実際と異なる記載をし，あるいはその記載をしないこと等に関し，消費者保護等の観点から総合的に勘案する」とされている（割賦審査基準「第1の1.(18)」）。

　「重要」か否かの判断基準は明らかではないが，クレジットカード番号等取扱契約締結事業者の登録が，消費者保護を達成すべく，実効的な加盟店管理を実施させ，悪質加盟店を排除する点にあることからすれば，悪質加盟店の排除に影響するか否かが，「重要」性の判断に際しての一つの基準となろう。

(3) 35条の17の5第1項は，「登録を拒否しなければならない」としており，登録拒否事由に該当する場合の登録拒否は必要的である。

★2　35条の17の5第1項1号は法人でないことを登録拒否事由としているため，自然人はクレジットカード番号等取扱契約締結事業者の登録を受けることができない。

　多くの場合，アクワイアラーはイシュアーを兼業しており，イシュアー（包括信用購入あっせん）の登録を受けられるのが法人に限られることからすれば（31条・33条の2第1項1号），アクワイアラーを法人に限定するのは当然であろうが，PSPについては，必ずしも自然人を排除しなければならない法的な根拠があるわけではない。

　おそらく，クレジットカード番号等取扱契約締結事業者として登録を受けるPSPには，カード情報の管理，加盟店の管理，加盟店におけるカード情報の管理の監督等の多くの義務が課せられ，技術的にも高水準な措置が求められることから，自然人がこれらの義務を履行することは困難であるとの判断が前提にあるものと思われる。

★3　「刑の執行を終わり，又は執行を受けることがなくなった日」とは，仮釈放における残刑期が経過した日，刑の時効が完成した日や，大赦・特赦がされた場合などを指す。

　35条の17の5第1項5号ハにおいても同様である。

★4　「暴力団員等」とは，暴力団員による不当な行為の防止等に関する法律2条6号に規定する暴力団員又は暴力団員でなくなった日から5年を経過しない者のことである（33条の2第1項7号ホ）。

★5　「暴力団員等がその事業活動を支配する」の意味内容は特に規定されていな

いが，包括信用購入あっせんの場合（33条の2第1項8号），ひいては貸金業法6条1項11号と別異に解する理由もないため，これらの規定における場合と同様に解することとなろう。

　具体的には，暴力団員等が出資・融資等の取引により影響力を有するに至っている場合や，暴力団員と密接な関係を有する者が役員や重要な使用人となっているような場合が「暴力団員等がその事業活動を支配する」に当たるものと解される（貸金業者向けの総合的な監督指針「3－3－1(2)②」）。

★6　35条の17の5第1項8号の「経済産業省令で定める体制」とは，以下の体制である（割賦則133条の3第1項）。
(1)　クレジットカード番号等取扱契約の締結に係る業務又は割賦販売法35条の17の8第1項若しくは3項による調査を第三者に委託する場合には，次に掲げる措置の適確な実施を確保するために必要な体制
　(a)　当該業務又は当該調査を適確に遂行することができる能力を有する者に委託するための措置
　(b)　当該業務又は当該調査の受託者における当該業務又は当該調査の実施状況を，定期的に又は必要に応じて確認すること等により，受託者が当該業務又は当該調査を適確に遂行しているかを検証し，必要に応じ改善させる等，受託者に対する必要かつ適切な監督等を行うための措置
　(c)　受託者が当該業務又は当該調査を適切に行うことができない事態が生じた場合に他の適切な第三者に当該業務又は当該調査を速やかに委託する等，当該業務又は当該調査に係る利用者又は購入者等の利益の保護に支障が生じること等を防止するための措置
　(d)　受託者が当該業務又は当該調査を適確に遂行していない場合であって当該業務又は当該調査に係るクレジットカード番号等の適切な管理等を図るため必要がある場合には，当該業務又は当該調査の委託に係る契約の変更又は解除をする等の必要な措置を講ずるための措置
(2)　クレジットカード番号等取扱契約の締結に係る業務及び割賦販売法35条の17の8第1項又は3項の規定による調査の適確な実施を確保するため十分な社内規則等を定めていること。

　なお，この社内規則等は，クレジットカード番号等取扱契約の締結に係る業務又は割賦販売法35条の17の8第1項又は3項の規定による調査に関する責任体制を明確化する規定を含むものでなければならない（割賦則133条の3第2項）。

(3) 割賦販売法若しくは同法の規定に基づく命令又は社内規則等を遵守するために必要な体制
★7　35条の17の5第2項による割賦販売法15条3項の準用により、経済産業大臣は、登録不許可処分とした場合には、遅滞なく、その理由を示して、その旨を申請者に通知しなければならない。申請者の不服申立ての便宜に資する趣旨である。

(変更の届出)
第35条の17の6　クレジットカード番号等取扱契約締結事業者は、第35条の17の3第1項各号に掲げる事項について変更があつたときは、遅滞なく、その旨を経済産業大臣に届け出なければならない★1。
2　経済産業大臣は、前項の規定による変更の届出を受理したときは、その届出があつた事項をクレジットカード番号等取扱契約締結事業者登録簿に登録しなければならない★2。
3　第35条の17の3第2項の規定は、第1項の規定による変更の届出をする場合に準用する★3。

★1　35条の17の6第1項は、クレジットカード番号等取扱契約締結事業に係る登録申請書の記載事項（35条の17の3第1項各号）に変更が生じた場合に、その旨の届出をすべきことを義務付けるものである。
　　35条の17の6第1項による届出は、様式第26の3の届出書を提出して行うこととなっている（割賦則133条の4第1項）。
★2　35条の17の6第2項は、同条1項の届出を受理した場合には、届出のあった事項に係る変更内容を、登録簿に登録しなければならないことを規定したものである。
　　届出とは、申請（行手2条3号）以外の行政庁に対し一定の事項を通知する行為であって、法律により直接に当該通知が義務付けられているものを指す（同条7号）。そして、届出書の記載事項に不備がないこと、必要な書類が添付されていることその他法令に定められた届出の形式上の要件に適合している場合は、提出先である機関の事務所に到達した時に、届出をすべき手続上の義務が履行されたものとされる（行手37条）。
　　したがって、35条の17の6第1項による届出も、形式不備や添付書類の遺

漏等の一見して明らかな要件不適合がない限り，経済産業局長は「届出を受理」しなければならない（事務所に到達した時点で，受理したことになる）。また，この場合の登録は必要的であるから，申請書記載事項の変更に係る届出に関しては行政に裁量は認められない。そのため，35条の17の6第2項の「登録」については，特に審査基準は設けられていない。そのような意味では，35条の17の6第2項の「登録」は，実質的には行政上の登録というよりも，変更内容をクレジットカード番号等取扱契約締結事業者登録簿に反映させるという事実上の行為を意味するにとどまる。

★3 35条の17の6第3項による割賦販売法35条の17の3第2項の準用により，35条の17の6第1項の変更の届出書には一定の書類を添付しなければならない。添付書類となるのは，次の書類である（割賦則133条の4第2項）。
① その変更に係る事項を証する書類
② その変更が新たに就任した役員に係るものであるときは，当該役員の履歴書及び割賦販売法35条の17の5第1項5号に関する誓約書

（登録簿の閲覧）
第35条の17の7 経済産業大臣は，クレジットカード番号等取扱契約締結事業者登録簿を一般の閲覧に供しなければならない★1。

★1 35条の17の7が規定しているのは，名簿の「閲覧」であるから，名簿を見ようとする者は，所定の手続により申請した上で，閲覧が拒否されることもあり得ることになる（実際上はないと思われるが）。特定の手続なしに，誰でも見ることができるという「縦覧」（35条の3の48・35条の19第1項等）とはこの点で異なる。

第2款　行為規制——加盟店調査（35条の17の8）

〔1〕　概　　説

(1) 趣旨・目的
割賦販売法35条の17の8は，クレジットカード番号等取扱契約締結事業者

に対し，加盟店調査等の義務を課すものであり，これは，当然ながら悪質加盟店や不良加盟店の排除を目的としたものである。

割賦販売法35条の17の8は，「調査等」と題されているが，大きく分けると，①加盟店の調査（1項・3項），②①の調査に基づく一定の措置（2項・4項），③調査に関する記録の作成・保存（5項）について規定しているのであるから，加盟店の「調査等」よりも，「加盟店の管理」と題すべき内容となっている。

(2) 初期調査

割賦販売法35条の17の8が規定する加盟店調査としては，①加盟店契約（クレジットカード番号等取扱契約）を締結する前の調査（初期調査），②加盟店契約締結後に定期的に行う調査（定期調査），③包括信用購入あっせん業者からの苦情の通知を受けた場合等に行われる調査（随時調査）が規定されており，同条1項が①について，同条3項が②及び③について定めている。

初期調査は，クレジットカード番号等取扱契約の締結に先立って行われなければならず，調査の結果，加盟店が講じるクレジットカード番号等の管理に係る措置又は不正利用の防止に係る措置が，割賦販売法が定める基準に適合せず又は適合しないおそれがある場合には，クレジットカード番号等取扱契約を締結してはならないとされている（35条の17の8第2項）。

(3) 定期調査及び随時調査

割賦販売法35条の17の8第3項は，クレジットカード番号等取扱契約締結後も，定期的に又は必要に応じて加盟店の調査を実施しなければならないことを定めている。この定期的に行う調査が「定期調査」，必要に応じて行う調査が「随時調査」である。

定期調査は，基本的には1年に1回行うこととなっており（カード番号等自主規則23条1項1号・3項），随時調査は，利用者からの苦情の申出（クレジットカード等購入あっせん業者を経由したものを含む）に基づいて調査を実施することが想定されているが（割賦則133条の8第1号・2号），他にも，加盟店やクレジットカード等購入あっせん業者からの指摘・申告に基づき調査義務が生じる場合もある（同条3号・4号）。調査事項は，定期調査と随時調査とで若干変わるが，いずれも初期調査における調査事項の一部を再度調査することとされている。

第2節　クレジットカード番号等取扱契約の締結に係る規制　第2款　行為規制——加盟店調査　〔1〕概説

また、定期調査及び随時調査の結果、加盟店が講じるクレジットカード番号等の管理又はその不正利用の防止に係る措置が、割賦販売法上の基準に適合せず又は適合しないおそれがあると認められる場合には、加盟店に対する指導を行い、加盟店が当該指導に従わず、あるいは、指導をしても法定の基準に適合することとは見込まれないような場合には、クレジットカード番号等取扱契約を解除しなければならない（割賦則133条の9第4号）。

(4) 各調査の比較

上述のとおり、クレジットカード番号等取扱契約締結事業者は、割賦販売法35条の17の8に基づく加盟店調査として、初期調査、定期調査及び随時調査の3種類の調査を行わなければならないが、各調査のタイミング及び調査事項をまとめると、【図表24】のとおりである。

【図表24】加盟店調査・比較表

初期調査 (35条の17の8 第1項)	定期調査 (35条の17の 8第3項)	随時調査 (35条の17の8第3項)				
		加盟店が禁止行為をしたと認める場合	加盟店が利用者等の利益の保護に欠けると認められる場合	加盟店による漏えい等の事故が発生し、又は発生したおそれがあると認められる場合	加盟店による不正利用の防止に支障を生じ、又は生ずるおそれがあると認める場合	その他加盟店によるクレジットカード番号等の適切な管理に支障を生じ、又は生ずるおそれがあると認められる場合
クレジットカード番号等取扱契約を締結しようとする場合に	適切な頻度で					
① 加盟(申込)店に関する基本的な事項 ② 加盟(申込)店が販売等する商品・権利・役務に関する事項 ③ 加盟(申込)店のクレジットカード番号等の適切な管理等に関	① 加盟店に関する基本的な事項 ② 加盟店が販売等する商品・権利・役務に関する事項 ③ 加盟店のクレジットカード番号	① 加盟店による禁止行為の有無及びその内容 ② 加盟店の禁止行為の防止に関する体制整備状況に関	① 利用者等の利益保護に欠ける行為の内容 ② 加盟店による利用者等の利益保護に欠ける行為の防	① 加盟店による原因究明のための調査の結果 ② クレジットカード番号等取扱契約締結事業者による	① 不正利用の内容 ② 加盟店による不正利用防止のための措置の実施状況 ③ クレジットカード番号等	① クレジットカード番号等取扱契約締結事業者による指導のために必要な事故

する措置に関する事項 ④ 加盟(申込)店による禁止行為の有無及びその内容 ⑤ 加盟(申込)店の禁止行為の防止に関する体制整備状況に関する事項 ⑥ 加盟(申込)店に関する利用者等の利益保護に欠ける行為に関する苦情の発生状況 ⑦ 加盟(申込)店による利用者等の利益保護に欠ける行為の防止及び苦情処理のために必要な体制整備状況に関する事項 ⑧ その他加盟(申込)店によるクレジットカード番号等の適切な管理等のために必要かつ適切な事項	等の適切な管理等に関する措置に関する事項 ④ 加盟(申込)店に関する利用者等の利益保護に欠ける行為に関する苦情の発生状況 ⑤ その他加盟(申込)店によるクレジットカード番号等の適切な管理等のために必要かつ適切な事項	する事項 ③ 加盟店による利用者等の利益保護に欠ける行為の防止及び苦情処理のために必要な体制整備状況に関する事項	止及び苦情処理のために必要な体制整備状況に関する事項	指導のために必要な事故	取扱契約締結事業者による指導のために必要な事故

(5) 記録の保存

クレジットカード番号等取扱契約締結事業者は，初期調査並びに定期調査及び随時調査に関する記録を作成し，保存しなければならない（35条の17の8第5項）。

作成・保存すべき記録は，調査の年月日及び調査の内容（調査の結果講じた措置の内容を含む）となっているが，初期調査については，クレジットカード番号等取扱契約の締結日の記録も必要である（割賦則133条の10第1項）。

なお，初期調査及び定期調査については，調査後に行われる調査に関する記録が作成されるまでが記録の保存期間となっており，記録の上書きが認められ

ているのに対し（同条1項・2項），随時調査に係る記録については，上書きが認められておらず，作成日から5年の保存が必要である（同条3項）。

(6) **既存加盟店に係る調査等**

(a) **既存アクワイアラーの調査義務の発生時期**

上述の加盟店調査義務が課されるのは「クレジットカード番号等取扱契約締結事業者」であり，「クレジットカード番号等取扱契約締結事業者」とは，割賦販売法35条の17の2の登録を受けた者のことであるから（35条の17の5第1項5号ニ），既存のアクワイアラーは，クレジットカード番号等取扱契約締結事業者としての登録を受けるまでは加盟店調査義務を課されないこととなる。そのため，登録を受けるまでは，初期調査及び定期調査（35条の17の8第1項・3項）を行う必要がないだけでなく，イシュアーから苦情の通知を受けた場合の随時調査（同条3項）を行う必要もないこととなる。

(b) **既存加盟店に対する初期調査の要否**

登録を受けた時点でクレジットカード番号等取扱契約を締結している既存の加盟店については，「クレジットカード番号等取扱契約を締結しようとする場合」（35条の17の8第1項）が発生し得ないから，少なくとも，条文上は初期調査を行う必要はないこととなる。さらに，原則，利用者等からの苦情がない限り随時調査を行う必要もないため，既存加盟店については定期調査のみを行えば足りることとなる。

もっとも，初期調査と定期調査では調査項目が異なる（定期調査においては，初期調査事項の一部しか調査しないこととなっている）ため，既存加盟店に係る定期調査事項とされていない初期調査事項（禁止行為の有無・内容，禁止行為の防止のための体制整備状況，苦情処理のための体制整備の状況）については，割賦販売法の条文上は，クレジットカード番号等取扱契約締結事業者としての登録を受けた後も調査する必要がない（調査すべき場面が生じない）こととなる。

しかし，このような事項についての調査を不要としたのでは，アクワイアラーについて登録制を導入し，加盟店調査義務を課した意義が没却されるに等しいから，クレジットカード番号等取扱契約締結事業者としては，上記の事項につき，定期調査に先駆けて又は登録後最初に行う定期調査に際して自主的に調査することが望ましいことはいうまでもない。とはいえ，条文上，このような

事項について法的な義務として調査が必要であると解する根拠はないのであるから，平成28年改正割賦販売法の規定漏れであることは間違いない。クレジットカード番号等取扱契約締結事業者の登録申請期限である平成30年11月30日までには，ガイドライン等により行政側が指針を示すことが必要であろう。

(c) **既存加盟店に対する定期調査の基準時**

定期調査は「適切な頻度で」行うこととされているが（割賦則133条の7第1項本文），加盟店の基本的事項（取引の種類や氏名・名称等），加盟店が取り扱う商品等に関する事項及び加盟店のクレジットカード番号等の適切な管理等に係る措置に関する事項については，初期調査又は前回行った定期調査から1年以内に調査することとされており（カード番号等自主規則23条1項1号），基本的には1年に1回定期調査を実施することが想定されている。もっとも，既存加盟店については初期調査が実施されないため，1回目に行う定期調査のタイミングの基準時点が存在しないこととなり，条文上，初回の定期調査をいつまでに行うべきであるのかが明確になっていない。

この点については，クレジットカード番号等取扱契約締結事業者としての登録を受けた時点を基準として，登録後1年以内に定期調査を行うべきと考えられるが，登録を受けた後，自主的に初期調査に相当する調査を実施したような場合には，当該調査を基準とすることも許容されて然るべきである。定期調査のタイミングをこのように考えたとしても，加盟店管理に不都合が生じるわけではなく，むしろクレジットカード番号等取扱契約締結事業者による自主的な調査を促すこととともなるからである。もちろん，後述のように，定期調査については，かなりタイトなスケジュールとなることが予想されるため，登録後速やかに，初期調査を兼ねた定期調査を実施していくことも妨げられるものではない。

(7) **加盟店調査義務に係る課題**

(a) **調査のボリュームとアクワイアラーのコスト**

上述のとおり，クレジットカード番号等取扱契約締結事業者は，初期調査，定期調査及び随時調査を行うことが義務付けられている。このうち，初期調査は加盟店契約を締結する場合に必要となるものであり，随時調査は，原則，利用者等からの苦情があった場合に必要となるものであるから，初期調査及び随

時調査を行うべき頻度は高くないと考えられる。

　これに対し、定期調査は、調査項目の一部については調査の省略が認められているものの、調査自体を省略することはできないため、定期的に、すべての加盟店について調査を実施しなければならないこととされている。

　もっとも、既存のアクワイアラーにおいては、1万単位の加盟店を有していることも多く、加盟店数を1万店とし、1年ごとに定期調査を実施することとした場合、単純計算として、1日当たり30弱の加盟店について定期調査を行わなければならないのであって、土日祝日等も考慮に入れれば、その数はより増えることとなる。さらに、大手のカード会社やショッピングモール型の通販サイトにおいては、数十万単位の加盟店を抱えていることも珍しくないのであって、仮に、加盟店の数を10万とすれば、1日当たり300〜400件の定期調査を行わなければならないこととなる。もちろん、調査といっても、警察や探偵のような調査をしなければならないわけではないが、定期調査に要する人的・物的コストが膨大なものとなることは疑う余地もない。

　今後、キャッシュレス取引を推進していく過程においては、加盟店及び利用者双方のコストを低減するために、カード会社のコスト負担を下げることが1つのテーマとなることは第1編に記載したとおりであるが、このような加盟店調査（特に定期調査）によるアクワイアラーのコスト負担は、キャッシュレス取引の推進の流れに反するように思われる。

　加盟店の調査（管理）による悪質加盟店の排除という趣旨・目的が重要であることも間違いないが、例えば、自社の加盟店において禁止行為やカード情報の漏えい・不正利用等の消費者トラブルが発生した場合には、その頻度や件数に応じて行政処分を課す等とし、カード会社（アクワイアラー）の自主的な努力により加盟店管理を行わせることも可能なのであって、このような考え方ないし手法が、加盟店調査については性能規定して義務付けられることとされていた事前の説明とも合致するものであろう。

　いずれにせよ、クレジットカード番号等取扱契約締結事業者による加盟店調査（管理）については、今後の改正において、抜本的な見直しが加えられるべきであろう。

(b) **加盟店調査とマルチアクワイアリング**

第2編　割賦販売法の解説　　第6章　クレジットカード番号等の適切な管理等

　わが国においては，複数のアクワイアラーが1つの加盟店と加盟店契約を締結するという「マルチアクワイアリング」が行われている。マルチアクワイアリングにおいては，複数のアクワイアラーのうち，1社がメインアクワイアラーとして加盟店にカード利用端末を設置したり，イシュアーとの清算を行うこととなっているが，メインアクワイアラー以外のアクワイアラーもクレジットカード番号等取扱契約締結事業者に該当することは間違いなく，マルチアクワイアリングそれ自体として法的な問題を孕むものではない。

　しかし，例えば，アクワイアラーは，クレジットカード番号等取扱契約締結事業者として，不正利用防止のために，加盟店のカード利用端末のIC化を推進すべき義務を負うこととなるが，上述のように，加盟店に端末を設置しているのはメインアクワイアラーであって，他のアクワイアラーは，加盟店における端末のIC化についての指導等を行えるわけではない。加盟店が端末のIC化を怠った場合には，メインアクワイアラーが責任を負うのは当然としても，他のアクワイアラーは，IC化の指導等の権限がなくても責任を負わなければならないのか，それとも，権限がない以上責任は負わないのかといった点については，割賦販売法上明確にはされていない。

　また，別の問題として，クレジットカード番号等取扱契約締結事業者は，加盟店に関する調査の結果を日本クレジット協会（JCA）の加盟店情報交換制度（JDM）に登録することとなっているが（35条の20第2項），現状の制度では，メインアクワイアラーを含むすべてのアクワイアラーが情報登録しなければならないこととなっている。しかし，複数のアクワイアラーが，同一の情報を重ねて登録するのが，いかにも無駄であることは明らかであって，カード会社（アクワイアラー）のコスト負担の観点から，改善の余地がある制度であるように思われる。

　このように，クレジットカード番号等取扱契約締結事業者による加盟店調査（管理）については，マルチアクワイアリングを前提にする限り，責任の所在が不明確であったり，無駄（コスト）が多い建付けとなっていたりしている。その原因は，クレジットカード番号等取扱契約締結事業者による加盟店調査については，1つのアクワイアラーが1つの加盟店と加盟店契約を締結するという「シングルアクワイアリング」が念頭に置かれており，残念ながら，マルチア

474

クワイアリングへの対応の視点が欠けている点にあることは明らかであって，今後，マルチアクワイアリングを念頭に置いた改正がなされることが期待されるところである。

(8) 罰 則 等

割賦販売法35条の17の8第1項〜4項の加盟店調査（及び必要な措置の構築）義務違反に対する罰則は規定されていないが，当該義務の懈怠は改善命令事由となり（35条の17の10），改善命令に違反したクレジットカード番号等取扱契約締結事業者の代表者，代理人，使用人その他の従業者には，100万円以下の罰金が科される（51条の5第5号）。

また，割賦販売法35条の17の8第5項に違反して加盟店調査に係る記録を作成せず，若しくは虚偽の記録を作成し，又は記録を保存しなかった者には，50万円以下の罰金が科される（53条5号）。

〔2〕 条 文 解 説

（クレジットカード番号等取扱契約締結事業者の調査等）
第35条の17の8　クレジットカード番号等取扱契約締結事業者は，クレジットカード番号等取扱契約を締結しようとする場合には，その契約の締結に先立つて★1，経済産業省令で定めるところにより★2，販売業者又は役務提供事業者によるクレジットカード番号等の適切な管理及び利用者によるクレジットカード番号等の不正な利用の防止を図るため★3，クレジットカード番号等取扱契約を締結しようとする販売業者又は役務提供事業者に関し，クレジットカード番号等の適切な管理又は利用者によるクレジットカード番号等の不正な利用の防止（以下「クレジットカード番号等の適切な管理等」という。）に支障を及ぼすおそれの有無に関する事項であつて経済産業省令で定める事項を調査しなければならない★4。
2　クレジットカード番号等取扱契約締結事業者は，前項の規定による調査その他の方法により知つた事項からみて，販売業者又は役務提供事業者が講じようとする第35条の16第1項若しくは第3項又は第35条の17の15に規定する措置がそれぞれ第35条の16第1項若しくは第3項又は第35条の17の

15に規定する基準に適合せず,又は適合しないおそれがあると認めるときは,クレジットカード番号等取扱契約を締結してはならない★5。

3 クレジットカード番号等取扱契約締結事業者は,そのクレジットカード番号等取扱契約を締結したクレジットカード等購入あつせん関係販売業者又はクレジットカード等購入あつせん関係役務提供事業者について,定期的に,又は必要に応じて★6,経済産業省令で定めるところにより,第1項に規定する事項を調査しなければならない★7。

4 クレジットカード番号等取扱契約締結事業者は,前項の規定による調査その他の方法により知つた事項からみて,クレジットカード等購入あつせん関係販売業者又はクレジットカード等購入あつせん関係役務提供事業者が講ずる第35条の16第1項若しくは第3項又は第35条の17の15に規定する措置がそれぞれ第35条の16第1項若しくは第3項又は第35条の17の15に規定する基準に適合せず,又は適合しないおそれがあると認めるときは★8,クレジットカード番号等取扱契約の解除その他の経済産業省令で定める必要な措置を講じなければならない★9。

5 クレジットカード番号等取扱契約締結事業者は,経済産業省令で定めるところにより,第1項及び第3項の規定による調査に関する記録を作成し,これを保存しなければならない★10。

★1 35条の17の8第1項は,クレジットカード番号等取扱契約締結事業者に対して,クレジットカード番号等取扱契約の締結に際しての加盟店調査を義務付けるものである。

　この調査は,「契約を締結しようとする場合には,その契約の締結に先立って」行われなければならないため,契約締結と同時又は事後の調査は認められず,35条の17の8第1項違反となる。

　なお,35条の17の8第1項の調査は,加盟店との契約関係・法律関係における初期段階に行われるものであることから,「初期調査」などと呼称される。

★2 35条の17の8第1項の「経済産業省令で定めるところ」とは,初期調査の対象事項の調査方法・内容等に関して定めるものである(割賦則133条の6)。その内容については,後掲★4にて調査事項と併せて解説する。

★3 35条の17の8第3項の定期調査及び随時調査も同様であるが,初期調査は,加盟店における「クレジットカード番号等の適切な管理」及び「クレジ

ットカード番号等の不正利用の防止」を目的としたものである。

　後者のクレジットカード番号等の不正利用とは，クレジットカード又はクレジットカード番号等を，本来の利用権者（＝カードの名義人＝カード会員）以外の者が何らの権限なくして利用することを指す。文字どおり，カード（番号）を不正に利用する，ということである。

　これに対し，「クレジットカード番号等の適切な管理」には，基本的には，クレジットカード番号等を管理・保護し，その漏えいを防止するというだけでなく，加盟店がクレジットカード番号等を不正な手段により取得し，利用しないようにすることも含まれる。したがって，加盟店が詐欺的な商法により，カード会員を欺罔し，カードにより高額商品を決済させるようなケースも，「クレジットカード等の適切な管理」に反するものであることになる。

　割賦販売法35条の17の8による各調査は，上記のような意味での，クレジットカード番号等の適切な管理及び不正利用の防止を目的に行われるものである。

★4　初期調査の対象となる「経済産業省令で定める事項」とは，以下の事項である（割賦則133条の5）。

(1)　加盟申込店又は加盟店に関する基本的な事項

　　この「基本的な事項」の調査として，加盟店が行う取引の種類，加盟店の氏名，生年月日，住所及び電話番号（法人の場合は，名称，住所，電話番号，法人番号並びに代表者の氏名及び生年月日）が調査・確認されなければならない（割賦則133条の6第2項）。取引の種類としては，①対面取引，非対面取引の別，②訪問販売，電話勧誘販売，特定継続的役務取引，連鎖販売取引，業務提供誘引販売取引の該当の有無を確認しなければならない（カード番号等自主規則15条3項）。

　　また，上記(1)の事項の調査は，加盟申込店からの書面による申告その他の適切な方法によることとなっている（カード番号等自主規則15条2項）。

(2)　加盟申込店又は加盟店がクレジットカード等購入あっせんにより販売・提供する（しようとする）商品・権利・役務に関する事項

　　商品・権利・役務に関する事項の調査としては，商品等の種類，加盟申込店の業種その他の加盟申込店がクレジットカード等購入あっせんの方法により販売又は提供しようとする商品・権利・役務の種類を示すものについて調査しなければならない（割賦則133条の6第3項，カード番号等自主規則16条1項）。

また，この調査は，利用者等の利益保護に欠ける行為及び不正利用の防止の観点から，取り扱う商品等のリスク判断ができる程度のものでなければならない（カード番号等自主規則16条2項）。

(3) 加盟申込店又は加盟店が講じる（講じようとする）クレジットカード番号等の適切な管理及び不正利用の防止のための措置に関する事項

この事項の調査としては，加盟申込店が講じようとする措置が，割賦販売法施行規則132条各号，133条2項～6項，133条の14各号に定める基準に適合しているか否かについて調査しなければならず（割賦則133条の6第4項），具体的には，カード番号等の管理に係る措置は，基本的にはカード番号等の非保持化又はこれと同等と認められる措置（PCIDSSへの準拠）でなければならず（カード番号等自主細則20条1号），不正利用防止のための措置は，対面取引においてはICカードへの対応（端末のIC化），非対面取引においては本人認証，券面認証，属性行動分析，配送先情報その他の加盟店の不正リスクに応じた措置でなければならない（カード番号等自主細則20条2号イ・ロ）。

(4) 加盟申込店又は加盟店がクレジットカード等購入あっせんに係る契約に関して行った割賦販売法35条の3の7各号のいずれかに該当する行為の有無及びその内容

この事項については，調査の日前5年間に特定商取引法に基づく処分を受けたことの有無及びその内容，消費者契約法に基づく民事訴訟における敗訴判決の有無及びその内容等の事項について，加盟店からの申告又は利用者若しくは購入者等から申出を受けた苦情の確認その他の適切な方法により調査しなければならない（割賦則133条の6第5項，カード番号等自主規則18条1項）。

(5) 加盟申込店又は加盟店の上記(4)の行為を防止するために必要な体制整備の状況に関する事項

この事項については，上記(4)の調査の結果，調査日前5年間に特定商取引法による処分を受けたことその他割賦販売法35条の3の7各号のいずれかに該当する行為があったことが明らかである場合に，必要かつ適切な方法により調査しなければならない（割賦則133条の6第6項）。

(6) 加盟申込店又は加盟店によるクレジットカード等購入あっせんに係る業務に関する利用者等の利益保護に欠ける行為に係る苦情の発生状況

この事項については，加盟申込店からの申告，利用者等から申出を受け

た苦情の確認，JCA が保有する情報の確認，インターネットを利用しての情報の取得その他の適切な方法により調査しなければならない（割賦則133条の6第7項）。

(7) 加盟申込店又は加盟店の上記(6)の行為を防止するために必要な体制整備の状況に関する事項

この事項については，上記(6)の調査の結果，加盟申込店によるクレジットカード等購入あっせんに係る業務に関する利用者等の利益の保護に欠ける行為に係る苦情の発生状況，他の加盟店によるクレジットカード等購入あっせんに関する利用者等の利益保護に欠ける行為に係る苦情の発生状況からみて，加盟申込店が，他の加盟店に比して著しく利用者等の利益保護に欠けると認められる場合に必要かつ適切な方法により調査しなければならない（割賦則133条の6第8項）。

(8) その他加盟申込店又は加盟店によるクレジットカード番号等の適切な管理等を図るために必要かつ適切な事項

この事項については，加盟申込店によるクレジットカード番号等の適切な管理等を図るため必要かつ適切な方法により調査しなければならない（割賦則133条の6第9項）。

なお，上記(1)及び(2)の調査結果その他の事情からみて，加盟申込店がクレジットカード等購入あっせんに関して利用者等の利益保護に欠ける行為を行う危険性の程度が低いと認められる場合には，上記(6)及び(7)の調査を省略し又は法定の調査方法のうち，より簡便な方法によることができる（割賦則133条の6第1項1号）。ただし，この場合には，調査を省略する基準及び当該基準を満たした場合に実施する調査方法（調査の省略を含む）をあらかじめ定めた上で当該方法を実施しなければならない（後払基本方針Ⅱ - 2 - 2 - 5 - 2 - 2.(1)）。

また，先進的な技術・手法を用いた調査により，加盟申込店がクレジットカード等購入あっせんに関して利用者等の利益保護に欠ける行為を行う危険性の程度について，上記(6)の調査と同等の効果を確保することができると認められる場合には，上記(6)の調査に代えることができる（割賦則133条の6第1項2号）。ただし，この代替調査による場合には，あらかじめ当該代替調査の方法を定め，当該方法により実施しなければならない（後払基本方針Ⅱ - 2 - 2 - 5 - 2 - 2.(2)）。これは，何らかの具体的方法が想定されたものではなく，フィンテックへの対応を見越して，先進的な技術を利用することを許容

第2編　割賦販売法の解説　　第6章　クレジットカード番号等の適切な管理等

する趣旨である。

★5(1)　35条の17の8第2項は，一定の加盟申込店とクレジットカード番号等取扱契約を締結してはならない旨規定するものである。クレジットカード番号等取扱契約締結事業者は，初期調査の結果，加盟店契約を締結しない場合の基準を社内規則等に定め，当該基準を踏まえて加盟店契約をしなければならない（後払基本方針Ⅱ-2-2-5-2-2.(3)）。

　　35条の17の8第2項により契約を締結することが禁止されるのは，同条1項による初期調査の結果その他の事情からみて，加盟申込店のクレジットカード番号等の管理に係る措置又は不正利用の防止に係る措置が法定の基準に適合せず，又は適合しないおそれがあると認められる場合である。

　　したがって，初期調査の結果，禁止行為（35条の3の7）に及んでいたり，苦情が多かったりするような場合であっても，クレジットカード番号等の管理及び不正利用の防止の措置が，法定の基準（非保持化又はPCIDSS準拠，及び端末のIC化）を達成できていれば，クレジットカード番号等取扱契約を締結すること自体は認められることになる。

(2)　35条の17の8第2項は，一定の場合において加盟店契約を締結してはならないことを規定するにとどまり，加盟店契約を締結する場合における契約内容については，割賦販売法上定められていない。したがって，原則的には，クレジットカード番号等取扱契約締結事業者及び加盟（申込）店の間の交渉に基づき，任意の内容にて加盟店契約を締結することが認められることになる。もっとも，経済産業省は，加盟店によるクレジットカード番号等の適切な管理等の義務及びクレジットカード番号等取扱契約締結事業者による加盟店調査義務を踏まえ，「クレジットカード加盟店契約に関するガイドライン」を公表し，加盟店契約のモデル条項を提示している。もちろん，当該ガイドラインに反してモデル条項を採用しなかったからといって，そのことのみをもって違法となったり，クレジットカード番号等取扱契約締結事業者の責任が問われたりするものではないが，少なくとも，割賦販売法上の義務に即したモデル条項となっていることは間違いない。したがって，クレジットカード番号等取扱契約締結事業者としては，加盟店契約の締結及び条項の作成に当たっては，当該ガイドラインを斟酌することが望ましいと思われる。

★6　35条の17の8第3項は，クレジットカード番号等取扱締結事業者に対し，「定期的」又は「必要に応じ」た調査を義務付けるものであり，いわゆる「定

第2節　クレジットカード番号等取扱契約の締結に係る規制　第2款　行為規制——加盟店調査　〔2〕　条文解説

期調査」及び「随時調査」について規定するものである。

　　クレジットカード番号等契約締結事業者は，定期調査については実施頻度や調査方法を定めた上でこれを運用しなければならず（後払基本方針Ⅱ-2-2-5-2-2.(5)～(8)），また，随時調査についても調査を実施すべき基準を定め，当該基準に応じて実施しなければならない（同方針Ⅱ-2-2-5-2-2.(9)）。

★7(1)　35条の17の8第3項は，定期調査及び随時調査の内容として，「経済産業省令で定めるところにより……調査しなければならない」としており，これを受けて，定期調査については割賦販売法施行規則133条の7が，随時調査については同規則133条の8がそれぞれ規定している。

　　なお，調査事項は「第1項に定める事項」となっているが，必ずしも，35条の17の8第1項に定める事項（割賦則133条の5）の全部を調査しなければならないわけではない。

(2)　定期調査においては，以下の事項について，適切な頻度で調査を実施しなければならない（割賦則133条の7第1項）。

　(a)　加盟店に関する基本的な事項
　(b)　加盟店がクレジットカード等購入あっせんにより販売等する商品等に関する事項

　　上記(a)及び(b)の事項の調査としては，初期調査の段階からの変更の有無及び変更がある場合はその内容について，初期調査又は前回の定期調査から1年以内に調査することとされている（割賦則133条の7第2項，カード番号等自主規則22条1号・23条1項1号）。

　　なお，上記事項については，変更があった場合に加盟店がクレジットカード番号等取扱契約締結事業者に報告する旨を加盟店契約において規定するなど，上記事項の変更を把握するための措置を講じなければならない（後払基本方針Ⅱ-2-2-5-2-2.(4)）。また，上記事項に係る定期調査は，加盟店からの申告その他の適切な方法によることとなっているが（カード番号等自主規則24条1号），一定の場合には，加盟店から申告がないことをもって，調査対象事項に変更がなかったこととして取り扱うことが認められる（カード番号等自主細則22条）。具体的には，①加盟店に対し，あらかじめ，上記(a)・(b)及び下記(c)の事項につき変更があった場合には，クレジットカード番号等取扱契約締結事業者に届け出るべき義務を課しており，②定期調査の実施時期に，当該事項について変更が

481

あった場合にはクレジットカード番号等取扱契約締結事業者に申告しなければならない旨を，加盟店契約書その他の適切な方法により通知している場合には，加盟店からの申告がないことをもって，変更がないものとして取り扱うことが認められる。

(c) 加盟店が講じるクレジットカード番号等の管理及び不正利用の防止に関する措置に関する事項

上記(c)の事項の調査としては，加盟店が講じている措置が法定の基準に適合しているか否かの適合状況を調査しなければならない（割賦則133条の7第3項，カード番号等自主規則22条2号）。

上記(a)及び(b)の事項に係る定期調査と同様に，上記(c)の事項についても，初期調査又は前回の定期調査から1年以内に，加盟店からの申告その他の適切な方法により調査することとされているが（カード番号等自主規則23条1項1号・24条1号），上記(a)及び(b)の①及び②の措置を講じている場合には，加盟店からの申告がないことをもって，前回の調査の結果から変更がないものとして取り扱うことが認められる（カード情報等自主細則22条）。

(d) 加盟店のクレジットカード等購入あっせんに係る利用者等の利益保護に欠ける行為に関する苦情の発生状況

この事項については，クレジットカード番号等取扱契約締結事業者が把握している苦情の発生状況に鑑み，適切な頻度及び適切な方法（JCAの加盟店情報交換制度（JDM）への照会その他苦情の発生状況に応じた方法）により調査しなければならない（割賦則133条の7第4項）。

(e) 上記(d)の苦情処理の関する体制整備に関する事項

(f) その他加盟店によるクレジットカード番号等の適切な管理等を図るため必要な事項

定期調査における上記(f)の事項の調査は，加盟店における漏えい等の事故及びクレジットカード番号等の不正利用の発生状況に関する事項を含むものでなければならず，クレジットカード番号等取扱契約締結事業者が把握している情報に鑑み，漏えい等の事故又は不正利用が発生する危険性の程度に応じた適切な頻度及び適切な方法（JDMへの照会その他危険性の程度に応じた方法）により実施しなければならない（割賦則133条の7第5項）。

なお，上記(c)～(f)の事項については，加盟店の取引状況を常時監視す

ることにより，定期調査に代えることができ（割賦則133条の7第1項ただし書，カード番号等自主規則23条2項），定期調査を行おうとする日の前1年間に，自社の加盟店契約に基づくクレジットカード番号等の取扱いがない加盟店については，当該取扱いが発生するまでは，上記の定期調査の対象事項の全部について定期調査を猶予することができる（同条3項）。これは，1つの加盟店が複数のアクワイアラーと加盟店契約を締結している「マルチアクワイアリング」の場合に，当該加盟店においてカードが利用されても，それはメインアクワイアラーの加盟店契約に基づくカード利用となり，メインアクワイアラー以外のアクワイアラーの加盟店契約には基づかないこととなる。このような状況においては，メインアクワイアラー以外のサブアクワイアラーについては，定期調査を猶予する趣旨である。もちろん，実際にクレジットカードの利用が1件もなかった加盟店についても，同様の取扱いが認められる。

(3) 随時調査は，文字どおり随時に行うことを要するが，基本的には苦情の発生等の一定の事由が生じた場合に実施するものとされている。

随時調査義務の発生原因及び発生原因ごとの調査事項は，以下のとおりである（割賦則133条の8，カード番号等自主規則25条1項）。

(a) 利用者から申出を受けた苦情（クレジットカード等購入あっせん業者を通じて申出を受けたものを含む）の内容の調査その他の方法により知った事項に基づき，加盟店がクレジットカード等購入あっせんに関して禁止行為（35条の3の7）を行ったと認められる場合

(イ) 加盟店による禁止行為（35条の3の7）の有無及び内容

この「禁止行為の内容」の調査は，例えば，①当該行為を行った日，②特定商取引5類型に当たる取引については当該行為をした販売員（従業員）の氏名，③当該行為の具体的内容の調査などがこれに当たる（カード番号等自主細則24条1号～3号）。

(ロ) 加盟店の禁止行為を防止するための体制整備の状況に関する事項

具体的には，①販売員への指示，再教育その他当該行為と同様の行為の再発防止に向けた社内体制，②当該加盟店の苦情処理手続，社内規則その他の体制等の状況の調査などが考えられる（カード番号等自主細則25条）。

(ハ) クレジットカード等購入あっせんに係る苦情処理のために必要な体制整備の状況に関する事項

ここでいう「苦情」とは，クレジットカード番号等取扱契約締結事業者に対する利用者からの申出であって，契約締結に係る争いの要素又は契約内容の変更若しくは解除に係る要素が含まれると認められるもののうち，加盟店の法令違反の行為が原因と認められるものをいう（カード番号等自主規則25条2項）。

(b) 利用者等から申出を受けた苦情（クレジットカード等購入あっせん業者を通じて申出を受けたものを含む）の内容の調査その他の方法により知った事項に基づき，加盟店の禁止行為（35条の3の7）を除く利用者等の利益保護に欠ける行為に係る苦情の発生状況及び他の加盟店における同様の苦情発生状況からみて，当該加盟店が他の加盟店に比して利用者等の利益保護に欠けると認められる場合

(イ) 当該加盟店によるクレジットカード等購入あっせんに係る業務に関する利用者等の利益保護に欠ける行為の内容

当該行為の内容の調査としては，①当該行為をした日，②特定商取引5類型に当たる取引については，当該行為をした販売員の氏名，③当該行為の具体的内容，④当該行為の発生頻度，発生割合又は発生件数の増加傾向等の調査が考えられる（カード番号等自主細則24条1号〜4号）。

(ロ) 利用者等の利益保護に欠ける行為の防止及びクレジットカード等購入あっせんに係る業務に関する利用者等の苦情処理に必要な体制整備の状況に関する事項

具体的には，①販売員への指示，再教育その他当該行為と同様の行為の再発防止に向けた社内体制，②当該加盟店の苦情処理手続，社内規則その他の体制等の状況の調査などが考えられる（カード番号等自主細則25条）。

「苦情」の意味内容については，上記(a)(ハ)参照。

(c) 加盟店からの連絡その他の方法により知った事項からみて，当該加盟店によるクレジットカード番号等の漏えいの事故が発生し又は発生したおそれがあると認められる場合

(イ) 当該事故に関して当該加盟店が行った原因究明調査の結果

例えば，①加盟店の名称（加盟店の受託者からの漏えいの場合には，当該受託者の名称），②事故発覚日，③事故発生日又は発生期間，④漏えい等したデータの内容，⑤漏えい等したデータのうち，クレジットカ

ード番号等契約締結事業者との加盟店契約に基づき入手したクレジットカード番号等及び会員数，⑥事故の発生原因，⑦加盟店にて実施した対応又は対応予定の内容などの調査が考えられる（カード番号等自主細則26条）。

　　　(ロ)　再発防止のために必要な事項
　(d)　クレジットカード等購入あっせん業者からの連絡その他の方法により知った事項に基づき，加盟店における不正利用の発生状況その他の事情からみて当該加盟店による不正利用の防止に支障を生じ又は生じるおそれがあると認められる場合
　　　(イ)　当該不正利用の内容
　　　　　例えば，①不正利用の件数，被害金額，発生状況，②不正利用の手口，③加盟店において実施した対応又は対応予定の内容の調査などが考えられる（カード番号等自主細則27条）。
　　　(ロ)　当該加盟店が不正利用防止のために講じる措置の実施状況
　　　(ハ)　再発防止のために必要な事項
　(e)　上記(a)～(d)のほか，加盟店によるクレジットカード番号等の適切な管理及び不正利用の防止に支障を生じ又は生じるおそれがあると認められる場合
　　　(イ)　法定の基準に適合したクレジットカード番号等の管理及び不正利用の防止ための措置を講じるために必要な事項
　　　(ロ)　クレジットカード番号等の漏えいの事故の再発防止措置を講じるために必要な事項
　　　(ハ)　クレジットカード番号等の不正利用の再発防止策を講じるために必要な事項

★8　35条の17の8第4項は，加盟店が講じるクレジットカード番号等の管理又は不正利用の防止に係る措置が法定の基準に適合せず又は適合しないおそれがあると認められる場合に，クレジットカード番号等取扱契約締結事業者に対し一定の措置を講じることを求めるものである。

　　当該措置が必要となるのは，具体的には，次の場合である（割賦則133条の9，カード番号等自主規則27条）。
　①　加盟店のクレジットカード番号等の管理又は不正利用の防止に関する措置が法定の基準に適合せず，又は適合しないおそれがあると認められる場合

485

②　加盟店において漏えい等の事故が発生し，又は発生したおそれがある場合
③　加盟店における不正利用の発生状況を踏まえ，類似の不正利用の再発防止の必要がある場合
④　加盟店が上記①～③に対するクレジットカード番号等取扱契約締結事業者の指導に従わない場合，又は加盟店の講じる措置が法定の基準に適合することが見込まれない場合

★9　35条の17の8第4項によりクレジットカード番号等取扱契約締結事業者が講じなければならない措置は，以下の措置である（割賦則133条の9，カード番号等自主規則28条）。

(1)(イ)　クレジットカード番号等の管理及び不正利用の防止に係る措置が法定の基準に適合しない場合においては，合理的な期間内に，法定の基準に適合するクレジットカード番号等の管理及び不正利用の防止に関する措置を講じるよう指導すること。

　　合理的な期間については，①漏えい等の事故又は不正利用の発生状況，②加盟店が実施している漏えい等の事故又は不正利用防止対策，③必要とされる対策の導入費用及び導入可能時期，④その他必要かつ適切な事項を考慮して判断される（カード番号等自主規則28条）。

(ロ)　利用者等の利益保護に欠ける方法によるクレジットカード番号等の取扱いについては，再発防止のための必要な改善措置を講じるよう指導すること。

(2)　加盟店において漏えい等の事故が発生し，又は発生したおそれがあると認められる場合には，類似の事故の再発防止のために必要な措置を講じるよう指導すること。

(3)　加盟店における不正利用の発生状況を踏まえ，類似の不正利用の再発防止のために必要な措置を講じるよう指導すること。

(4)　加盟店が上記(1)～(3)の指導に従わない場合又は加盟店が講じるクレジットカード番号等の管理若しくは不正利用の防止に係る措置が法定の基準に適合することが見込まれないときは，当該加盟店とのクレジットカード番号等取扱契約を解除すること。

(5)　割賦販売法施行規則60条2号に基づき，包括信用購入あっせん業者から苦情の内容の通知を受けた場合で，加盟店の禁止行為又は利用者等の利益保護に欠ける行為に関する調査を行ったときには，必要に応じて当該調査

に関する情報を当該包括信用購入あっせん業者に提供すること。

　なお，上記以外の包括信用購入あっせん又は２月払購入あっせんに係る苦情の処理のために必要と認められる情報についても，包括信用購入あっせん業者又は２月払購入あっせん業者に提供するよう努めなければならない（カード番号等自主規則29条２項）。

★10　35条の17の８第５項は，初期調査，定期調査及び随時調査に関する記録の作成及び保存を義務付けるものであるが，その作成・記録方法等は，以下のとおりである（割賦則133条の10）。

(1)　初期調査に係る記録の作成・保存（割賦則133条の10第１項）

　(a)　クレジットカード番号等取扱契約締結事業者は，初期調査を行い，加盟店とクレジットカード番号等取扱契約を締結したときには当該調査に係る記録を，調査事項ごとに作成・保存しなければならない。記録すべき事項及びその保存期間は次のとおりである。

　　(イ)　調査年月日

　　　　初期調査後，最初に行われる定期調査又は随時調査に係る記録が作成されるまで（それまでにクレジットカード番号等取扱契約が終了した場合には，終了日から５年間）。

　　(ロ)　初期調査の結果（取得した書面・資料等の保存を含む）

　　　　初期調査後，最初に行われる定期調査又は随時調査に係る記録が作成されるまで（それまでにクレジットカード番号等取扱契約が終了した場合には，終了日から５年間）。

　　(ハ)　クレジットカード番号等取扱契約の締結年月日

　　　　クレジットカード番号等取扱契約の終了日から５年間。

　なお，上記事項の記録に係る作成・保存義務は，あくまでも，初期調査を行った上で，クレジットカード番号等取扱契約を締結した場合に課されるものであるから，初期調査の結果，クレジットカード番号等取扱契約を締結しなかった場合（35条の17の８第２項）には，記録の作成・保存は不要と解される。

　また，初期調査後に定期調査又は随時調査が行われた場合には，記録の上書きが認められているが，初期調査と定期調査又は随時調査では調査項目が異なる（定期調査又は随時調査においては，初期調査に係る項目の一部のみがその対象となっている）ため，ある項目については初期調査に係る記録が保存され，別の項目については定期調査又は随時調査に係る

記録が保存されている，という事態も生じ得ることになる。
　(b)　上記(a)の記録は，書面又は電磁的方法により作成しなければならない。割賦販売法施行規則上，電磁的方法の内容は定義されていないため，その外縁は不明確であるが，自社又は他社のサーバー又はクラウド上に保存するのが通常と思われるが，このような方法が電磁的方法に当たることは間違いないものと解される。
(2)　定期調査に係る記録の作成・保存（割賦則133条の10第2項）
　　クレジットカード番号等取扱契約締結事業者は，定期調査を行った場合には，調査した項目ごとに，次の事項の記録を書面又は電磁的方法により作成し，保存しなければならない。記録の保存期間は，いずれの事項についても，当該定期調査後，最初に行われる定期調査又は随時調査に係る記録が作成されるまで（それまでにクレジットカード番号等取扱契約が終了した場合には終了日から5年間）である。
　(a)　調査年月日
　(b)　調査の結果（割賦販売法35条の17の8第4項による措置を講じた場合には，当該措置の内容を含む）
　　　なお，定期調査においては，加盟店の基本事項について，加盟店からの変更の申告がないことをもって変更がないものとして取り扱うことも認められるが（カード番号等自主細則22条），この場合であっても，調査の省略が認められているわけではないので，あくまでも調査が行われたものとして，調査に係る記録の作成・保存が必要になると解される。この場合の調査年月日については，例えば，加盟店からの変更申告の期限を設けておき，当該期限が経過した時点（期限の翌日）を調査年月日とすることとなろう。
(3)　随時調査に係る記録の作成・保存（割賦則133条の10第3項）
　　クレジットカード番号等取扱契約締結事業者は，随時調査を行った場合には，①調査年月日，②調査の結果（割賦販売法35条の17の8第4項による措置を講じた場合には，当該措置の内容を含む）に係る記録を書面又は電磁的方法により作成し，作成後5年間保存しなければならない。
　　初期調査及び定期調査に係る記録と異なり，記録の上書きが認められていないため，随時調査が行われた後に定期調査又は随時調査が行われた場合には，1回目の随時調査に係る記録を作成・保存した上で，これとは別に後の定期調査又は随時調査に係る記録を作成しなければならないことに

なる。そのため、随時調査が複数回行われるような場合には、随時調査に係る記録もその分作成し、保存しなければならない。

第3款　行為規制——体制整備（35条の17の9）

〔1〕　概　　説

　割賦販売法35条の17の9は、クレジットカード番号等取扱契約締結事業者に対し、クレジットカード番号等に関する情報の適切な管理のために必要な措置の構築を義務付けるものであり、その趣旨は、クレジットカード番号等取扱契約締結事業者からのクレジットカード番号等の漏えい等を防止する点にある。

　もっとも、クレジットカード番号等取扱契約締結事業者のうち、包括信用購入あっせん業者でもある者については、割賦販売法35条の17の9と同趣旨で、かつより詳細な体制整備義務を規定した割賦販売法30条5の2が適用される。また、クレジットカード等購入あっせん業者又は立替払取次業者でもある者については、割賦販売法35条の16第1項により、クレジットカード番号等の適切な管理のための措置が求められており、その内容の基本的な部分は重複している。そのため、割賦販売法35条の17の9が独自の意義を有するのは、クレジットカード等購入あっせん業者でも立替払取次業者でもないクレジットカード番号等取扱契約締結事業者に対してのみであることになる。すなわち、割賦販売法35条の17の9は、30条の5の3及び35条の16の適用を受けないPSPにとってのみ重要な規定であることになる。

　クレジットカード番号等取扱契約締結事業者が講じるべき措置の項目については、割賦販売法施行規則133条の11が規定しているものの、その内容や基準については、法令上特に定められておらず、後払基本方針やJCAによる自主規則に委ねられている（その内容は、後記〔2〕を参照）。

　さらに、PSPのような与信事業を行わないクレジットカード番号等取扱契約締結事業者も、通常、個人情報取扱事業者に当たるため、個人情報保護法及び通則ガイドラインの遵守が求められるが、信用分野ガイドラインの適用対象

となる「与信事業者」(同ガイドラインⅡ.1.(1))には当たらないため,同ガイドラインの適用は受けないことになる。

また,PSPに関する業界団体としては,EC決済協議会があり,当該協議会は,一応自主ルールを制定しているものの,割賦販売法との紐付けはされておらず,適切な情報セキュリティを求めるにとどまっており,割賦販売法35条の17の9及び同法施行規則133条の11を具体化するような内容とはなっていない。

なお,割賦販売法35条の17の9の違反は,罰則の対象とはなっていないものの,改善命令の対象とされており(35条の17の10),改善命令の違反に対しては100万円以下の罰金が科されることとなっている(51条の5第5号)。

〔2〕 条文解説

> (業務の運営に関する措置)
> 第35条の17の9　クレジットカード番号等取扱契約締結事業者は,経済産業省令で定めるところにより,そのクレジットカード番号等取扱契約の締結に係る業務に関して取得したクレジットカード番号等に関する情報の適切な管理のために必要な措置を講じなければならない★1。

★1(1)　35条の17の9は,クレジットカード番号等取扱契約締結事業者に対し,経済産業省令の定めに基づき,クレジットカード番号等に関する情報の適切な管理のために必要な措置を講じることを義務付けるものである。

「経済産業省令で定めるところ」として,割賦販売法施行規則133条の11は,「その取り扱うクレジットカード番号等に関する情報の安全管理,従業者の監督及び当該情報の取扱いを委託する場合には,その委託先の監督について,当該情報の漏えい,滅失又は毀損の防止を図るために必要かつ適切な措置を講じなければならない」として,①クレジットカード番号等その他の情報の安全管理,②従業者の監督,③委託先の監督の3項目に関する措置の構築を求めている。

(2)　「クレジットカード番号等取扱契約の締結に係る業務に関して取得したクレジットカード番号等に関する情報」には,クレジットカード番号等に加

え，当該情報と併せて取得した利用者等の個人情報（氏名，住所等），購買情報（購入日時，場所，カード利用に係るサイン情報等）（以下併せて「購入者等情報」）が含まれる（後払基本方針Ⅱ－2－2－5－4）。
(3) クレジットカード番号等取扱契約締結事業者が上記(1)の措置を講じる際には，基本的には，クレジットカード番号等取扱業者（35条の16第1項）に準じるものとして，これらの者と同水準の措置を講じる必要がある（クレジットカード番号等取扱契約締結事業者がクレジットカード番号等取扱業者にも当たるケースが大半である）が，その際には，以下の点に留意すべきこととなっている（後払基本方針Ⅱ－2－2－5－4－1．・2．）。
(a) クレジットカード番号等の取扱い
　(イ) クレジットカード番号等の管理を行う責任部署及び責任者を定めていること。
　(ロ) クレジットカード番号等の管理者を限定する等，自社の役職員によるクレジットカード番号等の不正な取扱いを防止するための措置を講じていること。
　(ハ)(i) 実行計画の対象となるクレジットカード番号等については，実行計画に掲げられた漏えい等の事故の防止措置又はそれと同等以上の措置を講ずることを定め，これらの措置を講じていること。また，毎年の実行計画の見直し等を踏まえて，自社の漏えい等の事故の防止措置について見直すこととしていること。
　　(ii) 実行計画の対象ではないクレジットカード番号等については，不正利用のリスク等に応じて必要かつ適切な漏えい等の事故の防止措置を定め，当該措置を実施していること。
　(ニ) クレジットカード番号等の漏えい等の事故が発生し，又は発生したおそれがある場合の対応部署を定め，直ちに事故の状況を把握し，当該事故の発生状況に応じた事故の拡大防止措置を実施する体制を整備していること。また，事故の対象となるクレジットカード番号等を速やかに特定し，事故の原因を究明するための調査を速やかに実施するための体制を整備していること。クレジットカード決済システムからの漏えい等の事故の発生，又はそのおそれがある場合には，デジタルフォレンジック調査等の調査を実施する体制を整備していること。
　(ホ) クレジットカード番号等の漏えい等の事故が発生し，又は発生したおそれがある場合に，類似の漏えい等の事故を再発防止するための措

置を検討し，実施する体制を整備していること。
- (ヘ) クレジットカード番号等の漏えい等の事故が発生し，又は発生したおそれがある場合に関係機関，関係事業者への連絡体制を整備し，事故発生時に迅速かつ適切な対応を実施するよう役職員に周知していること。
- (ト) クレジットカード番号等の取扱いを委託する場合，委託先との契約に当該委託先が実施するべきクレジットカード番号等の管理措置の内容，クレジットカード番号等の漏えい等の事故が発生し，又は発生したおそれがある場合の事故の状況把握及び自社への報告，事故の拡大防止，原因究明調査，再発防止措置を実施することを定めていること。また，これらの措置を適切に実施できないと認められた場合には，契約内容を変更することや契約を解除することを定めていること。
- (チ) 委託先の監督に係る基準や手続を定め，日常業務の運営において実践していること。
- (リ) 委託先においてクレジットカード番号等の漏えい等の事故が発生し，又は発生したおそれがある場合に委託先に指導等の措置を実施する体制を整備していること。

(b) 購入者等情報の取扱い
- (イ) 購入者等に関する情報を管理する責任部署及び責任者を明確に定めていること。
- (ロ) 個人情報保護法，保護法ガイドラインに基づく情報の取扱基準を定め，日常業務の運営において実践していること。
- (ハ) 情報の漏えい，目的外利用を防止するための情報管理体制の整備，運用手順が整備されていること。
- (ニ) 購入者等の情報の管理及び取扱いを委託する場合は，委託先が上記(ロ)と同等の水準の安全管理措置，従業者の監督等を実施することを定めていること。また，委託先の監督に係る基準や手続を定め，日常業務の運営において実践していること。
- (ホ) 情報の漏えい，目的外利用が発生した場合における関係企業，漏えい対象者，行政への連絡体制を整備し，役職員に周知徹底していること。
- (ヘ) 認定割賦販売協会会員については，認定個人情報保護団体で主催す

る研修に役職員を定期的に参加させることとなっていること。また，認定割賦販売協会非会員については，会員と同等の内容の社内教育を行っていること。

(4) さらに，カード番号等自主規則は32条は「会員は，その取扱うカード番号等に関する情報の安全管理，従業者の監督及び当該情報の取扱いを委託する場合には，その委託先の監督について，当該情報の漏えい，滅失又は毀損の防止を図るために必要かつ適切な措置を講じなければならない」としており，これを受けて，カード番号等自主細則30条は，「必要かつ適切な措置」の内容として，以下の措置を定めている。

(a) カード番号等の取扱いに関する措置

　(イ) 通常想定されるカード番号等の漏洩，滅失又は毀損その他のカード番号等の適切な管理に係る事故（以下「漏えい等の事故」という。）の発生を防止するために必要かつ適切な措置を講ずること。

　(ロ) 会員において漏えい等の事故が発生し，又は発生したおそれがあるときは，当該会員は次の措置をとること。

　　(i) 直ちに当該事故の状況を把握し，当該事故の拡大を防止すること。

　　(ii) 当該事故の状況に応じて速やかにその原因を究明するための調査（当該事故に係るカード番号等の特定を含む。）を行うこと。

　(ハ) 会員において漏えい等の事故が発生し，又は発生したおそれがあるときは，当該会員は類似の漏えい等の事故の再発防止のために必要な措置を講ずること。

　(ニ) カード番号等をクレジットカード等購入あっせんに係る取引の健全な発展を阻害し，又は利用者等の利益の保護に欠ける方法により取り扱わないこと。

　(ホ) カード番号等の管理者を限定する等，自社の役職員によるカード番号等の不正な取扱いを防止するための措置をとること。

　(ヘ) カード番号等の取扱いを委託する場合，委託先との契約に当該委託先が実施するべきカード番号等の管理措置，漏えい等の事故の原因究明調査及び再発防止措置等の措置が適切に実施できないと認められた場合に，契約内容を見直す又は解除するための措置を講ずること。

　(ト) 情報の漏えい及び目的外利用等が発生した場合に，官公庁も含めた関係先への迅速な連絡するための措置を講ずること。

(b) 利用者等の情報の取扱いに関する措置
- (イ) 利用者等に関する情報を管理する責任部署及び責任者を明確に定める措置
- (ロ) 個人情報保護法及び通則ガイドラインに基づく情報の取扱い基準等を定める措置
- (ハ) 個人情報の安全管理のために，保護法ガイドラインに基づいて組織的，人的，物理的及び技術的な措置を講じるための措置
- (ニ) 個人情報の委託先の監督について，情報の漏えい，滅失又は毀損の防止を図るために適切な措置を講じるための措置
- (ホ) 個人情報の漏えい及び目的外利用等を防止するためのシステムを整備する措置。また，情報管理を外部委託する場合は，委託先の監督を適切に行うための措置
- (ヘ) 情報の漏えい及び目的外利用等が発生した場合に，官公庁も含めた関係先への迅速な連絡をするための措置
- (ト) 上記(ヘ)の対応を行うよう役職員に周知していること。
- (チ) 情報の適切な取扱を確保するため，認定個人情報保護団体で主催する研修又は同等の内容の研修に役職員を定期的に参加させること。

第4款　行政による監督（35条の17の10～35条の17の14）

〔1〕概　　説

(1) 改善命令

　経済産業大臣は，クレジットカード番号等取扱契約締結事業者が，①クレジットカード番号等取扱契約に係る業務又は加盟店調査の適確な実施を確保するために必要なものとして経済産業省令（割賦則133条の3）で定める体制が整備されていない場合，又は②は加盟店調査及びこれに基づく必要な措置又は業務運営に係る措置が講じられていない場合には，必要の限度に応じて，当該クレジットカード番号等取扱契約締結事業者に対し改善命令を発することができる（35条の17の10）。

　クレジットカード番号等取扱契約締結事業者において，加盟店管理（加盟店

調査）を実効的に行わせることで悪質加盟店・不良加盟店を排除し，もって消費者保護を図る趣旨である。

この改善命令に違反したクレジットカード番号等取扱契約締結事業者の代表者，代理人，使用人，その他の従業者は100万円以下の罰金が科される（51条の5第5号）。

(2) **登録取消し**
(a) **必要的取消しと任意的取消し**

経済産業大臣は，クレジットカード番号等取扱契約締結事業者に一定の事由が生じた場合には，その登録を取り消さなければならず，又は取り消すことができる（35条の17の11第1項・2項）。取消事由や，必要的取消しの場合と任意的取消しの場合がある点などは，包括信用購入あっせんと同様である。また，経済産業大臣は，必要的取消し又は任意的取消しのいずれかの処分をした場合には，その対象事業者（クレジットカード番号等取扱契約締結事業者であった者）に対し，理由を示して，登録を取り消した旨を通知しなければならない（同条3項）。

(b) **必要的取消事由**

経済産業大臣は，クレジットカード番号等取扱契約締結事業者が次の事由に該当する場合には，その登録を取り消さなければならない（35条の17の11第1項）。

① 割賦販売法35条の17の5第1項2号又は4号～7号のいずれかに該当することとなったとき。
② 不正の手段によりクレジットカード番号等取扱契約締結事業者の登録を受けたとき。

上記①は，事後的に登録拒否事由に該当することとなった場合であり，②は，不正の手段を利用しなければ本来登録を受けることはなかった事業者を指すものであり，いずれにしても，登録拒否に準じる取扱いとして，必要的取消しの対象としたものである。

(c) **任意的取消事由**

これに対し，任意的取消しの原因事由は，次の事由である（35条の17の11第2項）。

① 改善命令（35条の17の10）に違反したとき。
② 変更届出（35条の17の6第1項）をせず、又は虚偽の届出をしたとき。

これらの事由は、必ずしも登録を否定すべきとまではいえないが、行政による監督に服さず、又は行政による監督を困難ならしめる事情であることから、悪質性等が認められる場合には登録を取り消し得ることとしたものである。

(3) 業務の廃止

クレジットカード番号等取扱契約締結事業者は、そのクレジットカード番号等取扱契約の締結に係る業務を廃止したときは、遅滞なく、経済産業大臣に届け出なければならない（35条の17の14）。届出義務が課されているのは、クレジットカード番号等取扱契約締結事業者の営業廃止の事実を、行政が主体的に確認することが困難であるため、クレジットカード番号等取扱契約締結事業者をして自主的に届出させることとしたものである。

割賦販売法35条の17の14に違反して業務廃止の届出をせず又は虚偽の届出をした者は、30万円以下の過料が科される（55条3号）。

(4) 登録の消除

経済産業大臣は、クレジットカード番号等取扱契約締結事業者の登録を取り消した場合、又はクレジットカード番号等取扱契約締結事業者からの業務廃止の届出その他業務を廃止したことが判明した場合には、当該クレジットカード番号等取扱契約締結事業者をクレジットカード番号等取扱契約締結事業者登録簿から消除しなければならない（35条の17の12第1項）。

登録簿からの「消除」は、登録取消しに基づく場合には、登録簿という紙媒体からの削除という物理的行為を指すにすぎないが、業務廃止に基づく場合には、上記の意味合いに加え、登録の失効という行政上の意味も含むものである。

なお、業務廃止に基づき登録簿から消除した場合には、経済産業大臣は、理由を付して、その旨をクレジットカード番号等取扱契約締結事業者であった者に通知しなければならない（35条の17の12第2項による35条の17の11第3項の準用）。

(5) 処分の公示

経済産業大臣は、クレジットカード番号等取扱契約締結事業者の登録を取り消した場合、又はクレジットカード番号等取扱契約締結事業者が業務を廃止し

たことに基づく登録簿から消除した場合には，その旨を公示しなければならない（35条の17の13）。そのクレジットカード番号等取扱契約締結事業者に係る登録が失効したことを周知する趣旨である。

なお，公示の方法は官報掲載である（割賦則133条の12）。

〔2〕 条文解説

(改善命令)
第35条の17の10　経済産業大臣は，クレジットカード番号等取扱契約締結事業者が第35条の17の5第1項第8号の規定に該当することとなつたと認めるとき，又は前2条の規定に違反していると認めるときは★1，その必要の限度において，当該クレジットカード番号等取扱契約締結事業者に対し，クレジットカード番号等取扱契約の締結に係る業務の運営を改善するため必要な措置をとるべきことを命ずることができる★2。

★1　35条の17の10による改善命令の発出事由とされているのは，①クレジットカード番号等取扱契約締結事業者が割賦販売法35条の17の5第1項8号に該当することとなったと認められること，②同法35条の17の8に違反していると認められること，③同法35条の17の9に違反していると認められること，の3点である。

①は，クレジットカード番号等取扱契約の締結に係る業務及び加盟店調査の適確な実施を確保するための体制（割賦則133条の3）が整備されていないと認められることを指す。

②は，加盟店の調査（35条の17の8第1項・3項），契約締結の禁止（同条2項），必要な措置の構築（同条4項），記録の作成及び保存（同条5項）の義務を懈怠した場合がこれに当たる。

また，③は，割賦審査基準の別紙2の「4．(2)・(3)」に定める体制に基づき35条の17の10を運営していない場合を指す（割賦審査基準「第2の1.(30)」）。

★2　35条の17の10は，経済産業大臣は，クレジットカード番号等取扱契約締結事業者が前掲★1①～③のいずれかに該当する場合には，業務運営の改善に必要な措置をとるべきことを「命ずることができる」としており，35条の17の10の改善命令事由が認められる場合であっても，改善命令を発するか否か

について，行政の裁量に委ねることとしている。

これを受けて，35条の17の10の改善命令に係る処分基準は，割賦審査基準別紙2の「4.」に定める要件を満たしていないこと，又は同条の規定をもととしつつ，重大性又は悪質性の有無等の観点から総合的に勘案して判断するものとされている（後払基本方針Ⅱ-3-2-1-5(2)，割賦審査基準「第2の1.(30)」）。

> （登録の取消し）
> 第35条の17の11　経済産業大臣は，クレジットカード番号等取扱契約締結事業者が次の各号のいずれかに該当するときは，その登録を取り消さなければならない★1。
> 　一　第35条の17の5第1項第2号又は第4号から第7号までのいずれかに該当することとなつたとき。
> 　二　不正の手段により第35条の17の2の登録を受けたとき★2。
> 2　経済産業大臣は，クレジットカード番号等取扱契約締結事業者が次の各号のいずれかに該当するときは，その登録を取り消すことができる★3。
> 　一　前条の規定による命令に違反したとき。
> 　二　第35条の17の6第1項の規定による届出をせず，又は虚偽の届出をしたとき。
> 3　経済産業大臣は，前2項の規定により登録を取り消したときは，遅滞なく，その理由を示して，その旨を当該クレジットカード番号等取扱契約締結事業者であつた者に通知しなければならない★4。

★1　35条の17の11第1項は，クレジットカード番号等取扱契約締結事業者の登録の必要的取消しについて規定したものである。後払基本方針Ⅱ-3-1-5(3)でも，「割販法第35条の17の11の規定に基づく……登録取消しについては，同項に規定する登録取消しの基準に該当することを確認した場合には……登録を取り消すこととする」としているように，クレジットカード番号等取扱締結事業者が35条の17の11第1項各号の取消事由に該当することとなった場合には，その登録は必ず取り消されることとなる。そのため，割賦審査基準においても，審査基準は作成されていない（割賦審査基準「第2の2.(9)」）。

★2　「不正の手段」としては，申請書に虚偽の記載をする，偽造した添付書類を

提出する，さらには，経済産業局長に対する贈賄，強迫等により登録を受けることなどがこれに当たる。

★3　35条の17の11第2項は，クレジットカード番号等取扱契約締結事業者の登録の任意的取消しについて規定したものであり，同項各号の事由が生じた場合において登録を取り消すか否かは行政の裁量に委ねられている。

　　35条の17の11第2項の任意的取消しに係る処分基準は，同項の「規定を基としつつ，重大性又は悪質性の有無等の観点から総合的に勘案して判断する」（割賦審査基準「第2の2.(31)」），「同項各号のいずれかに該当し，かつ，重大性又は悪質性が相当程度に認められ，業務を継続させるのが適用でないと認められることとする」（後払基本方針Ⅱ-3-2-1-5(4)）とされている。

★4　35条の17の11第3項は，同条1項又は2項による登録取消処分がされた場合において，遅滞なく，理由を示してその旨を処分対象者に通知しなければならないことを規定したものである。他の取引類型の場合と同様に，クレジットカード番号等取扱契約締結事業者であった者の不服申立ての便宜とする趣旨である。

　　35条の17の11第3項による通知は，原則，経済産業省本省又は管轄の経済産業局への来庁を処分日（＝処分通知書交付日）の前日に要請し，処分日当日に処分通知書を手交する方法により行われるが，当事者が出頭しない等のやむを得ない事情があるときは，処分通知書の郵送により行われる（後払基本方針Ⅱ-3-2-1-6(2)）。

　　また，35条の17の11第3項による通知と併せて，対象者の名称，代表者の氏名，本社所在地，処分年月日，処分内容，処分理由が管轄経済産業局のホームページ上に公表される（後払基本方針Ⅱ-3-2-1-6(3)）。

（登録の消除）
第35条の17の12　経済産業大臣は，次の各号のいずれかに該当するときは，クレジットカード番号等取扱契約締結事業者登録簿につき，そのクレジットカード番号等取扱契約締結事業者に関する登録を消除しなければならない[★1]。
　一　前条第1項又は第2項の規定により登録を取り消したとき。
　二　第35条の17の14の規定による届出があつたときその他クレジットカー

> ド番号等取扱契約の締結に係る業務を廃止したことが判明したとき。
> 2 前条第3項の規定は，前項第2号の規定により登録を消除した場合に準用する★2。

★1 35条の17の12第1項は，一定の場合に登録簿から消除されることを規定したものである。「消除」とは，「登録取消し」のような行政上の行為（行政処分）ではなく，登録簿という一種の名簿から，当該クレジットカード番号等取扱契約締結事業者を削除するという事実行為を指す。

★2 35条の17の12第2項は，クレジットカード番号等取扱契約締結事業者の業務廃止を理由として登録簿から消除した場合に，その旨の通知をしなければならない旨を規定したものである（35条の17の12第2項による35条の17の11第3項の準用）。これは，廃業（35条の17の12第1項2号）の場合には，行政からクレジットカード番号等取扱契約締結事業者（であった者）に対する通知がされずに登録簿から消除されることになるため，登録簿からの消除を当事者に周知するためである。

逆に，35条の17の12第1項1号の登録取消しによる登録簿からの消除の場合には，登録取消しに際して当事者に通知がされるため（35条の17の11第3項），登録簿からの消除に際しても重ねて通知する必要に乏しく，この場合には通知は不要となっている。

> （処分の公示）
> 第35条の17の13 経済産業大臣は，第35条の17の11第1項若しくは第2項の規定により登録を取り消したとき，又は前条第1項第2号の規定により登録を消除したときは，経済産業省令で定めるところにより，その旨を公示しなければならない★1。

★1 35条の17の13による公示は，官報への掲載により行われる（割賦則133条の12）。いうまでもなく，登録の取消し又は消除を周知する趣旨であるが，官報によることを除いても，消費者保護に資する情報が公示されるわけではないから，極めて形式的・手続的な規定であり，実質的な意味・重要性のあるものではない。

（廃止の届出）
第35条の17の14 クレジットカード番号等取扱契約締結事業者は，クレジットカード番号等取扱契約の締結に係る業務を廃止したときは，遅滞なく，その旨を経済産業大臣に届け出なければならない★1。

★1(1) 35条の17の14は，クレジットカード番号等取扱契約締結事業者がその業務（アクワイアリング業務）を廃止したときに，遅滞なく，その旨を届出しなければならないことを規定したものである。

　　35条の17の14による届出は，様式第13による届出書を提出して行うこととされており（割賦則133条の13），また，届出書の提出先は，主たる営業所所在地を管轄する経済産業局長である（割賦令34条8号）。

(2) 他の取引類型においては，「営業を廃止したとき」と規定されており（26条1項・35条・35条の3の33第1項3号），「業務を廃止したとき」とは異なる規定文言が用いられているが，基本的には同内容であって，アクワイアリング業務を廃止，すなわち，行わないこととした場合に，35条の17の14による届出義務が課されることとなる。

　　これに対し，単に，加盟店との加盟店契約を解除し，自身の加盟店が存在しなくなったというだけの場合には，アクワイアリングを業としていることには違いないから（単に取引を切られたにすぎない），「クレジットカード番号等取扱契約の締結に係る業務を廃止した」には当たらず，業務廃止の届出は不要である。

(3) なお，35条の17の14の届出がされた場合には，割賦販売法35条の17の12第1項2号により登録が消除される。

第5款　加盟店に対する行為規制——不正利用の防止（35条の17の15）

〔1〕概　　説

割賦販売法35条の17の15は，加盟店に対し，クレジットカード番号等の不正利用を防止するための措置を講じることを義務付けるものである。いうまでもなく，加盟店に当該措置を講じさせることで，クレジットカード番号等の不

正利用を防止し，もって消費者保護を図る趣旨である。

　加盟店が講じるべき措置は，「経済産業省令で定める基準に従」うこととされており，当該基準は割賦販売法施行規則133条の14が規定しているが，同条は，「不正利用を防止するための必要かつ適切な措置」（同条1号），「類似の不正利用を防止するために必要な措置」（同条2号）としか規定しておらず，措置の具体的内容は，カード番号等自主規則及び実行計画に委ねられている（後払基本方針Ⅱ-2-2-5-5(2)）。

　加盟店は，割賦販売法35条の17の15により不正利用防止のための措置を，割賦販売法35条の16第1項3号によりクレジットカード番号等の適切な管理のための措置を講じなければならず，平成28年改正前の割賦販売法下において，当該改正前に比して格段に重い義務を負うこととなり，また，クレジットカード番号等取扱契約締結事業者は，加盟店をして，そのような重い義務を履行させなければならず，加盟店だけでなく，クレジットカード番号等取扱契約締結事業者にとっても（間接的に）重い義務を課すこととなっている。

　加盟店による割賦販売法35条の17の15違反に対しては，行政処分及び罰則のいずれも科されていないが，加盟店が同条に反して不正利用防止のための措置を講じていない場合には，当該加盟店とクレジットカード番号等取扱契約を締結しているクレジットカード番号等取扱契約締結事業者は必要な措置を講じなければならず（35条の17の8第4項），当該措置を講じなかった場合には，当該クレジットカード番号等取扱契約締結事業者に改善命令が発せられることとなっている（35条の17の10）。

〔2〕　条 文 解 説

> （クレジットカード番号等の不正な利用の防止）
> 第35条の17の15　クレジットカード等購入あつせん関係販売業者又はクレジットカード等購入あつせん関係役務提供事業者は，経済産業省令で定める基準に従い，利用者によるクレジットカード番号等の不正な利用を防止するために必要な措置を講じなければならない[1]。

★1(1) 35条の17の15は，加盟店に対して，クレジットカード番号等の不正利用を防止するために必要な措置を講じることを義務付けるものである。

「経済産業省令で定める基準」は，次のとおりである（割賦則133条の14）。

(a) クレジットカード番号等の通知を受けたとき，当該通知がクレジットカード等購入あっせん業者から当該クレジットカード番号等の交付又は付与を受けた利用者によるものであるかの適切な確認その他の不正利用を防止するために必要かつ適切な措置を講じること。

(b) 加盟店において不正利用が生じたときは，その発生状況を踏まえ，類似の不正利用を防止するために必要な措置を講じること。

上記(a)の「クレジットカード番号等の通知を受けたとき」とは，要するに，カード等が利用されたときのことをいう。カードを対面加盟店で利用する場合であれば，「提示……又は引き換え」の方法により利用することになるが，このような利用方法も，加盟店から見て「クレジットカード番号等の通知を受けた」に含まれることになる。「当該通知が……利用者によるものであるかの適切な確認」とは，カード利用に際しての本人認証を意味しており，結局，上記(a)の基準は，加盟店において，カード利用に際して適切な本人認証を行うべきことを求めるものである。

上記(b)は，不正利用の再発防止策を求めるものである。

(2) 上記(1)の基準を受けて，後払基本方針は，加盟店における不正利用の防止のための「必要かつ適切な措置」（割賦則133条の14第1号）について，「実行計画に掲げる措置又はそれと同等以上の措置を講じている場合には『必要かつ適切な措置』が講じられているものと認められる」とした上で，実行計画の対象となるクレジットカード番号等については実行計画に掲げられた不正利用防止のための措置又はこれと同等以上の措置を，そうでないクレジットカード番号等については，不正利用のリスクに応じた必要かつ適切な不正利用の防止措置を講じることを要求している（後払基本方針Ⅱ－2－2－5－5(2)）。

(3) 2018年実行計画においては，不正利用防止のための措置については，対面加盟店と非対面加盟店とに分けた上で，対面加盟店については，原則，端末のIC化及びこれに伴う暗証番号による本人認証を行うこととし，非接触IC取引（スマートフォンによる決済等）においては一定金額以上の決済についてはモバイル暗証番号や指紋認証等により本人認証を行うこととしている。その上で，取引の安全性が認められる環境であることを前提に，

例外的に，本人確認を不要（いわゆる「サインレス取引」，「PINレス取引」）とすることとしている。

　これに対し，非対面加盟店においては，３Ｄセキュアによる本人認証，セキュリティコードによる券面認証，さらには属性・行動分析や配送先情報の確認などを利用することとした上で，①デジタルコンテンツ（オンラインゲーム等），②家電，③電子マネー，④チケット類（JR回数券等）については高リスク加盟店と位置付け，上記の方策のうち，最低でも１種類以上を導入することとしている。また，不正利用被害が多発状況にあるとアクワイアラー等が認識している加盟店については「不正顕在化加盟店」と位置付け，上記方策のうち，２種類以上を導入することとした上で，それでも不正利用が減少せず，継続して「不正顕在化加盟店」と認識される加盟店については，追加の不正利用防止策の導入について検討を継続することとなっている。　　　　　　　　　　　　　　　　　　　　　　　■

条文解説索引（第Ⅰ巻）

第1条（目的及び運用上の配慮）……… 50
第2条（定義）
　第1項 …………………………… 60
　第2項 …………………………… 230
　第3項 …………………………… 272
　第5項 …………………………… 66
第3条（割賦販売条件の表示）
　第1項〜第3項 ………………… 77
　第4項 …………………………… 87
第4条（書面の交付）……………… 92
第4条の2（情報通信の技術を利用する方法）………………………………… 105
第5条（契約の解除等の制限）……… 115
第6条（契約の解除等に伴う損害賠償等の額の制限）……………………… 119
第7条（所有権に関する推定）……… 133
第8条（適用除外）………………… 136
第9条（標準条件の公示）………… 111
第10条（勧告）…………………… 112
第11条（前払式割賦販売業の許可）… 145
第12条（許可の申請）……………… 148
第13条・第14条 ………………… 151
第15条（許可の基準）……………… 151
第16条（営業保証金の供託等）…… 164
第17条 …………………………… 165
第18条 …………………………… 166
第18条の2 ……………………… 167
第18条の3（前受金保全措置）…… 176
第18条の4 ……………………… 180
第18条の5 ……………………… 181
第18条の6（承継）………………… 156
第19条（変更の届出等）…………… 159
第19条の2（帳簿の備付け）……… 203
第20条（契約の締結の禁止）……… 212
第20条の2（改善命令）…………… 214
第20条の3（供託委託契約の受託者の供託等）……………………………… 185
第20条の4 ……………………… 188

第21条（営業保証金及び前受業務保証金の還付）…………………………… 196
第22条（権利の実行があつた場合の措置）……………………………… 197
第22条の2（営業保証金及び前受業務保証金の保管替え等）……………… 191
第23条（許可の取消し等）………… 219
第24条（処分の公示）……………… 222
第25条（許可の失効）……………… 222
第26条（廃止の届出）……………… 223
第27条（契約の解除）……………… 205
第28条（許可の取消し等に伴う取引の結了等）……………………………… 223
第29条 …………………………… 199
第29条の2（ローン提携販売条件の表示）
　第1項〜第2項 ………………… 235
　第3項 …………………………… 240
第29条の3（書面の交付）………… 243
第29条の4（準用規定）…………… 250
第30条（包括信用購入あつせんの取引条件の表示）……………………… 329
第30条の2（包括支払可能見込額の調査）
　第1項・第3項・第4項 ……… 310
　第2項 …………………………… 320
第30条の2の2（包括支払可能見込額を超える場合のカード等の交付等の禁止）
　………………………………… 325
第30条の2の3（書面の交付等）… 341
第30条の2の4（契約の解除等の制限）
　………………………………… 380
第30条の3（契約の解除等に伴う損害賠償等の額の制限）………………… 385
第30条の4（包括信用購入あつせん業者に対する抗弁）…………………… 399
第30条の5 ……………………… 405
第30条の5の2（業務の運営に関する措置）……………………………… 376
第30条の5の3（改善命令）……… 418

505

条文解説索引（第Ⅰ巻）

第30条の6（準用規定） …………… 363
第31条（包括信用購入あつせん業者の登録） …………………………… 282
第32条（登録の申請） ……………… 283
第33条（登録及びその通知） ……… 286
第33条の2（登録の拒否） ………… 287
第33条の3（変更の届出） ………… 293
第33条の4（登録簿の閲覧） ……… 294
第33条の5（改善命令） …………… 419
第34条（カード等の交付等の禁止） …420
第34条の2（登録の取消し） ……… 422
第34条の3（登録の消除） ………… 424
第34条の4（処分の公示） ………… 424
第35条（廃止の届出） ……………… 425
第35条の2（販売業者等の契約の解除） …………………………… 426
第35条の3（登録の取消しに伴う取引の結了等） ……………………… 427
第35条の3の60第1項 …………… 432
第35条の16（クレジットカード番号等の適切な管理） ………………… 440

第35条の17（改善命令） …………… 450
第35条の17の2（クレジットカード番号等取扱契約締結事業者の登録） … 455
第35条の17の3（登録の申請） …… 460
第35条の17の4（登録及びその通知）
 …………………………………… 462
第35条の17の5（登録の拒否） …… 462
第35条の17の6（変更の届出） …… 466
第35条の17の7（登録簿の閲覧） … 467
第35条の17の8（クレジットカード番号等取扱契約締結事業者の調査等） …475
第35条の17の9（業務の運営に関する措置） …………………………… 490
第35条の17の10（改善命令） ……… 497
第35条の17の11（登録の取消し） … 498
第35条の17の12（登録の消除） …… 499
第35条の17の13（処分の公示） …… 500
第35条の17の14（廃止の届出） …… 501
第35条の17の15（クレジットカード番号等の不正な利用の防止） ……… 502

■著者紹介

阿部　高明（弁護士／第一東京弁護士会所属）
　　東京都出身
　　慶應義塾大学法学部／同大学法科大学院卒業
　　阿部東京法律事務所共同代表
　　専門：クレジットカード法（割賦販売法・貸金業法）
［著書］
『貸金業と過払金の半世紀』（共著／青林書院，2018年）
『クレジットカード事件対応の実務』（民事法研究会，2018年）

逐条解説　割賦販売法Ⅰ

2018年9月25日　初版第1刷印刷
2018年10月11日　初版第1刷発行

著　者　阿部高明

発行者　逸見慎一

発行所　東京都文京区本郷6丁目4-7　株式会社　青林書院
　　　　振替口座　00110-9-16920／電話03（3815）5897〜8／郵便番号113-0033
　　　　ホームページ☞ http://www.seirin.co.jp

印刷／星野精版印刷　落丁・乱丁本はお取り替え致します。
©2018　阿部高明
Printed in Japan

ISBN 978-4-417-01751-6

|JCOPY|〈(社)出版者著作権管理機構　委託出版物〉
本書の無断複写は著作権法上での例外を除き禁じられています。複写される場合は、そのつど事前に、(社)出版者著作権管理機構（電話03-3513-6969，FAX 03-3513-6979，e-mail: info@jcopy.or.jp）の許諾を得てください。